TRAITÉ-FORMULAIRE

DES

INVENTAIRES

ET

SCELLÉS

PAR

Ernest DAVY, ☙

Ex-principal clerc de notaire à Paris
Auteur du « *Précis-formulaire du Notariat* »
et autres ouvrages sur le Notariat

(Extrait du « PRÉCIS-FORMULAIRE DU NOTARIAT »*)*

LE MANS (Sarthe)

ADMINISTRATION DU « PRÉCIS-FORMULAIRE DU NOTARIAT »

20, RUE DE LA PAIX
(Anciennement 13, Avenue de Clichy — Paris, 17e)

1926

TRAITÉ-FORMULAIRE

DES

INVENTAIRES

ET

SCELLÉS

DU MÊME AUTEUR

Traité-Formulaire du Bail au point de vue droit civil, fiscal et procédure, contenant *51 formules* de baux, cessions et transports de baux, subrogations et résiliations de taux, congés, engagements, état de lieux, etc... Un vol. gr. in-8° jésus 1911 . . . . Prix, *franco :* **8 50**

Traité-Formulaire des Certificats de Propriété relatif à toutes espèces de rentes, cautionnements, certificats de vie, etc..., contenant *193 formules annotées.* Un vol. gr. in-8° jésus, 1913 . . . . Prix, *franco :* **12 75**

Traité-Formulaire des Hypothèques (en collaboration avec M. CHAMBAZ, premier commis d'hypothèques). Traité complet sur toutes matières intéressant les hypothèques contenant *2819 articles* et *112 formules.* Un vol. gr. in-8° jésus, 1925. . . . . Prix, *franco,* broché : **27 »**

Formulaire-Guide des Déclarations de Succession au courant de la dernière législation, de la doctrine et de la jurisprudence (*formules annotées*). Un vol. gr. in-8°, 1925 . . . . Prix, *franco :* **8 50**

Envoi franco *contre versement du coût au compte Chèques Postaux :*
Paris DAVY 186-68.

PRÉCIS-FORMULAIRE

DU

NOTARIAT

Répertoire et Formulaire Général du Notariat

Par **Ernest DAVY,** I ⚜ ✠

Ex-principal Clerc de Notaire à Paris

Ouvrage publié périodiquement par fascicules et constamment tenu à jour par la " *Revue analytique de droit et de juris prudence* " servie gratuitement avec chaque fascicule et par un appendice récapitulatif en fin de chaque volume pour toute la collection antérieurement publiée

Les abonnements partent du 1er Janvier

Prix de l'abonnement complet (ouvrage et revue) **26 50**

La collection antérieure à l'abonnement (comprenant actuellement les tomes I, II et III, et partie du tome IV) est fournie moyennant prix avantageux.

Envoi sur demande d'un spécimen : 16 pages contre **1 fr. 50** ou un fascicule complet contre **3 francs** en timbres-poste

20, Rue de la Paix, LE MANS (Sarthe)

TRAITÉ-FORMULAIRE

DES

INVENTAIRES

ET

SCELLÉS

PAR

Ernest DAVY, I. ⚬ ☆

Ex-principal clerc de notaire à Paris
Auteur du « *Précis-formulaire du Notariat* »
et autres ouvrages sur le Notariat

(Extrait du « PRÉCIS-FORMULAIRE DU NOTARIAT »)

LE MANS (Sarthe)

ADMINISTRATION DU « PRÉCIS-FORMULAIRE DU NOTARIAT »

20, RUE DE LA PAIX
(*Anciennement 13, Avenue de Clichy — Paris, 17e*)

1926

INVENTAIRE (Scellés et)

SOMMAIRE ALPHABÉTIQUE

I. — Scellés.

II. — Inventaire.

SOMMAIRE DES FORMULES :

I. — Scellés.

Form. 1658. — Préambule de procès-verbaux.
Form. 1659. — Clôture de procès-verbaux.
Form. 1660. — Mentions d'annexe.
Form. 1661. — Ordonnance d'apposition de scellés d'office.
Form. 1662. — Requête d'apposition de scellés par un héritier, légataire ou créancier ayant titre exécutoire.
Form. 1663. — Requête d'opposition à scellés par un créancier n'ayant pas le titre exécutoire.
Form. 1664. — Requête d'apposition de scellés au cours de l'inventaire.
Form. 1665. — Procès-verbal d'apposition de scellés.
Form. 1666. — Opposition à scellés dans le procès-verbal d'apposition.
Form. 1667. — Opposition par exploit à la levée des scellés.
Form. 1668. — Mention sur le procès-verbal d'apposition de l'opposition faite par exploit d'huissier.
Form. 1669. — Mainlevée d'opposition aux scellés.
Form. 1670. — Requête pour levée de scellés en cas d'urgence.
Form. 1671. — Requête afin de commettre un notaire pour représenter les absents.
Form. 1672. — Sommation d'assister à la levée des scellés.
Form. 1673. — Procès-verbal de levée de scellés.

II. — Inventaire.

1re Partie. — Intitulés et prisées.

1er. Intitulés. Préambule et cloture d'intitulé.

Form. 1674. — Intitulé d'inventaire de communauté (*ou* : de succession) sans scellés.
Form. 1675. — Intitulé d'inventaire de communauté (*ou* : de succession) avec scellés.
Form. 1676. — Intitulé d'inventaire après sommations aux héritiers.
Form. 1677. — Intitulé avec créanciers opposants et sommations.

Form. 1678. — Intitulé d'inventaire dressé avant le délai légal. Scellés.
Form. 1679. — Intitulé d'inventaire dressé avant le délai légal. Absence de scellés. Ordonnance.
Form. 1680. — Intitulé d'inventaire des biens d'un interdit judiciaire.
Form. 1681. — Intitulé d'inventaire des biens d'un interdit légalement.
Form. 1682. — Intitulé d'inventaire après le décès d'une personne déclarée en faillite après son décès.
Form. 1683. — Intitulé d'un inventaire dressé sur demande en séparation de corps ou divorce.
Form. 1684. — Intitulé d'un inventaire dressé après divorce ou séparation de corps.
Form. 1685. — Intitulé d'un inventaire après séparation de biens.
Form. 1686. — Intitulé d'inventaire après le décès d'un notaire.
Form. 1687. — Intitulé d'inventaire après le décès d'un officier général.
Form. 1688. — Intitulé d'un inventaire après le décès d'un titulaire de majorat.
Form. 1689. — Intitulé d'inventaire sur déclaration.
Form. 1690. — Intitulé d'inventaire dressé uniquement pour la justification de la dévolution de la succession en vue d'une mutation de rente. Expédition de contrat de mariage annexée.

§ 2. Qualités.

a) Époux survivant.

Form. 1691. — Mari survivant. — Communauté légale. — Usufruit légal.
Form. 1692. — Veuve survivante. — Communauté d'acquêts. — Préciput. — Donation. — Usufruit légal.
Form. 1693. — Veuve survivante. — Communauté d'acquêts attribution de communauté. — Privation de l'usufruit légal.
Form. 1694. — Mari survivant. — Communauté d'acquêts. — Conservation de fonds de commerce.

Form. 1695. — Veuve survivante. — Communauté universelle.

Form. 1696. — Veuve survivante. — Régime dotal sans société d'acquêts.

Form. 1697. — Veuve survivante. — Régime dotal avec société d'acquêts.

Form. 1698. — Veuve survivante. — Non-communauté.

Form. 1699. — Veuve survivante ayant renoncé à la communauté ou à la société d'acquêts.

Form. 1700. — Veuve survivante. — Séparation de biens judiciaire.

Form. 1701. — Mari (ou : veuve) survivant. — Séparation de biens contractuelle.

Form. 1702. — Époux survivant donataire en concours avec des descendants.

Form. 1703. — Époux survivant donataire en concours avec un ascendant.

Form. 1704. — Époux survivant légataire en usufruit.

Form. 1705. — Époux survivant légataire universel en concours avec un ascendant.

Form. 1706. — Époux survivant tuteur légal. — Subrogé tuteur.

Form. 1707. — Veuve survivante enceinte. — Curateur au ventre.

Form. 1708. — Veuve survivante enceinte, et tutrice de ses enfants nés. — Subrogé-tuteur et curateur au ventre.

Form. 1709. — Époux survivant curateur à émancipation et mineur émancipé.

Form. 1710. — Veuve survivante tutrice légale et conseil à la tutelle.

Form. 1711. — Époux survivant séparé de corps.

Form. 1712. — Veuve survivante tutrice remariée — mari cotuteur.

Form. 1713. — Époux survivant succédant à défaut d'héritier.

b) Héritiers.

Form. 1714. — Enfants légitimes. — Majeurs présents et représentés par mandataire. — **Mari** agissant comme maître des droits de sa femme. — Fille mineure mariée.

Form. 1715. — Enfants légitimes. — Petits-enfants appelés par représentation.

Form. 1716. — Enfants légitimes. — Petits-enfants venant de leur chef.

Form. 1717. — Enfants légitimes. — Enfants ayant renoncé à la succession de leur père du chef d'un frère décédé.

Form. 1718. — Enfants légitimes. — Enfants de deux lits.

Form. 1719. — Enfants légitimes. — Enfant grevé de restitution.

Form. 1720. — Enfant légitimé par mariage.

Form. 1721. — Enfant légitime et enfant naturel.

Form. 1722. — Deux enfants légitimes et un enfant naturel.

Form. 1723. — Enfant légitime et deux enfants naturels.

Form. 1724. — Enfant légitime et deux enfants naturels dont l'un est renonçant.

Form. 1725. — Enfant légitime et descendants légitimes d'un enfant naturel.

Form. 1726. — Enfants légitimes de deux lits. Enfant légitime d'un enfant naturel reconnu pendant le 2e mariage.

Form. 1727. — Enfant naturel. — Père et mère. — Frère et sœur.

Form. 1728. — Deux enfants naturels. — Père. — Frère et sœur.

Form. 1729. — Enfants naturels. — Frère et sœur germains. — Renonciation par un enfant naturel et un frère germain. — Accroissement.

Form. 1730. — Enfant naturel mineur en concours avec une sœur légitime. — Tutrice légale.

Form. 1731. — Enfants naturels et neveux et nièces.

Form. 1732. — Enfant naturel seul héritier.

Form. 1733. — Enfant naturel légataire de la quotité disponible. — Enfant légitime.

Form. 1734. — Enfant naturel légataire universel en concours avec un ascendant.

Form. 1735. — Enfant naturel légataire universel. — Absence d'héritier réservataire.

Form. 1736. — Père (ou mère) naturel.

Form. 1737. — Père et mère naturels.

Form. 1738. — Frère et sœur légitimes et sœur naturelle d'un enfant naturel.

Form. 1739. — Enfant adoptif.

Form. 1740. — Enfant adoptif décédé. — Descendants de l'adoptant exerçant le retour successoral.

Form. 1741. — Ascendant seul héritier dans sa ligne.

Form. 1742. — Ascendants dans les deux lignes.

Form. 1743. — Père et mère et frère et sœur.

Form. 1744. — Père (ou : mère). — Frère et sœur.

Form. 1745. — Père et mère dont l'un renonçant. Frères germains. — Accroissement.

Form. 1746. — Père. Frères germains dont l'un renonçant. — Accroissement.

Form. 1747. — Mère. — Frère. — Neveu et nièce.

Form. 1748. — Père. — Frère germain renonçant. — Neveu et nièce.

Form. 1749. — Père. — Frère germain renonçant. — Cousins.

Form. 1750. — Père. — Cousin germain.

Form. 1751. — Mère et collatéraux. — Renonciation par ceux-ci. — Dévolution à l'autre ligne.

Form. 1752. — Ascendant. — Retour légal et retour conventionnel.

Form. 1753. — Frères et sœurs germains. — Neveux et nièces.

Form. 1754. — Frères et sœurs germains, utérins et consanguins.

Form. 1755. — Neveux et nièces. — Petits-neveux et petites-nièces.

Form. 1756. — Collatéraux. — Cousins aux 3e et 5e degrés. — Tableau généalogique.

Form. 1757. — Collatéraux. — Cousins issus de germains. — Parenté dans les deux lignes.

c) Légataires et donataires.

Form. 1758. — Légataire universel. Testament authentique. — Pas de réserve.

Form. 1759. — Légataire universel. — Testament authentique. — Accroissement.

Form. 1760. — Légataires universels. — Testament olographe.

Form. 1761. — Légataire universel. Testament mystique.

Form. 1762. — Donation. — Institution contractuelle.

Form. 1763. — Exécuteur testamentaire. — Saisine.

Form. 1764. — Légataire particulier. Somme.

Form. 1765. — Légataire particulier. — Corps certain.

Form. 1766. — Légataires universels. — Charge de rendre. — Tuteur à la restitution.

Form. 1767. — Légataire éventuel *de residuo.*

d) Succession en déshérence et vacante.

Form. 1768. — Succession en déshérence. — État héritier.

Form. 1769. — Succession vacante. — Administrateur provisoire.

Form. 1770. — Succession vacante. — Curateur.

e) Absence.

Form. 1771. — Absence. — Envoyés en possession provisoire.

Form. 1772. — Absence. — Conjoint présent et héritiers présomptifs avant option.

Form. 1773. — Absence. — Conjoint présent ayant opté pour la continuation de la Communauté.

f) Requêtes et présences diverses. Représentations.

Form. 1774. — Administrateur *ad hoc*.

Form. 1775. — Administrateur légal.

Form. 1776. — Administrateur testamentaire.

Form. 1777. — Aliéné non interdit ni interné. — Administrateur provisoire.

Form. 1778. — Aliéné non interdit ni interné. — Notaire commis pour le représenter.

Form. 1779. — Aliéné non interdit. — Assistance publique.

Form. 1780. — Aliéné non interdit. — Établissement public.

Form. 1781. — Aliéné non interdit. — Administrateur provisoire légal.

Form. 1782. — Aliéné non interdit. — Administrateur provisoire choisi en dehors de la commission de l'établissement public.

Form. 1783. — Conseil judiciaire.

Form. 1784. — Créanciers opposants.

Form. 1785. — Curateur à succession vacante.

Form. 1786. — Curateur au ventre.

Form. 1787. — Curateur de militaire disparu.

Form. 1788. — Femme mariée. — Autorisation maritale. — Régimes divers.

Form. 1789. — Femme mariée. — Autorisation de justice.

Form. 1790. — Femme séparée de corps ou divorcée.

Form. 1791. — Interdit tuteur et subrogé tuteur.

Form. 1792. — Liquidation judiciaire. — Liquidé et liquidateur.

Form. 1793. — Liquidation judiciaire. — Liquidateur agissant seul.

Form. 1794. — Mandataires.

Form. 1795. — Mari maître des droits de sa femme.

Form. 1796. — Mineur. — Administration légale.

Form. 1797. — Mineur. — Tuteur légal.

Form. 1798. — Mineur. — Tutrice légale et conseil à la tutelle.

Form. 1799. — Mineur. — Mère remariée et maintenue tutrice; mari cotuteur.

Form. 1800. — Mineur. — Tutelle légitime.

Form. 1801. — Mineur. — Tutelle dative.

Form. 1802. — Mineur. — Tutelle testamentaire.

Form. 1803. — Mineur. — Tuteur *ad hoc*.

Form. 1804. — Mineurs émancipés.

Form. 1805. — Notaire représentant un aliéné.

Form. 1806. — Notaire représentant un non-présent.

Form. 1807. — Notaire représentant un présumé absent.

Form. 1808. — Notaire commis pour représenter un requérant éloigné.

Form. 1809. — Notaire commis en cas d'urgence.

Form. 1810. — Notaire commis pour représenter un mineur non pourvu de tuteur.

Form. 1811. — Syndic de faillite.

Form. 1812. — Tuteur à restitution.

§ 3. Intitulés complexes d'inventaire de communauté et de succession.

Form. 1813. — Conjoint survivant. — Enfants légitimes. — Enfant naturel. — Légataire universel en toute propriété.

Form. 1814. — Conjoint survivant. — Enfants légitimes et enfant naturel. — Legs de la quotité disponible en usufruit à la veuve et en une propriété à deux des enfants légitimes et à l'enfant naturel.

Form. 1815. — Conjoint survivant. — Enfants légitimes. — Enfant légitime d'un enfant naturel prédécédé. — Légataire universel.

Form. 1816. — Conjoint survivant usufruitier légal. — Enfants légitimes. — Enfant naturel. — Descendants légitimes d'un autre enfant naturel.

Form. 1817. — Conjoint survivant donataire et usufruitier. — Enfant légitimé et enfant naturel.

Form. 1818. — Conjoint survivant donataire. — Enfants de deux lits.

Form. 1819. — Conjoint survivant usufruitier. — Enfants légitimes d'un premier lit. — Enfant naturel reconnu au cours du veuvage.

Form. 1820. — Conjoint survivan usufruitier. — Enfants légitimes de deux lits. — Enfant naturel reconnu au cours du second mariage.

Form. 1821. — Conjoint survivant usufruitier. — Père et mère. — Frère et sœur.

Form. 1822. — Conjoint survivant commun en biens et donataire universel en usufruit. — Mère. — Frère et sœur dont l'un décédé saisi de ses droits laissant une veuve commune légalement en biens, remariée, et un enfant mineur.

Form. 1823. — Conjoint survivant usufruitier. — Enfant naturel. — Ascendant. — Frères et sœurs germains consanguins et utérins.

Form. 1824. — Conjoint survivant usufruitier. — Enfant naturel. — Frère germain. — Frère utérin. — Absent.

Form. 1825. — Conjoint survivant commun en biens et donataire universel en pleine propriété. — Enfant naturel. — Frères germains exhérédés.

Form. 1826. — Conjoint survivant usufruitier légal. — Ascendant dans une ligne. — Collatéraux dans l'autre ligne. — Concours des usufruits des articles 754 et 767 du Code civil.

Form. 1827. — Conjoint survivant. — Décès successifs de la mère et du fils. — Collatéraux. — Usufruit des articles 767 et 754 du Code civil cumulés.

Form. 1828. — Conjoint survivant usufruitier légal. — Enfants légitimes dont l'un légataire de sa part dans la quotité disponible à charge de restitution.

Form. 1829. — Conjoint survivant divorcé. — Ascendants. — Enfant naturel.

Form. 1830. — Succession d'un mineur. — Testament. — Père légataire universel. — Frères et sœurs germains.

Form. 1831. — Succession d'un mineur. — Légataire universel. — Père et cousin maternel.

Form. 1832. — Succession d'un mineur. — Père et mère. — Deux frères mineurs et un frère conçu mais non né.

Form. 1833. — Succession d'un enfant naturel. — Héritiers inconnus. — Administrateur provisoire. — Retour légal des frères et sœurs légitimes. — Notaire représentant un requérant éloigné.

Form. 1834. — Succession d'un enfant légitime d'un enfant naturel. — Lignes paternelle et maternelle. — Parents les plus proches. — Enfants légitimes d'un frère naturel du père du *de cujus*.

Form. 1835. — Successions de père et fils tués par les éclats d'un même obus. — Fils mineur. — Testament. — Collatéraux ordinaires.

Form. 1836. — Successions de père, mère et fils morts dans le même naufrage. — Collatéraux ordinaires.

Form. 1837. — Enfant renonçant. — Enfant indigne. — Enfants naturels.

I. — Définition. — Règles.

21160. Définition. — L'inventaire est un état descriptif et estimatif des effets mobiliers qui composent une masse de biens, telle qu'une succession, une communauté, le patrimoine d'un absent, d'un interdit, d'un failli, d'une société, etc..., avec l'énonciation et l'analyse sommaire des papiers qui en dépendent. — (On donne également ce nom à l'état de situation que doivent dresser annuellement les commerçants.)

21161. Législation. — L'inventaire est régi par les articles 941 à 944 du Code de procédure civile; bien que ces articles ne traitent de l'inventaire qu'à propos des procédures relatives à l'ouverture d'une succession, il y a lieu d'en étendre, en principe, les règles à tous les cas où il y aura lieu de faire inventaire (Garsonnet, t. 7, § 2612).

21162. Division. — Dans bien des circonstances, l'inventaire est précédé de l'apposition de scellés, lesquels sont levés au fur et à mesure de la confection de l'inventaire; la connexité de ces deux opérations nous amène donc à diviser notre sujet en deux parties principales : la 1re traitant des *scellés*, et la 2e de *l'inventaire*.

PREMIÈRE PARTIE

Des Scellés.

21163. Définition. — Le *scellé* est une bande de toile (ou de papier) fixée à ses extrémités sur les portes d'un meuble, d'une pièce ou d'un appartement au moyen de cire molle ou ardente portant l'empreinte du sceau du magistrat instrumentant.

21164. Législation. — Les règles de l'apposition et de la levée des scellés font l'objet des articles 926 à 940 du Code de procédure civile.

21165. But. — Les scellés constituent une mesure conservatoire de toute importance; ils ont pour but d'éviter le détournement de meubles, objets mobiliers, titres, valeurs, deniers comptants, etc..., au préjudice des ayants droit (*V. n° 21254*).

21166. Magistrat compétent. — Juge de paix. — Que ce soit en matière civile ou en matière commerciale, les scellés, en règle générale, doivent être apposés par le juge de paix (Pr. 907 et 912) assisté, à peine de *nullité des opérations*, du greffier de la justice de paix, ou du commis greffier, ou d'un greffier provisoire (Pr. 1040).

21167. Compétence. — Le juge de paix compétent est celui du lieu où se trouvent les meubles, objets, titres et papiers à mettre sous scellés (Pr. 912). — Si la propriété s'étend sur deux cantons, les scellés doivent être apposés par chacun des juges de paix dans l'étendue de son ressort (Pabon, 4614).

21168. Suppléant de juge de paix. — Au cas d'absence ou d'empêchement du juge de paix, les scellés peuvent être apposés par ses suppléants (Pr. 907 et 912) toujours assistés du greffier ou commis greffier (Pr. 1040).

21169. Continuation. — L'opération commencée par un juge de paix peut être continuée par le suppléant, et inversement.

21170. Notaire suppléant. — Le notaire suppléant peut apposer les scellés alors même qu'il est le *notaire du défunt ou des héritiers* et chargé de dresser l'inventaire; toutefois, comme les deux qualités de magistrat et de notaire ne peuvent être cumulées, les scellés devront être levés par le juge titulaire ou un autre suppléant pour permettre au notaire de procéder à l'inventaire (Pabon, 4612; Vignalou-Perer, *Des scellés*, n° 15). — V. *n° 21465*.

21171. Greffier de paix. — En cas d'empêchement ou d'*urgence*, le juge de paix peut déléguer le greffier pour des opérations de scellés (Pr. 907).

21172. Acte de délégation. — Cet acte de délégation n'est susceptible d'aucun recours (Pr. 907). Par suite, le juge de paix (ou un suppléant en cas d'empêchement) a un pouvoir souverain en la matière.

21173. Caractère personnel. — La délégation est essentiellement personnelle, et le greffier ne peut ni refuser cette mission ni se substituer — à peine de nullité — son commis greffier ou toute autre personne (Pabon, 4603).

21174. Consuls. — Certains traités diplomatiques attribuent compétence aux consuls pour apposer les scellés en France sur les biens de leurs nationaux décédés. De plus il est admis que, même en l'absence de conventions, la faculté de *concourir* à l'apposition des scellés doit être accordée aux agents consulaires des États pour lesquels il y a présomption que la même faculté est accordée aux agents français; à cet égard, l'affirmation du consul suffit (Pabon, 4620; Vignalou-Perer, 547). — V. *n° 22207 et suivants*.

21175. Application. — Par suite au cas de décès d'un étranger en France, le juge de paix doit tout d'abord s'inquiéter de l'existence d'un traité diplomatique avec le pays d'origine du *de cujus*; en cas d'existence, s'y conformer, et, à défaut, procéder à l'apposition des scellés conformément aux règles d'usage et prévenir le consul de la région, afin que celui-ci puisse, s'il le juge à propos, concourir à l'opération (Circ. 17 fév. 1913).

21176. Concours. — Lorsque le juge de paix et le consul concourent tous deux à l'apposition des scellés, soit simultanément, soit successivement, ils croisent leurs scellés.

I. — Apposition des scellés.

21178. Cas d'apposition. — Principe. — Les scellés ne doivent être apposés que dans les cas formellement prévus par la loi. — En matière civile, les scellés peuvent être apposés soit après décès soit pendant la vie (*n°s 21178 et suiv.*); en matière commerciale au cas de faillite et de liquidation judiciaire (n° 21185).

21178. Matière civile. — En matière civile, il y a lieu à apposition de scellés dans les cas suivants, savoir :

21179. Décès. — 1° Après le décès d'une personne de nationalité française ou étrangère (n° 21304). — A moins de réquisition formelle émanant du malade lui-même, l'apposition ne peut avoir lieu sous aucun prétexte avant le décès (Carré et Chauveau, *Quest.* 3076). — *V. n°ˢ 21196 et 21231.*

21180. Absence. — 2° En cas de présomption d'absence (Civ. 113 et 114). — L'apposition, en ce cas, ne doit être faite... qu'en vertu d'une ordonnance ou sur la demande du procureur de la République. — La levée ne peut ensuite être faite qu'à la requête des héritiers ayant fait déclarer l'absence et obtenu l'envoi en possession, et seulement *avec inventaire* et *en présence* du procureur de la République ou d'un juge de paix délégué par lui (Allain et Carré, t. 1, n° 1286; Civ. 126). — *V. n°ˢ 21191, 21316 et 21331.*

21181. Divorce et séparation. — 3° Sur l'action en divorce, en séparation de corps ou en séparation de biens (Civ. 242). — A l'égard de la femme ce droit lui appartient non seulement au cours de l'instance, mais encore après la prononciation du divorce et de la séparation (Cass. 1ᵉʳ déc. 1886, S. 87, 1, 127). — *V. n° 21214.*

21182. Interdiction. — 4° En matière d'interdiction (*V. n° 21217*). L'apposition a lieu à la requête des proches parents ou à défaut sur ordonnance du président du tribunal civil, ou sur réquisition du procureur de la République. — La levée peut avoir lieu sans description à la requête soit du défendeur si l'interdiction n'est pas prononcée, soit de l'administrateur provisoire nommé, soit du tuteur de l'interdit. — *V. n° 21217.*

21183. Notaire suspendu ou en fuite. — Au cas de suspension d'un notaire, destitution ou démission, et encore au cas de fuite ou de condamnation à la prison. Les scellés ne doivent, en principe, être apposés que sur les minutes, répertoires et registres constituant le dépôt public et à la requête du procureur de la République ou sur ordonnance du président ou encore sur jugement. — *V. n°ˢ 21195 et suiv.*

21184. Saisie. — 5° En cas de saisie-exécution (Pr. 591). — L'apposition est faite en cette espèce sur réquisition de l'huissier en présence du saisi. La levée a lieu à la requête du saisi et purement et simplement, c'est-à-dire sans inventaire (Carré et Perrin, p. 546, art. 591).

21185. Matière commerciale. — Enfin l'apposition des scellés s'impose à la suite de mise en faillite (Com. 455) et de liquidation judiciaire (L. 4 mars1889). — *V. n° 21212.*

21186. Dispense. — Un testateur peut dans son testament, interdire l'apposition des scellés après son décès, mais cette interdiction ne saurait être prise en considération qu'au cas où le testament est authentique et en l'absence d'héritiers réservataires (Nancy, 24 janv. 1846, D. 46, 2, 119; Rouen, 14 déc. 1851 et 13 fév. 1852. — *Contra* : Nancy, 6 mars 1885, S. 86, 2, 117; Toulouse, 10 mars 1898, D. 1901, 2, 423).

21187. Non-application. — En tout cas, l'interdiction dont il s'agit ne serait pas un obstacle à l'apposition des scellés : soit à la requête d'héritiers *réservataires* (Douai, 26 nov. 1906; Le Havre, 20 fév. 1908), soit à la requête d'un *créancier* (Bioche, 40), soit d'*office* au cas d'absence des héritiers (Bioche, 37 et 38).

21188. Apposition d'office. — Le juge de paix est tenu d'apposer les scellés, soit à la diligence du ministère public, soit sur la déclaration du maire, soit même d'office, dans les trois cas suivants, savoir :

21189. Héritiers mineurs dépourvus de tuteur. — 1° Lorsque le défunt laisse des héritiers *mineurs* et *sans tuteur* et que l'apposition n'est requise par aucun parent des mineurs (Pr. 911). — *V. n° 21227.*

21190. Existence d'un tuteur. — L'existence d'un tuteur soit légal, soit datif, soit testamentaire, suffit pour mettre obstacle à l'apposition d'office, alors qu'il n'aurait pas encore été nommé de subrogé tuteur (Pabon, 4657).

21191. Conjoint ou héritiers absents. — 2° Lorsque, soit le *conjoint survivant*, soit l'*un des héritiers* du défunt, y compris les légataires universels ou à titre universel, sont absents (Pr. 911-2°). — *V. n° 21180.*

21192. Application. — D'après l'opinion dominante, le mot « absents » de l'article 911 doit s'entendre seulement des *absents du lieu* où se trouvent les meubles laissés par le défunt, mais dont l'existence est certaine et des *présumés absents* à l'exclusion des *absents déclarés* (Carré et Perrin, p. 535; Pabon, n°ˢ 4664 et 4676. — V. Vignalou-Perer, *Des scellés*, n°ˢ 96 et suiv.).

21193. Dépositaires publics. — 3° Après le décès d'une personne constituée *dépositaire public* (Pr. 911-3°).

21194. Application. — Par dépositaires publics, il faut entendre ici tous fonctionnaires qui, par suite de leurs fonctions, ont en dépôt chez eux des actes, titres, papiers, valeurs ou deniers appartenant à l'État ou à des particuliers, tels que : *notaires, greffiers, archivistes de l'État, comptables de deniers publics, ingénieurs des mines.*

21195. Notaires. — Spécialement les scellés doivent être apposés sur les minutes et répertoire d'un notaire, savoir :

21196. Décès. — 1° En cas de décès et *immédiatement* après, lors même que tous les héritiers seraient majeurs, capables et présents (L. 25 vent. an XI, art. 51); après l'inhumation seulement, le juge de paix devrait constater au procès-verbal les causes de ce retard (Pr. 913). — *V. n° 21233.*

21197. Destitution, démission. — 2° En cas de destitution, de démission ou d'abandon de résidence (Javon, n° 14). — *V. n° 21183.*

21198. Emprisonnement. — 3° Lorsqu'il est emprisonné ou sous le coup de poursuites criminelles (Déc. min. just. 23 févr. 1810).

21199. Aliéné. — 4° Si son état mental exige son placement dans un établissement d'aliénés (T. paix Arendouck, 30 janv. 1882, *Rev. pr. belge,* 1882, p. 496).

21200. Suspension. — 5° En cas de suspension (Cass., 22 mai 1854, S. 54, 1, 704), opinion vivement critiquée (Javon, n° 14). — *V. n° 21183.*

21201. Nomination d'un gérant. — Toutefois, dans les différentes hypothèses ci-dessus, il semble résulter de l'art. 61 l.

vent. que l'apposition des scellés ne doit pas être effectuée s'il est justifié au juge de paix qu'un notaire a été nommé par ordonnance du président du tribunal pour gérer l'étude (Gauvin, 51; Javon, 54).

21202. LIMITATION DES CAS. — Enfin, il est décidé que les scellés ne peuvent pas être apposés d'office en dehors des cas expressément indiqués par l'art. 911 C. pr. et sus relatés (Le Havre, 10 juill. 1870, S. 71, 2, 77, D. 71, 3, 91).

21203. Apposition sur réquisition. — PRINCIPE. — La personne qui requiert l'apposition des scellés doit remplir trois conditions : 1º tenir d'un texte formel le droit de réquisition; 2º justifier de la qualité invoquée avec preuves ou présomptions à l'appui; 3º avoir intérêt, tout au moins apparent, à l'apposition.

Nous passerons très brièvement en revue les diverses personnes qui ont le droit de requérir l'apposition des scellés.

21204. PRÉTENDANTS DROIT. — Aux termes de l'art. 909 C. pr., l'apposition des scellés peut être requise par tous ceux qui prétendent avoir un droit dans la *succession* ou dans la *communauté* en justifiant d'un *titre apparent* (Lyon, 29 juill. 1903).

Il convient de ranger dans cette catégorie : 1º les héritiers légitimes et naturels; 2º les donataires, légataires ou institués contractuels; 3º le grevé de restitution et les appelés; 4º le conjoint survivant; 5º l'État à défaut de conjoint et d'héritiers; 6º l'exécuteur testamentaire, s'il y a des héritiers mineurs non pourvus de tuteur ou des absents (FORM. 1662).

21205. Aliéné non interdit. — L'apposition peut être requise par l'aliéné non interdit héritier, soit par lui-même, soit par son administrateur provisoire (L. 30 juin 1838, art. 1). — *V. nº 21316.*

21206. Conjoint survivant. — Le conjoint survivant a le droit de demander l'apposition des scellés dans les cas suivants : 1º communauté ou société d'acquêts entre les époux; 2º donataire ou légataire; 3º usufruitier légal; 4º ayant droit à la succession à défaut d'héritier (Papon, nºˢ 4763 et 4765). Dans ce dernier cas, c'est une obligation (V. nº 21729).

21207. Donataires. — Le même droit appartient aux donataires en pleine propriété ou en usufruit, soit universels, soit à titre universel, soit à titre particulier (Pigeau, t. 2, p. 613).

21208. Enfant adoptif. — L'enfant adoptif et ses descendants peuvent requérir l'apposition des scellés après le décès de l'adoptant, puisqu'ils sont héritiers de celui-ci (Civ. 357).

21209. Enfants naturels, adultérins et incestueux. — L'enfant naturel *reconnu* par le *de cujus* peut requérir l'apposition des scellés, ainsi que ses enfants et descendants légitimes (Civ. 756, 761), mais non l'enfant adultérin ou incestueux.

21210. État. — Lorsque l'État prétend à la succession par application de l'article 768 C. civ., l'administration des Domaines doit faire apposer les scellés et dresser l'inventaire (Civ. 769).

21211. Exécuteur testamentaire. — L'apposition des scellés peut et doit même, en certains cas, être requise par l'exécuteur testamentaire (Civ. 1031). — *V. nº 21332.*

21212. Failli. — A l'égard d'un failli intéressé dans une succession, l'apposition des scellés peut être requise par le syndic de la faillite (Gauvin, nº 25). — *V. nºˢ 21185 et 22172.*

21213. Femme mariée. — Au cas de succession échue à une femme mariée, le droit de requérir l'apposition appartient à *chacun* des époux, sous tous les régimes, sauf la séparation de biens et le régime dotal avec stipulation que tous les biens à venir de la femme seront paraphernaux; dans ces deux derniers cas, le mari est sans qualité et la femme n'a pas besoin d'autorisation.

21214. Femme en instance de divorce. — La femme demanderesse en divorce ou en séparation de corps a le droit de requérir l'apposition des scellés (Angers, 16 avril 1853, S. 53, 2, 295). — *V. nº 21181.*

21215. Grevés de restitution et appelés. — Peuvent requérir l'apposition des scellés : le *grevé*, le *tuteur* à la substitution, les *appelés* ou leurs représentants, les *parents* des appelés et le *procureur*, tout au moins après l'expiration sans inventaire des délais des art. 1056 et suiv. C. civ.

21216. Légataires. — Le droit de requérir l'apposition appartient aux légataires universels ou à titre universel, et même, en principe, aux légataires particuliers; peu importe qu'il s'agisse d'un legs en pleine propriété, nue propriété ou usufruit.

En présence d'un légataire universel, les héritiers non réservataires ne peuvent requérir l'apposition que si le legs résulte d'un testament olographe et tant que l'envoi en possession n'est pas ordonné (Douai, 28 mai 1845, S. 45, 2, 543; Riom, 29 mars 1879, S. 79, 2, 290).

21217. Mineurs ou interdits. — L'apposition peut être demandée par le tuteur; à défaut de tuteur ou nommé, par un parent de l'incapable (Civ. 910).

21218. Mineur émancipé. — Le mineur émancipé peut requérir l'apposition des scellés sans l'assistance de son curateur; ce dernier le peut également à défaut par le mineur de le faire (Chauveau, nº 3067 *bis*). — *V. nº 21301.*

21219. CRÉANCIERS. En règle générale, l'apposition des scellés peut être requise par les créanciers du défunt, les créanciers personnels des héritiers, les créanciers de la communauté et leurs créanciers, les créanciers du conjoint survivant et leurs créanciers; enfin, en certains cas, les créanciers personnels de la femme de l'héritier.

21220. Créanciers du défunt. — Les créanciers du défunt doivent être munis d'un *titre exécutoire* ou autorisés par une permission, soit du président du tribunal civil, soit du juge de paix du lieu où les scellés doivent être apposés (Civ. 820; Pr. 909), alors même que l'héritier accepterait purement et simplement la succession (Agen, 23 oct. 1893, D. 94, 2, 311, et S. 94, 2, 293). — (FORM. 1662 ET 1663).

21221. Créanciers d'un créancier du défunt. — Le créancier d'un créancier du défunt ne peut faire apposer les scellés (Civ. 909 et 1166) qu'avec la permission du juge, à moins qu'il n'ait un titre exécutoire contre son débiteur, et que ce dernier en ait lui-même un contre la succession (V. nº 21230).

21222. Créanciers personnels de l'héritier. — L'opinion dominante, invoquant la combinaison des art. 909, 934 et 1166 du C. civ., accorde également au créancier personnel de l'héritier le droit de faire apposer les scellés lorsqu'il possède un titre exécutoire contre son débiteur ou à défaut avec la permission du juge (Pabon, 4770; Vignalou-Perer, nᵒˢ 150 et suiv.; Carré et Chauveau, *Quest.* 3062; Jay. 64; De Belleyme, 2, 238; Baudry-Lacant., t. 2, 2045; Demolombe, XV, 627; Toulouse, 18 juill. 1887; Agen, 23 oct. 1893, S. 94, 2, 293; Lyon, 20 mars 1900; Seine, 15 juill. 1908; Paris, 24 juin 1919, *G. P.* 1919, 2, 205; C. Rennes, 21 déc. 1922, *R. du N.* 20348. — *Contra* : Paris, 17 juill. 1867, S. 68, 2, 49; Caen, 29 août 1876, S. 76, 2, 314; Paris, 5 av. et 30 nov. 1892, S. 93, 2, 46; Bar-sur-Seine, 9 fév. 1899; Douai, 18 juin 1903; Rennes, 21 déc. 1922, *Rep. not.* 20348).

21223. Créancier d'un créancier des héritiers. — La même solution s'impose. Le créancier du créancier des héritiers pouvant, aux termes de l'art. 1166 C. civ., exercer tous les droits de ce dernier peut, par là même, exercer le droit résultant du même article, au profit du créancier des héritiers (Pabon, 4771; Vignalou-Perer, nᵒ 152. — *Contra* : Michel, p. 58).

21224. Créanciers de la communauté et leurs créanciers. — Ils ont le droit de faire apposer les scellés (Pabon, 4771) avec ou sans autorisation du juge suivant les distinctions établies nᵒ 21220.

21225. Créanciers du conjoint survivant et leurs créanciers. — La même solution doit être adoptée à l'égard de cette catégorie de créanciers (Pabon 4771).

21226. Créanciers personnels de la femme de l'héritier. — Les créanciers personnels de la femme de l'héritier au cas de communauté légale entre les époux peuvent faire apposer les scellés sur la succession échue au mari (Gauvin, 34; Michel, p. 55).

21227. Serviteurs et autres personnes demeurant avec le défunt. — En cas d'absence soit du conjoint, soit des héritiers ou de l'un d'eux, l'apposition des scellés peut être requise par les serviteurs et domestiques du défunt ou par les parents et amis demeurant avec lui (Pr. 909). — *V. nᵒ 21236.*

21228. Apposition. — Dans cette hypothèse, le juge de paix peut, à défaut de réquisition, agir d'office (Pr. 911). — *V. nᵒ 21188.*

21229. Procureur de la République. — L'apposition des scellés peut être requise par le procureur de la République dans les cas suivants : 1ᵒ Si le mineur non émancipé et l'interdit héritiers sont sans tuteur et que le scellé ne soit pas requis par un parent (*V. nᵒ 21189*); — 2ᵒ Si le conjoint du défunt ou si les héritiers de ce dernier ou l'un d'eux sont absents (*V. nᵒ 21191*); — 3ᵒ Si le défunt était dépositaire public (*V. nᵒ 21193*); — 4ᵒ Lorsqu'il y a lieu de protéger des incapables.

21230. Autorisation de justice. — Enfin, le président du tribunal civil peut ordonner toutes mesures conservatoires, et peut par conséquent autoriser toute personne à requérir l'apposition des scellés.

21231. Délai. — Principe. — En principe, l'apposition des scellés, pour être efficace, doit être faite *immédiatement* après le décès et *avant l'inhumation.*

21232. Décès éloigné. — Néanmoins, la loi n'impose nullement cette formalité dans un délai déterminé, et l'on décide que, quel que soit le temps écoulé depuis le décès, l'héritier peut toujours demander l'apposition des scellés, si cette mesure ne présente pas un caractère purement vexatoire ou n'est pas devenue superflue (Seine, 27 fév. 1888; Dijon, 11 juill. 1904).

21233. Scellés après l'inhumation. — En tous cas, si les scellés n'ont pas été apposés avant l'inhumation, le juge de paix est tenu de constater dans son procès-verbal le moment où il a été requis de les apposer et les causes qui ont retardé soit la réquisition, soit l'apposition (Pr. 913).

21234. Jours fériés. — Le juge de paix peut et doit (s'il en est requis) apposer les scellés les dimanches et jours fériés (Pabon, 4680).

21235. Nuit. — En principe, le juge de paix ne peut, même d'office, procéder la nuit à une apposition de scellés (Gauvin, 80); cependant, suivant l'opinion dominante, les scellés peuvent être apposés la nuit, d'office ou sur requisition dans les deux cas suivants :

21236. Domicile vacant. — 1ᵒ Quand il n'y a dans la maison mortuaire ni conjoint survivant ni héritier demeurant avec le défunt, mais simplement des domestiques, le domicile étant alors réputé vacant (Bioche, 46; Chevalier, p. 132; Garsonnet, t. 4, nᵒ 1247; Pabon, nᵒ 4679).

21237. Non-opposition. — 2ᵒ Quand le conjoint et l'héritier présent dans la maison mortuaire ne s'opposent pas à l'apposition (Pabon, 4679).

21238. Lieu de l'apposition. — Domicile et résidences. — En principe, les scellés ne doivent être apposés qu'au domicile du *de cujus* et aux *résidences* qu'il pouvait avoir, soit seul, soit en commun, au cas de présomptions que des effets lui appartenant puissent s'y trouver.

21239. Domicile d'un tiers. — L'on considère que les scellés peuvent être apposés au domicile d'un tiers, lors même que le défunt n'y résidait pas, mais seulement au cas de présomptions graves que des effets, valeurs ou papiers de la succession doivent s'y trouver par suite de dépôt ou de détournement (Cass., 15 mars 1872, D. 73, 5, 413; Toulouse, 10 mars 1898, S. 1902, 2, 142; D. 1901, 2, 423).

21240. Ordonnance. — Mais, en raison de l'inviolabilité du domicile, le juge de paix devra, en ce cas, se faire couvrir par ordonnance du président du tribunal civil (Pabon, 4693; Rodière, t. 2, p. 449).

21241. Application. — Décidé... que les scellés peuvent, sur ordonnance, être apposés au domicile du cohéritier qui a eu une association avec le défunt (Paris, 15 mars 1872, D. 73, 5, 413),... de même au siège d'une société dont le défunt faisait partie (Cass., 23 juill. 1872, D. 73, 1, 355).

21242. Non-application. — Mais décidé... que les scellés ne peuvent être apposés, même à la demande d'un héritier réservataire, au domicile d'un tiers où le *de cujus* n'avait pas une *résidence privative* ou une *résidence partagée*, notammert pour y rechercher des documents qui seraient de nature à faire établir que cette tierce personne a bénéficié de libéralités dépassant la quotité disponible (Paris, 26 janv. 1910; G. P., 1910, 1, 121; Rouen, 13 juin 1914).

21243. Coffre-fort dans une banque. — Les scellés doivent être apposés sur tout coffre-fort ou compartiment de coffre-fort tenu en location par le défunt dans un établissement de crédit. L'ouverture de ce coffre-fort est réglée par une loi du 18 avril 1918 dont il sera question ci-après *nᵒˢ 22247 et suiv.*

21244. Objets sous scellés. — Principe. — En règle générale, les scellés sont apposés sur tous les objets mobiliers appartenant ou présumés appartenir au *de cujus* qui sont trouvés dans sa demeure et dans les diverses résidences qu'il pouvait avoir. — *V. nᵒ 21263.*

21245. Objets laissés en évidence. — Toutefois, s'il y a des effets mobiliers qui soient nécessaires à l'usage des personnes qui restent dans la maison ou sur lesquels les scellés ne peuvent être mis, le juge de paix se borne à les décrire dans son procès-verbal (Pr. 914 et 924).

21246. Dépenses urgentes. — On décide que le juge de paix peut également, sans avoir besoin d'en référer au président du tribunal civil, laisser aux mains du conjoint, des héritiers ou de l'un d'eux, somme suffisante pour payer les dépenses courantes et urgentes, ainsi que les frais d'inhumation, sauf mention sur le procès-verbal et justification ultérieure d'emploi (Pabon, 4694).

21247. Commerce. Marchandises. — De même, au cas d'apposition de scellés après le décès d'un commerçant non failli, le juge de paix peut laisser en dehors des scellés les marchandises nécessaires pour la vente courante, notamment celles qui sont sujettes à se détériorer et le mobilier nécessaire à l'exploitation (Pabon, 4 695; Michel, 199).

21248. Inventaire en cours ou parachevé. — Lorsqu'elle est requise au cours d'un inventaire, l'apposition a lieu seulement sur les objets non encore inventoriés (Form. 1664). S'il est clos, les scellés ne peuvent plus être apposés qu'en vertu d'une ordonnance du président du tribunal civil, et encore au cas seulement où l'inventaire est attaqué comme nul, incomplet ou frauduleux (Pr. 923).

21249. Référé. — Dans le cas d'inventaire parachevé, le référé peut être introduit soit directement par celui qui attaque l'inventaire, soit par le juge de paix à la demande de l'intéressé (Michel, p. 126). Le président apprécie souverainement si l'inventaire a été dressé avec tout le soin nécessaire (Trévoux, 18 déc. 1900, *Mon. Lyon* 24 av. 1901).

21250. Formalité de l'apposition. — Requérants. — La présence des requérants ou de leur mandataire n'est pas indispensable lors de l'apposition de scellés; il suffit que la réquisition porte leur signature ou la mention qu'ils ne peuvent signer (Gauvin, 95).

21251. Sceau. — Il convient d'apposer les scellés à une certaine hauteur; il n'est pas indispensable que ceux-ci couvrent entièrement les serrures des portes; les rubans sont fixés avec des cachets de cire portant le sceau du magistrat dont l'empreinte est déposée au greffe du tribunal de première instance (Pr. 908). — *V. nᵒ 21273.*

21252. Perquisition. — L'apposition de scellés ne comporte pas en principe de perquisition; néanmoins, si le défunt n'est pas connu, le juge de paix peut se livrer, dans les papiers, à toutes recherches utiles pour établir l'état civil du *de cujus.*

21253. Perquisition requise. — Le juge de paix peut également, sur la demande d'un intéressé ou d'un tiers, se réclamant d'un legs promis par le défunt, rechercher le prétendu testament (Pr. 917; Neufchâtel-en-Bray, 26 mars 1904), à la condition que le requérant justifie de son droit d'intervention par une preuve quelconque à l'appui de ses dires (Montpellier, 29 mai 1890).

21254. Fouilles. — Si, au cours de l'apposition des scellés (ou de la levée), une personne est surprise par le juge de paix ou un tiers en flagrant délit de détournement, dissimulant des objets ou valeurs dépendant de la succession, le juge de paix a le droit incontestable de faire fouiller cette personne (Seine, 12 juin 1901; Paris, 31 juill. 1901, S. 1902, 2, 155; Cass., 6 janv. 1903, D. 1903, 1, 16, S. 1903, 1, 501).

21255. Procès-verbal. — Lorsque la personne fouillée a été trouvée nantie de valeurs et effets détournés, le juge de paix le constate dans son procès-verbal de scellés; il dresse en outre un second procès-verbal constatant le délit qu'il transmet au procureur de la République (*V. nᵒ 21344*).

21256. Injures. — Si, au cours des opérations, le juge de paix est insulté, outragé ou menacé, il peut, en sa qualité d'officier de police judiciaire, dresser séance tenante, sur papier libre, procès-verbal contre le délinquant et transmettre ce procès-verbal au Procureur de la République (Pabon, 4722. — V. Pr. 91).

21257. Force publique. — Le juge de paix peut, au surplus, au cas de nécessité, requérir, pour l'aider dans ses opérations, l'assistance de la force publique (Vignalou-Perer, 728).

21258. Découverte de testaments et plis cachetés. — Si, lors de l'apposition des scellés, il est trouvé un testament *cacheté* ou autres papiers *cachetés*, le juge de paix ne doit pas les ouvrir même à la réquisition des parties; il est tenu d'en constater la forme extérieure, le sceau et la suscription, s'il y en a; il doit parapher l'enveloppe et la faire parapher par le greffier et les parties présentes, si elles le savent; il indique les jour, lieu et heure où le paquet sera par lui présenté au président du tribunal civil et intime les parties à s'y trouver si elles le jugent utile. Mention du tout est faite sur le procès-verbal, qui doit être signé par le juge, le greffier et les parties, sinon mention sera faite du motif de l'absence de leurs signatures (Pr. 916).

21259. Testament ouvert. — Lorsque le testament est trouvé ouvert, le juge de paix doit en constater l'état et observer ce qui est prescrit ci-dessus (Pr. 920).

21260. Testament d'un tiers. — Si, au lieu du testament du défunt, le juge de paix trouvait le testament olographe d'un tiers, il devrait procéder comme pour le testament du défunt (Pabon, 4700).

21261. DENIERS ET VALEURS. — Les deniers et valeurs découverts au cours des opérations pourront — si l'un des héritiers le demande et que les autres ne s'y opposent pas — être déposés par le juge à la Caisse des dépôts et consignations (L. 28 juill. 1875, art. 1 et 2).

21262. Désaccord. — S'il n'y a pas accord sur la consignation, le juge de paix doit introduire un référé devant le président du tribunal civil pour qu'il soit statué sur la difficulté soulevée (Pabon, 4690).

21263. OBJETS ET PAPIERS ÉTRANGERS A LA SUCCESSION. — Aux termes de l'art. 939 C. civ., s'il est trouvé *lors de la levée des scellés* des objets et papiers étrangers à la succession et réclamés par des tiers, ils doivent être remis sur-le-champ par le juge de paix aux ayants droit, s'il n'y a pas opposition à leur remise, sans description.

21264. Revendication lors de l'apposition. — Mais au cas de revendication *au cours de l'apposition* des scellés, l'on estime que le juge de paix doit passer outre, sauf, en cas d'insistance dans la réclamation, à introduire un référé (Michel, 231).

21265. DIFFICULTÉS. — RÉFÉRÉ. — Si les portes sont fermées, s'il se rencontre des obstacles à l'apposition des scellés, s'il s'élève, soit avant, soit pendant le scellé, des difficultés, il y est statué en référé par le président du tribunal. A cet effet, il est sursis, et établi par le juge de paix gardien extérieur, même intérieur, si le cas y échet, et il en réfère sur-le-champ au président du tribunal. Peut néanmoins le juge de paix, s'il y a péril dans le retard, statuer par provision, sauf à en référer ensuite au président du tribunal (Pr. 921; Cass., 28 juin 1852, S. 52, 1, 537).

21266. Procès-verbal de référé. — Dans tous les cas où il est référé par le juge de paix au président du tribunal, soit en matière de scellé, soit en autre matière, ce qui est fait et ordonné est constaté sur le procès-verbal dressé par le juge de paix; le président signe ses ordonnances sur ce procès-verbal (Pr. 922).

21267. CLEFS. — Les clefs des meubles ou pièces mis sous scellés sont remises au greffier au fur et à mesure des opérations, qui en assure la garde jusqu'à la levée (Pr. 915). — *V. n° 21274.*

21268. Visite postérieure. — Les scellés apposés, le juge ni le greffier ne peuvent jusqu'à la levée aller dans la maison où est le scellé, à peine d'interdiction, à moins qu'ils n'en soient requis,

ou que leur transport n'ait été précédé d'une ordonnance motivée (Pr. 915).

21269. CLOTURE DES OPÉRATIONS. — Avant de clôturer et de nommer le gardien des scellés (*V. n° 21270*), le juge de paix fait prêter le serment prescrit par l'art. 914-1° du Code de procédure civile. Puis il rédige et fait signer le procès-verbal des opérations (*V. n° 21271*).

21270. Gardien de scellés. — Le juge de paix a toute latitude pour le choix du gardien pourvu que la personne choisie remplisse les conditions de moralité et de probité désirables (Pabon, 4707). — En principe, on ne doit établir qu'un seul gardien pour la garde des scellés apposés dans un même lieu, mais il peut être établi autant de gardiens qu'il a été fait d'appositions de scellés en divers lieux par le même juge de paix ou par divers juges de paix (Carré et Chauveau, 3079). — Le gardien a droit à des émoluments qui sont à la charge de la succession (*V. n° 22483*).

21271. Procès-verbal. — Le procès-verbal d'apposition de scellés doit contenir : 1° la date des an, mois, jour et heure de l'apposition; 2° les motifs de l'apposition; 3° la désignation du requérant avec élection de domicile dans la commune où les scellés sont apposés, s'il n'y demeure déjà, ou l'indication qu'ils ont été mis d'office; 4° l'ordonnance qui permet le scellé, s'il en a été rendu une (*formule 1661*); 5° les comparutions et les dires des parties; 6° la désignation des lieux; 7° la désignation des lieux d'apposition et des objets sous scellés; 8° la description sommaire des objets laissés en évidence; 9° les décisions du juge et la mention spéciale pour les scellés apposés après l'inhumation s'il y a lieu; 10° le serment de clôture; 11° l'établissement d'un gardien de scellés et son acceptation le cas échéant; 12° la mention de la remise des clefs au greffier; 13° la mention d'annexe des pièces; 14° le nombre de vacations du greffier; 15° et la clôture avec les signatures des parties (Pr. 914 et 924) — (FORM. 1665).

21272. PROCÈS-VERBAL DE CARENCE. — Enfin, s'il n'y a aucun effet mobilier à mettre sous scellé, le juge de paix dresse un procès-verbal de carence (Pr. 924).

21273. Obligations du juge de paix. — SCEAU. — Le sceau des scellés doit rester jusqu'à la levée entre les mains du juge de paix (Pr. 908). Au cas de délégation, le greffier doit remettre le sceau au juge aussitôt après l'apposition (*V. n° 21251*).

21274. CLEFS. — Les clefs des serrures sur lesquelles les scellés ont été apposés doivent, jusqu'à la levée des scellés, rester entre les mains du greffier (Pr. 915). — *V. n° 21267.*

21275. DÉCLARATION AU GREFFE CIVIL. — Dans les communes de plus de 20.000 âmes, le juge de paix est tenu de faire parvenir au greffe du tribunal civil de l'arrondissement, dans les *vingt quatre heures de l'apposition* : 1° les noms et demeures des personnes sur les effets desquels le scellé aura été apposé; 2° le nom et la demeure du juge qui a fait l'apposition; 3° le jour où elle a été faite (Pr. 925).

21276. Avis a l'enregistrement. — Les juges de paix doivent avertir l'Administration de l'enregistrement de toutes appositions de scellés par eux faites chez des personnes décédées sans héritiers connus et dont on peut présumer que la succession se trouve dévolue à la nation à titre de déshérence (Circ. 23 fruct. an VII).

21277. Avis aux indigents. — Enfin, le juge de paix doit prévenir les *personnes indigentes* de la possibilité d'éviter les frais d'apposition et de levée de scellés en sollicitant l'assistance judiciaire soit avant l'apposition soit avant la levée (Circ. just. 28 fév. 1916).

II. — Opposition aux scellés.

21278. Application. — L'opposition à la levée de scellés peut être formée par toute personne *intéressée*. Il suffit d'un *droit apparent*, et la faculté d'opposition, conférée par l'article 821 C. civ., ne peut, en principe, être refusée pour défaut d'intérêt, à raison de l'opulence de la succession (Riom, 30 déc. 1884, S. 85, 2, 12).

21279. Capacité. — Peuvent, en principe, former opposition tous ceux qui ont qualité pour requérir l'apposition, tels que les héritiers, les légataires, les créanciers du défunt, alors même qu'ils n'ont ni titre exécutoire, ni permission du juge (Paris, 10 juin 1858, S. 59, 2, 161).

21280. Créanciers de l'héritier. — Le même droit appartient au créancier de l'héritier (C. Rennes 21 déc. 1922, R. d. N. 20348) mais son opposition a pour unique effet de mettre l'héritier dans l'obligation de faire dresser inventaire (Paris, 4 av. 1892) et de ne pouvoir procéder au partage hors la présence de l'opposant Cass., 9 juill. 1838, S. 38, 1, 764).

21281. Moment de l'opposition. — L'opposition peut être formée, savoir : 1º au cours de l'apposition des scellés; 2º ou bien entre l'apposition et la levée; 3º ou encore, au cours de la levée des scellés; dans ce dernier cas, l'opposition est constatée sur le procès-verbal ou notifiée par exploit au greffier de la justice de paix (Godart, t. 2, nº 823).

21282. Formes de l'opposition. — Déclaration au procès-verbal. — L'opposition peut résulter d'une *déclaration sur le procès-verbal* de scellés (Pr. 926).

21283. Réception.. — Elle est reçue par le greffier seul, avec ou sans l'assistance du juge; elle est signée par le déclarant et le greffier. (Form. 1666). Elle donne lieu à un droit fixe d'enregistrement et a un émolument pour le greffier (*nº 22476*).

21284. Acte extrajudiciaire. — L'opposition peut également être formée par exploit d'huissier signifié au greffier de la justice de paix du canton où les scellés ont été apposés (Pr. 926). — (Form 1667).

21285. Rôle du greffier. — Le greffier doit alors viser l'original (Pr. 1039), mentionner l'opposition au procès-verbal d'apposition et y annexer la copie de l'exploit (Ségéral, t. 2, nº 830). — (Form. 1668).

21286. Mentions de l'opposition. — Toute opposition à scellés doit contenir à peine de nullité, outre les formalités communes à tout exploit : 1º élection de *domicile* dans la commune ou dans l'arrondissement de la justice de paix où le scellé est apposé, si l'opposant n'y est pas domicilié; l'énonciation précise de la *cause* de l'opposition (Pr. 927).

21287. Effets de l'opposition. — Levée de scellés. — Les scellés ne peuvent, en principe, être levés sans que l'opposant soit présent ou ait été régulièrement sommé, par exploit d'huissier, d'assister à la levée (Pr. 931) à moins qu'il n'ait donné mainlevée de son opposition (Form. 1669).

21288. Sommation. — La sommation a lieu par exploit d'huissier signifié à personne ou au domicile élu dans l'opposition au moins *trois jours francs* avant la levée des scellés (Pabon, 1897; Mazamet, 13 juin 1898). — *V. nº 21314.*

21289. Inventaire. — L'opposition à la levée de scellés régulièrement formée oblige les intéressés à faire inventaire, sauf dans le cas où l'opposant consent à la levée pure et simple (Paris, 4 avr. 1892, D. 92, 2, 9; Paris, 30 nov. 1892, S. 92, 2, 46; Le Havre, 30 mars 1906, *Journ. j. P.* 1906, 499). — *V. nº 21323.*

21290. Exception. — Toutefois, si l'opposition émane d'un déposant ou de toute autre personne qui revendique des objets ou valeurs et en demande la restitution en *nature*, elle n'oblige pas les héritiers à faire inventaire (Godart, t. 2, nº 816; Vignalou-Perer, nº 304).

21291. Partage. — L'opposition à levée de scellés vaut également opposition à partage; elle empêche le cohéritier, conformément à l'art. 882 C. civ., de céder ses droits au préjudice de l'opposant et de procéder au partage hors sa présence (Paris, 30 nov. 1892, et le Havre, 30 mars 1906, précités).

21292. Héritier bénéficiaire. — L'opposition interdit également à l'héritier bénéficiaire de faire aucun paiement si ce n'est dans l'ordre et de la manière réglée par le juge (Bioche, 128).

21293. Prescription. — Enfin l'opposition à scellés interrompt la prescription (Paris, 7 août 1819; Cass., 11 déc. 1833, D. 24, 1, 335; — *Contra :* Garsonnet, VII, § 2606).

21294. Mérite des oppositions. — En principe, le juge de paix n'a pas qualité pour apprécier le mérite ou la validité des oppositions; il ne peut statuer à leur égard (Pabon, 4795 et 4797) et doit réserver ce soin au juge des référés, qui a pleine compétence à cet effet (Cass., 28 juin 1852, S. 52, 1, 537).

III. — Levée des scellés.

21295. Réquisition. — La levée de scellés peut être opérée, soit provisoirement dans un but légal déterminé (*V. n° 21321*) et pour cause d'urgence (*V. n° 21307*), soit définitivement. Dans ce dernier cas, la levée ne peut avoir lieu que sur réquisition. Cette réquisition appartient à tous ceux qui ont droit de requérir l'apposition (*V. n°s 21203 et suiv.*), à l'exception des cohabitants (Pr. 930).

21296. Non-réservataires et légataire universel. — Toutefois, les héritiers non réservataires qui agissent à l'encontre d'un légataire universel saisi ne peuvent requérir la levée des scellés qu'autant qu'ils attaquent effectivement le testament; décidé que de simples réserves sur sa validité seraient inopérantes (Montpellier, 29 mai 1890, D. 91, 2, 159; Poitiers, 2 mars 1892. — *Contra;* Paris, 4 mars 1886).

21297. Avance des frais. — Décidé cependant que les héritiers dont il s'agit auraient le droit, à charge de faire l'avance des frais, de requérir la levée des scellés en vue de la découverte possible d'un nouveau testament, et ce malgré l'envoi en possession du légataire universel (Tours, 23 mai 1874; Besançon, 23 nov. 1892; Pau, 30 janv. 1911).

21298. Référé. — En cas de difficultés, il doit d'ailleurs en être référé au président du tribunal civil de première instance de l'arrondissement où doit avoir lieu la levée de scellés (Cass., 28 juin 1852, S. 52, 1, 537).

21299. Forme de la réquisition. — La réquisition de levée de scellés doit être *consignée* sur le procès-verbal de levée et signée du requérant (Pr. 931) ou de son mandataire muni d'un pouvoir sous seing privé (*V. n° 21318*) (Form. 1673).

21300. Autres formes. — On enseigne que la réquisition ne peut revêtir une autre forme et que la levée des scellés ne peut avoir lieu d'office (sauf pour les levées provisoires) ni sur demande faite par lettre ou télégramme; décidé cependant que cette réquisition peut être faite par exploit d'huissier signifié au juge ou au greffier (La Flèche, 21 août 1902, *Mon. J. P.* 1903, 23).

21301. Capacité. — Principe. — Du fait que la levée des scellés peut en principe être requise par ceux qui ont le droit de les faire apposer, il suffit de se reporter, pour établir ce droit, à l'énumération que nous avons précédemment donnée (*Voir n°s 21203 et suiv.*).

21302. Exceptions. — Ce principe souffre toutefois exception à l'égard des serviteurs et domestiques du défunt ou autres personnes demeurant avec ce dernier (Pr. 930); il en serait autrement s'ils avaient des droits dans la succession, par exemple comme héritiers ou légataires (Pabon, 4808).

21303. Incapables. — Si les héritiers ou quelques-uns d'eux sont mineurs non émancipés (ou interdits), la levée des scellés ne peut avoir lieu qu'après qu'ils auront été émancipés ou pourvus de tuteurs (Pr. 929).

21304. Étranger. — Décidé que lorsqu'un individu qui se dit étranger vient à mourir en France sans laisser de parents au degré successible, non plus que des enfants naturels ou un conjoint, c'est le directeur du domaine, et non le consul de la nation à laquelle il est présumé appartenir, qui a qualité pour procéder à la levée des scellés (Cass., 28 juin 1852, S. 52, 1, 537, D. 52, 1, 284). — *V. n° 21174.*

21305. Délais. — Les scellés une fois apposés ne peuvent être levés et l'inventaire fait que *trois jours après l'inhumation* s'ils ont été apposés avant l'inhumation, et trois jours *après l'apposition* s'ils ont été apposés postérieurement à l'inhumation, et ce à peine de *nullité* des procès-verbaux de levée de scellés et d'inventaire et de *dommages-intérêts* contre ceux qui les auraient faits et requis (Pr. 928).

21306. Délai franc. — Ce délai de trois jours est franc; par conséquent il ne faut y compter ni le jour de l'inhumation ou de l'apposition des scellés, ni celui de la levée (Pabon, 4794).

21307. Urgence. — Toutefois, pour des causes urgentes à mentionner au procès-verbal, le président du tribunal civil peut autoriser la levée avant les trois jours, (Form. 1670). — Dans ce cas, si les parties ne sont pas présentes, elles sont représentées aux opérations par un notaire commis d'office à cet effet (Pr. 928). — *V. n°s 21613 et suiv.*

21308. Délai maximum. — S'il y a un délai minimum pendant lequel les scellés ne peuvent être levés, il n'y a point de délai maximum dans lequel ils doivent être levés (*V. n° ci-après*).

21309. Tuteur. — Toutefois, le tuteur du mineur ou de l'interdit doit, sous peine de responsabilité du préjudice causé à l'incapable, requérir la levée des scellés dans les *dix jours* de sa nomination (Civ., 451 et 509).

21310. Formalités préalables. — Les formalités à remplir pour parvenir à la levée de scellés sont :

21311. Réquisition. — 1° Une réquisition à cet effet consignée sur le procès-verbal du juge de paix (*V. n° 21340*).

21312. Ordonnance du juge. — 2° Une ordonnance du juge de paix, indicative des jour et heure où la levée sera faite.

21313. Appel des intéressés. — 3° L'appel à la levée des scellés de certains intéressés désignés par l'art. 931 C. pr. civ.

21314. Application. — Les personnes à appeler à la levée de scellés sont les mêmes que celles qui doivent assister à l'inventaire (*V. n°s 21580 et suivants*). L'appel a lieu suivant les règles établies par le § 3 de l'art. 931 du Code de procédure civile ainsi conçu : « 3° une sommation d'assister à cette levée, faite au conjoint survivant, aux présomptifs héritiers, à l'exécuteur testamentaire, aux légataires universels et à titre universel, *s'ils sont connus*, et aux opposants. — Il ne sera pas besoin d'appeler les intéressés demeurant hors la distance de cinq myriamètres, mais on appellera pour eux à la levée et à l'inventaire un *notaire nommé d'office* par le président du tribunal de première instance. — Les opposants seront appelés aux domiciles par eux élus. »

21315. *Sommation.* — La sommation visée à l'art. 931 n'est pas prescrite à peine de nullité; en conséquence, les parties peuvent comparaître volontairement, ce qui a souvent lieu dans la pratique.

21316. NOTAIRE COMMIS. — Un notaire peut donc être commis à l'effet de :

1° Représenter des intéressés demeurant hors la distance de 50 kilomètres (Pr. 931);

2° Représenter les non-présents, et ce alors même qu'ils demeurent dans la distance de cinq myriamètres, s'il y a urgence à lever les scellés et à faire l'inventaire avant l'expiration du délai de trois jours (Pr. 928);

3° Représenter les présumés absents (Civ. 113);

4° Représenter les aliénés non interdits placés dans une maison de santé, lorsqu'il ne leur a pas été nommé d'administrateur provisoire (L. 28 juin 1838). — *V. n°⁸ 21334 et 21613 et formule 1671.*

21317. *Annexes.* — L'ordonnance qui commet un notaire pour représenter des héritiers non présents ainsi que le jugement qui commet un notaire pour représenter un présumé absent doivent être annexés au procès-verbal de scellés et non à l'inventaire (Chauveau sur Carré, 3118 *bis*). — (FORM. 1660).

21318. AVOUÉS ET MANDATAIRES. — Les intéressés qui ont le droit d'être présents à la levée des scellés et à l'inventaire peuvent se faire assister d'un avoué; mais en dehors des avoués et des mandataires des intéressés, aucune autre personne ne peut assister à la levée de scellés; par conséquent, le juge de paix peut, sur la demande des parties, ou même d'office, obliger les étrangers, notamment les agents d'affaires, à se retirer (Pabon, 4859; Vignalou-Perer, 417).

21319. OFFICIER. — **AGENT DIPLOMATIQUE.** — Enfin, en cas de décès d'un officier général ou supérieur, la levée de scellés (et l'inventaire) doit être faite en la présence d'un officier supérieur délégué, et en cas de décès d'un agent diplomatique ou consulaire, un délégué de la sous-direction des archives (Circ. just. 22 nov. 1911; Arr. Aff. Étr., 7 août 1911).

21320. Levées des scellés. — **DIVERS MODES.** — Il y a trois sortes de levées de scellés : la levée provisoire (n° *21321*); la levée pure et simple (n° *21323*); et la levée avec inventaire (n° *21329*).

21321. LEVÉE PROVISOIRE. — La levée provisoire des scellés a pour objet de satisfaire, avant la levée définitive, un intérêt urgent. Une fois le but de la levée rempli, les scellés sont immédiatement réapposés (Vignalou-Perer, 421).

21322. *Application.* — Cette levée provisoire, qui peut être faite sur réquisition, d'office ou en vertu d'une ordonnance, peut être nécessitée notamment pour les motifs suivants : 1° délivrance d'un animal enfermé; 2° putréfaction de matières organiques se trouvant sous scellés; 3° incendie ou inondation dans l'habitation; 4° recherche d'un titre dont les héritiers ou un tiers ont un pressant besoin; 5° réclamation par un tiers d'objets de première nécessité qui ont été mis sous scellés.

21323. LEVÉE PURE ET SIMPLE. — La levée pure et simple est celle qui a lieu sans description ni inventaire, suivant la règle suivante posée par l'art. 940 du Code de procédure civile : « Si la cause de l'opposition des scellés cesse avant qu'ils soient levés ou pendant le cours de leur levée, ils seront levés sans description. »

21324. *Réquisition.* — La levée pure et simple ne peut donc être faite que sur *réquisition* et demandée par un mandataire, le pouvoir doit être explicite à cet égard.

21325. APPLICATION. — Il a été notamment jugé que le juge de paix ne peut se refuser à lever les scellés sans description, savoir :

21326. *Créanciers désintéressés.* — 1° Lorsque le créancier à la requête duquel les scellés ont été apposés a été désintéressé (Douai, 18 avr. 1878, S. 78, 2, 185; Paris, 4 avr. 1892; Toulouse, 21 mai 1908).

21327. *Héritiers d'accord.* — 2° Lorsque **tous** les ayants droit sont d'accord pour la levée pure et simple; le tuteur a même qualité pour faire cette demande (Grenoble, 5 mai 1863; Besançon, 9 mars 1898, S. 99, 2, 94; Jonzac, 25 mai 1899; Seine, 22 fév. 1908, *Mon. J. P.* 1908, 65; Pau, 14 oct. 1915), encore que le subrogé tuteur s'y opposerait (Niort, 1ᵉʳ mai 1890).

21328. *Légataire universel.* — 3° Lorsque, en l'absence de réservataires, le légataire universel est régulièrement saisi, à moins que les héritiers n'attaquent le testament (Rouen, 9 avril 1907; Pau, 30 janv. 1911; *G. P.* 1911, 1, 624; Pau, 28 janv. 1920).

21329. LEVÉE AVEC INVENTAIRE. — La levée avec inventaire est celle où les scellés ne sont enlevés qu'au fur et à mesure de la confection de l'inventaire. — Sauf les cas ci-dessus de levée provisoire et de levée pure et simple, le juge de paix ne doit lever les scellés qu'avec inventaire.

21330. INVENTAIRE OBLIGATOIRE. — La levée de scellés ne peut avoir lieu qu'avec inventaire, notamment dans les cas suivants :

21331. *Absence.* — 1° Lorsqu'il s'agit des biens d'une personne absente; les envoyés en possession provisoire étant tenus de faire dresser inventaire (Civ. 126).

21332. *Exécuteur testamentaire.* — 2° Lorsqu'il y a un exécuteur testamentaire, à moins que l'héritier ne lui remette de suite somme suffisante pour acquitter les legs particuliers et les charges ou ne justifie de leur paiement (Civ. 1027 et 1031).

21333. *Légataires.* — 3° Lorsqu'un légataire même à titre particulier réclame l'inventaire (Nancy, 11 juillet 1900).

21334. *Notaire commis.* — 4° Lorsque certains héritiers sont représentés par un notaire commis, ce dernier n'ayant pas qualité pour requérir la levée pure et simple (Godart, t. 2, n° 809). — *V. n° 11613.*

21335. Opposants. — 5° Lorsqu'il y a des opposants aux scellés, sauf mainlevée de l'opposition par les opposants ou le juge des référés (*V. n° 21294*).

21336. Substitution. — 6° Lorsqu'il y a substitution universelle ou à titre universel faite par le défunt (Civ. 1058).

21337. Succession dévolue au conjoint ou à l'État. — 7° Lorsque la succession est réclamée par le conjoint survivant ou par l'État, à défaut d'hériter au degré successible (Civ. 769).

21338. Succession vacante. — 8° Lorsque la succession est vacante (Civ. 813; Pr. 1000).

21339. CONFECTION DE L'INVENTAIRE. — Ainsi que nous le verrons ci-après, l'inventaire ne peut être dressé que par un notaire (sauf quelques exceptions); nous en ferons également connaître la forme (*V. n°s 21462 et suiv.*).

21340. PROCÈS-VERBAL DE LEVÉE. — Le procès-verbal de levée de scellés doit contenir notamment : 1° la *date*, avec l'heure pour chaque séance; 2° la *requête* de levée de scellés, c'est-à-dire la dénomination et l'élection de domicile du requérant; 3° l'énonciation de l'*ordonnance* du juge de paix prescrivant la levée; 4° l'énonciation des *sommations* exigées par l'art. 931 C. pr.; 5° les *comparutions, dires* et réquisitions des parties; 6° la dénomination des *notaires, commissaires-priseurs* et experts qui doivent opérer; 7° la *reconnaissance des scellés,* s'ils sont sains et entiers ou l'état des altérations; 8° les *incidents divers* (découverte de testament ou de plis, réapposition de scellés, référés, etc...); 9° les *interruptions* dans les opérations et les *remises* de séance; 10° la *décharge du greffier* relativement aux clefs; 11° la *décharge du gardien* des scellés; 12° la *clôture* (signatures : parties, greffier, juge, expert, notaire). — (FORM. 1673).

21341. FRAIS. — Les frais d'apposition et de levée de scellés sont des frais de justice privilégiés (Civ. 2101) à la charge de la succession (*V. n°s 22457 et suiv.*).

21342. Bris de scellés. — ORDONNANCE. — Dès que le juge de paix est informé de la rupture ou de l'altération d'un scellé, il doit immédiatement rendre une ordonnance dans laquelle il relate le fait et prescrit son transport et celui du greffier au lieu où les scellés sont apposés, afin d'y procéder à toutes opérations utiles (Vignalou-Perer, 700).

21343. Accident. — Si la rupture paraît avoir été faite par simple accident, le juge doit se borner à constater l'état du scellé et les causes présumées de la rupture, puis il réappose un nouveau scellé. Mention du tout est faite sur le procès-verbal.

21344. Malveillance. — Délit. — Au cas de brisure, résultat de la malveillance, d'un délit, le juge de paix doit procéder à la constatation de celui-ci, en dresser procès-verbal, comme il est dit au numéro précédent, et e ... dresser le double sur

papier libre au parquet (Ségéral, 824). — *V. n° 21255.*

21345. PÉNALITÉS. — Le bris de scellés est puni par le Code pénal, alors même qu'il n'en résulte aucun préjudice pour les intéressés.

21346. Gardien. — Le bris de scellés imputable au gardien entraîne une peine de 2 à 5 ans d'emprisonnement (Pén. 252) réduite de 6 jours à 6 mois au cas de simple négligence (Pén. 249).

21347. Tiers. — Le tiers encourt une peine de 6 mois à 2 ans de prison (Pén. 252) qui peut être élevée aux travaux forcés à temps lorsque le bris est accompagné de violence (Pén. 256).

21348. Vol. — Enfin, le vol commis à l'aide d'un bris de scellé est assimilé pour l'application de la peine à un vol commis à l'aide d'effraction (Pén. 253).

DEUXIÈME PARTIE

De l'inventaire.

21349. **Division.** — Nous diviserons les matières de l'inventaire en chapitres qui traiteront successivement — le premier : *des cas où il y a lieu à inventaire et de l'effet de l'inventaire* (n°s 21350 à 21425) — le deuxième : *des délais pour faire inventaire* (n°s 21426 à 21461) — le troisième : *des officiers compétents pour faire l'inventaire* (n°s 21462 à 21505) — le quatrième : *des personnes qui peuvent réquérir l'inventaire* (n°s 21506 à 21579) — le cinquième : *des personnes qui doivent ou peuvent assister à l'inventaire* (n°s 21580 à 21636) — le sixième : *des formes de l'inventaire* (n°s 21637 à 22094) — le septième : *des incidents divers et des difficultés et référés* (n°s 22095 à 22152) — le huitième : *des inventaires particuliers* (n°s 22153 à 22246) — le neuvième : *du procès-verbal d'ouverture de coffres-forts* (n°s 22247 à 22291), et le dixième : *de la responsabilité notariale* (n°s 22292 à 22313).

Le tout sera suivi :

Des différentes formules des actes nécessités par cette matière.

Et d'une partie traitant spécialement : du *timbre*, de l'*enregistrement*, des *formalités* et des *honoraires* des officiers ministériels instrumentant tant à l'égard des *scellés* que de l'*inventaire.*

CHAPITRE PREMIER

Des cas où il y a lieu à inventaire et de l'effet de l'inventaire.

21350. Inventaire obligatoire. — PRINCIPE. — En règle générale, les cas dans lesquels l'inventaire est nécessaire sont les mêmes que ceux où les scellés doivent être apposés (*Voir n°s 21177 et suiv.*).

21351. Exceptions. — Cependant nous avons vu qu'il existe des cas où les scellés sont apposés, sans qu'il y ait lieu à inventaire (*V. n°* *21321 et suiv.*); inversement la loi prescrit l'inventaire obligatoire dans les cas ci-après :

21352. ABSENCE. — 1° En cas d'absence pour ceux qui ont obtenu l'envoi en possession provisoire des biens et pour l'époux qui a opté pour la continuation de la communauté (Civ. 126). — *V. n° 21511.*

21353. BÉNÉFICE D'INVENTAIRE. — 2° Lorsque les héritiers ou l'un d'eux n'acceptent une succession qui leur est échue que sous bénéfice d'inventaire ou veulent se réserver le bénéfice de cette acceptation (Civ. 793, 794).

21354. COFFRE-FORT. — 3° Après le décès d'une personne possédant un coffre-fort ou un compartiment de coffre-fort dans un établissement de crédit (L. 18 avril 1918 et 30 juin 1923). — *Voir n°s 22247 et suiv.*

21355. COMMUNAUTÉ. — 4° Lorsque l'un des époux commun en biens est décédé (Civ. 1442) ou lorsque la veuve commune en biens ou ses héritiers veulent conserver la faculté de renoncer à la communauté (Civ. 1456 et 1459) ou de n'être tenu des dettes que jusqu'à concurrence de son émolument (1483).

21356. Communauté légale. — L'inventaire est également nécessaire lorsqu'au nombre des successibles se trouve une personne mariée sous le régime de la communauté légale de biens, afin de fixer la part contributoire dans les dettes à la charge des meubles et celle à la charge des immeubles (Civ. 1414).

21357. Reprises et récompenses. — Il est de même à l'égard d'un successible marié sous le régime de la communauté conventionnelle ou le régime dotal avec société d'acquêts, afin de constater des reprises et indemnités envers la communauté (Civ. 1415, 1499 et 1504) et servir de preuve vis-à-vis des tiers (Cass., 5 fév. 1908, S. 08, 1, 93; Cass., 6 mai 1918, 8 janv. 1923).

21358. Exclusion de communauté. — Encore de même lorsque, sous le régime d'exclusion de communauté, il échoit un mobilier à la femme (Civ. 1532).

21359. Séparation de dettes. — En cas de séparation de dettes, les époux doivent également constater leurs apports mobiliers et les meubles qui leur échoient pendant le mariage par un inventaire (Civ. 1510).

21360. CONJOINT. — ÉTAT. — 5° Lorsqu'une succession est dévolue à un conjoint survivant ou à l'État, à défaut d'héritiers au degré successible (Civ. 767, 768 et 769). — *V. n°s 21732 et suiv.*

21361. DIVORCE ET SÉPARATION DE CORPS. — 6° En cas de divorce ou de séparation de corps lorsque la femme veut accepter la communauté (Civ. 1463 et 1483) et lorsqu'elle a fait apposer les scellés sur les effets mobiliers de la communauté pour la conservation de ses droits (Civ. 242).

21362. EXÉCUTEUR TESTAMENTAIRE. — 7° Quand le défunt a institué un exécuteur testamentaire, celui-ci étant obligé de faire inventaire (Civ. 1031).

21363. FAILLITE ET LIQUIDATION JUDICIAIRE. — 8° Au cas de faillite ou de liquidation judiciaire (Com. 479 et 486).

21364. FEMME MARIÉE. — 9° Au cas de succession recueillie par une femme mariée (*V. n°s 21549 et suiv.*).

21365. Défaut d'inventaire. — Le défaut d'inventaire prive la femme mariée de toute reprise même en deniers à l'égard des tiers (Cass., 19 mars 1898, 15 mars 1899 et 3 mars 1902).

21366. INTERDICTION. — 10° Lors de l'interdiction judiciaire ou légale d'une personne (Civ. 509). — *V. n° 21370.*

21367. JOUISSANCE LÉGALE. — 11° En cas de dissolution de communauté ou de société d'acquêts lorsqu'il existe des enfants mineurs, afin que l'époux survivant conserve la jouissance de leurs biens (Civ. 1442).

21368. Application. — Cette déchéance est encourue seulement sous le régime de la communauté légale ou conventionnelle ou société d'acquêts (Clamecy, 13 av. 1858, S. 60, 2, 113; Rennes, 5 fév. 1894, S. 95, 2, 76); elle ne s'applique pas sous les régimes de séparation de biens contractuelle ou judiciaire, régime exclusif de communauté et régime dotal sans société d'acquêts (Tulle, 3 mars 1898).

21369. Caractère. — Lorsqu'elle est encourue, cette déchéance a lieu de plein droit (Douai, 14 fév. 1863, S. 64, 2, 109); néanmoins, les enfants seuls (ou leurs représentants) peuvent s'en prévaloir (Rennes, 5 fév. 1894, S. 95, 2, 76; Limoges, 9 fév. 1906).

21370. NON-PRÉSENTS ET INCAPABLES. — 12° Lorsque parmi les héritiers, donataires, légataires ou autres prétendants droit, il y a des absents ou des non-présents (Pr. 931), des mineurs ou interdits (Civ. 451, 509, 1442) ou encore des aliénés (L. 30 juin 1838, art. 36).

21371. OPPOSANTS. — 13° Lorsqu'il y a eu apposition de scellés et que opposition à leur levée a été formée (Civ. 821; Pr. 937, 941). — *V. n° 21278.*

21372. SUBSTITUTION. — 14° Lorsque le défunt a fait quelque disposition à charge pour l'institué de conserver et de rendre à ses enfants nés et à naître (Civ. 1058).

21373. SUCCESSION VACANTE. — 15° Lorsque la succession a été déclarée vacante (Civ. 813; Pr. 1000).

21374. TUTELLE. — 16° A l'égard de toute succession échue à un mineur aussi bien immédiatement avant l'entrée en fonction du tuteur qu'au cours de la tutelle (Civ. 451), même au cas de tutelle légale (Demolombe, t. VII, n° 547).

21375. Subrogé tuteur. — Le subrogé tuteur doit obliger le tuteur à requérir l'inventaire; à défaut, il engage sa responsabilité (Guillouard, t. 3, n° 1052). — *V. n° 21455.*

21376. USUFRUITIER. — 17° A l'ouverture de tout droit d'usufruit ou de tout droit d'usage (Civ. 600, 626) ou tout au moins au moment de l'entrée en jouissance (Cass., 22 mai 1883, S. 83, 1, 296).

21377. Application. — Décidé toutefois que le défaut d'inventaire de l'usufruit avant sa prise de possession n'entraîne pas nécessairement la déchéance de l'usufruitier (Cass., 23 fév. 1861, S. 61, 1, 836, D. 61, 1, 480).

21378. Inventaire facultatif. — PRINCIPE. — En dehors des cas prévus par la loi et ci-dessus énoncés (*nos 21350 à 21377*), l'inventaire reste facultatif.

21379. UTILITÉ. — L'inventaire, bien que facultatif, n'en reste pas moins, dans bien des cas, d'une réelle utilité; il a notamment pour effet, après décès, de déterminer l'importance de l'actif et du passif du défunt et de permettre à l'héritier d'accepter ou de renoncer à la succession en pleine connaissance de cause.

21380. RÉCOLEMENT. — Lorsque l'hérédité est déjà constatée par un inventaire, l'on peut, dans certains cas, se dispenser de procéder à un nouvel inventaire; il suffit de dresser seulement ce que l'on appelle un procès-verbal de récolement (*V. no 21769*).

21381. ÉTAT SUPPLÉTIF D'INVENTAIRE. — Lorsque les parties sont majeures et maîtresses de leurs droits, elles peuvent suppléer à l'inventaire par l'établissement d'un état constatant les forces et charges de la communauté et de la succession (FORM. 1993).

21382. Dispense d'inventaire. — PRINCIPE. — L'inventaire, dans les cas où il est prescrit par la loi, est d'ordre public, et par suite le défunt ne saurait, par une clause spéciale insérée dans son testament, dispenser son héritier, même non réservataire, de le faire dresser (Aubry et Rau, t. X, § 612; Demolombe, t. XV, 127).

21383. Donataire ou légataire dispensé. — Cette règle s'applique alors même que l'héritier se trouverait en présence d'un donataire ou d'un légataire universel en usufruit dispensé de faire inventaire. On décide, en ce cas, que la dispense a seulement pour effet de mettre les frais de l'inventaire à la charge exclusive des héritiers non réservataires (Bourges, 25 mai 1891, *Rev. not.* 8657).

21384. Exécuteur testamentaire. — Même solution à l'égard d'un exécuteur testamentaire que le défunt aurait dispensé de faire inventaire. Cette dispense ne produirait aucun effet, surtout à l'égard des héritiers qui, en tout état de cause, conservent la faculté de faire remplir cette formalité (Demolombe, t. 23, no 63).

21385. Clause pénale. — Il en résulte donc que toute clause pénale insérée dans un testament à l'effet d'assurer l'effet de la dispense d'inventaire devrait être considérée comme non écrite (Demolombe, t. 10, no 476).

21386. MINORITÉ. — TUTELLE. — De même, le tuteur ne peut être dispensé de l'obligation de faire inventaire ni par le conseil de famille, ni par une clause du testament, qu'il y ait ou non des héritiers à réserve (Demolombe, t. 7, nos 548 et suiv.; Massé et Vergé, t. 1, § 219; Laurent, t. 5, no 10; Baudry-Lacantinerie et Cheneaux, t. 5, no 473).

21387. USUFRUITIER. — Toujours en vertu du principe que la dispense d'inventaire ne saurait être opposée aux héritiers, l'on considère que celle stipulée au profit d'un usufruitier ne met pas obstacle à ce que les héritiers fassent procéder à cette formalité; comme il est dit no *21383*, elle aurait seulement pour effet d'exonérer l'usufruitier de toute participation aux frais lorsqu'il se trouve en présence d'héritiers non réservataires.

21388. Conséquences. — Mais décidé que le défaut d'inventaire par la veuve usufruitière de son mari avec dispense d'inventaire ne lui fait pas perdre le bénéfice d'émolument (Rocroy, 26 mars 1906, *R. N.* 1906-120); cette décision est en contradiction avec les art. 900 et 1483 du Code civil (*V. no 21456*), et ne doit être accueillie que sous les plus expresses réserves.

21389. Inventaire complémentaire. — OMISSION. — L'inventaire doit être *fidèle*, c'est-à-dire sans omission, divertissement, ni recel — et *exact*, c'est-à-dire comprendre tous les meubles et effets de la communauté ou de la succession. Mais les omissions, même celles qui entraînent les peines attachées au recel, ne sont pas une cause de nullité de l'inventaire, et il n'y a pas lieu de le recommencer, mais seulement de le compléter (Cass., 11 août 1863, S. 63, 1, 488).

21390. Forme. — Ce complément d'inventaire résulte d'un nouveau procès-verbal qui peut être écrit à la suite de l'inventaire sur le même timbre et auquel doivent intervenir toutes les personnes appelées à requérir l'inventaire ou y être présentes. Pour les qualités, il suffit de s'en référer à celles établies dans l'intitulé (FORM. 1984).

21391. OBJETS HORS DU RESSORT DU NOTAIRE. — Il y a également lieu de procéder à un supplément d'inventaire lorsque des objets se trouvent dans un lieu situé hors du ressort du notaire chargé de l'inventaire (*V. no 11745*).

21392. Application. — Dans ce cas, il convient de charger un confrère compétent de dresser l'inventaire de ces divers objets en lui transmettant tous les renseignements et pouvoirs nécessaires. L'expédition de ce procès-verbal de supplément d'inventaire est ensuite *déposée* pour minute ou analysée dans l'inventaire (*V. no 11745*). — (FORM. 1897).

21393. VICE DE FORME. — Enfin, en cas d'inaccomplissement des formalités de cote et de paraphe prescrites par l'art. 943 C. pr. civ. (*nos 21925 et suiv.*) à l'égard des livres de commerce, il appartient aux tribunaux d'apprécier si elle nécessite ou non un supplément d'inventaire (Cass., 30 juin 1873).

21394. Inventaire rectificatif. — Au cas d'erreurs, d'omissions ou de changement dans les qualités par suite de découverte d'un testament ou autre cause, il convient de procéder à la rectification au moyen d'un procès-verbal rectificatif d'inventaire si cette rectification n'a pu être faite dans une reprise de séance de l'inventaire (*V. n° 21904*).

21395. Notoriété. — Ce procès-verbal dressé en présence de tous les intéressés doit être préféré pour la rectification à l'acte de notoriété (Javon, 721).

21396. Veuve enceinte. — Il y a notamment lieu à inventaire rectificatif lorsque l'enfant dont la veuve a été déclarée enceinte à l'inventaire naît non viable, ou encore lorsqu'il est reconnu que c'est par erreur que la veuve a déclaré être enceinte.

21397. MENTION. — En tout état de cause, le procès-verbal de rectification doit être mentionné en marge de l'intitulé de l'inventaire, afin qu'il ne puisse être délivré d'extrait de celui-ci sans tenir compte de la rectification survenue (*V. n° 21904*).

21398. Procès-verbal de carence. — L'inventaire n'est obligatoire dans les différents cas prévus par la loi qu'autant qu'il se trouve des objets ou effets mobiliers à inventorier. A défaut, il est légalement représenté par un procès-verbal de carence, lequel est dressé par le juge de paix au cas d'apposition de scellés (*V. n° 21272*).

21399. APPLICATION. — Ainsi l'héritier bénéficiaire qui ne trouve aucun objet à inventorier doit remplacer l'inventaire qu'exige l'art. 794 C. civ. par un procès-verbal de carence (Paris, 24 décembre 1833).

21400. Effets de valeur insignifiante. — Il est d'usage de dresser un procès-verbal de carence toutes les fois que la valeur des objets trouvés par l'officier public n'excède pas 30 francs (Dict. not. *Carence*, 1, 17 et suiv.).

21401. FORME. — Comme nous l'avons précédemment indiqué, au cas d'apposition de scellés, le procès-verbal est dressé par le juge de paix; mais lorsque cette apposition n'est ni requise ni nécessaire, le procès-verbal de carence est dressé par le notaire dans les mêmes formes que l'inventaire auquel il est assimilé à cet égard (Roll. de Vill., *Carence* 4 et 6). — (FORM. 1990).

21402. Procès-verbal notarié. — En tout état de cause, il est préférable que le procès-verbal soit dressé par le notaire pour mettre le tuteur à l'abri de toute recherche de la part du mineur, et pour conserver à la femme la faculté de renoncer à la communauté (Paris, 24 déc. 1833, S. 34, 2, 183; Cass., 30 avr. 1849, S. 49, 1, 465).

21403. Délai. — *Requête.* — Le procès-verbal de carence dressé par le notaire est soumis aux règles de l'inventaire; il ne peut être fait par conséquent que trois jours après l'inhumation (*V. n°° 21426 et suiv.*) et a lieu aux mêmes requête, présence et qualités que s'il s'agissait de l'inventaire (*V. n°° 21664 et suiv.*).

21404. NÉCESSITÉ. — L'établissement d'un procès-verbal est nécessaire en tout état de cause si l'on veut lui voir produire les effets de l'inventaire. La notoriété publique de l'état de pénurie du défunt ne saurait dispenser de cette formalité (Demolombe, t. XV, 137), non plus que le partage d'une succession échue au défunt (Douai, 17 mai 1890, Rép. not. 5809).

21405. Effets de l'inventaire. — SCELLÉS. — Dès que l'inventaire est clos, les scellés ne peuvent plus être apposés, à moins que l'inventaire ne soit irrégulier ou fait en fraude des droits des héritiers ou autres intéressés (Dutruc, 94; Bruxelles, 28 mars 1810).

21406. Scellés au cours de l'inventaire. — Si l'apposition des scellés est requise au cours de l'inventaire, ceux-ci ne peuvent être apposés que sur les objets non inventoriés (Pr. 923), — V. n° 21248.

21407. FORCE PROBANTE. — L'inventaire, comme tout acte authentique, fait foi jusqu'à inscription de faux des faits qui y sont énoncés par l'officier public comme s'étant passés en sa présence (Civ. 1319 et 1341). — *Voir n° 15146.* — Quant aux déclarations des parties, leur sincérité peut être combattue par la preuve contraire et même par de simples présomptions lorsqu'il s'agit d'établir une fraude de la loi (Cass., 19 déc. 1877, S. 78, 1, 169).

21408. Application. — De ces principes, il convient d'en tirer les conséquences suivantes :

21409. Énonciations émanant de l'officier public. — L'intitulé sert de preuve du nombre et de la qualité des héritiers; de même à l'égard d'une constatation de l'officier public, on ne peut, à l'aide de simples présomptions résultant des faits ou circonstances, prétendre établir le contraire (Cass., 2 déc. 1835, S. 36, 1, 398).

21410. Déclarations des parties. — Au contraire, à l'égard des déclarations des parties, il a été décidé que la déclaration qu'il n'existe aucun autre objet à inventorier ne fait pas obstacle à ce que l'un des héritiers établisse, même par témoins, l'existence de meubles non inventoriés (Paris, 10 janv. 1891).

Décidé encore dans un autre ordre d'idées : 1° que les récompenses que l'époux survivant a déclaré devoir sont présumées exister, et que celui-ci ne peut ensuite revenir sur cette déclaration qu'en faisant la preuve qu'il y a eu erreur (Cass., 19 janv. 1841, S. 41, 1, 353; Dijon, 12 fév. 1873).

2° Que l'héritier qui a reconnu que des objets mobiliers dépendaient de la succession n'est pas recevable à soutenir ensuite, sans justification, que ces objets lui appartiennent personnellement (Cass., 13 fév. 1878, S. 78, 1, 475).

3° Et que la déclaration que les deniers trouvés au domicile du défunt dépendent de sa succession ne peut être détruite par de simples présomptions (Cass., 2 déc. 1835, précité).

21411. Prisée des objets. — Décidé également que l'estimation des objets mobiliers prisés en l'inventaire s'impose, et doit servir de base au juge pour apprécier si, par le partage qui a suivi, l'une des parties a été lésée de plus du quart (Cass., 25 nov. 1908).

21412. IRRÉGULARITÉS. — L'inobservation des diverses formalités énumérées à l'art. 913 C. pr. (*V. n° 21650*) n'entraîne pas la nullité de l'inventaire, à moins qu'elle n'ait eu lieu par esprit de fraude (Carré et Chauveau, *Quest.* 3152).

21413. Absence d'affirmation. — Décidé notamment que l'absence d'affirmation par une veuve (*V. n° 22060*) n'enlève pas à l'inventaire toute valeur; elle entraîne seulement une présomption d'inexactitude qui peut être combattue par toute preuve et présomptions contraires (Bordeaux, 24 fév. 1829).

21414. Inventaire sous seing privé. — L'on admet que l'inventaire S. S. P. fait foi contre la partie intéressée qui ne l'a pas contesté au fond et qui en a même reconnu l'exactitude (Cass., 1er juill. 1828), mais il ne saurait en tous cas être opposé aux tiers (*V. n° 21639*).

21415. Divertissement. Recel. — DÉFINITION. — Le divertissement est le détournement frauduleux d'un effet d'une succession ou d'une communauté, et le recel est le fait de détenir ou de cacher sciemment et volontairement des objets frauduleusement soustraits ou divertis par une autre personne. Dans ces deux cas, l'intention frauduleuse est l'élément nécessaire et indispensable (Cass., 4 mai 1898, D. 98, 1, 389), ce qui est laissé à l'appréciation du juge (Cass., 15 juin 1895, *Rev. not.* 9671). — *V. n° 22073.*

21416. Conséquences. — L'héritier coupable de divertissement ou de recel est déclaré héritier pur et simple exclu du bénéfice d'inventaire et ne peut prétendre à aucune part dans les objets divertis ou recelés (Civ. 792; Cass., 11 avr. 1839, S. 39, 1, 264). — L'époux qui a diverti des objets de la communauté est privé de sa part dans lesdits effets. La veuve coupable de divertissement est obligée d'accepter la communauté (il en est de même de ses héritiers).

21417. Rapport des objets. — En outre, l'héritier ou l'époux coupable est tenu de rapporter les objets divertis avec les revenus produits depuis le jour de l'ouverture de la succession (Cass., 5 août 1868, S. 69, 1, 23; Cass., 14 avr. 1897, D. 97, 1 287).

21418. APPLICATION. — Les peines dont il s'agit s'appliquent à tous les héritiers et à toute fraude tendant par un moyen quelconque à dissimuler un élément d'actif, même sans appropriation effective (*V. les numéros suivants*). — Décidé :

21419. Acte dolosif. — ...Que l'on doit considérer comme fait de recel tout acte dolosif commis par un héritier dans le but de rompre l'égalité du partage (Cass., 23 oct. 1869, S. 69, 1, 470; D. 69, 1,, 456).

21420. Silence gardé. — ...Que le silence gardé intentionnellement par un héritier sur l'existence d'un effet entre ses mains ou entre celles d'un de ses enfants constitue le délit de recel ou de divertissement (Cass., 17 mars 1869, D. 69, 1, 338; Cass., 15 avr. 1890, S. 90, 1, 248; Cass., 5 fév. 1895, D. 95, 1, 200).

21421. Soustraction prescrite. — ...Qu'il en est de même de toute soustraction opérée en prévision de l'ouverture de la succession avec l'intention de diminuer l'actif successoral (Cass., 27 nov. 1861, D. 62, 1, 74; Caen, 15 nov. 1911, *J. du N.* 1912, 387), même si elle a lieu d'accord avec le défunt ou sur son ordre (Toulouse, 1er déc. 1891, D. 92, 2, 37).

21422. Libéralités. — ...Qu'il en est encore de même des libéralités que le conjoint survivant aurait reçues de son époux et qu'il doit rapporter en moins prenant à la succession de ce dernier, pour le calcul des droits que lui confère l'art. 767 du C. civ. (Cass., 8 fév. 1898, S. 98, 1, 340); d'une façon plus générale, les donations rapportables et celles sujettes à réduction dans la limite où elles excèdent la quotité disponible (Cass., 14 avr. 1897, D. 97, 1, 287, S. 1900, 1, 454; Cass., 16 juillet 1913, S. 14, 1, 347; Cass., 24 déc. 1924, *G. Tr.* 6 janv. 1925).

21423. Légataire universel. — ...Que le légataire universel qui a omis sciemment de comprendre dans l'inventaire des effets de la succession doit être déclaré déchu du bénéfice d'inventaire (Paris, 20 juill. 1904, *R. N.* 1904, 808).

21424. Actes antérieurs à l'acceptation de la succession. — Que le divertissement et le recel peuvent résulter d'actes antérieurs à l'acceptation de la succession (Cass., 4 mai 1898, S. 1900. 1, 446).

21425. RESTITUTION SPONTANÉE. — La restitution spontanée avant toute poursuite des objets divertis évite à l'héritier l'application des peines précitées; mais il en est autrement si la remise n'a lieu qu'après la découverte du détournement et le déclarant pressé par l'évidence (Rennes, 29 mars 1879, S. 80, 2, 333; Cass., 30 mars 1898, S. 98, 1, 489; Besançon, 10 juill. 1901, *Rev. not.* 10918).

CHAPITRE II

Des délais pour faire inventaire.

21426. Délai minimum. — En principe, l'inventaire peut être dressé immédiatement après la survenance de l'événement qui y donne lieu. — Cependant, l'inventaire après décès ne peut avoir lieu que *trois jours après l'inhumation* s'il n'y a pas eu apposition de scellés et, au cas contraire, *trois jours après cette apposition* à peine de nullité et de tous dommages-intérêts (Pr. 928).

21427. Délai franc. — Ce délai de trois jours est franc, c'est-à-dire que, suivant les cas, ni le jour de l'inhumation, ni celui de l'apposition des scellés, ni celui de l'inventaire ne doivent être compris dans ces trois jours (Garsonnet, § 2603, note 2).

21428. Inobservation. — Il convient, en règle générale, d'observer le délai de l'art. 928 accordé aux intéressés pour se présenter et justifier de leurs droits; à signaler toutefois qu'un inventaire dressé entre majeurs, immédiatement après l'inhumation, a été reconnu valable à leur égard (Vervins, 13 fév. 1891).

21429. URGENCE. — Pour causes

urgentes, le président du tribunal civil peut, comme pour la levée des scellés (n° *21307*) et par ordonnance sur requête, autoriser la confection de l'inventaire avant le délai de trois jours précité (Pr. 928). — *V. n° 21307.*

21430. Application. — Comme exemple de causes urgentes, on peut citer la nécessité de vider les lieux par suite de congé, de libérer certains objets, etc. (*V. n° 21322*); l'ordonnance d'autorisation devra être annexée à la minute de l'inventaire ou, le cas échéant, au procès-verbal de levée de scellés.

21431. MINEURS. — Lorsqu'au nombre des héritiers se trouvent des mineurs non émancipés, il convient d'ajourner l'inventaire jusqu'à ce que cette émancipation intervienne ou jusqu'à ce que ces mineurs soient pourvus d'un tuteur.

21432. **Délai maximum.** — Comme pour la levée des scellés (*V. n° 21308*), aucun délai maximum n'est imposé pour la confection de l'inventaire, et il en résulte qu'il peut être dressé à toute époque, quelle qu'ait été la durée de l'indivision (Dijon, 11 juill. 1904); — néanmoins, dans certaines circonstances, l'inventaire doit être dressé, pour produire tous ses effets, dans un délai déterminé (*Voir les numéros suivants*) :

21433. CONJOINT HÉRITIER. — Le conjoint survivant appelé à recueillir la succession de son conjoint à défaut d'héritiers dans le délai de trois mois accordé à l'héritier bénéficiaire (Civ. 769). — *V. n° 21436.*

21434. CURATEUR. — Le curateur est tenu — *avant* toute opération — de faire constater l'état de la succession par un inventaire (Pr. 1000).

21435. ENVOYÉS EN POSSESSION. — Si aucun délai n'est imposé à cet égard à l'envoyé en possession provisoire des biens d'un absent (Civ. 126), il n'en doit pas moins faire dresser inventaire *avant* toute entrée en jouissance (Rolland de Villargues, n° 32).

21436. ÉPOUX COMMUN EN BIENS. — L'époux survivant commun en biens ou marié sous le régime dotal avec société d'acquêts doit, s'il veut bénéficier des dispositions des articles 384, 1442 et 1456 du Code civil, faire dresser inventaire complet dans les trois mois du décès de son conjoint (Civ. 1456; Douai, 14 février 1863, S. 64, 2, 109; Rennes, 5 février 1094, D. 94, 2, 400, S. 95, 2, 76; Paris, 3 janv. 1900); même délai en ce qui concerne la femme (ou ses héritiers) pour conserver le bénéfice de n'être tenu des dettes de la communauté que jusqu'à concurrence de son émolument (Civ. 1483); à moins dans les deux cas que le délai

n'ait été prolongé en justice (*V. n° 21457*).

21437. Inventaire commencé. — On admet généralement, comme satisfaisant aux prescriptions de l'art. 1483 du C. civ., l'inventaire commencé dans le délai de trois mois et clos postérieurement lorsque des circonstances particulières justifient cet ajournement (Cass., 17 mai 1858, S. 58, 1, 813; Cass., 5 juill. 1909; *R. N.* 1910, 514).

21438. Héritiers de la femme. — Les héritiers de la femme sont assimilés à celle-ci en ce sens que, s'ils veulent éviter d'être déchus au bout de trois mois de la faculté de renoncer à la communauté dissoute par le prédécès de la femme, ils sont tenus de faire dresser inventaire dans le délai de trois mois prescrit à l'art. 1456 (Cass., 15 janv. 1909, S. 1910, 1, 129, 15 juin 1909, *R. N.* 1910, 139. — D. 09, 1, 417, S. 10, 1, 130. — *Contra :* Cass. belge, 14 janv. 1875, S. 76 2, 8; Cass., 19 mars 1878, S. 78, 1, 355, D. 78, 1, 218; Rennes, 29 janv. 1885, D. 86, 2, 128). — *V. n° 21450.*

21439. Dissolution par divorce. — Décidé que, malgré l'inventaire dressé au début de l'instance, la femme divorcée doit, si elle veut n'accepter la communauté que sous bénéfice d'émolument, pour conserver ce bénéfice, faire inventaire dans les 3 mois du jour où le jugement de divorce est devenu définitif par sa transcription sur les registres de l'état civil au lieu de la célébration du mariage (Bourgoin, 18 sept. 1923, *Rev. Nouv.* 1924, 566). — *V. n° 21443.*

21440. ÉTAT HÉRITIER. — L'administration des Domaines, doit, lorsqu'une succession échoit à l'Etat à défaut d'héritiers, faire dresser l'inventaire dans le délai de *trois mois* accordé à l'héritier bénéficiaire (Civ. 769).

21441. EXÉCUTEUR TESTAMENTAIRE. — L'exécuteur testamentaire, étant tenu de rendre compte de sa gestion à l'expiration de l'année du décès du testateur (Civ. 1031), doit nécessairement faire procéder à l'inventaire aussitôt que possible et tout au moins avant cette époque.

21442. FAILLITE. — Les syndics provisoires, en cas de faillite, doivent dresser inventaire, dans les trois jours de leur nomination ou de l'apposition des scellés (Com. 479, 481). — *V. n°s 21185, 21212, 21547.*

21443. FEMME DIVORCÉE OU SÉPARÉE. — Un délai de trois mois pour faire inventaire et de quarante jours pour délibérer est accordé à la femme divorcée ou séparée de corps du jour où le jugement prononçant la dissolution de la communauté est devenu définitif; passé ce délai et à défaut de prorogation en justice, elle est réputée avoir renoncé à la communauté (Civ. 252, 307 et 1463). — *V. n° 21439.*

21444. Acceptation tacite. — Toutefois, la femme divorcée ou séparée peut, comme la femme survivante, accepter la communauté d'une façon tacite (*V. n°s 340 et suiv.*). Décidé à cet égard : ...qu'on peut induire notamment cette acceptation d'une saisie-arrêt, par elle pratiquée sur les débiteurs de son mari (Cass.,

14 mars 1855, S. 55, 1, 335, D. 55, 1, 63), que la présomption de renonciation ne peut prévaloir contre les faits prouvant une volonté manifeste d'accepter (Cass., 18 juill. 1904, S. 1905, 1, 85).

21445. Héritiers. — En règle générale, l'inventaire doit être dressé dans les trois mois du jour de l'ouverture de la succession; en outre, pour délibérer sur sa renonciation ou son acceptation, un délai de quarante jours est accordé à l'héritier à compter de l'expiration du délai de trois mois ou du jour de la clôture de l'inventaire, s'il a été terminé avant les trois mois (Civ. 795).

21446. Décès de l'héritier. — Si l'héritier décède avant l'expiration des trois mois sans avoir fait inventaire, ses représentants ont un nouveau délai de trois mois à partir du jour de son décès pour y procéder et quarante jours pour délibérer (Demolombe, 271; Planiol, III, 1964).

21447. Renonciation. — De même, lorsqu'un héritier est appelé à une succession par suite de la renonciation de celui qui le précédait, les délais de trois mois et quarante jours ne courent qu'à partir de cette renonciation (Baudry-Lacant. et Wahl, t. 2, n° 1739).

21448. Expiration des délais. — Le délai de trois mois pour faire inventaire n'est pas fatal, et l'héritier conserve, après l'expiration des délais accordés, la faculté de faire encore inventaire et de se porter héritier bénéficiaire, s'il n'a pas fait acte d'héritier, ou s'il n'existe pas contre lui de jugement passé en force de chose jugée qui le condamne en qualité d'héritier pur et simple (Pr. 174).

21449. Acquit des legs. — L'opinion dominante décide que le fait d'avoir fait inventaire permet à l'héritier (même s'il n'a pas accepté bénéficiairement dans le délai voulu) de n'acquitter les legs particuliers qu'à concurrence des forces de la succession (Planiol, t. III, 2791; Orléans, 14 mai 1891; Cass., 27 mai 1894, S. 98, 1, 446; Caen, 31 janv. 1901; — *Contra* : Angers, 1er mai 1867, S. 67, 2, 305).

21450. Héritier de la femme. — Enfin, l'on considère que les héritiers de la femme prédécédée sont tenus de faire inventaire dans les trois mois pour conserver la faculté de renoncer à la communauté (*V. n° 21438*).

21451. Légataire. — Les légataires universels ou à titre universel ne conservent la faculté d'accepter sous bénéfice d'inventaire que s'ils font inventaire dans les trois mois du décès.

21452. Liquidation judiciaire. — L'inventaire en cas de liquidation judiciaire doit être fait dans les vingt-quatre heures de la nomination des liquidateurs judiciaires (L. 4 mars 1889, art. 4).

21453. Substitution. — En matière de substitution, le grevé doit faire dresser inventaire dans les biens substitués dans les trois mois du décès; ce délai passé, le tuteur à substitution est tenu de faire procéder à cette formalité dans le mois qui suit (Civ. 795, 1059 et 1060). — *V. n° 21610.*

21454. Tuteur. — Le tuteur doit faire dresser inventaire en présence du subrogé tuteur dans les dix jours de sa nomination (Civ. 451).

21455. Défaut. — Le subrogé tuteur qui n'a pas obligé le tuteur à faire inventaire est tenu solidairement avec celui-ci des condamnations qui peuvent être prononcées au profit des mineurs pour le préjudice causé, qu'il ait été nommé avant ou après l'entrée en fonctions du tuteur (Laurent, t. 12, n°s 189-190; Guillouard, t. 3, n° 1052). — *V. n° 21375.*

21456. Usufruitier. — **Usager.** — L'usufruitier — comme l'usager — est tenu de faire dresser inventaire *avant* son entrée en jouissance (Civ. 600 et 626); le défaut d'inventaire dans ce délai n'est pas néanmoins une cause de déchéance des droits de l'usufruitier, ni même de privation des fruits perçus avant; mais jusqu'à l'inventaire le nu propriétaire est fondé à s'opposer à l'entrée en jouissance (Cass., 31 mars 1858, D. 58, 1, 194; 17 juill. 1861, D. 61, 1, 180).

21457. Prorogation de délai. — Le délai légal pour faire inventaire peut être prorogé lorsque les circonstances l'exigent (Civ. 798; Pr. 174).

21458. Seconde prorogation. — Il a même été décidé que la veuve pouvait obtenir une seconde prorogation en cas de circonstances graves ou de force majeure justifiées (Paris, 11 fruct. an XIII).

21459. Demande. — La demande doit être présentée devant le tribunal du lieu de l'inventaire à dresser. — Si l'inventaire a été ordonné par une Cour, c'est devant elle que doit être portée la demande en prorogation de délai (Angers, 30 août 1809).

21460. Frais. — Si la prorogation est accordée, les frais sont supportés par la succession; au cas contraire, ils sont supportés par le demandeur débouté (Civ. 799).

21461. Effets des délais. — Les délais légaux pour faire inventaire et délibérer permettent — tant qu'ils durent — au successible, à la veuve, la femme divorcée ou séparée, d'arrêter les poursuites dirigées contre eux (Civ. 795, 1456 et 1459; Pr. 174).

CHAPITRE III

Des officiers compétents pour faire l'inventaire.

21462. Notaires. — Compétence exclusive. — En règle générale, la confection de l'inventaire appartient exclusivement aux notaires (L. 6-27 mars 1791, art. 10; Pr. 935 et 943; Cass., 5 frim. an VIII et 11 fr. an X). Cette règle ne souffre d'exception que dans les cas d'inventaire après faillite, qui est dressé par le syndic (*V. n°s 22171 et suiv.*), et d'inventaires de cargaisons naufragées, qui sont faits par les commissaires de la Marine.

21463. Successions dévolues à l'État. — La compétence exclusive du notaire s'exerce en toutes circonstances même à l'égard des successions dévolues à l'État par déshérence, droit d'aubaine ou autrement (Civ. 769).

21464. Successions d'étrangers. — Le notaire est encore compétent, dans maintes circonstances, pour dresser l'inventaire après le décès d'un étranger arrivé en France (*V. n° 22207*).

21465. Scellés apposés par le notaire. — Le notaire qui comme suppléant du juge de paix a apposé les scellés peut ensuite dresser l'inventaire dès lors que la levée de scellés est faite par le juge titulaire ou un autre suppléant (Rep. Min. Just. 9 oct. 1918, *J. des N.* 32051). — *V. n° 21170.*

21466. IMMIXTION. — La loi ne prononce aucune peine contre l'officier public incompétent qui s'immiscerait dans les fonctions notariales pour la confection d'un inventaire; mais l'inventaire serait nul et son auteur pourrait engager sa responsabilité (Cass., 17 juin 1850, S. 50, I, 649; D. 50, 1, 323).

21467. Choix du notaire. — CHOIX PAR LES INTÉRESSÉS. — Le droit de choisir le notaire ou les notaires qui procéderont à l'inventaire appartient concurremment au conjoint commun en biens, aux héritiers, à l'exécuteur testamentaire, aux légataires universels ou à titre universel (Pr. 935).

21468. Requérants. — Les personnes désignées au numéro précédent ont seules le droit de choisir le notaire lorsqu'elles sont requérantes à l'inventaire, et ce à l'exclusion des autres intéressés, par exemple : des associés du défunt (Besançon, 7 juin 1809), des créanciers (Amiens, 26 mai 1879; Toulouse, 18 juill. 1887), du subrogé tuteur lorsqu'il ne fait pas fonction de tuteur *ad hoc* (Angers, 22 avril 1891).

21469. Héritiers bénéficiaires. — Par « héritiers » à l'art. 935 il faut entendre aussi bien les héritiers bénéficiaires que les héritiers purs et simples (Turin, 14 août 1809).

21470. Usufruitier et nu propriétaire. — Au cas d'inventaire dressé en conformité de l'art. 600 du Code civil, le choix du notaire chargé des opérations appartient à l'usufruitier (Cass., 31 janvier 1870, S. 70, 1, 148, D. 70, 1, 291) *V. n° 21495 et 21612.*

21471. Accord. — Lorsque les intéressés désignés par l'art. 935 sont d'accord, leur choix est obligatoire. Le président ne doit intervenir que s'il y a désaccord entre eux (Bruxelles, 6 sept. 1822). — *V. n° 21477.*

21472. Notaire compétent. — Néanmoins, le choix n'est obligatoire que s'il porte sur un notaire compétent (Paris, 15 avril 1833).

21473. CHOIX PAR LE TESTATEUR. — En principe, les héritiers ne sont pas obligés d'accepter le notaire que le défunt a choisi dans son testament (Orléans, 10 juill. 1885, S. 86, 1, 215), mais ce choix peut être maintenu en cas de désaccord (Paris, 30 mars 1895, D. 95, 2, 368; Paris, 28 juin 1920.

21474. Légataires. — A l'égard des personnes qui ne sont appelées à la succession que par l'effet des dispositions testamentaires, le choix fait par le défunt semble devoir être respecté comme formant une condition de l'attribution de ses biens (Dalloz, *Rep. prat. inv.* n° 40; Javon, n° 170).

21475. Application. — Le notaire ne saurait en tous cas se prévaloir lui-même du testament pour écarter un autre notaire du règlement de la succession (Règl. ch. not. Paris, art. 46).

21476. ACCORD. — Enfin, lorsque les héritiers ont chargé d'un commun accord un notaire de procéder à l'inventaire, quelques-uns d'entre eux formeraient-ils la majorité, ne peuvent revenir sur ce choix à l'encontre des autres, sans motifs graves (Rouen, 30 août 1884; Versailles, 27 fév. 1891; Marseille, 23 avr. 1902).

21477. Désignation d'office du notaire. — A défaut d'accord entre les parties sur le choix du notaire instrumentaire, celui-ci est nommé d'office par le président du tribunal civil de première instance (Pr. 935).

21478. Procédure. — Pour faire procéder à cette désignation, il y a lieu de distinguer selon que les scellés ont été ou non apposés. Dans le premier cas, le juge de paix doit en référer sur procès-verbal de levée de scellés; dans le second cas, la partie la plus diligente se pourvoit dans la forme ordinaire, par simple citation devant le président (Carré et Chauveau, t. 6, *Quest.* 313. — *V. n°s 22126 et suiv.*

21479. Compétence du président. — C'est le président seul qui a le droit de choisir le notaire à l'exclusion du tribunal (Orléans, 19 mai 1803; néanmoins en cas de contestation il peut renvoyer l'affaire à l'audience (Orléans, 24 déc. 1921).

21480. Pouvoir discrétionnaire. — La jurisprudence a consacré le pouvoir discrétionnaire du président à l'égard de cette désignation (Cass. 9 juill. 1895, D. 96, 1, 374; Dijon, 10 janv. 1895, D. 99, 1, 152; Bordeaux, 14 fév. 1901).

21481. Appel. — Toutefois, l'ordonnance de référé du président est susceptible d'appel devant la cour dans la quinzaine (Pr. 809; Bordeaux, 23 juin 1885, D. 86, 2, 197; Rouen, 25 nov. 1912) et la cour peut infirmer l'ordonnance, alors même que le notaire commis aurait déjà commencé ses opérations, ou adjoindre à celui-ci un de ses confrères (Pau, 12 juin 1899).

21482. MOTIFS DE PRÉFÉRENCE. — La loi n'indique aucun motif de préférence entre les notaires présentés par les parties et même entre ceux que le juge peut commettre, et il faut s'en rapporter à la jurisprudence.

21483. Ancienneté. — L'ancienneté n'est pas un motif de préférence, cependant elle exerce une influence lorsque les héritiers ont des droits égaux et qu'un autre motif ne commande pas autre choix (Paris, 30 mars 1895; Versailles, janv. 1898; Douai, 8 nov. 1899). — *V. n° 21497.*

21484. Règlement de la chambre. — Le président n'est pas tenu de se conformer au règlement de la chambre (28 juin 1920, *J. des Not.* 32921) bien qu'il en tienne généralement compte (Amiens, 21 mars 1894, D. 95, 2, 144; Rouen, 31 juill. 1903. Aussi le choix fait par le président s'impose donc à la chambre des notaires (Cass. 5 juill. 1875). — *V. n°s 21497 et 21498.*

21485. Notaire du lieu de la succession. — Mais, dans la majorité des cas, le notaire choisi est celui du lieu de l'ouverture de la succession qui est le mieux placé pour centraliser les actes y relatifs (Paris, 31 janv. 1874; Besançon, 17 nov. 1880; Paris, 14 juin 1881; Rouen, 30 août 1884).

21486. APPLICATION APRÈS DÉCÈS. — En principe, le président doit, autant que possible, choisir le notaire parmi ceux qui lui sont désignés par les parties, en tenant compte de la qualité et du degré d'intérêt des ayants droit (Versailles, 27 fév. 1891; Paris, 20 déc. 1894, D. 95, 2, 508).

En l'absence de règles en la matière, nous donnons ci-dessous les principales applications que la jurisprudence en a faites. Ainsi il a été décidé :

21487. Administrateur. — 1°...Que c'est à l'administrateur d'une succession et non aux créanciers de cette succession qu'il appartient de désigner le notaire chargé de l'inventaire (Amiens, 26 mai 1879).

21488. Conjoint survivant. — 2°...Que le conjoint survivant même légataire en usufruit n'a pas la priorité sur les héritiers (néanmoins le juge lui accorde généralement la préférence lorsque des intérêts plus légitimes ne s'y opposent pas) (Cass., 31 janv. 1870, D. 70, 1, 291; Dijon, 2 déc. 1874, S. 76, 2, 151; Lunéville, 7 sept. 1895).

21489. Conseil de tutelle. — 3°...Qu'en cas de désaccord entre la tutrice et le conseil de tutelle sur le choix du notaire, il appartient au juge de mettre fin à ce conflit en désignant un troisième notaire qui, étranger aux dissentiments de famille, présentera toutes garanties pour sauvegarder les intérêts réciproques des parties (C. Caen, 2 mai 1921, *J. des Not.* 32956). — *V. n° 21527.*

21490. Exécuteur testamentaire. — 4°...Que l'exécuteur testamentaire concourt dans le choix du notaire, mais sans préférence. Par suite, en cas de dissidence entre lui et les héritiers, la désignation du notaire appartient d'office, au président (Rouen, 20 janv. 1879, D. 79, 2, 179), qui peut choisir le notaire désigné par les héritiers (Orléans, 27 nov. 1857, D. 61, 5, 471), à moins que le notaire proposé par lui ne réside dans le lieu de l'ouverture de la succession et ne fût le conseil du *de cujus* (Versailles, 15 mars 1895; Paris, 30 mars 1895, D. 95, 2, 368).

21491. Légataire universel. — 5°...Que le notaire du légataire universel peut être désigné de préférence à celui de l'héritier non réservataire (Paris, 30 déc. 1868; Seine, 9 sept. 1871). — *V. n° 21474.*

21492. Notaire d'arrondissement. — 6°...Que s'il doit être procédé à un inventaire dans plusieurs cantons, le juge peut commettre, à défaut d'accord entre les parties, un notaire du chef-lieu d'arrondissement (Bordeaux, 14 fév. 1901). — *V. n° 21505.*

21493. Notaire du de cujus. — 7°...Que la rédaction de l'inventaire peut être confiée au notaire qui avait la confiance du *de cujus*, alors qu'il n'y a pas de raison sérieuse de l'exclure, et qu'il est proposé par le légataire universel (Bordeaux, 11 janv. 1904).

21494. Successions confondues. — 8°...Qu'il appartient aux héritiers d'un époux survivant usufruitier des biens de son conjoint prédécédé de choisir le notaire instrumentaire (Rouen, 26 av. 1872).

21495. Usufruitier. — 9°...Que le notaire de l'usufruitier peut être désigné de préférence à celui du nu propriétaire (Bordeaux, 17 déc. 1879, S. 80, 2, 112), à moins que la validité du titre qui confère l'usufruit ne soit discutée (Caen, 4 juin 1886; Bourges, 25 mai 1891). — Si l'usufruitier a été dispensé d'inventaire, il est juste néanmoins que ce soit le notaire du nu propriétaire qui dresse l'inventaire, puisque c'est ce dernier qui doit payer les frais (Javon, 165). — *V. n° 21470.*

21496. APPLICATION AVANT DIVORCE OU SÉPARATION DE CORPS. — En cas de dissentiment entre le mari et la femme plaidant en divorce ou séparation de corps, il y a lieu, suivant l'opinion dominante, de désigner de préférence le notaire choisi par la femme comme plus intéressée que le mari à la confection de cet acte (Paris, 21 mai 1879; Agen, 10 mars 1886; Rambouillet, 22 fév. 1892; Paris, 20 nov. 1894, D. 95, 2, 508; Cass., 9 juill. 1895, S. 97, 1, 133); Amiens, 7 janv. 1903, D. 1904, 5, 435). — *V. n° 21498 et 22182.*

21497. Autres applications. — Il a cependant été jugé que l'inventaire appartient ...au notaire le plus ancien (Montmédy, 30 mars 1909),... au notaire du demandeur, conformément au règlement de la Chambre (Rouen, 31 juill. 1907; R. N. 1909, 530). — *V. n° 21483.*

21498. APPLICATION APRÈS DIVORCE OU SÉPARATION DE CORPS. — Décidé qu'après divorce ou séparation de corps, le juge doit, en cas de désaccord, appliquer le règlement approuvé de la Chambre des notaires, qui attribue la confection de l'inventaire au notaire de l'époux qui a obtenu le divorce ou la séparation (Amiens, 21 mars 1894, D. 95, 2, 144.

21499. Torts réciproques. — Si le divorce a été prononcé aux torts réciproques des époux, les deux notaires peuvent être commis, mais la minute doit rester aux mains de celui commis pour dresser la liquidation (Doullens, 11 fév. 1904, *J. N.* 28114).

21500. APPLICATION AU CAS DE SÉPARATION DE BIENS. — Décidé que l'inventaire, dans cette espèce, doit être dressé par le notaire commis par le tribunal pour procéder à la liquidation de la communauté (Paris, 3 oct. 1839, P. 39, 2, 328).

21501. Concours de notaires. — NOMBRE. — L'inventaire ne peut être dressé que par deux notaires du même ressort. Le notaire en premier ne peut d'ailleurs refuser la participation d'un second notaire choisi par une autre partie requérante (Dijon, 2 déc. 1874, S. 76, 2, 151).

21502. Notaires conseils. — En dehors des notaires instrumentants, les parties ont le droit d'appeler d'autres notaires aux opérations de l'inventaire, mais ceux-ci ne font qu'assister leurs clients en qualité de conseil et n'ont aucun droit aux honoraires de confection.

21503. ATTRIBUTION DE LA MINUTE. — En cas de concours de deux notaires, on décide généralement que la minute doit appartenir au notaire le plus ancien (Paris, 4 janv. 1833; Nancy, 24 août 1835), suivant l'usage suivi par les compagnies notariales (Statuts ch. not. de Paris, 26 av. 1857, art. 31 et 32; Délib. 2 déc. 1869). — *V. n° 21483.*

21504. Choix du président. — Il a été reconnu cependant que le président peut choisir un autre notaire, s'il apparaît que l'une des parties a un intérêt grave à ce que la minute soit remise au notaire de son choix (Bourges, 24 nov. 1845, **D**, 45, 4, 360; Paris, 21 mai 1879, *J. du N.* 3201).

21505. Notaire de l'arrondissement. — Décidé également qu'au cas où deux notaires résidant dans le même ressort de cour d'appel, mais dans des départements différents, sont appelés à concourir au même inventaire, la minute de cet inventaire doit être retenue par celui des notaires qui réside dans l'arrondissement du domicile de la personne décédée (Paris, 17 janv. 1845, D. 54, 4, 359).

CHAPITRE IV

Des personnes qui peuvent requérir l'inventaire.

21506. Principe. — En règle générale, l'inventaire peut être requis : 1º par tous ceux qui y ont intérêt, soit pour se mettre en règle avec la loi, qui leur en fait une obligation, soit pour conserver les droits dont la loi subordonne l'exercice à cette condition préalable; 2º par ceux qui, quoique dépourvus d'intérêt personnel, y sont tenus par leurs fonctions, afin de conserver les droits des intéressés incapables ou empêchés de requérir eux-mêmes (Garsonnet, t. VII, § 2613 et s.; Javon, nº 283).

21507. Scellés. — Lorsqu'il y a eu apposition de scellés, l'art. 941 du Code de procédure civile accorde capacité de requérir l'inventaire à tous ceux qui ont droit de requérir la levée des scellés (Voir en ce cas *supra* nᵒˢ *21301 et suiv.*).

21508. Demande. — La demande d'inventaire peut être valablement formée devant le juge des référés, à raison du caractère conservatoire et de l'urgence de cette mesure (Bordeaux, 25 juin 1867, D. 67, 5, 360).

21509. Urgence. — Par suite, en cas d'urgence, le juge en référé peut ordonner que l'inventaire sera dressé à la requête de la partie la plus diligente (Alger, 9 juin 1877, S. 78, 2, 84), en présence d'un notaire représentant les autres parties, même si celles-ci demeurent à une distance moindre de cinq myriamètres (Pr. 928). — *V. nº 21614.*

21510. Capacité. — Absence de scellés. — Nous avons vu qu'au cas de scellés, tous ceux qui ont le droit d'en requérir la levée (*V. nº 21301*) ont le droit de requérir l'inventaire, et il nous reste donc à examiner à qui appartient ce droit au cas où il n'a pas été apposé de scellés (*V. les nᵒˢ suivants*).

21511. Absence. — Après déclaration d'absence, l'inventaire est requis par les envoyés en possession provisoire ou le conjoint lorsqu'il a opté pour la continuation de la communauté, en présence du procureur de la République ou d'un juge de paix délégué par lui (Civ. 126).

21512. Conjoint présent. — Le conjoint présent peut, avant de prendre parti, procéder à l'inventaire des forces et charges de la communauté concurremment avec les héritiers présomptifs.

21513. Conjoint ayant opté. — Lorsque le conjoint a opté pour la continuation de la communauté, l'inventaire peut être dressé à sa requête en l'absence des héritiers présomptifs de l'absent (Demolombe, II, 282); néanmoins, en pratique, il est préférable de les appeler et de procéder en leur présence (Javon, nº 285). — *V. nº 21585.*

21514. Femme requérante. — La femme qui a opté pour la continuation de la communauté peut requérir l'inventaire sans autorisation de justice (Baudry-Lacant., t. 1, 1208).

21515. Administrateur provisoire. — L'administrateur provisoire nommé à une succession au cas où les héritiers sont inconnus a, dans ses pouvoirs d'administration, celui de faire procéder à l'inventaire et, par suite, peut le requérir seul.

21516. Héritiers connus. — Mais lorsque l'administrateur a été nommé seulement sur le désaccord des héritiers ou choisi par eux, ces derniers doivent également coopérer à la réquisition.

21517. Conjoint survivant. — L'époux survivant a le droit de requérir l'inventaire et ce, à différents titres, savoir :

21518. Commun en biens. — 1º Au cas de communauté ou société d'acquêts en sa qualité de copropriétaire des biens, ce qui comprend ses droits de commun, ses reprises en nature ou en deniers, ses avantages matrimoniaux (*V. nº 21671*).

21519. Femme survivante. — Lorsque l'inventaire est requis par la veuve survivante, il est prudent de mentionner que celle-ci se réserve d'accepter la communauté ou de la répudier afin que sa réquisition ne puisse être considérée comme acceptation de la communauté (Nîmes, 23 fév. 1858, S. 58, 2, 385).

21520. Donataire ou légataire. — 2º Comme légataire ou donataire en toute propriété ou en usufruit de son conjoint (Civ. 1094, 1098). — *V. nº 21673.*

21521. Usufruitier légal. — 3º A raison de l'usufruit que lui confère sur les biens de son conjoint l'art. 767 du Code civil (*V. nº 21674*).

21522. Jouissance légale. — 4º S'il a la jouissance légale des biens de ses enfants mineurs (Civ. 384). — *V. nº 21672.*

21523. Nouveau mariage. — Décidé que la mère qui avait perdu la jouissance légale par un nouveau mariage contracté avant la loi du 21 février 1906 a recouvré l'usufruit légal à compter de la promulgation de cette loi (Seine, 26 juill. 1906; Aurillac, 11 juin 1908).

21524. Tuteur. — 5º S'il est tuteur des enfants mineurs nés du mariage (Civ. 390, 394). — *V. nº 21676.*

21525. Femme enceinte. — La femme enceinte au moment du décès a le droit de requérir l'inventaire au nom de l'enfant à naître, et ce en présence du curateur au ventre et des héritiers qui succéderaient, si l'enfant ne naissait pas viable (Bioche, 75; *Dict. du Not.* 80). — *V. nº 21679.*

21526. Héritier. — 6º Enfin, s'il est héritier de son conjoint à défaut de parents au degré successible (Civ. 767- 1º). — *V. nº 21677.*

21527. Conseil de tutelle. — La mère survivante à laquelle il a été nommé un conseil de tutelle ne peut agir qu'avec l'assistance de ce conseil et en plein accord avec lui.

21528. Application. — Il s'ensuit que le conseil de tutelle n'a pas seulement le droit d'être présent à l'inventaire, mais peut encore concourir à sa confection comme partie requérante en y appelant un notaire en second (C. Caen, 2 mai 1921, *J.desN.* 32956). — *V. nº 21489.*

21529. Conseil judiciaire. — Le successible pourvu d'un conseil judiciaire peut requérir lui-même et seul l'inventaire (Rouen, 19 avr. 1847, D. 47, 2, 9); mais, vu l'importance de cet acte et des déclarations qu'il peut contenir, il est préférable de le faire agir avec l'assistance de son conseil (*V. n° 2782*).

21530. Mandataire. — Jugé que le conseil peut représenter le pourvu et agir pour lui en vertu d'une procuration (Douai, 27 déc. 1906).

21531. Créanciers. — Lorsque les héritiers refusent de procéder à l'inventaire, les créanciers d'une succession ou d'une communauté peuvent le requérir (*V. n°⁵ 21219 et suiv.*).

21532. Nature de la créance. — Cette règle s'applique, que la créance soit à terme ou conditionnelle, ou consiste en une rente viagère (Besançon, 9 janv. 1827; Paris, 28 avr. 1865), qu'il s'agisse d'une créance prenant sa cause dans un contrat, un délit, ou un quasi-délit (Cass., 23 juill. 1872, S. 72, 1, 324, D. 73, 1, 355).

21533. Défaut de titre. — A défaut de titre exécutoire, le créancier doit se munir d'une autorisation du tribunal (du juge de paix lorsqu'il y a scellés). — *V. n° 21220.*

21534. Créancier personnel de l'héritier. — D'après l'opinion dominante, les créanciers personnels de l'héritier, s'ils ont le droit de faire opposition aux scellés (*V. n° 21280 et suiv.*), ils n'ont pas celui d'assister à la levée des scellés ni à l'inventaire, et par suite celui de le requérir (C. Rennes, 21 déc. 1922, *R. N.* 20348).

21535. Curateur. — Le curateur à succession vacante a pour mission de faire dresser inventaire (Civ. 813; Pr. 1000). — *V. n° 21741.*

21536. Administrateur provisoire. — Bien entendu, cette mission se trouve remplie si l'inventaire a déjà été dressé par le curateur en qualité d'administrateur provisoire de la succession (*V. n° 21515*).

21537. Donataires. — Les donataires soit universels, soit à titre universel, ont le droit de requérir l'inventaire.

21538. Donataire universel. — Ce dernier possède même ce droit, en présence d'héritiers non réservataires, à l'exclusion des héritiers naturels (Cass., 16 av. 1839, S. 39, 1, 264).

21539. Donataire en usufruit. — Décidé que le donataire en usufruit de la totalité ou d'une partie des biens peut également requérir l'inventaire (Caen, 4 janv. 1886, *R. N.* 10689).

21540. Enfants. — Les enfants *légitimes* ou petits-enfants, venant à la succession de leur chef ou par représentation, ont incontestablement le droit de requérir l'inventaire (Civ. 745; Pr. 909, 932, 941 et 942).

21541. Enfant adopté. — Les enfants adoptifs et leurs descendants sont assimilés aux enfants légitimes et peuvent requérir l'inventaire de la succession de l'adoptant (Civ. 350). — *V. n° 21686.*

21542. Enfant naturel. — Il en est de même de l'enfant naturel reconnu (Civ. 756), qu'il vienne à la succession comme héritier pour partie (Civ. 758 et 759) ou pour la totalité (Civ. 760).

21543. État. — L'État, appelé à succéder à défaut de parents au degré successible, d'enfant naturel et de conjoint (Civ. 767 et 768), est tenu et a par suite le droit de requérir l'inventaire (Civ. 769).

21544. Représentant. — L'inventaire est alors requis par le Directeur général de l'Enregistrement et des Domaines, aux poursuites et diligences d'un sous-inspecteur ou d'un receveur de l'enregistrement délégué à cet effet (Civ. 769; LL. 29 mai 1792 et 28 pl. an VIII).

21545. Exécuteur testamentaire. — L'exécuteur testamentaire a le droit de requérir l'inventaire, puisque l'art. 1031 du C. civ. lui impose l'accomplissement de cette formalité en présence ou après appel des héritiers présomptifs ou en concours avec eux (Pr. 942).

21546. Inapplication. — Jugé... qu'un héritier bénéficiaire peut être préféré à un exécuteur testamentaire ayant la saisine (Bruxelles, 9 août 1808)... que le droit de l'exécuteur testamentaire n'a plus lieu d'exister lorsque les héritiers offrent somme suffisante pour le paiement des dettes et des legs (Bruxelles, 16 mars 1811).

21547. Failli. — Le failli est frappé d'incapacité, et le droit de requérir inventaire des biens de la succession qu'il recueille appartient à son syndic (Com. 443), même si la faillite a été close pour insuffisance d'actif (Com. 527, 528; Rouen, 3 mai 1879, *R. N.* 5926). — *V. n° 21442.*

21548. Concordat ou union. — En cas de concordat ou de liquidation d'union, le failli recouvre sa capacité et lui seul peut requérir l'inventaire (Com. 539; Cass., 30 juill. 1886, S. 86, 1, 387).

21549. Femme mariée successible. — Lorsque la femme a l'entière administration de ses biens (séparation de biens, régime dotal sans société d'acquêts et avec paraphernalité des biens à venir), elle peut requérir l'inventaire seule et sans aucune autorisation (Orléans, 15 fév. 1893, S. 93, 2, 288, D. 93, 2, 368). *V. Rev. Nouv.* 1920-357. — *V. n° 21551.*

21550. Mari administrateur. — Lorsque le mari a l'administration des biens de la femme (communauté légale et d'acquêts, non-communauté, communauté universelle, régime dotal avec société d'acquêts ou avec soumission à la dotalité des biens à inventorier), l'inventaire peut être requis par le mari seul (*V. n° 21569*).

21551. Mari et femme. — Il a été décidé, qu'abstraction faite des incidents, l'inventaire doit être considéré comme un acte conservatoire et qu'en tout état de cause il peut être requis par la femme mariée, sans autorisation de son mari ou de justice (Paris, 23 janv. 1919). Mais comme l'on ne peut prévoir si des incidents seront soulevés au cours de l'inventaire, nous estimons qu'il est de bonne pratique d'exiger que la femme requérante soit autorisée de son mari ou, à défaut, de justice (*Rev. Nouv.* 1920, 357). — *V. n° 21554.*

21552. Femme mineure émancipée ou interdite. — Dans ces deux cas, la femme a pour curateur ou tuteur légal son mari (Civ. 506 et 2208) et l'inventaire devrait être requis dans la première hypothèse par la femme assistée de son mari, dans la seconde par le mari tuteur seul. Bien entendu, si la femme interdite avait un autre tuteur que son mari, c'est lui qui devrait en cette qualité requérir l'inventaire, mais en présence du mari (Paris, 27 mars 1868).

21553. Femme séparée de corps. — En cas de séparation de corps, la femme successible a pleine capacité pour requérir seule, et sans autorisation, l'inventaire des biens de la succession qu'elle recueille à l'exclusion du mari (Dijon, 15 fév. 1844).

21554. Présence du mari. — Néanmoins il a été jugé que le mari aurait le droit d'être présent aux opérations lorsque les biens à recueillir doivent être dotaux, puisqu'il est tenu en ce cas de veiller à la conservation de la dot (Paris, 18 août 1868, *J. N.* 19502).

21555. Grevé de substitution. — En cas d'inventaire après le décès d'une personne qui a disposé à charge de restitution, les opérations ont lieu à la requête du grevé en présence du tuteur à substitution (Civ. 1059).

21556. Défaut. — A défaut par le grevé d'agir dans les 3 mois de l'ouverture de la succession, le droit de réquisition appartient au tuteur (Civ. 1060), ou à défaut des appelés ou de leurs représentants — de tout parent des appelés — ou même au procureur de la République (Civ. 1057 et s.). — *V. n° 21610.*

21557. Héritiers présomptifs. — En l'absence de légataire universel, tout héritier présomptif ou appelé par la loi (réservataire ou non) a le droit de requérir l'inventaire, et bien que la veuve survivante soit restée en possession des biens de la communauté et de la succession (Dijon, 11 juill. 1904), lors même que le défunt aurait légué l'usufruit de tous ses biens avec dispense de caution et d'inventaire (Javon, 309).

21558. Légataire universel. — Malgré la présence d'un légataire universel (ou donataire) institué, l'héritier réservataire a le droit de requérir l'inventaire. En ce qui concerne l'héritier non réservataire, il ne peut requérir cet acte que s'il manifeste formellement l'intention d'attaquer le testament (Cass., 27 nov. 1906, *J. N.* 28898, et Rouen, 9 avr. 1907, *R. N.* 13476); de simples réserves à l'encontre de la validité ne suffiraient pas (Cass., 27 nov. 1906, précité. — *Contra* : Paris, 4 mars 1886, S. 88, 2, 12).

21559. Légataire universel non saisi. — Si le légataire universel est institué par testament olographe, les héritiers même non réservataires conservent le droit de provoquer l'inventaire tant que le légataire n'est pas envoyé en possession (Carré et Chauveau, *Quest.* 3114 *bis*; Paris, 7 déc. 1829).

21560. Mise en demeure — Décidé néanmoins que l'héritier naturel peut se faire représenter à une levée de scellés et à l'inventaire, mais ne peut être autorisé à faire dresser lui-même un inventaire qu'après avoir mis l'héritier et les exécuteurs testamentaires qui ont la saisine en demeure de procéder eux-mêmes à cette formalité et faute par eux d'y avoir procédé (Riom, 16 mars 1910, *Rec. Som.* 1910, 4283).

21561. Retour légal. — L'adoptant, l'ascendant donateur ou les frères et sœurs de l'enfant naturel, qui exercent le droit de retour légal, ont qualité pour requérir inventaire (Bordeaux, 4 janvier 1851, S. 52, 2, 412, D. 51, 2, 52). — *V. n° 21707.*

21562. Légataires universels. —

Les légataires universels ou à titre universel saisi des biens de la succession ont le droit de requérir l'inventaire à l'exclusion des héritiers non réservataires (Paris, 27 fév. 1896, *R. N.* 9571; Pau, 30 janv. 1911, *J. N.* 30162. — *Contra* : Poitiers, 2 mars 1892, et Caen, 17 déc. 1902, *R. N.* 8651 et 11379). — *V. n° 21558.*

21563. Légataires en usufruit. — Le même droit de réquisition appartient aux légataires en usufruit de l'universalité d'une quote part de la succession (Civ. 600).

21564. Testament contesté. — Suivant ce qui est dit *supra n° 21558*, lorsque les héritiers exhérédés ont expressément attaqué le testament par l'introduction d'une instance, il est utile de les appeler à l'inventaire (Besançon, 23 nov. 1892, S. 93, 2, 23). — *V. n° 21589.*

21565. Légataires particuliers. — Les légataires particuliers peuvent avoir intérêt à la conservation des biens de la succession, aussi leur reconnaît-on le droit de requérir l'inventaire, lors même que le légataire universel aurait été envoyé en possession (Nancy, 11 juill. 1903, *R. N.* 10689).

21566. Restriction. — Toutefois, ce droit de réquisition ne peut s'exercer que dans la mesure où le légataire a un intérêt direct et justifié à la confection de l'inventaire (V. Bruxelles, 26 avr. 1828, et 12 nov. 1829; Narbonne, 18 déc. 1901, *J. N.* 27915).

21567. Liquidé judiciaire. — Le liquidé judiciaire n'étant pas dessaisi, comme le failli, de la propriété de ses biens, peut requérir inventaire lui-même, avec l'assistance de son liquidateur (L. 4 mars 1889; *V. n° 2825*).

21568. Droit du liquidateur. — Au cas d'inaction du liquidé, son liquidateur peut se faire autoriser, par ordonnance du juge commissaire, à procéder seul (L. 1889, art. 6).

21569. Mari. — Le mari peut requérir seul l'inventaire des biens échus à sa femme en agissant comme maître des actions mobilières et possessoires de celle-ci (Civ. 1414).

21570. Application. — Il en est ainsi lorsque le régime matrimonial laisse au mari l'administration des biens de sa femme : communauté légale ou conventionnelle, dotalité générale, exclusion de communauté (*V. n° 21550*).

21571. Mineur. — L'héritier mineur *non émancipé* qui a encore son père et sa mère est représenté à l'inventaire par celui de ses auteurs qui a l'administration légale de ses biens. Au cas d'opposition d'intérêts entre le mineur et son auteur ou de déchéance de l'Administration, le mineur est représenté par un administrateur *ad hoc* (*V. n° 22050*).

21572. Mineur émancipé. — L'héritier mineur émancipé requiert l'inventaire avec l'assistance de son curateur (*V. n° 2838*).

21573. Mineur en tutelle. — Quant au mineur en tutelle, l'inventaire l'intéressant est requis par son tuteur (*V. n° 21574*).

21574. Tuteur. — Le tuteur d'un mineur ou d'un interdit a le droit de requérir l'inventaire des biens de la succession recueillie par eux, en présence du subrogé tuteur (Civ. 420, 451; Pr. 929, 941). — *V. n° 21608.*

Il en est de même à l'égard du tuteur des enfants de l'assistance publique (L. 27 juin 1904, art. 11 et 13) et du tuteur de pupille de la nation (L. 27 juill. 1917 et 26 oct. 1922; Décr. 22 août 1923), sauf que dans ces deux cas il n'existe pas de subrogé tuteur.

21575. Opposition d'intérêts. — S'il **y** a opposition d'intérêts entre plusieurs mineurs ayant le même tuteur, on doit leur donner à chacun un tuteur spécial. Mais, à moins d'intérêts *distincts*, il n'existe pas, en principe, pour l'inventaire, d'opposition d'intérêt entre les héritiers mineurs ni entre eux et leurs tuteurs ou subrogés tuteurs.

21576. Usufruitier. Usager. — L'usufruitier et l'usager sont tenus de procéder à l'inventaire des biens affectés (Civ. 600 et 626) et possèdent naturellement le droit de le requérir.

21577. Préférence. — Au cas d'inventaire requis par plusieurs parties en même temps, l'on doit procéder au nom de celle que l'article 909 du Code de procédure désigne comme étant préférée pour la demande d'apposition de scellés (*V. n°s 21203 et suiv.*).

21578. Contestation. — Au cas de contestation, il appartient au président du tribunal de désigner le requérant préféré (Pr. 935). — *V. n° 21667.*

21579. Référé. — La demande d'inventaire peut être valablement formée devant le juge des référés, à raison du caractère conservatoire et de l'urgence de cette mesure (Bordeaux, 25 juin 1867, D. 67, 5, 360).

CHAPITRE V

Des personnes qui doivent ou peuvent assister à l'inventaire.

21580. Principe. — En principe, l'inventaire doit être dressé non seulement en présence des personnes requérantes, mais de toutes celles qui y sont intéressées, soit à titre personnel, soit à titre de représentant.

21581. Présence ou appel. — Par suite, ceux des intéressés qui ne sont pas requérants doivent être présents ou sommés d'être présents à la confection de l'inventaire.

21582. Généralités. — Ainsi, dans tous les cas, quelles que soient les parties requérantes, l'inventaire doit être fait en présence ou dûment appelés s'ils existent, savoir :

21583. Conjoint survivant. — 1° Du conjoint survivant (Pr. 942).

21584. Application. — Il en est ainsi même à l'égard du conjoint non commun en biens ni légataire, mais non au cas de séparation de corps prononcée contre lui et suivie de la liquidation de ses droits (*V. n°s 10049 et s.*). A l'égard des diverses qualités du conjoint, *V. n°s 21517 et s.*

21585. Héritiers présomptifs. — 2° Des héritiers présomptifs (Pr. 942).

21586. Application. — Il faut entendre ici tous les héritiers présomptifs, y compris les successeurs irréguliers, l'enfant naturel reconnu, l'enfant né après divorce et dont l'état peut être contesté, en conformité de l'art. 315 du C. civ., l'enfant adopté.

21587. Legs universel. — En présence d'un légataire universel, il convient d'appeler néanmoins l'héritier réservataire; il n'en est pas de même de l'héritier non réservataire, à moins 1° que le testament (olographe ou authentique) soit attaqué (Paris, 26 fév. et 25 mars 1896, S. 96, 2, 262, D. 97, 2, 197. — *V. n° 21558*); 2° que le légataire par testament olographe n'ait pas encore été envoyé en possession (Mayenne, 8 fév. 1876, *J. des Av.* 1876, 116. — *V. n° 21559*) ou que l'ordonnance d'envoi en possession ait été l'objet d'un recours (*V. n°s 14015 et s. et 14048*).

21588. Héritier cédant. — L'héritier qui a cédé ses droits doit néanmoins être appelé, que la cession soit partielle ou totale (Garsonnet, t. 6, p. 83; Douai, 23 mai 1825).

21589. Présence facultative. — Décidé que l'héritier exhérédé par un legs universel ou particulier conserve le droit d'assister à l'inventaire (Gand, 16 mai 1896, S. 98, 4, 19; Riom, 16 mars 1910). — *V. n° 21564.*

21590. Exécuteur testamentaire. — 3° De l'exécuteur testamentaire (Pr. 942).

21591. Application. — En tout état de cause, il doit être présent ou appelé lors même que le testament olographe dans lequel il puise sa qualité n'a pas été encore suivi d'envoi en possession, car il tient ses droits de la loi (Pr. 931, 932; Béziers, 23 fév. 1901, *R. N.* 10903).

21592. Donataires et légataires. — 4° Des légataires et donataires universels ou à titre universel en toute propriété ou en usufruit (Pr. 942).

21593. Application. — Il en est ainsi même si leurs titres sont contestés (Garsonnet, t. 6, p. 104) et avant même l'envoi en possession (Roll. de Vill., 104); le bénéficiaire doit toutefois justifier de son droit par la production de l'acte de disposition (Besançon, 23 nov. 1892, S. 93, 2, 23).

21594. Légataire particulier. — La présence du légataire particulier, sauf si son legs a pour objet l'usufruit de la totalité ou d'une partie de la succession, n'est pas imposée. S'il désire y être appelé, il peut toutefois faire opposition (*V. n° 21278*).

21595. Autres intéressés. — En dehors des personnes visées par les articles 931 et 942 du Code de procédure civile, il convient d'appeler à l'inventaire, savoir :

21596. Conseils. — 1° Le conseil judiciaire donné au prodigue (Rouen, 19 av. 1847, S. 47, 2, 453) ainsi que le conseil spécial donné par le père à la mère survivante tutrice conformément à l'article 397 du Code civil (*V. n° 21527*).

21597. Application. — Le conseil judiciaire assiste comme conseil le prodigue (*V. n° 21529*); quant au conseil de l'art. 397, il a été décidé qu'il doit non seulement être présent à l'inventaire après le décès du père, mais qu'il peut même y concourir en qualité de réquérant (Caen, 2 mai 1921, *R. N.* 19790).

21598. Créanciers. — 2° Les créanciers de la succession qui ont fait opposition à la levée de scellés (Civ. 932) et qui peuvent justifier de leur qualité (Amiens, 14 oct. 1882); l'appel est fait au domicile élu (Civ. 931).

21599. Application. — Les créanciers de la succession qui n'ont pas fait opposition régulière ne doivent pas assister à l'inventaire et ne doivent pas être appelés (Garsonnet, t. 6, 105) — l'on considère même que ceux qui ont fait opposition peuvent assister à l'inventaire, mais qu'il n'est pas nécessaire de les appeler (Paris, 19 août 1853, D. 54, 5, 449; *Comp.* Cass., 16 nov. 1864, S. 65, 1, 42, D. 65, 1, 177).

21600. Créanciers personnels de l'héritier. — Les créanciers personnels de l'héritier, même s'ils ont fait opposition, n'ont pas à être appelés à l'inventaire, n'ayant pas le droit, en principe, d'y assister (*V. nᵒˢ 21280 et 21534*); il en est de même, à plus forte raison, du créancier d'un créancier (Arg. Pr. 934; *V. nᵒ 21221*).

21601. Représentation commune. — Les créanciers opposants qui ont été appelés à la première vacation de l'inventaire sont tenus, pour les vacations subséquentes, de se faire représenter par un seul mandataire dont ils conviendront. Toutefois, si l'un des créanciers avait des intérêts différents de ceux des autres, ou des intérêts contraires, il pourrait assister en personne à l'inventaire, ou par mandataire spécial, à ses frais (Pr. 932 et 933).

21602. Curateurs. — 3° Le curateur au ventre qui devient de plein droit le subrogé tuteur de l'enfant à la naissance de celui-ci (*V. nᵒ 21608*). — Si au cours de l'inventaire l'enfant naît non viable, la mission du curateur cesse et il convient d'appeler les nouveaux héritiers.

21603. Curateur à l'émancipation. — Le curateur d'un mineur émancipé assiste généralement à l'inventaire, mais il n'est pas obligatoirement nécessaire de l'y appeler (Garsonnet, t. 7, §2619; Bioche, 85 et 149. — *Contra :* Roll. de Vill., t. 4, p. 401).

21604. Procureur de la République. — 4° Le procureur de la République en cas d'absence déclarée (Civ. 126).

21605. Application. — La disposition de l'art. 126 s'applique seulement à l'inventaire fait après déclaration d'absence à la requête des envoyés en possession provisoire ou de l'époux qui a opté pour la continuation de la communauté. — Le procureur assiste à l'inventaire ou délègue le juge de paix (*V. nᵒ 21180*).

21606 Représentants d'incapables. — 5° Le représentant légal ou désigné des incapables ainsi qu'il est expliqué *supra* nᵒˢ *21517 et suiv.* à l'égard des mineurs et interdits.

21607. Aliéné non interdit. — L'aliéné non interdit placé dans un établissement d'aliénés public ou privé est représenté par un administrateur provisoire ou à défaut par un notaire commis (L. 30 juin 1838, art. 36). — *V. nᵒ 21619.*

21608. Subrogé tuteur. — 6° Le subrogé tuteur d'un mineur ou d'un interdit à l'égard d'un inventaire dressé par le tuteur à l'ouverture de la tutelle (Civ. 451).

21609. Successions ouvertes au cours de la tutelle. — A toute succession échéant à l'incapable au cours de la tutelle, la présence du subrogé tuteur est utile puisqu'il est tenu d'obliger le tuteur à faire inventaire (Civ. 1442), mais, en pratique, on n'appelle le subrogé tuteur que si les mineurs ont des intérêts contraires à ceux du tuteur, comme par exemple si celui-ci est légataire ou créancier du défunt ou commun en biens avec lui (*R. N.* 1909, 182).

21610. Tuteur a substitution. — 7° Le tuteur à substitution à l'égard de l'inventaire dressé après le décès de celui qui a disposé à charge de restitution (Civ. 1059). — *V. nᵒˢ 21453 et 21555.*

21611. Application. — L'inventaire est dressé en présence du grevé ou de son tuteur et le tuteur nommé pour l'exécution. Les appelés peuvent y assister mais leur présence n'est pas nécessaire, (*V. nᵒ 21556*).

21612. Usufruitier. — 8° Enfin, le nu propriétaire au cas d'inventaire dont l'usufruitier est tenu de dresser (Civ. 600, 626). — *V. nᵒ 21470.*

21613. **Notaire commis.** — Cas divers. — Il y a lieu à commission de notaire pour assister à l'inventaire dans les différents cas suivants :

21614. Domicile éloigné et non-présents. — 1° Pour représenter les parties intéressées qui résident à plus de cinq myriamètres (Pr. 942) ainsi que les *non-présents*, alors même qu'ils demeurent à moins de cinq myriamètres, s'il y a urgence, conformément à l'art. 928 C. pr. civ.

21615. Application. — La sommation d'assister à l'inventaire doit être adressée aux parties à quelque distance qu'elles demeurent du lieu de l'inventaire. Pour les défaillants demeurant au delà de cinq myriamètres, il peut être procédé en leur absence (Alger, 9 juin 1877); pour les défaillants demeurant en deçà, ils sont représentés tous ensemble, quel que soit leur nombre, en même temps que les absents, c'est-à-dire les non-présents, à quelque distance qu'ils demeurent, par le notaire commis.

21616. Partie demeurant dans un rayon de moins de cinq myriamètres. — Décidé qu'un inventaire ne serait pas nul par cela seul qu'un notaire aurait été commis à l'effet de représenter des intéressés, bien qu'ils eussent leur domicile dans un rayon de cinq myriamètres du lieu de l'ouverture de la succession; mais les frais occasionnés par cette commission pourraient être considérés comme frustratoires (Caen, 24 déc. 1839, S. 40, 2, 132).

21617. Présumé absent. — 2° Pour représenter un *présumé absent* à l'égard d'une succession qu'il a recueillie (Civ. 113).

21618. Application. — Par *présumé absent* il faut entendre ici une personne disparue, mais dont l'existence n'est pas méconnue par ceux qui auraient intérêt à la contester (Paris, 14 janvier et 2 avr. 1861 et 24 mars 1863, Lyon, 27 mai 1863). Autrement dit, le présumé absent est celui dont l'existence est reconnue mais devenue incertaine (V. Alger, 4 mai 1896, S. 98, 2, 140).

21619. Aliénés non interdits. — 3° Enfin, pour représenter les aliénés non interdits placés dans une maison de santé, lorsqu'il ne leur a pas été nommé d'administrateur provisoire (L. 30 juin 1838, art. 36).

21620. COMPÉTENCE. — L'on considère que le notaire commis pour représenter un absent, conformément aux dispositions de l'art. 113 C. civ., n'instrumente pas au sens propre du mot en remplissant sa mission, et qu'il peut par suite exercer ce mandat en dehors de son ressort (Dalloz, *Rep. pr.* Vº absent 25; Seinc, 2 mai 1924, *Rec. not.* 15 janv. 1925, p. 19; *contra* : Rutggerts et Amiaud, 142; Dict. not. *inv.* 164).

21621. Nombre. — Le même notaire ne peut représenter au même inventaire des *non-présents*, des *présumés absents* et des *aliénés non interdits* (V. Caen, 16 mai 1916), mais un seul notaire suffit pour chaque catégorie, quel qu'en soit le nombre (Garsonnet, t. 7, § 2620; Bioche, 120), excepté le cas où ils auraient des intérêts opposés (Demolombe, t. 2, nº 42).

21622. Notaire instrumentant. — Le notaire commis ne peut instrumenter à l'acte, même comme notaire en second, puisqu'il est partie (Javon, 348).

21623. COMMISSION. — La commission du notaire a ordinairement lieu par ordonnance rendue sur requête par le président du tribunal dans le ressort duquel les opérations doivent être faites, ou s'il y a des scellés sur référé introduit par le juge de paix (Pr. 928, 931; L. 30 juin 1838, art. 38).

21624. Jugement. — Lorsqu'il s'agit de représenter un présumé absent, la Commission a lieu par jugement du tribunal (Civ. 113).

21625. POUVOIRS DU NOTAIRE. — A défaut de précision dans l'ordonnance, les pouvoirs du notaire commis sont conférés dans les termes de la loi et sont limités à l'opération envisagée. La mission du notaire ne comporte aucun acte de disposition, mais son rôle s'étend néanmoins à la défense des intérêts de la personne qu'il représente (Rolland de Villargues, 140). — *V. nº 22300.*

21626. Contestations en justice. — Ainsi l'on reconnaît que le notaire commis pour représenter un non-présent a qualité pour le représenter en justice sur les incidents relatifs à la régularité de l'inventaire (Colmar, 11 nov. 1831, S. 32, 2, 352, D. 35, 2, 17).

21627. RESPONSABILITÉS. — Le notaire commis est, suivant le droit commun, responsable des fautes qu'il peut commettre dans l'accomplissement de sa mission (*V. nº 22298*).

21628. Application. — Il en est ainsi lorsqu'il n'a pas veillé à ce que les pièces de l'inventaire, en l'espèce des inscriptions de rentes, soient cotées et paraphées et qu'il en résulte un préjudice pour la partie, et ce même sans recours contre le notaire instrumentant, la faute de l'un n'excusant pas celle de l'autre (Paris, 7 nov. 1839, S. 40, 2, 64, D. 40, 2, 59).

21629. Comparutions. — MANDATAIRES. — Les parties requérantes ainsi que les parties présentes peuvent se faire représenter aux opérations d'inventaire par un mandataire.

21630. Intérêts distincts. — Il faut un mandataire par chaque personne ayant un intérêt distinct ou opposé; ainsi le tuteur et le subrogé tuteur ne peuvent se faire représenter par le même mandataire (Rutgeerts, 104). Mais le fait qu'il y aurait opposition d'intérêts entre le mandant et le mandataire ne constitue pas un obstacle (Chambéry, 4 mai 1891, *J. du N.* 1891, 517).

21631. Porte-fort. — Les parties ne peuvent être représentées par un porte-fort (Massé, III, 180); décidé cependant que l'inventaire serait, en ce cas, validé par la ratification de l'intéressé (Roll. de Vill., 114; Caen, 24 déc. 1839, S. 40, 2, 132).

21632 Annexes. — La procuration peut être donnée dans l'inventaire; par acte séparé, elle doit être annexée à la minute de l'inventaire, et non pas au procès-verbal de levée des scellés. Il en est de même des pièces justificatives des qualités des parties (Déc. just. 3 av. 1827, 28 av. 1832 et 24 mai 1849).

21633. Notaire commis. — Le notaire commis pour représenter une partie à l'inventaire ne pourrait, en raison de sa mission particulière, se faire remplacer par un mandataire; il doit donc comparaître en personne; si toutefois il a été régulièrement sommé, il pourra être prononcé défaut contre lui et passé outre, sans qu'il soit nécessaire de faire commettre un autre notaire (Javon, 345).

21634. SOMMATIONS. — Il n'est pas indispensable que les parties intéressées assistent réellement en personne ou par mandataire à l'inventaire; il suffit qu'elles y soient appelées (Alger, 9 juin 1877, S. 78, 2, 84) par une sommation par exploit d'huissier, dans la forme ordinaire (Garsonnet, t. 6, p. 106). — *V. nºs 22159 et suiv.*

21635. Personnes appelées. — Il convient d'appeler par cette sommation toutes les personnes qui ont le droit d'assister à l'inventaire, à quelque distance qu'elles demeurent du lieu où il est procédé (*V. nº 21615*). Si toutefois un notaire a été commis pour représenter des personnes demeurant au delà de cinq myriamètres, la sommation sera seulement délivrée à ce notaire représentant.

21636. Domicile. — L'exploit doit être délivré à domicile réel. Toutefois, pour les créanciers opposants, il doit être signifié au domicile par eux élu dans leur opposition (Garsonnet, t. 6, p. 106). — *V. nºs 22161 et s.*

CHAPITRE VI

Des formes de l'inventaire.

21637. Règles générales. — AUTHENTICITÉ. — L'inventaire, dans tous les cas où il est prescrit, sauf celui prévu par l'art. 479 du Code de commerce, doit être fait en la forme authentique; et se trouve par suite soumis aux formalités communes à tous les actes notariés (Pr. 943).

21638. Conséquences. — Par suite, un inventaire dressé dans une autre forme ne pourrait suppléer un inventaire authentique (Amiens, 4 déc. 1884), par exemple, pour rendre inutile l'apposition des scellés en vertu de l'art. 943 C. pr. civ., ni faire foi de ses énonciations s'il n'a pas été reconnu (Bioche, 180 et 181). ...pour remplacer l'inventaire que la loi impose au tuteur etc...

21639. Parties maîtresses de leurs droits. — Néanmoins un inventaire sous seing privé fait foi entre les parties majeures et maîtresses de leurs droits, mais ne saurait être opposé aux tiers (Proudon, 788; Cass., 1er juill. 1828). — *V. n° 21414.*

21640. RÉCEPTION. — L'art. 943 C. pr. civ. soumet l'inventaire aux formalités ordinaires des actes notariés; par suite, il peut être reçu par un seul notaire, mais si l'une des parties ne sait ou ne peut signer, il doit être soumis à la signature d'un second notaire ou de deux témoins (L. 25 vent. an XI, art. 9 modifié). — *V. n° 21906.*

21641. Témoins. — Il n'est pas nécessaire que les témoins soient les mêmes à toutes les séances. Au cas d'apposition de scellés, le juge de paix ni le greffier instrumentant ne peuvent servir de témoins (Roll. de Vill., 210).

21642. Prohibitions. — L'inventaire ne peut être dressé que par un ou deux notaires au plus (les autres notaires appelés ne participent pas aux honoraires de réception). — Le notaire intéressé (ou ayant un parent intéressé au degré prohibé), légataire universel, exécuteur testamentaire, n'a pas qualité pour dresser l'inventaire. Il en est de même du notaire qui a opposé les scellés comme suppléant du juge de paix. (*V. n° 22294*).

21643. Jour férié. — En raison de son caractère juridique, l'inventaire ne peut être dressé un jour férié (Roll. de Vill. 45; Bioche, 69; *Contra :* Garsonnet, 1, 7, § 2621). — *V. n°* 15151 *et s. et* 15165.

21644. MINUTE. — L'inventaire doit être dressé en *minute* (L. vent., art. 20). Il peut ne figurer au répertoire qu'à la date de la première séance en indiquant dans le même article les dates successives des séances subséquentes (Déc. fin. 18 août 1812, Inst. 596).

21645. Écriture. — Il doit être écrit de la main du notaire ou de son clerc; mais l'inobservation de cette règle n'en entraînerait pas la nullité, s'il avait été écrit sous la dictée du notaire (Roll. de Vill., 212; Bioche, 184).

21646. Procès-verbal. — Il est dressé en forme de procès-verbal portant indication du jour et de l'heure de l'opération au commencement et à la fin en raison de son caractère judiciaire.

21647. VACATIONS. — L'inventaire se fait en une ou plusieurs séances, et chaque séance est divisée en vacations (*V. n°s 21648, 22383*).

21648. Durée. — La vacation est d'une durée de trois heures au moins (Décr. 16 fév. 1807), et quatre heures au plus (Décr. 10 brum. an XIV, art. 4; Sol., 25 mai 1830 et 7 nov. 1892). — En présence des termes d'un arrêt de Cassation rendu en matière d'honoraires (*V. n° 22496*), nous recommandons de diviser les séances en vacations de *trois heures* à l'exclusion de celles de quatre (*V. n° 22380*).

21649. Nombre. — Le nombre de vacations par séance n'est pas limité, la loi du 20 juin 1896 ayant implicitement abrogé la disposition du tarif de 1807, qui ne permettait de taxer que trois vacations par jour (Javon, 776; Berthéau, 52 181).

21650. INOBSERVATION DES FORMALITÉS. — L'inobservation des formalités prescrites pour la rédaction de l'inventaire n'en entraîne la nullité que si elles tiennent à son essence ou si elles l'empêchent de valoir comme acte public (Dalloz, *Rep. pr. Inv.* 93).

21651. Application. — Décidé que la nullité ne pouvait résulter que de l'omission frauduleuse des formalités légales (Caen, 24 déc. 1839; Garsonnet, § 2621; Bioche, 283). — Nous estimons néanmoins que, même sans fraude, l'omission des formalités substantielles peut vicier l'acte.

21652. COMMUNICATION. — EXPÉDITION. — Comme pour tout acte notarié, le notaire ne peut sans ordonnance du président du tribunal de première instance donner communication d'un inventaire ni en délivrer copie à d'autres qu'aux personnes intéressées en nom direct, héritiers ou ayants droit (*V. n°s 3693 et suiv.*).

21653. Légataire particulier. — Décidé que le légataire particulier doit, pour se faire communiquer un inventaire, recourir à la procédure de compulsoire (*V. n°s 4460 et s.*) et justifier d'un intérêt dont le juge est souverain appréciateur (Caen, 22 nov. 1904; Seine, 24 janv. et 28 fév. 1906, *R. N.* 12396, 12652 et 12767).

21654. Héritier exhérédé. — Il a cependant été jugé que l'héritier non réservataire exhérédé par le testament du défunt a le droit de requérir une expédition de l'inventaire après le décès de ce dernier, encore bien qu'il n'en ait pas provoqué la confection et qu'il n'y ait été ni appelé ni présent (Cass., 22 juill. 1896, S. 96, 1, 513, D. 97, 1, 580).

21655. Administration de l'enregistrement. — Les préposés de l'Administration ont le droit de prendre communication d'un inventaire comme de tout autre acte notarié, mais non des actes, pièces et documents que le notaire détient à titre privé, notamment ceux trouvés au domicile du défunt et emportés pour être classés et analysés s'il y a lieu; le droit de communication n'existe que si ces actes et pièces sont mentionnés dans l'inventaire (*V. n°s 3714 et suiv.*).

21656. DIVISION. — Nous diviserons l'inventaire en six paragraphes, qui comprendront successivement : 1° l'intitulé ou préambule (*V. n°s 21657 et suiv.*); 2° la prisée ou état descriptif et estimatif des objets mobiliers (*V. n°s 21757 et s.*); 3° les ajournements et reprises de séances (*V. n°s 21883 et s.*); 4° l'analyse des titres, papiers et valeurs (*V. n°s 21907 et s.*); 5° les déclarations générales sur l'actif et le passif (*V. n°s 22019 et s.*); 6° et la clôture de l'inventaire (*V. n°s 22058 et s.*).

§ 1er. — INTITULÉ DE L'INVENTAIRE.

21657. Consistance. — L'intitulé de l'inventaire est constitué par la partie du procès-verbal consacrée à l'énonciation des noms, qualités et droits des parties intéressées.

21658. RÉDACTION. — Destiné à servir aux parties pour la justification de leurs droits, la rédaction de l'intitulé présente une grande importance, aussi le notaire doit-il exiger toutes justifications utiles (*V. n° 21666*).

21659. Énonciations. — Suivant la forme adoptée pour les procès-verbaux, l'intitulé porte en tête l'indication de l'année, du mois, du jour et de l'heure où il a été commencé, puis contient ensuite en général : 1° les noms, professions et demeures des requérants, des comparants, des défaillants et des absents, s'ils sont connus, du notaire appelé pour les représenter, des commissaires-priseurs et experts, et la mention de l'ordonnance qui commet le notaire pour représenter les absents et les défaillants (Pr. 943-1°); 2° l'indication des lieux où l'inventaire est fait (Pr. 943-2°); 3° la date et le lieu du décès; 4° et les autres mentions exigées dans les actes notariés.

21660. Date et heure. — L'inventaire ne peut être dressé un jour férié (*V. n° 21643*); l'heure dont il doit être fait mention est l'heure légale (L. 14 mars 1894). — *V. n° 21885.*

21661. Scellés. — S'il y a scellés apposés, le jour des opérations est fixé par le juge de paix; on relate la date de cette apposition et l'on indique qu'il sera procédé à l'inventaire au fur et à mesure de leur levée (*V. n° 21892*).

21662. Noms des parties. — Dans la dénomination des parties, il est d'usage de distinguer les parties requérantes des parties présentes, qui n'ont en général qu'un droit de surveillance pour la conservation de leurs droits.

21663. Procurations. — Lorsque les parties sont représentées par des mandataires, les procurations doivent être annexées à l'intitulé, et non, en cas de scellés, au procès-verbal de levée de ceux-ci (*V. n° 21632*). Il n'est pas indispensable que les procurations aient été dressées en la forme authentique, mais c'est préférable.

21664. Qualités. — D'une façon générale, on relate les divers actes qui établissent les qualités des parties. La participation à l'inventaire ne doit pas empêcher les héritiers de renoncer ou d'accepter sous bénéfice d'inventaire, et le notaire doit avoir soin de ne pas donner à ceux-ci une qualité qui impliquerait leur acceptation.

21665. Énonciations. — A l'égard des tuteurs, curateurs et autres représentants il convient d'énoncer les actes et autres titres d'où résultent leurs fonctions. — L'on doit également mentionner le contrat de mariage et le régime matrimonial des femmes mariées, la date et le lieu de naissance des mineurs, s'il y a lieu, les formalités d'adoption, la date des reconnaissances d'enfants naturels, etc...

21666. JUSTIFICATIONS. — Le notaire est en droit d'exiger la représentation des titres justificatifs de la qualité des parties et de la quotité de leurs droits (Roll. de Vill., 5). — *V. n° 22302.*

21667. Contestations. — S'il s'élève des difficultés, il en est référé au président du tribunal, lequel peut ordonner, au cas d'urgence, l'admission à l'inventaire du prétendant droit dont la qualité est contestée sous réserve de faire trancher le différend après la confection de l'inventaire (Cass., 28 juin 1869, S. 69, 1, 446; Paris, 31 janv. 1874, *J. N.* 20873).

21668. Dévolution héréditaire. — L'intitulé d'inventaire étant destiné, en matière de succession, à servir de titre justificatif des qualités héréditaires, c'est avec le plus grand soin que le notaire devra établir la dévolution successorale et la détermination des droits des intéressés.

A titre d'indication, nous passerons rapidement en revue les principes généraux qui régissent la matière.

21669. CONJOINT SURVIVANT. — Le conjoint survivant a généralement des intérêts intimement liés à la succession de son époux, tant comme commun en biens qu'en raison de ses droits, reprises, créances et avantages de toute nature qu'il peut avoir en vertu de son contrat de mariage, de toute donation ou testament ou encore de la loi.

21670. Copropriétaire. — Le conjoint survivant agit donc d'abord, en raison de sa qualité de copropriétaire, dans les biens de la communauté ou de la société d'acquêts. — Quand l'inventaire est requis par la veuve survivante, il est nécessaire de mentionner qu'elle se réserve d'accepter la communauté ou de la répudier, pour éviter que la qualité invoquée ne puisse être considérée comme une acceptation (Nîmes, 23 fév. 1858, S. 58, 2, 385).

21671. Reprises et avantages. — Puis en raison de ses reprises en nature ou en deniers, des avantages matrimoniaux résultant du contrat de mariage : part plus forte dans la communauté, prélèvement, faculté de conserver un fonds de commerce, préciput, etc... (*V. n° 21518*).

21672. Donation. — *Legs.* — Ensuite l'époux survivant agira, s'il y a lieu, comme habile à recueillir le don ou le legs que son conjoint a pu lui faire en ajoutant qu'il se réserve de le répudier, pour la même cause que celle indiquée n° 21670.

21673. Étendue de la donation. — Un époux peut donner à son conjoint pour le cas de survie : 1° tout ce dont il pourrait disposer en toute propriété en faveur d'un étranger s'il ne laisse ni ascendant ni descendants (Civ. 1094); 2° un quart en toute propriété et un quart en usufruit, ou moitié en usufruit de tous ses biens, s'il laisse des enfants nés du mariage ou des descendants d'eux (Civ. 1094); 3° et, s'il existe des enfants d'un premier lit, une part d'enfant légitime le moins prenant, sans que, dans aucun cas, cette donation puisse excéder le quart des biens de l'époux donateur (Civ. 1098). — *V. n°* 10615 *et suivants.*

21674. Usufruit légal. — En outre, l'article 767 du Code civil confère au conjoint survivant non divorcé ni séparé de corps à ses torts et griefs, un droit d'usufruit sur les biens dont son conjoint prédécédé n'a pas disposé (et sans préjudicier aux droits des héritiers réservataires) qui est : 1° du quart en présence d'enfants du mariage; 2° d'une part d'enfant légitime, le moins prenant, sans qu'elle puisse excéder le quart, s'il y a des enfants d'un précédent mariage ou descendants d'eux; 3° de moitié si le défunt laisse des enfants naturels ou descendants légitimes d'enfants naturels, des frères et sœurs, des descendants de frères et sœurs ou des ascendants; 4° de la totalité dans tous les autres cas, quels que soient le nombre et la qualité des héritiers. — Mais ce droit d'usufruit légal se confond avec les libéralités, même par préciput, que son conjoint a pu lui faire.

21675. Jouissance légale. — Lorsque le conjoint survivant a la jouissance légale des biens de ses enfants, âgés de moins de 18 ans (Civ. 384), il est nécessaire de le faire également agir en vertu de ce droit.

21676. Tutelle. — Dans les différents cas ci-dessus prévus, le conjoint agit en son nom personnel; si, en outre, il est tuteur d'enfants mineurs, il doit agir en cette qualité à l'inventaire.

21677. Époux héritier. — Le conjoint survivant peut être appelé à recueillir toute la succession de son époux prédécédé. C'est ce qui résulte du premier alinéa de l'art. 767 du Code civ., ainsi conçu : « Lorsque le défunt ne laisse ni parents au degré successible, ni enfants naturels, les biens de sa succession appartiennent en pleine propriété au conjoint non divorcé qui lui survit et contre lequel n'existe pas de jugement de séparation de corps passé en force de chose jugée. » (*V. nᵒˢ 21727 et suiv.*).

21678. Libre salaire. — Au cas d'un époux survivant ayant exercé pendant le mariage une profession distincte de son mari, en conformité de la loi du 13 juillet 1907, les biens acquis par elle avec le produit de son travail lui demeurent propres, sauf en cas de régime de communauté (*V. nᵒˢ 21951 et suiv.*).

21679. Veuve enceinte. — Lorsque le mari est décédé, laissant sa femme enceinte, l'inventaire est fait à la requête de la veuve et du curateur au ventre nommé à l'enfant (*V. nᵒ 21525*). — Si l'enfant vient à naître pendant le cours de l'inventaire, on fait dans la vacation qui suit cette naissance un nouvel intitulé dans lequel la veuve agit en qualité de tutrice de l'enfant, et le curateur au ventre en qualité de subrogé tuteur. Si l'enfant naît non viable, il est procédé à un intitulé rectificatif (*V. nᵒˢ 21396, et 22354 (Formule 1988*).

21680. Séparation de corps. — Lorsque la séparation de corps a été prononcée entre les époux, l'époux survivant n'a à intervenir que s'il a des droits à exercer comme usufruitier légal (*V. nᵒ 21674*) ou comme donataire ou légataire (*V. nᵒ 21672*).

21681. Séparation de biens. — Si les époux étaient seulement séparés de biens, le lien conjugal n'ayant reçu aucune atteinte, l'art. 942 du Code de procédure civile, qui exige que le conjoint survivant soit présent à l'inventaire, conserve tout son effet.

21682. DESCENDANTS. — L'ordre des héritiers le plus favorable est celui des descendants, en ce sens qu'il exclut tous les autres (ascendants et collatéraux privilégiés ou non). — Pour succéder, il faut nécessairement exister à l'instant de l'ouverture de la succession, par suite être né ou conçu (et naître viable) (Civ. 725 et 906); lorsque la succession est dévolue à des enfants du *de cujus*, ils requièrent par conséquent l'inventaire avec le conjoint survivant s'il en existe; dans le cas contraire, ils le requièrent seuls dans les qualités résultant des énonciations ci-après :

21683. Enfants légitimes. — Les enfants ou leurs descendants succèdent à leurs père et mère, aïeuls, aïeules, ou autres ascendants, sans distinction de sexe ni de primogéniture, et encore qu'ils soient issus de différents mariages. — Ils succèdent par égales portions et par tête, quand ils sont tous au premier degré et appelés de leur chef; ils succèdent par souche lorsqu'ils viennent tous ou en partie par représentation (V. Civ. 739 et suiv. et 745).

21684. Représentation. — La représentation a lieu à l'infini en ligne directe descendante (Civ. 740); elle s'applique seulement au cas de décès de la personne qu'il s'agit de représenter (Civ. 744); par suite, l'on ne représente pas ni l'héritier renonçant ni l'héritier exclu pour cause d'indignité (Civ. 730), mais on peut représenter celui à la succession duquel on a renoncé (Civ. 744) et celui à la succession duquel on a été écarté comme indique (Demolombe, t. 13, nᵒˢ 294 et 398).

21685. Enfants légitimés. — Les enfants légitimés par le mariage subséquent et leurs descendants ont les mêmes droits que les enfants légitimes (C. 333).

21686. Enfants adoptifs. — Les enfants adoptés ont sur la succession de l'adoptant les mêmes droits que ceux qu'y auraient les enfants ou descendants légitimes (Civ. 357), et en cas de prédécès de l'adopté, il est représenté à cette succession par ses enfants légitimes (Civ. 353) sans distinguer s'ils sont nés avant ou après l'adoption; mais l'adopté et ses descendants légitimes n'ont aucun droit de succession sur les biens des parents de l'adoptant (Civ. 357).

21687. Réserve. — Les enfants légitimes, légitimés ou adoptifs ont une réserve et ne peuvent par suite être exhérédés entièrement; cette réserve est de moitié lorsque le défunt laisse un enfant; des deux tiers s'il en laisse deux; et des trois quarts s'il en laisse trois ou un plus grand nombre. Le surplus dans ces différents cas forme la quotité que le père ou la mère a pu disposer par actes entre vifs ou par testament (Civ. 913).

21688. Enfants naturels. — Les enfants naturels légalement reconnus sont appelés en qualité d'héritiers à la succession de leur père ou de leur mère décédés (Civ. 756), mais la loi n'accorde aucun droit aux enfants naturels sur les biens des parents de leur père ou de leur mère (Civ. 757).

21689. Représentation. — La représentation a lieu en faveur des enfants légitimes de l'enfant naturel reconnu prédécédé (Civ. 761), mais non au profit de ses enfants naturels, ceux-ci n'ayant aucune parenté avec les ascendants de leur auteur (Civ. 757).

21690. Droit héréditaire. — Le droit héréditaire de l'enfant naturel dans la succession de ses père et mère est fixé, savoir : 1ᵒ lorsqu'il concourt avec des enfants légitimes à la moitié de la part qu'il aurait eue s'il eût été légitime; 2ᵒ lorsqu'il concourt avec des ascendants ou des collatéraux privilégiés (père et mère, frères et sœurs du *de cujus*) aux trois quarts de la succession; 3ᵒ et dans tous les autres cas, à la totalité de la succession (Civ. 758 à 760).

21691. Application. — La portion réservée à l'enfant naturel est invariablement réglée par la situation de la famille légitime au jour où s'ouvre la succession. Si donc le *de cujus* a laissé des frères ou sœurs, le droit de l'enfant naturel se trouve réglé sans qu'il y ait à tenir compte du lien de parenté des autres successibles (Cass., 5 juin 1893, S. 93, 1, 348; D. 93, 1, 383; *Rapp.* Cass., 7 fév. 1865, S. 65, 1, 105).

21692. Réserve. — La réserve de l'enfant naturel varie suivant la qualité des héritiers légitimes qui concourent avec lui, savoir :

En concours avec des enfants légitimes, sa réserve est de la moitié de celle qu'il aurait eue s'il eût été légitime (Civ. 758 et 913);

En concours avec des ascendants, elle est de 1/2 des 3/4 ou des 3/4 de la succession, suivant qu'il y a un enfant naturel reconnu, ou deux, ou trois ou plus, moins 1/8 du montant de la succession à prélever sur cette réserve en faveur des ascendants (Civ. 915);

En concours avec des collatéraux privilégiés, elle est des 3/4 de celle que l'enfant naturel aurait eue, s'il eût été légitime, c'est-à-dire que, s'il est enfant unique, il a droit aux 3/4 de la 1/2 de la succession; que, s'il y a deux enfants naturels reconnus, ils ont droit ensemble aux 3/4 des 2/3 de la succession, soit à 6/12, et que s'ils sont trois ou plus, ils ont conjoin tement droit aux 3/4 des 3/4 ou à 9/16 de la succession (Civ. 759 et 913).

Enfin, dans tous les autres cas, l'enfant naturel a la même réserve que l'enfant légitime (Civ. 760, 913).

21693. Libéralités. — Les enfants naturels légalement reconnus ne peuvent rien recevoir par donation entre vifs au delà de leur droit héréditaire (*V. nº 21960*); mais par testament ils peuvent recevoir jusqu'à concurrence de la quotité disponible (Civ. 908).

21694. Reconnaissance au cours du mariage. — Il doit être tenu compte que la reconnaissance faite pendant le mariage par l'un des époux est inexistante à l'égard de l'autre époux ainsi que des enfants nés de leur mariage (Civ. 337).

21695. ASCENDANTS PRIVILÉGIÉS. — Par ascendants privilégiés, l'on entend le père et la mère du défunt, et lorsque celui-ci n'a laissé aucune postérité, ses père et mère ont droit, savoir : 1º à chacun 1/4 de la succession s'ils se trouvent en présence de frères et sœurs du défunt; 2º à chacun 1/2 de la même succession si leur enfant n'a laissé ni frère ni sœur (Civ. 746 et 748). — Ils succèdent en outre, à l'exclusion de tous autres, aux choses par eux données lorsqu'elles se retrouvent en nature (Civ. 747). — *V. nᵒˢ 21707 et suiv.*

21696. — Ascendant prédécédé. — Si l'un des ascendants privilégié est prédécédé, l'autre survivant a droit : 1º à 1/4 de la succession s'il se trouve en présence de collatéraux privilégiés, c'est-à-dire frère ou sœur du défunt (*V. nº 21699*); 2º à la 1/2 en toute propriété et 1/3 en usufruit de l'autre 1/2 s'il se trouve en présence de collatéraux ordinaires (*V. nº 21711*) (Civ. 753 et 754); 3º à la totalité de la succession s'il n'existe aucune autre ascendant ordinaire (*V. nº 21703*) ni aucun collatéral au degré successible dans la ligne de l'ascendant prédécédé (Civ. 755).

21697. Réserve. — En présence d'enfants légitimes du défunt, les ascendants même privilégiés n'ont aucun droit héréditaire et par conséquent n'ont aucune réserve; mais en l'absence de postérité légitime du défunt, ils ont droit à une réserve en toute propriété qui est de : 1º 1/8 de la succession, conjointement entre eux, s'ils sont en concours avec des enfants naturels reconnus (Civ. 915). — *V. nº 21692;* 2º et de 1/4 pour chaque ligne dans les autres cas (*V. nº 21706*).

21698. Père et mère naturels. — En ce qui concerne les père et mère naturels, il est admis comme certain qu'ils ne sont pas réservataires (Cass., Ch. réun., 12 déc. 1865, S. 66, 1, 73).

21699. COLLATÉRAUX PRIVILÉGIÉS. — Les collatéraux privilégiés sont les frères et sœurs du défunt et leurs descendants. — S'il n'y a pas de descendants du défunt, ils ont droit : 1º A la 1/2 ou aux 3/4 de la succession s'ils sont en concours pour le premier cas avec les ascendants privilégiés et pour le second avec l'un d'eux (Civ. 751). — *V. nº 21696.* — 2º A la totalité de la succession à défaut d'ascendants privilégiés, à l'exclusion de tous autres ascendants et collatéraux (Civ. 750).

21700. Représentation. Réserve. — Ils succèdent ou de leur chef ou par représentation (Civ. 750). — Ils n'ont droit à aucune réserve.

21701. Partage. — Le partage de la 1/2, des 3/4 ou de la totalité de la succession s'opère entre eux par égales portions s'ils sont tous du même lit. S'ils sont de lits différents, la division se fait par 1/2 entre les deux lignes paternelle et maternelle du défunt; les germains prennent part dans les deux lignes, et les utérins ou consanguins chacun dans leur ligne seulement;

toutefois, lorsque le défunt ne laisse que des frères et sœurs utérins ou consanguins, ceux-ci recueillent la succession entière, à l'exclusion de tous autres parents de l'autre ligne (Civ. 752).

21702. ASCENDANTS ORDINAIRES. — Par ascendants ordinaires il faut entendre les ascendants autres que le père et la mère en concours avec des frères ou sœurs du défunt, c'est-à-dire les ascendants d'une personne décédée sans postérité ni collatéraux privilégiés :

21703. Droit héréditaire. — Si le défunt n'a laissé ni postérité, ni frère ni sœur, ni descendants d'eux, la succession se divise par moitié entre les ascendants de la ligne paternelle et les ascendants de la ligne maternelle; les ascendants de chaque ligne priment les collatéraux ordinaires, et, entre eux, le plus proche exclut le plus éloigné. Les ascendants au même degré succèdent par tête (Civ. 746).

21704. Application. — Ainsi, lorsque le défunt qui n'a ni enfants, ni frère, ni sœurs, ni descendants d'eux, laisse son père et sa mère, chacun de ceux-ci prend la 1/2 de la succession. Si le défunt laisse son père et ses deux aïeuls maternels (sa mère étant prédécédée), le père prend une moitié et les deux aïeuls maternels se partagent l'autre. Si le défunt laisse un aïeul maternel et trois bisaïeuls paternels (les autres ascendants plus proches ou du même degré, soit du côté paternel soit du côté maternel, étant pécédédés), une moitié reviendra à l'aïeul maternel, et l'autre se partagera entre les bisaïeuls paternels.

21705. Dévolution à l'autre ligne. — Si les héritiers dans une ligne renoncent à la succession et qu'on ne connaisse pas d'autres parents dans cette ligne au degré successible, il s'opère une dévolution en faveur des parents de l'autre ligne qui succèdent pour le tout (Civ. 733 et 755).

21706. Réserve. — Ainsi que nous l'avons expliqué *supra nº 21697,* les ascendants légitimes ont dans certains cas droit à une réserve légale.

21707. Retour légal. — En toutes circonstances, les ascendants succèdent, à l'exclusion de tous autres, aux choses par eux données à leurs enfants ou descendants décédés sans postérité, lorsque les objets donnés se retrouvent dans la succession et en cas d'aliénation de ces objets aux prix ou portion de prix qui peut en être dû; ils succèdent également à l'action en reprise que pouvait avoir le donataire (Civ. 747). — *V. nº 21738.*

21708. Nature du droit. — Le retour légal constitue un droit de succession et de là résultent plusieurs conséquences : 1º le retour successoral s'ouvre de la même manière que les successions (V. Civ. 718); 2º l'ascendant donateur ne peut du vivant du donataire renoncer à son droit de retour (Cass. 24 juill. 1901, S. 01, 1, 433, et 2 juill. 1903, S. 04, 1, 65, D. 03, 1, 353); 3º il doit, pour pouvoir acquérir ce droit, réunir les qualités requises pour succéder, c'est-à-dire n'être ni incapable ni indigne; 4º l'exerçant est tenu de respecter les aliénations et les constitutions de droits réels procédant du chef du donataire; 5º enfin, il doit contribuer aux dettes et charges de la succession proportionnellement aux biens qu'il reprend.

21709. Succession anomale et succession ordinaire. — Lorsqu'un ascendant donateur est appelé à exercer le retour successoral (*nº 21707*), il a deux successions bien distinctes à considérer : la succession *anomale* qui s'applique aux biens donnés à laquelle est appelé l'ascendant à *l'exclusion de tous autres*, et la succession *ordinaire*, qui comprend le surplus des biens du défunt et qui demeure régie par les règles du droit commun.

21710. Double qualité de l'ascendant. — L'ascendant donateur appelé à la succession anomale ne recueillera pas toujours la succession ordinaire, mais il peut y être appelé en même temps; en ce cas, ses droits aux deux sont distincts et peuvent s'exercer séparément, et il en résulte qu'il peut accepter l'une et répudier l'autre (Cass., 18 août 1869, D. 69, 1, 463, S. 70, 1, 69; Douai, 6 mai 1879, S. 80, 2, 1, D. 79, 2, 257).

21711. COLLATÉRAUX ORDINAIRES. —

Par collatéraux ordinaires, l'on entend les collatéraux autres que les frères et sœurs du défunt et descendants d'eux. Ici comme à l'égard des ascendants il y a lieu de tenir compte du principe de la *fente*, c'est-à-dire qu'à défaut de descendants, d'ascendants et de collatéraux privilégiés ou descendants d'eux, il y a comme deux successions distinctes à considérer, l'une dévolue à la ligne paternelle et l'autre à la ligne maternelle.

21712. Droit héréditaire. — Dans chaque ligne, les collatéraux ordinaires sont appelés jusqu'au degré successible (*n° 21714*); le plus proche succède à l'exclusion du plus éloigné; ceux qui sont au même degré partagent par tête. La représentation n'est pas admise.

21713. Application. — Ainsi, le défunt laisse comme successible un oncle dans la ligne paternelle et trois cousins germains dans la ligne maternelle. L'oncle prendra une 1/2 et les trois cousins germains maternels se partageront l'autre 1/2. S'il y a des enfants d'un quatrième cousin germain prédécédé, ils seront exclus.

21714. Degré successible. — Les parents collatéraux au delà du 6e degré ne succèdent pas; toutefois, les descendants des frères et sœurs du défunt ainsi que les collatéraux en général, lorsque le défunt n'était pas capable de tester ni frappé d'interdiction légale, succèdent jusqu'au 12e degré (Civ. 755).

21715. Partage. — *Dévolution d'une ligne à l'autre.* — Les collatéraux parents à la fois dans les lignes paternelle et maternelle prennent part dans les deux lignes (Demolombe, t. 13, n° 466 *bis*); à défaut de parents au degré successible dans une ligne, la succession revient en totalité aux héritiers de l'autre ligne (Civ. 733 et 755).

21716. Succession de l'enfant adopté. — La succession de l'enfant adopté est dévolue conformément aux règles générales (*V. n° 21682*).

21717. Absence de postérité. — Toutefois, si l'adopté meurt sans descendants légitimes, les choses données par l'adoptant ou recueillies dans sa succession et qui existent en nature lors du décès de l'adopté, retournent à l'adoptant ou à ses descendants, à la charge de contribuer aux dettes et sans préjudice des droits des tiers. — Le surplus des biens de l'adopté appartient à ses propres parents, et ceux-ci excluent toujours, même pour les objets du retour précité, tous héritiers de l'adoptant autres que ses descendants (Civ. 358).

21718. Application. — Par descendants de l'adoptant, on doit entendre ses enfants légitimes ou légitimés, mais non ses enfants naturels reconnus (Aubry et Rau, § 608 texte et note 16), ni ses enfants adoptifs (Cass., 14 févr. 1855, S. 56, 1, 186, D. 55, 1, 225; Cass., 20 oct. 1903, D. 03, 1, 576, S. 04, 1, 20).

21719. Décès des enfants de l'adopté sans postérité. — En outre, si, du vivant de l'adoptant et après le décès de l'adopté, les enfants ou descendants laissés par celui-ci meurent eux-mêmes sans postérité, l'adoptant succède aux choses par lui données, comme il est dit au n° 21707; mais ce droit est inhérent à la personne de l'adoptant et non transmissible à ses héritiers, même en ligne descendante (Civ. 359).

21720. Succession de l'enfant naturel. — La succession d'un enfant naturel est recueillie par ses descendants légitimes ou naturels à l'exclusion de tous autres (Demolombe, t. 19, n° 143; Planiol, t. 3, n° 1851).

21721. Ascendants privilégiés. — A défaut de postérité, la succession de l'enfant naturel est dévolue au père ou à la mère qui l'a reconnu ou, par moitié, à chacun d'eux, s'il a été reconnu par les deux (Civ. 765).

21722. Application. — L'existence d'une postérité, légitime ou naturelle, met obstacle au droit du père ou de la mère; de plus, le père ou la mère ne peut prétendre aucun droit à la succession de l'enfant qu'autant qu'il est légalement reconnu par lui ou elle, par une reconnaissance forcée ou volontaire. — Jugé à cet égard qu'il est permis de reconnaître un enfant naturel même après son décès afin de recueillir sa succession (Paris, 8 mai 1876, S. 77, 2, 19; Poitiers, 27 déc. 1882, S. 83, 2, 188, D. 83, 2, 120).

21723. Autres ascendants. — Les ascendants, autres que les père et mère, de l'enfant naturel ne peuvent venir en aucun cas à la succession de celui-ci (Arg. civ. 757); d'un autre côté, les père et mère naturels n'ont aucun droit dans la succession des enfants légitimes de leur enfant naturel (Cass., 5 mars 1849, S. 49, 1, 331, D. 49, 1, 93; Cass., 12 déc. 1865, D. 65, 1, 457, S. 66, 1, 73).

21724. Frères et sœurs naturels. — En cas de prédécès des père et mère de l'enfant naturel décédé sans postérité, ses frères et sœurs naturels légalement reconnus (*c'est-à-dire les enfants naturels issus du même père ou de la même mère que lui*) ou leurs descendants légitimes recueillent la succession à l'exclusion des frères et sœurs légitimes (Civ. 766; Cass., 3 avr. 1872, S. 72, 1, 126, D. 73, 1, 113; Paris, 26 mars 1891, D. 91, 2, 172, S. 91, 2, 204).

21725. Frères et sœurs légitimes. — Les frères et sœurs légitimes de l'enfant naturel (*c'est-à-dire les enfants légitimes de son père ou de sa mère*) n'héritent jamais de lui; ils ont seulement droit aux biens donnés par le parent commun ou recueillis dans sa succession et aux prix des mêmes biens aliénés qui sont encore dus (Civ. 766; Cass., 26 nov. 1883, D. 84, 1, 354).

21726. Application. — Ce droit de retour est analogue à celui que l'art. 351 accorde à l'adoptant et l'art. 747 à l'ascendant donateur; il s'applique aux biens que l'enfant naturel a *reçus* de ses père et mère, soit à titre de donation, soit même à titre de legs ou de succession (Arg. civ. 351 et 776); il est personnel aux frères et sœurs légitimes; leurs descendants ne peuvent l'exercer (Cass., 1er juin 1853, S. 53, 1, 481, D. 53, 1, 177; *Contra* : Demolombe, t. 14, n° 156).

21727. Succession dévolue au conjoint survivant. — En outre du droit d'usufruit légal accordé par l'art. 767 du Code civil sur les biens dépendant de la succession de son conjoint prédécédé (*V. n° 21674*), le conjoint survivant peut être appelé à recueillir la succession *entière* de celui-ci en *pleine propriété* : c'est dans le cas où le défunt ne laisse aucun parent légitime ou naturel au degré successible suivant les règles rappelées plus haut (*V. n° 21714*).

21728. Application. — Le conjoint survivant ne peut être appelé à succéder à son conjoint en pleine propriété (soit même en usufruit seulement) que sous quatre conditions : 1° qu'il y ait mariage valable ou au moins putatif (Arg. Civ. 201 et 202); — 2° qu'une séparation de corps n'ait pas été prononcée, aux torts de l'époux survivant, par un jugement passé en force de chose jugée non suivi de réconciliation (l'époux au profit duquel la séparation de corps a été prononcée conserve le droit de succéder à son conjoint); — 3° que les époux ne soient pas divorcés; — 4° que l'époux survivant n'ait pas été exhérédé par le prédécédé (Paris, 11 févr. 1898, D. 02, 2, 378).

21729. Scellés. — *Inventaire.* — Le conjoint héritier est tenu de faire apposer les scellés (*V. n° 21203*) et de faire faire inventaire dans les formes prescrites pour l'acceptation des successions bénéficiaires (*V. n° 21353*) (Civ. 769).

21730. Envoi en possession. — Il doit en outre demander l'envoi en possession au tribunal de première instance dans le ressort duquel la succession est ouverte. Le tribunal statue sur la demande après trois publications et affiches dans les formes usitées, et après avoir entendu le procureur de la République (Civ. 770).

21731. Emploi du mobilier et caution. — Enfin, l'époux survivant est encore tenu de faire emploi du mobilier, ou, s'il le conserve, de donner *caution* suffisante pour en assurer la restitution au cas où il se présenterait des héritiers du défunt, dans l'intervalle de trois ans; passé ce délai, la caution est dégagée (Civ. 771).

21732. SUCCESSION DÉVOLUE A L'ÉTAT. — Par application du principe que les biens qui n'ont pas de maître appartiennent à l'État, en vertu de son droit de souveraineté, toute succession en *déshérence*, c'est-à-dire qui manque d'héritier au degré successible, est acquise à l'État à *défaut de conjoint survivant* (Civ. 768).

21733. État héritier. — Bien que l'État ne soit pas un héritier, sa situation est à beaucoup d'égards la même que celle d'un héritier; il succède à une universalité et doit supporter les dettes du défunt. Il peut répudier la succession si elle est onéreuse.

21734. Exercice des droits de l'État. — Les droits de l'État dans la succession en déshérence sont exercés en son nom par les agents de la régie de l'enregistrement et des domaines, que le Code appelle par abréviation *administration des domaines* (Civ. 769 et 772).

21735. Formalités. — Comme le conjoint survivant, l'administration des domaines est tenue de faire apposer les scellés et de faire faire inventaire et de demander son envoi en possession (*V. n°˚ 21729 et suiv.*).

21736. DONATAIRES ET LÉGATAIRES. — Les donataires et légataires universels, en l'absence d'héritiers réservataires, ont droit à la succession (Civ. 916) et peuvent requérir l'inventaire (*V. n°˚ 21537 et suiv. et 21562 et suiv.*).

21737. Saisine. — Le légataire universel institué par testament olographe ou mystique n'a pas de plein droit la saisine et il doit obtenir ou la délivrance de son legs des héritiers réservataires s'il en existe, ou, à défaut, l'envoi en possession par ordonnance du président du tribunal (Civ. 1004 et 1008). — V. n°˚ 13982 et suiv.

21738. Retour conventionnel. — Il est fait remarquer ici que le donateur peut stipuler à son profit *seul* le droit de retour des objets donnés soit pour le cas du prédécès du donataire seul, soit pour le cas du prédécès du donataire et de ses descendants (Civ. 951). — *V. n°˚ 5788 et suiv.*

21739. Modification. — Le droit de retour conventionnel n'étant pas un droit successoral, le donateur peut, une clause insérée dans l'acte de donation, limiter les effets de son droit de retour (Cass., 29 juill. 1907, D. 09, 1, 271). Il peut également renoncer à ce droit expressément ou tacitement, en tout ou en partie, soit après l'ouverture de ce droit, soit même avant (Baudry-Lacant., t. 3, n° 1017).

21740. SUCCESSION VACANTE. — Lorsqu'après l'expiration des délais pour faire inventaire et pour délibérer, il ne se présente personne pour réclamer une succession, soit qu'il n'y ait pas d'héritiers connus, soit que les héritiers y aient renoncé, cette succession est réputée vacante (Civ. 811; Pr. 988). Le tribunal de première instance dans l'arrondissement duquel elle est ouverte nomme, en ce cas, un curateur sur la demande des intéressés ou sur la réquisition du procureur de la République (Civ. 812; Pr. 998 et 999).

21741. Fonctions du curateur. — Le curateur à une succession vacante est tenu avant tout d'en faire constater l'état par un inventaire (Civ. 813), et les dispositions du Code relatives à la forme de l'inventaire au mode d'administration et aux comptes à rendre de la part de l'héritier bénéficiaire, sont au surplus communes aux curateurs à successions vacantes (Civ. 814; Pr. 1000 à 1002). — *V. n°˚ 1071 et suiv. et 21535.*

21742. Administrateur provisoire. — Sans attendre l'expiration du délai de 3 mois et 40 jours prévu à l'art. 811 C. civ., toute personne intéressée à la succession vacante (créanciers, copropriétaires, légataires, etc...) est fondée à provoquer la nomination d'un administrateur provisoire (Pr. 806). Cet administrateur puise, dans ses pouvoirs, le droit de faire procéder à l'inventaire, et par conséquent de le requérir (*V. n°˚ 21715 et suiv.*).

21743. Lieu de l'inventaire. — L'on doit désigner le lieu où il est procédé, et comme conséquence relater successivement les diverses pièces de la maison ou de l'appartement dans lequel on procède (Dutruc, 172; Roll. de Vill., 224).

21744. Différents lieux. — Par suite, s'il y a des meubles dans différents lieux, il y a lieu de s'y transporter; on admet cependant que, s'il se trouve en un lieu des objets de peu d'importance, le président du tribunal peut, sur la demande des parties capables, en autoriser le transport dans le lieu où l'inventaire a été commencé (Bioche, 211; Garsonnet, § 2621-12°).

21745. HORS RESSORT. — Si des objets se trouvent hors du ressort du notaire instrumentant, il convient de faire dresser par un confrère compétent un complément d'inventaire dont l'expédition est déposée pour minute ou analysée à l'inventaire (*V. n° 21391*).

21746. Date et lieu du décès. — Lorsque l'inventaire est fait après décès, le lieu et la date de celui-ci doivent être mentionnés.

21747. MENTION. — Il est de bonne pratique de faire cette relation en tête de l'intitulé où il est plus aisé de le trouver, mais elle peut être faite dans la mention des qualités ou encore lors de l'indication des lieux où il est procédé.

21748. Représentation des objets. — On désigne également la personne qui doit faire la représentation des objets à inventorier (ordinairement le conjoint ou, en cas de scellés, le gardien qui a été chargé de leur garde).

21749. Avertissement du serment. — Le serment doit être prêté à la clôture de l'inventaire, mais il est d'usage, dans l'intitulé, d'avertir le détenteur des objets du serment qu'il aura à prêter d'avoir compris et déclaré à l'inventaire tout ce qui, à sa connaissance, peut intéresser les opérations.

21750. OFFICIER PRISEUR ET EXPERTS. — Il convient de désigner également l'officier priseur et, le cas échéant, les experts choisis pour l'assister, avec la mention du serment prêté par ces derniers (Garsonnet, t. 6, p. 110). L'on peut également constater la présence des experts sous forme d'intervention (*V. n° 21783*).

21751. Clôture. — L'inventaire servant de pièce justificative des droits héréditaires ou autres, il est d'usage, afin d'éviter la communication du corps de l'inventaire, de faire de l'intitulé un acte distinct, séparé du reste de l'inventaire, signé par toutes les parties et les officiers publics qui y ont participé.

21752. LECTURE ET SIGNATURE. — Le notaire doit, comme pour tous les actes notariés, donner lecture du procès-verbal, mentionner les personnes qui ne peuvent signer et recueillir la signature des autres.

21753. Refus de signer. — En cas de refus de signer par l'un des intéressés, il convient, comme l'enseigne Javon (n° 224), de suspendre les opérations, de lui faire sommation pour une autre séance et de prononcer défaut contre lui s'il ne se présente pas ou refuse à nouveau de signer.

21754. Annexes. — Il y a lieu d'annexer à l'intitulé de l'inventaire selon les cas : les procurations (*V. n° 21632*), les ordonnances portant commission de notaires, originaux des sommations et, si l'on veut, l'expédition de l'acte de décès et celle de l'acte de mariage en cas de communauté légale.

21755. SCELLÉS. — Lorsqu'il y a scellés, les procurations doivent néanmoins rester annexées à l'inventaire (*n° 21632*), mais les ordonnances de justice et les exploits des sommations demeurent annexés au procès-verbal du juge de paix (Règl. ch. not. Paris, 27 avr. 1847, art. 20). — *V. n° 21317*.

21756. Rectifications. — Si, postérieurement à l'établissement de l'intitulé de l'inventaire, il survient un changement quelconque dans les qualités des parties, il convient de procéder à leur rectification en tête de la séance qui suit et de mentionner la modification en marge de l'intitulé (*V. n°s 21394 et suiv.*).

§ 2. DESCRIPTION ET PRISÉE.

21757. Définition. — La prisée consiste, nous dit l'art. 943 du Code de procédure, savoir : 1° dans la description et estimation des effets; 2° dans la désignation des qualités, poids et titre de l'argenterie; 3° dans la désignation des espèces en numéraire et billets de banque.

21758. Procès-verbal. — Le procès-verbal constatant cette description et prisée vient immédiatement après l'intitulé; il est l'œuvre du notaire et non de l'officier priseur, puisqu'il fait partie intégrante de l'inventaire (Roll. de Vill., 2).

21759. DÉSIGNATION. — VALEUR. — Les objets à inventorier sont décrits article par article sous un numéro d'ordre et estimés à leur juste valeur et sans crue (Civ. 825, 868; Pr. 943-3°).

21760. Description. — La description doit, en principe, se faire objet par objet, et il importe de se conformer au système légal des poids et mesures et à la numération décimale (LL. 25 vent. an XI, art. 7, et 4 juill. 1837, art. 5). — L'on' doit peser, compter, mesurer tous les objets qui se vendent habituellement au poids, au nombre et à la mesure (Roll. de Vill., 85).

21761. Prohibition. — Les anciennes mesures encore en usage dans certaines contrées sont prohibées. Ainsi, il n'est pas permis d'employer, sans contravention, les expressions : aune, pied, corde, toise, arpent, livre, muid, charretée, baratée, etc... (St-Jean-d'Angély, 25 juill. 1840; Villefranche, 4 mars 1842; Compiègne, 18 janvier 1844).

21762. Ordre. — Aucune règle n'est prescrite pour l'ordre à suivre dans la prisée; les objets sont décrits au fur et à mesure qu'ils sont représentés. Le notaire dirige l'opération à son gré (Javon, 383).

21763. USAGE. — Dans l'usage, l'on procède successivement dans : la cuisine et les autres pièces du rez-de-chaussée, les étages supérieurs, la cave, les bâtiments accessoires, la cour, les champs, s'il y a lieu.

21764. Lieu. — La prisée doit être faite, en principe, dans les lieux où les objets se trouvent, et il est fait mention des lieux où l'on se transporte au fur et à mesure de la description des objets.

21765. Réunion. — Toutefois, lorsque les objets à inventorier se trouvent placés dans divers endroits peu distants les uns des autres, leur réunion en un seul endroit peut en être ordonnée par ordonnance du président du tribunal ou convenue entre les parties lorsqu'elles sont toutes présentes et majeures (Bioche, 211; Roll. de Vill., 174). — *V. n° 21768*.

21766. HORS RESSORT. — Lorsque certains objets sont situés dans un lieu hors du ressort du notaire instrumentant, il y a lieu de recourir à un procès-verbal spécial dressé par un confrère compétent, comme il est indiqué *supra* n° *21391*.

21767. Groupement. — L'on peut comprendre plusieurs objets de peu d'importance ou de même nature dans un même article, pour ne faire qu'une seule prisée du tout, alors même que l'inventaire a lieu après scellés, ce qui s'applique notamment aux vêtements, linge, bijoux, argenterie, deniers comptants, etc. (Dutruc, 140; Carré et Chauveau, 3127).

21768. OBJETS ÉPARS. — L'article 938 du Code de pr. civ. autorise également à réunir les objets de même nature qui sont épars dans différents endroits de la maison ou de l'appartement pour être inventoriés successivement suivant leur ordre (*V. nº 21765*).

21769. Récolement. — La description et l'estimation des objets ne sont pas toujours indispensables; ainsi, lorsque les effets à priser ont déjà fait récemment l'objet d'un inventaire, par exemple après le décès d'un conjoint prédécédé, il suffit d'en faire un simple récolement et de décrire et priser seulement les objets nouveaux (FORM. 1870).

21770. APPLICATION. — Ce récolement permet de déterminer les objets qui manquent et d'en fixer la valeur au point de vue des reprises, de constater les meubles qui se retrouvent en nature et, le cas échéant, ceux nouveaux acquis depuis.

21771. Prisée par distinction. — *Non-communauté*. — Lorsque l'inventaire a lieu après le décès d'un conjoint prédécédé non commun en biens, l'inventaire doit seulement comprendre les biens du prédécédé à l'exclusion des objets appartenant personnellement au survivant.

21772. COMMUNAUTÉ. — Alors qu'en cas de dissolution de communauté ou de société d'acquêts il convient de comprendre dans la prisée en les distinguant les objets qui dépendent de cette communauté ou société d'acquêts et ceux pouvant appartenir en propre à chacun des époux.

21773. Produits du salaire personnel. — Il y a lieu également de priser par distinction les biens acquis par la femme avec les gains et produits de son travail personnel (LL. 13 juill. 1907 et 8 juin 1923); biens qui, à la dissolution du mariage ou en cas de séparation de corps ou de biens, restent propres à celle-ci (ou à ses héritiers) lorsqu'elle est mariée sous un régime exclusif de communauté ou de société d'acquêts, ou lorsque, mariée sous un régime de communauté conventionnelle ou légale ou sous le régime dotal avec société d'acquêts, elle ou ses héritiers en ligne directe renoncent à ces communauté ou société (*V. nºˢ 21953*).

21774. LEGS PARTICULIERS. — Il convient aussi de priser par distinction les choses léguées à titre particulier (Roll. de Vill., 182 et 183).

21775. REVENDICATION. — Enfin il en est de même des objets dont la propriété serait revendiquée par l'un des intéressés ou par un tiers à un titre quelconque (Douai, 18 avril 1878). — *V. nº 22095*.

21776. Officiers priseurs. — NOTAIRES. — Les notaires peuvent procéder eux-mêmes à la prisée des objets mobiliers dans les localités où il n'existe pas de commissaire-priseur (Grenoble, 8 décembre 1839; S. 40, 2, 223, D. 40, 2, 159; Langres, 2 juill. 1890; *J. du N.* 1891,

p. 121), en termes plus généraux partout où le commissaire ne jouit pas d'un monopole (*V. nº 21780*).

21777. Application. — Toutefois, l'on enseigne que le notaire doit en tout état de cause s'abstenir de faire lui-même la prisée, sauf pour les prisées peu importantes et dans le but d'éviter des frais (Roll. de Vill., 61). On lui refuse d'ailleurs en pareil cas les vacations d'officier priseur (Cass., 19 déc. 1838, S. 39, 1, 175; Orléans, 23 déc. 1846, *J. des Not.* 10240). — *V. nº 22513*.

21778. Assistance d'un particulier. — La prisée ne peut jamais être faite par un simple particulier (Bioche, 61), mais le notaire, lorsqu'il procède lui-même à l'estimation, peut se faire assister d'un homme d'une compétence spéciale pour estimer certains objets (Orléans, 22 août 1837, sous Cass., 19 déc. 1838, précité). Une femme pourrait même être appelée pour ce rôle (Bioche, 160; Rodière, t. 2, 467).

21779. COMMISSAIRE-PRISEUR. — Les commissaires-priseurs ont le monopole des estimations ou prisées d'objets mobiliers dans les lieux où il en existe. L'intervention du commissaire-priseur est donc en ce cas nécessaire dans tous les inventaires réguliers prescrits par la loi ou ordonnés par justice (Pr. 935). — *V. nº 22514*.

21780. Application. — Le monopole dont il s'agit s'applique exclusivement au lieu même de la résidence du commissaire-priseur et non pas dans les faubourgs de la ville où il est établi, et qui, tout en ne faisant avec lui qu'une agglomération, constituent des communes distinctes (L. 27 vent. an IX; Grenoble, 10 juin 1846, D. 46, 4, 513; Rennes, 12 fév. 1872, D. 80, 2, 82; Lyon, 16 mars 1905, *R. N.* 12530).

21781. GREFFIERS. HUISSIERS. — Partout où le commissaire-priseur ne peut exercer son monopole (*V. nº 21780*), le droit de procéder à la prisée appartient concurremment aux commissaires-priseurs, aux greffiers, aux huissiers et aux notaires, même en dehors de leurs ressorts (L. 18 sept. 1793; Douai, 26 août 1835, S. 36, 2, 223; Langres, 2 juill. 1899, *J. du N.* 1891, 121; Cherbourg, 14 août 1905, *R. N.* 12321). — *V. nº 22516*.

21782. Scellés. — Le greffier qui assiste le juge de paix dans les levées de scellés peut donc être pris comme officier priseur (Déc. 6 avr. 1835; Grenoble, 5 déc. 1839), mais il n'a pas droit à une double vacation, et seulement à la plus élevée (*V. nº 22473*).

21783. EXPERTS. — L'officier priseur, quel qu'il soit, peut se faire assister d'experts pour des estimations exigeant des connaissances spéciales, par exemple celles des bijoux, bibliothèque, tableaux, marchandises, bestiaux, récoltes, instruments aratoires, etc... (*V. nº 22518*).

21784. Serment. — Les experts, lorsqu'il en est nommé, prêtent serment devant le juge de paix (Pr. 935); il en est ainsi dans les cas où les scellés ont été apposés. En l'absence de scellés, le serment des experts doit être prêté entre les mains du notaire (Orléans, 22 août 1837, S. 37, 2, 410).

21785. CHOIX DES OFFICIERS PRISEURS ET EXPERTS. — Le choix des officiers priseurs et des experts, comme celui des notaires, appartient au conjoint commun en biens, aux héritiers, à l'exécuteur testamentaire et aux légataires universels ou à titre universel, et, en cas de dissentiment entre eux, au président du tribunal (Pr. 935). — *V. n°s 21467 et suiv.*

21786. Expert du subrogé tuteur. — En ce qui concerne l'expert à choisir par le subrogé tuteur dans le cas prévu par l'art. 453 du Code civil, il ne peut être pris que parmi les officiers priseurs désignés par la loi (Bioche, 161; Roll. de Vill., 15; Bourbon-Vendée, 6 avr. 1835, S. 35, 2, 284; — *Contra* : Grenoble, 5 déc. 1839, S. 40, 2, 223).

21787. Référé. — En cas de dissentiment sur le choix des officiers priseurs et experts, c'est par la voie du référé que le président est saisi. Il ne serait pas permis de porter le différend devant le tribunal entier (Orléans, 19 mai 1808). Il en est de même de la désignation de l'expert du subrogé tuteur au cas d'inaction de celui-ci.

21788. Objets à décrire et priser. — La prisée doit comprendre tous les meubles meublants et objets trouvés et dépendant de la succession (et de la communauté, le cas échéant). Nous passerons très brièvement en revue les biens et objets qui doivent être prisés et ceux qui peuvent seulement être mentionnés pour ordre.

21789. ABEILLES. — Les abeilles sont de par leur nature des meubles (Civ. 528) et doivent être décrites et estimées.

21790. Immeubles par destination. — Toutefois, lorsqu'elles sont attachées par le propriétaire à l'exploitation du fonds, elles sont immeubles par destination (Civ. 524) et il convient alors d'en faire la description et l'estimation par distinction avec l'indication de leur destination.

21791. ANIMAUX. — Les animaux sont meubles par nature (Civ. 528; Cass., 21 avril 1883, D. 83, 1, 292) et deviennent immeubles par destination lorsqu'ils ont été placés par le propriétaire d'un fonds pour le service et l'exploitation de celui-ci (Civ. 524. — *V. n° 20721*) et lorsqu'ils ont été donnés à cheptel par un propriétaire à son fermier (Civ. 522).

21792. Prisée. — Dans l'un et l'autre cas, ils doivent être inventoriés; immeubles par destination, il convient de les priser par distinction, en indiquant leur destination, afin que dans la liquidation on les fasse entrer dans la masse immobilière (Roll. de Vill., 42).

21793. Description. — Les vaches, bœufs, chevaux, poulains, mulets, ânes, sont désignés par leurs noms, la couleur de leur robe, l'indication de leur âge et au besoin de leur origine; les troupeaux de moutons, porcs et de chèvres par leur espèce et le nombre des têtes (*V. n° 21818*).

21794. Mères pleines. — Les mères pleines au moment du décès et qui ont mis bas depuis doivent être prisées selon la valeur qu'elles avaient au jour du décès; quant aux produits, ils sont considérés comme fruits et se prisent par distinction (Roll. de Vill., 81).

21795. ARBRES, ARBUSTES, PLANTES. — Les arbres, arbustes et plantes en pleine terre sont immeubles et ne doivent être ni inventoriés ni prisés, à moins qu'ils n'aient été coupés ou arrachés (*V. n° 21798*).

21796. Plantes en pots. — Les plantes et arbustes plantés dans des pots ou des caisses sont meubles comme les pots et caisses et doivent être décrits et estimés (Cass., 5 juill. 1880, S. 81, 1, 105, D. 80, 1, 321; Chambéry, 17 août 1881, R. N. 6562).

21797. Pépiniéristes ou horticulteurs. — Ces plantes et arbustes en pots conservent leur caractère de meubles en tout état de cause, alors même qu'ils seraient placés en serre et feraient partie d'un établissement de pépiniériste ou d'horticulture (Aubry et Rau, t. 2, § 164 *bis*; Baud.-Lac. et Chauveau, t. 5, 87, et note 3). — (*V. n° 21870.*

21798. Locataires. — A l'égard du locataire, les plantes et les arbustes, qu'ils soient dans le sein de la terre ou qu'ils en aient été retirés, sont toujours meubles, et ils doivent être décrits et estimés (Roll. de Vill., 58). — *V. n° 21870.*

21799. ARGENT COMPTANT. — L'inventaire doit contenir la désignation des espèces en numéraire (Pr. 943-5°), ce qui comprend les billets de banque (Bioche, 218; Dutruc, 173). — *V. n° 22029.*

21800. Énonciation. — Les pièces d'or, d'argent et de billon sont désignées par leur valeur et le nombre; les billets de banque sont portés comme argent comptant, et il n'est pas utile d'en relater les numéros; attendu leur nature de valeurs au porteur, il n'y a pas lieu de coter ni parapher les billets (Garsonnet, t. 7, § 2621, note 22; Dutruc, 173).

21801. Propriété. — La déclaration que l'argent comptant trouvé au domicile du défunt appartient à la communauté fait foi entre les parties qui ont concouru à l'inventaire; c'est ainsi qu'il a été décidé que les juges ne peuvent admettre, contre une telle déclaration, une preuve contraire tirée de présomptions que présenteraient les faits et circonstances de la cause (Cass., 2 déc. 1835, S. 36, 1, 398).

21802. ARGENTERIE. — L'argenterie est inventoriée par la désignation de ses qualités, poids et titre (Pr. 943-4°); il n'y a donc pas lieu de tenir compte de la valeur artistique.

21803. Titres. — Les titres sont : pour l'or de 920 et 840 millièmes, et pour l'argent de 950 et 800 millièmes (L. 19 brum. an VII, art. 4). — Le poinçon de l'or représente une tête de médecin grec, et celui de l'argent une tête de Minerve.

21804. Estimation. — Toutes les matières d'or et d'argent doivent donc être pesées, et l'estimation en est faite d'après le cours en vigueur à l'époque de l'inventaire, savoir : au gramme pour les matières d'or et au kilogramme pour les matières d'argent (*tarif des commissaires-priseurs*). — Ce cours, qui était de 2 fr. 25 le gramme d'or et de 208 fr. le kilogramme d'argent avant 1914, a aujourd'hui plus que triplé.

21805. ARMES. — ARMOIRIES. — PORTRAITS. — L'on n'est pas d'accord sur le sort des armes et armoiries, portraits de famille, titres nobiliaires et décorations; d'après l'opinion dominante, ces objets doivent être décrits par distinction, sans estimation, et remis à titre de dépôt à celui des héritiers que les parties conviennent de désigner ou qui est nommé par le juge, en cas de désaccord, à charge de les représenter à la famille à toute réquisition (Demolombe, t. XV, 700, 701; Laurent, t. X, 330; Baudry-Lacant. et Wahl, t. 2, 2148; Rambouillet, 21 juin 1861; Seine, 7 mai 1870, S. 71, 2, 50; Cass., 17 fév. 1874, S. 74, 1, 477; Seine, 3 déc. 1893, *J. N.* 25129, *J. du Not.* 1893-40; *R. N.* 7143. *Rapp.* Civ. 842). — V. n° *21844.*

21806. Valeur successorale. — A signaler toutefois que, suivant une autre opinion les objets dont il s'agit constituent une valeur successorale et qu'il convient, par suite, de les décrire et de les priser, en vue d'être ultérieurement partagés amiablement entre les ayants droits ou, à défaut d'accord, être licités entre ceux-ci sans admission d'étrangers (Aubry et Rau, § 621, texte et note 3; Huc, t. 5, 279; Lyon, 20 déc. 1861, S. 62, 2, 309; Paris, 19 mars 1864, S. 64, 2, 51. — *Rapp.* Paris, 3 mars 1896, *R. N.* 9561).

21807. Bacs. Navires. — Les bacs, bateaux et navires sont meubles (Civ. 531) et doivent par suite être décrits et prisés.

21808. Bibliothèque. — Si la bibliothèque est formée seulement de livres ordinaires ne présentant rien de particulier, l'officier priseur en fait lui-même l'estimation. Ces livres doivent être décrits par leur nature, noms d'auteurs et nombre avec indication s'ils sont reliés ou brochés.

21809. Livres rares. — Mais lorsque dans la bibliothèque se trouvent des livres rares, estampes, lithographies, eaux-fortes, autographes et autres curiosités de prix, il est préférable, pour l'officier priseur, de s'adjoindre le concours d'un spécialiste pour en faire la prisée.

21810. Bibliothèque du mari. — A l'égard de la bibliothèque, que le mari survivant se serait réservé de reprendre en nature par préciput aux termes de son contrat de mariage, il ne serait pas nécessaire de l'inventorier; il suffirait de mentionner que le prélèvement a été effectué. Toutefois, au cas de communauté mauvaise ou de contestations, il sera bon d'en faire la description et l'estimation par distinction (Roll. de Vill., 182).

21811. Bijoux. — Diamants. — Dentelles. — Les bijoux, joyaux, diamants, dentelles et autres ornements sont ordinairement estimés, quand leur valeur est d'un grand prix ou que les parties le requièrent, par l'officier priseur avec le concours d'experts spéciaux (*V.* n°⁵ *21843 et suiv.*).

21812. Bronzes. — Objets d'art. — Il en est de même à l'égard de bronze, porcelaines, objets d'art, collections et curiosités quelconques dont la valeur véritable ne peut être appréciée que par un homme de l'art.

21813. Chauffage. — Les bois de chauffage et le charbon sont inventoriés : le bois par l'indication de son poids ou de sa mesure en stères, et le charbon par son poids.

21814. Constructions. — Les constructions sont incorporées au sol sur lequel elles sont édifiées et sont immeuble (*V.* n° *21853*); il n'y a donc pas lieu d'en faire la description ni l'estimation.

21815. Construction sur terrain d'autrui. — Il convient toutefois de décrire, sans prisée, les constructions qui auraient pu être édifiées sur le terrain d'autrui; ces constructions constituent en effet un élément d'actif, qui consistera en une indemnité si le propriétaire du sol veut les conserver en la valeur de matériaux de démolition au cas contraire.

21816. Correspondances. — Parchemins. — La correspondance du défunt, parchemins et diplômes n'ont pas à être décrits ni prisés; ils sont remis à l'un des héritiers au même titre et de la même manière que les objets de famille (*V.* n° *21805*).

21817. Coupes de bois. — Tonte de laine. — Si lors du décès une coupe est commencée sur un bois propre à l'un des époux ou une tonte de laine sur un troupeau appartenant également en propre à l'un des époux, la partie coupée de ces bois et toisons doit seule être décrite et estimée comme constituant un actif de communauté.

21818. Coupe et tonte après décès. — A l'égard de la coupe et de la tonte opérées depuis le décès et avant l'inventaire sur un bois ou un troupeau dépendant de la communauté ou propre à l'époux décédé, elles doivent seulement être décrites sommairement et prisées par distinction comme fruits de communauté ou de succession.

21819. Bien de l'époux survivant. — Quant aux coupes et tontes postérieures au décès sur des bois et troupeaux appartenant en propre à l'époux survivant, il n'y a lieu à aucune description ni estimation, ces produits se trouvant être la propriété personnelle de cet époux (Roll. de Vill., 280; Inst. 31 déc. 1828; Roche-sur-Yon, 22 déc. 1858).

21820. Échalas. — Les échalas des vignes et les perches des arbres fruitiers sont meubles tant qu'ils n'ont pas été employés. Par suite, il y a lieu de décrire et d'estimer ceux qui ne sont pas attachés aux vignes et arbres.

21821. Immeubles par destination. — Mais tous ceux en usage sont immeubles par destination, et il n'y a pas lieu de les priser. Il sera bon d'en mentionner le nombre et même d'en faire à toutes fins utiles une estimation par distinction.

21822. Fleurs et oignons. — Les fleurs et oignons plantés en pleine terre sont immeubles par destination et meubles lorsqu'ils sont plantés en pots ou en caisses. Il convient donc de les traiter suivant le cas, comme il est dit *supra* n°⁵ *21795 et suiv.*, pour les arbres et arbustes.

21823. Foins. — Pailles. — Engrais. — Les pailles, foins et engrais sont meubles et doivent être décrits et prisés lorsqu'ils sont destinés à être vendus (Roll. de Vill., 47).

21824. Immeubles par destination. — Ils sont au contraire immeubles par destination lorsqu'ils ont été placés par le propriétaire pour le service et l'exploitation du fonds (Civ. 524).

21825. FONDS DE COMMERCE. — Les éléments d'un fonds de commerce doivent faire l'objet d'une description et d'une estimation par distinction ordinairement opérée par l'officier priseur sur l'avis de deux commerçants de même profession ou similaire (*V. les nᵒˢ ci-aprsè*).

21826. Droit incorporel. — Le fonds de commerce proprement dit ou achalandage constitue un droit incorporel, qui, lorsqu'il dépend de la communauté, reste la propriété indivise du conjoint survivant et des héritiers de son époux prédécédé (Roll. de Vill., 3; Cass., 10 avr. 1814, 13 déc. 1842, S. 43, 1, 22; Seine, 29 août 1851). — La prisée de ce droit incorporel n'est donc pas d'une nécessité absolue, néanmoins elle est utile surtout lorsque le survivant doit conserver le fonds de commerce à titre précaire, en cas d'usufruit, ou définitivement, par convention matrimoniale, à charge de tenir compte de sa valeur (FORM. 1954). — *V. nᵒ 21934.*

21827. Matériel et marchandises. — Le matériel et les marchandises doivent, dans tous les cas, être décrits et estimés (Roll. de Vill., 190). — *V. nᵒ 21854.*

21828. Continuation du fonds. — Lorsque l'exploitation du fonds de commerce doit après le décès être continuée sans attribution de qualités par le conjoint survivant ou l'un des héritiers, il est nécessaire d'en demander l'autorisation en justice, bien qu'il ait été décidé à cet égard que « le successible peut, sans faire acte d'héritier, continuer les affaires de la même manière que le *de cujus* les eût faites lui-même, lorsqu'il s'agit d'actes devant être considérés comme étant de simple administration, par exemple, pour le successible d'un banquier, recevoir ou payer en capital et intérêts les sommes échues, et même accorder des renouvellements et créer de nouveaux effets, parce que ces actes rentrent dans les usages d'une maison de banque » (Cass., 3 mai 1876, S. 76, 1, 307; Beauvais, 26 avr. 1895; Montbéliard, 21 juin 1901).

21829. FRUITS ET RÉCOLTES. — Les fruits naturels ou industriels ainsi que les récoltes sont meubles dès lors qu'ils sont cueillis et détachés du sol. Il convient donc d'inventorier et priser les récoltes effectuées au moment du décès; pour celles faites depuis, il suffira d'en faire la description sommaire et d'en faire pour ordre la prisée par distinction.

21830. Récoltes non détachées — Quant aux fruits et récoltes pendant par branches ou par racines, ils sont immeubles et il n'y a pas lieu d'en faire l'estimation, leur maturité serait-elle prochaine. L'on peut faire néanmoins mention, à titre de renseignement, des immeubles à récoltes prochaines par leur superficie, leur situation et l'espèce de récoltes et de fruits. Lorsqu'il s'agit d'immeubles propres aux époux, il y a lieu d'évaluer, même en présence d'un usufruitier, les frais de labour et semences à l'effet de fixer l'indemnité que chacun des époux devra de ce chef à la communauté (Civ. 1437) — (FORM. 1867).

21831. Mode d'estimation. — Lorsqu'il y a lieu à prisée des fruits et récoltes, il y a lieu de compter, peser et mesurer ceux de ces objets qui se vendent ordinairement au nombre, au poids et à la mesure, et les estimer d'après le cours des marchés voisins

21832. Récoltes sur biens loués. — Le droit au bail étant une chose mobilière, les récoltes pendant sont nécessairement des meubles (Demolombe, t. 9, 156), et doivent être décrites avec soin dans l'inventaire; il y aurait lieu en outre d'estimer : les récoltes elles-mêmes, si l'on est dans la période des six semaines qui précèdent leur maturité, les frais de labours, engrais et semences dans le cas contraire (Cass., 6 mars 1861, S. 61, 1, 713; Lyon, 1ᵉʳ juill. 1881, S. 82, 2, 212; Javon, *J. du N.* 1910, 521). — (FORM. 1867).

21833. GLACES. — TABLEAUX. — Les glaces, tableaux et autres ornements sont immeubles par destination lorsque, scellés au mur, ils ne peuvent être enlevés sans dégradation ou encore lorsqu'ils ont été placés de telle façon que le propriétaire a eu l'intention de les placer à perpétuelle demeure (Cass., 8 mai 1850, S. 50, 1, 523, D. 50, 1, 260; Limoges, 29 juin 1888, S. 88, 2, 205).

21834. Meubles. — Dans les autres cas, ces objets sont meubles et doivent être décrits et prisés à l'inventaire; comme pour les bijoux, bronze et objets d'art, il sera souvent utile à l'officier priseur de s'adjoindre un expert pour les estimations.

21835. Application. — Décidé que les tableaux ne doivent jamais être considérés comme immeubles par rapport à la galerie qui les contient, alors même que cette galerie aurait été construite spécialement pour les recevoir (Baudry-Lacant. et Chauveau, 90; Aubry et Rau, t. 2, § 164 *bis*); de même un objet d'art ne perd pas son caractère mobilier lorsqu'il a été scellé au mur, à raison de ses dimensions (Paris, 31 oct. 1894. D. 96, 2, 68).

21836. IMMEUBLES PAR DESTINATION. — En règle générale, la prisée ne doit comprendre que les effets mobiliers, à l'exclusion des immeubles par destination (*V. nᵒˢ 20718 et s.*).

21837. Prisée par distinction. — Néanmoins, nous estimons qu'il est de bonne pratique de désigner, tout au moins sommairement, les objets immeubles par destination afin d'éviter qu'ils ne soient enlevés ou détachés et rendus à la classe des meubles; on doit même les priser par distinction dans une colonne spéciale, afin que dans la liquidation on les fasse entrer dans la masse immobilière pour le montant de cette estimation (Roll. de Vill., *prisée 42*).

21838. LABOURS. — SEMENCES. — Les époux ne peuvent s'enrichir aux dépens de la communauté (Civ. 1437), et comme ils reprennent en nature les immeubles leur appartenant en propre dans l'état où ils se trouvent au jour du décès, c'est-à-dire avec les récoltes qui y adhèrent par branches ou par racines, l'époux bénéficiaire doit, par suite, indemniser la communauté ou la société d'acquêts, le cas échéant, des labours, engrais et semences dont ces immeubles ont été l'objet (Rodière et Pont, I, 475; Guillouard, II, 986-987). Cette indemnité doit être fixée au chiffre déboursé par la communauté, d'où nécessité de déterminer cette indemnité par l'estimation à l'inventaire des frais de labours, engrais et semences suivant les distinctions qui vont suivre (FORM. 1867).

21839. Immeubles de communauté. — Les labours, engrais et semences faits sur les immeubles de communauté ou de succession se confondent avec le fonds, et il n'y a pas lieu de les estimer (Javon, 443).

21840. Propres des époux. — Il y a lieu d'estimer les frais de labours, engrais et semences déboursés par la communauté ou société d'acquêts sur les terres chargées de récoltes, appartenant en propre à chacun des époux. Il n'est dû de récompense, et il n'y a lieu à estimation que si les frais dont il s'agit ont bien été déboursés, et non par exemple si les terres étaient exploitées par métayage (Pau, 23 mai 1877, S. 77, 2, 333).

21841. Immeubles paraphernaux. — A l'égard des biens paraphernaux, l'estimation des frais de culture s'impose de façon à fixer la déduction qu'il y aura lieu à faire du montant de la valeur de la récolte pour déterminer, conformément à l'article 1575 C. civ., la part contributoire de la femme dans les frais du ménage, eu égard au prorata de l'année en cours au décès (Javon, 444).

21842. Immeubles dotaux. — Il est nécessaire de constater à l'inventaire les frais de culture faits pour la dernière récolte des immeubles dotaux, puisque c'est le produit net pendant la dernière année, c'est-à-dire déduction faite des frais de labour, engrais et semences, qui doit être partagé entre le mari ou la femme ou leurs héritiers (Guillouard, IV, 2159; Aubry et Rau, VIII, § 450).

21843. LINGE, HARDES, BIJOUX. — Les linges, hardes et bijoux à l'usage des époux, même ceux du conjoint survivant, doivent être compris dans la prisée de l'inventaire après dissolution de communauté ou de société d'acquêts.

21844. Habillement du survivant. — Toutefois l'on en excepte l'habillement complet porté par le survivant, les croix et marques des ordres dont il est décoré, l'épée qu'il a coutume de porter s'il est militaire, sa robe de cérémonie s'il est magistrat. — Les pierreries et diamants de la femme survivante ne sauraient être considérés comme faisant partie de l'habillement complet dont il s'agit.

21845. Objets des enfants. — On ne comprend pas non plus dans cette prisée les linges et vêtements des enfants ni les divers objets à eux donnés personnellement (Roll. de Vill., 184; *Encycl. not.*, 237).

21846. Reprise en nature. — Lorsque, en vertu d'une disposition du contrat de mariage, l'époux survivant a le droit de reprendre en nature les vêtements, linge et bijoux à son usage personnel comme étant la représentation de ceux par lui apportés en mariage, il est utile d'inventorier et priser ces objets par distinction pour le cas où des contestations viendraient à être soulevées à cet égard. Il en est de même en cas de préciput (Roll. de Vill., 182; *Dict. not.* 337; Rutgeerts et Amiaud, 123).

21847. Objets propres aux époux. — Sous un régime de communauté, la corbeille de la future épouse (linges, vêtements, bijoux et autres objets décrits au contrat) lui reste propre (Paris, 4 fév. 1897, D. 98, 1, 60; Paris, 2 déc. 1903, *R. N.* 11763). Il en est de même des objets offerts aux époux, pendant le mariage, à titre de ca-

deaux personnels. — Par suite, ceux de ces objets appartenant à l'époux décédé doivent être compris dans la prisée générale comme bien de la succession; quant à ceux de l'époux survivant, il y aura lieu seulement de les décrire et de les priser par distinction.

21848. Présents d'usage. — Les cadeaux ou présents d'usage faits par le mari à sa femme au cours de la communauté sont considérés d'après une première opinion comme propres à la bénéficiaire s'ils ont pu être prélevés sur les revenus de la communauté (Seine, 26 janv. 1901; Paris, 2 déc. 1903); suivant une autre opinion, ils représenteraient seulement une part des bénéfices ou économies de la communauté (Lyon, 3 juill. 1846, S. 47, 2, 56, D. 47, 2, 78; Paris, 6 mai 1920, *R. N.* 18422). Ces libéralités sont en tous cas révocables par application de l'art. 1096 du C. civ. (Paris, 6 mai 1920, précité; Javon, *Rev. Nouv.* 1921, p. 121). — Comme l'enseigne Javon (*Inv.* 441), la prudence recommande de comprendre ces objets en l'inventaire, sauf à mentionner les revendications qui seraient faites à leur sujet.

21849. LIQUIDES. — L'inventaire et la prisée des liquides se font en indiquant s'ils sont en fûts ou en bouteilles, avec les quantités en hectolitres et litres pour ceux en fûts.

21850. MANUSCRITS. — OUVRAGES. — Les manuscrits trouvés au cours de l'inventaire et les ouvrages publiés ou en cours de publication sont généralement considérés comme propres à l'auteur, à moins de stipulation contraire au contrat de mariage.

21851. Description sans estimation. — Il est d'usage de décrire seulement, mais avec beaucoup de soin, ces manuscrits et ouvrages, sans estimation, attendu les difficultés d'appréciation de leur valeur (Roll. de Vill., 186, 187; Bioche, 202; Dutruc, 185).

21852. MATÉRIAUX. — Les matériaux de construction ou de démolition sont meubles tant qu'ils ne sont pas employés (*V. n° 20742*) et doivent par suite être décrits et estimés à l'inventaire (Roll. de Vill., 52).

21853. Immeubles. — Mais si ces matériaux ne sont séparés de la construction que momentanément (*V. n° 21811*), ils conservent leur caractère d'immeubles, et on les traitera comme il a été dit *supra n° 21837*.

21854. MATÉRIEL. — Le matériel d'un fonds de commerce ou d'une industrie doit être décrit et estimé, à moins que ce matériel n'ait le caractère d'immeuble par destination; auquel cas il sera suffisant d'en constater la présence (*V. n° 21837*).

21855. Immeubles par destination. — A notamment le caractère d'immeuble par destination le matériel servant aux établissements industriels ou aux exploitations agricoles, les machines fixes ou mobiles et leurs accessoires placés dans les usines (*V. n°s 21836 et s.*).

21856. MEUBLES MEUBLANTS. — On appelle meubles meublants tous les objets destinés à l'usage et à l'ornement d'un appartement, comme les tentures et tapisseries, lits, sièges, glaces, pendules, tables, porcelaines, armoiries et autres objets de même nature (Civ. 534). Ils doivent naturellement être décrits et estimés.

21857. Immeubles par destination. — Toutefois, possèdent le caractère d'immeubles par destination, et doivent être traités comme tels (*V. n° 21837*), les meubles meublants garnissant une hôtellerie spécialement construite et aménagée à cet effet et non susceptible de recevoir une autre affectation sans une transformation complète (Cass., 12 août 1886, S. 87, 1, 417).

21858. MINES. — Les mines sont immeubles; seules les matières qui en sont extraites, comme les minerais, les charbons... sont meubles (*V. n°s 20739 et 21837*).

21859. MINUTES. — Après le décès d'un notaire, il n'y a pas lieu d'inventorier les minutes; il suffit d'en faire un récolement sur les répertoires avec un état sommaire qui est mentionné à l'inventaire et y demeure annexé.

21860. MOULINS. — Ainsi qu'il a été dit *supra n° 20712*, les moulins de toute nature, fixés sur piliers et faisant partie du bâtiment, sont immeubles (Civ. 519). Il en est de même des mouvants, moulants, virants et autres ustensiles qui constituent le mécanisme d'un moulin (Cass., 19 juill. 1893, S. 94, 1, 241, D. 93, 1, 693).

21861. Meubles. — Toutefois, sont meubles et doivent être prisés les moulins sur bateaux (Civ. 531), le moulin à vent simplement posé sur piliers sans attache (Cass., 19 avr. 1864, S. 64, 1, 286, D. 64, 1, 178).

21862. OBJETS ATTACHÉS A PERPÉTUELLE DEMEURE. — Tous les objets attachés à perpétuelle demeure suivant les règles exposées *supra n°s 20718 et suiv.* sont immeubles par destination, et leur présence doit seulement être constatée comme il est dit n° 21837.

21863. Application. — Sont considérés notamment comme immeubles par destination tous les objets désignés aux articles 524 et 525 du Code civil, ainsi que les statues se trouvant dans des niches ou sur des piédestaux (Paris, 20 nov. 1877, S. 78, 2, 293; Cass., 3 fév. 1878, S. 78, 1, 353, D. 78, 1, 156).

21864. OBJETS ÉTRANGERS. — Les objets étrangers à la succession et revendiqués par des tiers ne doivent pas être compris dans l'inventaire. S'il y a des contestations, on fera la description et l'estimation de ces objets par distinction.

21865. OBJETS LÉGUÉS. — Les objets qui ont été légués par le défunt doivent être décrits séparément dans la prisée et estimés par distinction afin de faciliter la délivrance ultérieure de ces objets et de déterminer le montant des droits de mutation y afférents.

21866. OFFICES MINISTÉRIELS. — Les offices ministériels pour lesquels le droit de présentation a été consacré par la loi constituent une propriété mobilière propre au titulaire si l'office a été par lui apporté en mariage et réservé comme tel par le contrat, et dépendant de la communauté si le titulaire en a été investi postérieurement (*V. n°s 5257 et 5309*).

21867. Application. — En tout état de cause, il convient de considérer que la valeur vénale *seule* peut tomber en communauté et que l'office lui-même reste propre au titulaire, et il en résulte :

Que la somme pouvant rester due sur le prix d'un office cédé avant le décès appartiendra en propre au mari (ou à sa succession), ou dépendra de la communauté suivant les distinctions faites au numéro précédent.

Et qu'en tout état de cause, si l'office existe toujours à la dissolution de la communauté, le mari aura le droit de le retenir et de le conserver, sauf, s'il s'agit d'un office dont il a été investi au cours du mariage, de faire récompense à la communauté d'une somme égale à la valeur de cet office au moment même de la dissolution (*V. n° 4983*).

21868. Prisée. — En conséquence, sauf le cas de reprise en nature par le mari lui-même à *titre de propre*, nous estimons qu'il convient de priser l'office à l'inventaire afin de déterminer le montant de la récompense due à la communauté ou fixer le montant de l'évaluation à porter à la déclaration de succession (*Contra :* Roll. de Vill., 188; *Dict. not.* 522; Javon, 464).

21869. Recouvrements. — Les recouvrements restant à opérer suivent le sort de l'office, c'est-à-dire qu'ils peuvent être réservés par le titulaire, mais il devra en tenir compte à la communauté, et il conviendra, par suite, dans certains cas, d'en faire l'énumération.

21870. PÉPINIÈRES. — Les arbres d'une pépinière créée par le propriétaire du sol sont immeubles par destination tant qu'ils sont attachés au sol (*V. n° 21795*); au contraire, ceux arrachés sont meubles; sont également meubles les arbres d'une pépinière établie par le fermier, qu'ils soient adhérents ou non au sol (Cass., 5 juill. 1880, D. 80, 1, 321, S. 81, 1, 105). — *V. n° 21798.*

21871. PHARMACIE. — L'officine de pharmacie doit être assimilée à l'office ministériel en ce sens qu'elle constitue une propriété mobilière appartenant à la communauté en cas d'acquisition au cours du mariage (*V. n° 21866*), mais que le mari a le droit de conserver pour son compte personnel, en tenant compte à cette communauté de la valeur de l'officine au jour de la dissolution (Guillouard, 379; Rosière et Pont, 451; Aubry et Rau, § 507, note 12; Paris, 6 avril 1843; Bordeaux, 6 janvier 1846).

21872. Option. — Nous considérons donc qu'après le décès de la femme, le mari pharmacien pourra opter pour la conservation de l'officine, celle-ci aurait-elle été acquise au cours du mariage et même en dehors de toute stipulation du contrat de mariage le prévoyant (FORM. 1754).

21873. Femme survivante. — En ce qui concerne la femme survivante, il y a lieu de considérer qu'elle est également fondée — si le contrat de mariage le prévoit — à conserver pour son compte l'officine de pharmacie dépendant de la communauté, même au cas de renonciation par elle à cette communauté et à la succession de son mari (Paris, 11 déc. 1924, *Rep. Not.* 20877. — *Contra* : Seine, 20 mars 1922, *J. des N.* 33465). — En règle générale, un particulier qui n'a pas le diplôme de pharmacien ne peut être régulièrement propriétaire d'une pharmacie, alors même qu'il la ferait gérer par une personne remplissant les conditions légales (Cass., 13 août 1888, D. 89, 1, 179; Cass., 21 juin 1898, D. 99, 1, 53; Paris, 4 nov. 1901, D. 06, 1, 412); mais, en l'espèce, l'attribution à la veuve ne saurait avoir le caractère d'une vente de cette nature du fait qu'elle résulte d'une convention de mariage qui avait conféré à ladite dame un droit éventuel dès avant le décès de son mari (Paris, 11 déc. 1924, précité).

21874. Vente de l'officine. — En ce qui concerne le délai accordé à la veuve et aux héritiers pour la vente de l'officine, voir loi du 9 février 1916 et loi du 15 juin 1922.

21875. PIGEONS. — LAPINS. — POISSONS. — Les pigeons des volières, les lapins des clapiers et les poissons des viviers sont meubles et doivent être décrits et estimés (Roll. de Vill., 45).

21876. Immeubles par destination. — Mais sont immeubles par destination, et doivent être traités comme tels (*V. n° 21837*), les pigeons des colombiers, les lapins des garennes et les poissons des étangs (Civ. 524). — *V. n° 20718.*

21877. PRESSOIRS. — Les pressoirs à auges qui peuvent être facilement transportés rentrent dans la catégorie des meubles et doivent être décrits et estimés (Roll. de Vill., 46).

21878. Immeubles par destination. — Mais doivent seulement être décrits et prisés par distinction (*V. n° 21837*), comme étant immeubles par destination, les pressoirs à arbre ou à roue, faisant corps avec le bâtiment. Il en est de même des accessoires : chaudières, alambics, foudres, cuves, tonnes, tonneaux et autres vases vinaires ou chais (Civ. 524; Caen, 18 nov. 1863, S. 64, 2, 201).

21879. USTENSILES ARATOIRES. — Les instruments aratoires tels que : voitures, charrues, herses, rouleaux, machines à battre, moulins à vanner, cribles, etc..., lorsqu'ils ne sont pas immeubles par destination, doivent être décrits et estimés à l'inventaire.

21880. Immeubles par destination. — Ces objets sont immeubles par destination seulement lorsqu'ils sont placés par le propriétaire du fond pour le service et l'exploitation de celui-ci (*V. n° 20722 et 21837*).

21881. Nullité de la prisée. — PRINCIPE. — La nullité de la prisée n'entraîne pas celle de l'inventaire, mais il y a lieu de le recommencer (Dalloz, *Rep. pr.* inv. 114).

21882. DISPARITION D'OBJETS. — Néanmoins, si l'inventaire ne pouvait être refait, par suite de la disparition d'une partie des objets inventoriés, il y aurait lieu, au moins lorsque la nullité de la prisée se complique d'une fraude, de prononcer la nullité du premier inventaire

(Bioche, 169; Garsonnet, t. 7, § 2621, note 17).

§ 3. AJOURNEMENT
ET REPRISES DE SÉANCES.

21883. Ajournement. — PRINCIPE. — Il y a lieu à ajournement toutes les fois qu'il y a nécessité à interrompre les opérations.

21884. Cas divers. — Il en est ainsi notamment :
1° Lorsque l'inventaire ne peut être achevé en une seule séance;
2° Lorsqu'il y a lieu de continuer les opérations dans un autre lieu et que, par suite de l'éloignement de celui-ci, il ne peut y être procédé le même jour;
3° Au cas de découverte d'un testament cacheté ou même d'un testament ouvert, si celui-ci apporte des modifications aux qualités des parties requérantes;
4°. Lorsqu'il y a lieu de surseoir pour réunir les titres, pièces, documents et renseignements qui sont nécessaires à la continuation de l'inventaire;
5° En cas d'apposition de scellés dans le cours de l'inventaire.

21885. ÉNONCIATIONS. — L'ajournement doit être mentionné avec l'indication de l'heure, au procès-verbal qui est alors signé sur-le-champ par les parties ou leurs représentants, l'officier priseur et le notaire (Décr. 10 brum. an XIV, art. 2; Décr. 25 août 1898, art. 20).

21886. Consentement à continuation. — Cet ajournement suffit pour que l'inventaire soit continué hors la présence des intéressés, qui ne se représenteraient pas et sans qu'il soit nécessaire de leur faire sommation; néanmoins, il est d'usage de faire consentir dans l'ajournement, par les parties requérantes et présentes, qu'il sera procédé à la continuation des opérations en leur absence comme en leur présence (Roll. de Vill., 133, 134).

21887. Mandat. — L'un des intéressés peut également donner pouvoir au cours de l'inventaire, et notamment à la fin d'une séance, à l'effet d'être représenté aux séances ultérieures et même au partage de la succession. — En ce cas, les pouvoirs donnés sont consignés au procès-verbal et le juge de paix en fait mention, le cas échéant, dans son procès-verbal de scellés (Roll. de Vill., 113) — (FORM. 1883 et 1884).

21888. Jour fixe ou indéterminé. — L'ajournement doit porter le jour auquel il est renvoyé, ou, le cas échéant, mentionner que la continuation aura lieu à des jour, heure et lieu qui seront ultérieurement indiqués.

21889. GARDE DES OBJETS. — Les objets au fur et à mesure qu'ils sont inventoriés sont confiés à la garde d'une personne choisie d'accord par les parties (*V. n° 22079*); à défaut d'accord, il en est référé au président du tribunal et il est fait mention du tout (Pr. 943, § 9, et 944; Paris, 19 mai 1857, S. 57, 2, 623). — *V. n°ˢ 22079 et suiv.*

21890. Retrait du gardien. — Si le gardien des objets se retire au cours de l'inventaire ou demande qu'il soit déchargé de sa mission, le notaire doit lui faire prêter serment et mentionner le tout au procès-verbal avec l'indication de la personne qui lui succède.

21891. SCELLÉS. — Lorsque l'inventaire a lieu après apposition de scellés, ceux-ci doivent être réapposés à la fin de chaque séance sur les objets restant à inventorier, et il en est fait mention.

21892. Réquisition de levée. — Toutefois, si les parties sont maîtresses de leurs droits, ou si les représentants légaux des incapables sont présents, les scellés peuvent être définitivement levés, sur réquisition expresse (V. n°s 21295 et suiv.).

21893. TRANSPORTS. — Lorsque les objets à inventorier se trouvent situés en des lieux différents, on doit inventorier d'abord ceux se trouvant au domicile du défunt et on ajourne les opérations en indiquant que l'inventaire sera continué à tel endroit.

21894. Transport immédiat. — Si les autres objets à inventorier se trouvent dans un endroit peu éloigné, l'on peut s'y transporter immédiatement même sans interrompre la séance; il en est fait seulement mention au procès-verbal, qui est signé sur-le-champ.

21895. Clôture dans une résidence autre que le domicile. — Dans la clôture d'une séance d'inventaire, au lieu autre que la résidence du défunt et auquel l'on s'était transporté pour y inventorier quelques objets, il y a lieu de faire prêter serment à la personne chargée de représenter les objets, et d'en faire mention au procès-verbal.

21896. Papiers transportés à l'étude. — Les papiers à inventorier se trouvant soit au domicile du défunt soit en tout autre lieu, peuvent, du consentement des parties, être transportés en l'étude du notaire; mention en est alors faite au procès-verbal (V. n° 22197).

21897. DÉCOUVERTE D'UN TESTAMENT. — Au cas de découverte d'un testament soit cacheté soit ouvert, il y a lieu d'ajourner la séance et de procéder aux formalités relatées INFRA n°s 22107 et suiv.

21898. Reprises de séances. — CONSTATATION. — La continuation de l'inventaire dans une nouvelle séance se constate en tête de la vacation après l'indication de la date et du lieu où il est procédé (FORM. 1887 et suiv.).

21899. Références. — Il est inutile de rappeler les noms et qualités des intéressés, il suffit de s'en référer purement et simplement aux énonciations de la séance qui précède si aucune modification n'est intervenue.

21900. Absence d'un intéressé. — Lorsque l'ajournement a été fait à un jour déterminé, il peut être procédé à la reprise, en l'absence de l'un des intéressés, sans sommation préalable, surtout si la précédente séance porte qu'il pourra être procédé ainsi (V. n° 21886).

21901. Date et lieu. — Chaque séance doit indiquer la date et l'heure de la reprise de l'inventaire; il faut également mentionner en tête de chaque séance le lieu où sont continuées les opérations (FORM. 1887).

21902. Reprise dans un autre lieu. — Lorsque la reprise ou la continuation de l'inventaire a lieu dans un autre endroit que la séance précédente, il y a lieu de le mentionner avec le motif du transport; il en est ainsi lorsque l'inventaire est continué en l'étude du notaire où les titres et papiers ont été transportés (V. n° 21896) — (FORM. 1889). — Lorsque l'inventaire doit être continué en dehors du ressort du notaire, voir *supra n° 21745.*

21903. Scellés. — Si l'inventaire continue sous l'apposition des scellés, il convient d'énoncer qu'il sera procédé au fur et à mesure de leur levée (FORM. 1888.)

21904. MODIFICATIONS. — Chaque fois qu'une modification intervient d'une séance à l'autre, dans les qualités des parties, il y a lieu de les établir d'une façon complète en tête de la nouvelle séance et d'en faire mention en marge de l'intitulé (*V. n°s 21394 et 21756*).

21905. Comparutions modifiées. — Les changements survenus dans les comparutions ou présences doivent être mentionnés; il en est ainsi par exemple : de l'absence de l'officier prieur dont la mission est terminée, ou d'un intéressé (*n° 21900*), de l'intervention d'un mandataire, d'un mineur qui est devenu majeur, d'une modification dans la capacité de l'un des héritiers (mariage, divorce, conseil judiciaire, interdiction), etc. (*V. n° 21394*).

21906. TÉMOINS. — Lorsque le notaire procède avec l'assistance de témoins (*V. n° 21640*) il n'est pas nécessaire que ceux-ci soient les mêmes que ceux de la séance précédente.

§ 4. ANALYSE DES TITRES ET PAPIERS.

21907. Généralités. — BUT. — L'analyse des titres et papiers prescrite par le paragraphe 6 de l'art. 943 C. pr. civ. constitue l'une des opérations les plus importantes de l'inventaire, car c'est elle surtout qui révèle la situation active et passive de la succession, véritable but de l'inventaire.

21908. Rôle du notaire. — Par suite, il appartient au notaire de faire toutes les recherches nécessaires pour déterminer, par les papiers, les forces de la succession (Lyon, 27 mai 1863, *J. des Not.* 17862), et de provoquer et rapporter à l'inventaire les déclarations des parties destinées à suppléer aux titres actifs et passifs qui pourraient faire défaut.

21909. Juge de paix. — Le juge de paix qui lève les scellés est incompétent pour procéder *proprio motu* à l'examen des papiers; cet examen est du ressort exclusif du notaire chargé de l'inventaire (Tours, 23 janv. 1912, *R. N.*, 1912, 282). — *V. n° 21914.*

21910. LIEU. — Tous les titres et papiers sont réunis au même lieu, pour y être classés et analysés par le notaire.

21911. Inventaire sans scellés. — Lorsqu'il n'y a pas de scellés, le notaire prend en masse les titres et papiers trouvés au domicile, et du consentement des parties les emporte à son étude pour procéder à leur classement et à leur analyse (V. Rouen, 9 mars 1910, *Rép. N.* 17071).

21912. Inventaire avec scellés. — S'il y a apposition de scellés et que ceux-ci doivent être levés avec description, le dépouillement et l'analyse devraient régulièrement être faits au lieu où les papiers ont été trouvés, en présence du juge de paix (Libourne, 12 janv. 1905), mais comme l'opération ne peut guère être faite de façon judicieuse et complète qu'en l'étude du notaire, il est d'usage d'y transporter les papiers du consentement des parties après la levée définitive des scellés (*V. n° 21892*), ou sur autorisation du juge des référés (*V. n° 22149*). En cas d'opposition, l'on peut employer le procédé enseigné par Javon (n° 495) : faire à la suite de la prisée une description sommaire de chaque titre trouvé, comme s'il s'agissait d'en établir un récépissé, puis les coter et parapher; les scellés n'ayant plus d'objet sont levés définitivement. Le notaire emporte ensuite à l'étude ces titres et papiers qui feront l'objet d'un nouveau classement méthodique et d'une analyse complète.

21913. Tiers dépositaires. — Lorsque des papiers sont en la possession d'un tiers, il y a lieu de se transporter chez lui pour en faire l'inventaire, à moins qu'il ne préfère comparaître et les représenter lui-même. Si ces papiers doivent lui être rendus, ils sont inventoriés en sa présence. Dans tous les cas, il signe la partie de l'inventaire qui constate son intervention et son objet. En cas de refus par le dépositaire de laisser inventorier les titres et papiers en sa possession, il est statué par voie de référé (Roll. de Vill., 171 et 243).

21914. CLASSEMENT. — C'est au notaire qu'il appartient exclusivement de faire le classement et l'analyse des papiers; le juge de paix, au cas de scellés, ne peut ni ne doit en prendre lecture, sous aucun prétexte (Aix, 28 juill. 1830; Caen, 10 août 1847). — *V. n° 21909.*

21915. Formalité. — Il convient d'apporter au classement des pièces et à leur examen beaucoup d'ordre et de méthode; à cet effet, il importe de séparer ceux qui sont sans importance et de ranger les autres sous diverses cotes en mettant dans la même toutes les pièces relatives à la même affaire, puis de disposer les cotes dans l'ordre le plus conforme au plan qui pourra être suivi dans la liquidation ou le partage (Ed. Clerc, *inv.* 94).

21916. Ordre à suivre. — L'usage est de classer les papiers dans l'ordre suivant : 1° le contrat de mariage et les pièces justificatives des reprises que les époux peuvent avoir le droit d'exercer; 2° le testament du défunt ou autre acte de disposition; 3° les titres de propriété des immeubles et autres pièces relatives à ces biens; 4° les titres actifs et passifs; 5° les pièces justificatives, frais de dernière maladie et d'inhumation (Bioche, 221 ; Garsonnet, t. 7, § 2621).

21917. Pièces sans importance. — Les pièces, notes et documents sans importance sont réunis sous une même cote particulière, sans énumération.

21918. Vacations de classement. — Les papiers classés, le notaire réunit les parties à son étude pour leur donner connaissance de son travail, recueillir leurs dires et observations. Il mentionne au procès-verbal qu'il a employé tant de vacations à ce classement, renvoie pour l'analyse à une date fixée, et clôture cette séance par l'apposition des signatures (FORM. 1896). — *V. n° 22500.*

21919. ANALYSE. — La loi ne trace aucune règle d'analyse; mais, attendu l'objet de l'inventaire, les titres et papiers doivent non seulement être analysés sommairement, mais dans certains cas être rapportés en entier ou par extrait, contrairement à une décision (isolée et fortement critiquée) aux termes de laquelle l'inventaire devrait seulement contenir l'énonciation des pièces, sans analyse ni transcription de clauses (Limoges, 25 août 1860, S. 61, 2, 261, D. 61, 2, 28). — *V. n° 21941.*

21920. Pièces à écarter. — Il n'y a pas lieu, toutefois, de décrire à l'inventaire les papiers et lettres missives étrangers aux intérêts communs des parties; ces lettres doivent être remises à l'époux auquel elles appartiennent (Rouen, 22 avr. 1880; Paris, 2 mars 1886, D. 87, 2, 200, et 20 juin 1895, D. 96, 2, 245). — En cas de désaccord, le tribunal apprécie (Cass., 9 fév. 1881, D. 82, 1, 73). — *V. n° 21924.*

21921. Récolement. — Lorsqu'un inventaire antérieur relate la description des papiers trouvés au domicile, on se borne à faire le récolement sur cet inventaire des papiers qu'il comprend et on constate les manquants (Bioche, 227; Garsonnet, t. 6, p. 114) (FORM. 1962). — *V. n° 21955.*

21922. Déclarations complémentaires. — Il est rationnel de faire faire, après l'analyse de chaque pièce, les déclarations qui s'y rapportent et tendent à compléter la justification des droits des époux, et à relater les événements non constatés par pièces et utiles à connaître.

21923. Destruction de pièces. — Il est recommandé au notaire de ne détruire aucune pièce, fût-elle sans utilité (Circ. just. 8 juill. 1902), à moins, pour les pièces sans utilité à l'inventaire, d'une réquisition formelle des parties (V. Cass., 26 janv. 1886 et 11 juin 1890, S. 87, 1, 214, et 90, 1, 472). — En cas de difficultés, c'est le président du tribunal qui statue en référé (de Belleyme, II, 256).

21924. Papiers étrangers à la succession. — Les objets et papiers étrangers à la succession doivent être remis à leur propriétaire; s'ils ne peuvent être remis à l'instant et qu'il soit nécessaire d'en faire la description, elle doit être faite sur le procès-verbal des scellés et non sur l'inventaire (Pr. 939). — *V. n° 22104.*

21925. COTES ET PARAPHES. — Tous les papiers et titres (sauf exceptions relatées ci-après) doivent être cotés et paraphés, lors même qu'ils seraient sans importance; cette opération doit être constatée sur la pièce qui est paraphée de la main d'un des notaires instrumentant (Pr. 943-6°).

21926. Titres nominatifs. — Cette formalité de la cote et du paraphe est imposée au notaire, sous sa responsabilité, à l'égard des inscriptions nominatives de rentes sur l'État et des titres nominatifs de valeurs industrielles (Paris, 7 nov. 1839, S. 40, 2, 64, D. 40, 2, 59; Paris, 12 juill. 1861, *J. N.* 17398). — *V. n° 21977.*

21927. Titres au porteur. — Au contraire, les titres au porteur ne doivent être ni cotés ni paraphés (Cass., 15 avr. 1861, S. 61, 1, 709, D. 61, 1, 230; Circ. just. 2 oct. 1874 et 31 août 1877) lors même qu'ils seraient recueillis par une femme dotale (Paris, 28 nov. 1895, *R. N.* 9560). — *V. n° 22305.*

21928. Livres de commerce. — L'état des livres de commerce doit être constaté et les feuillets doivent en être cotés et paraphés s'ils ne le sont déjà (Pr. 943; Garsonnet, t. 7, § 2621).

21929. Exclusivité. — Le notaire seul a le droit de coter et parapher les papiers et de les décrire. Le juge de paix ne peut y procéder que dans le cas prévu par l'art. 939 du C. de pr. civ. (Bioche, 253; Tours, 23 janv. 1912, D. 12, 5, 12). — *V. n° 21924.*

21930. Mention. — Il n'est pas obligatoire que la mention de cote soit de la main du notaire, mais il doit la parapher. Dans la pratique, on indique les cotes qui seraient paraphées par le notaire en second (Bioche, 222; Roll. de Vill., 252).

21931. Particularités. — INVENTAIRE PARTIEL. — Ainsi que nous l'avons précédemment indiqué lorsque la succession comprend des objets se trouvant situés hors du ressort du notaire chargé du règlement, il est indispensable de faire dresser un inventaire de ces objets par un notaire du lieu (*V. n° 21391*).

21932. Expédition. — Le cas échéant, il convient d'analyser une expédition de cet inventaire partiel de manière à constater l'actif et le passif en résultant. Cet inventaire ayant généralement pour objet une description et prisée de meubles, il y a lieu d'en faire la première cote, c'est-à-dire à la suite de la prisée générale (FORM. 1897).

21933. CONTRAT DE MARIAGE. — Au cas d'inventaire après dissolution de mariage, il y a lieu d'analyser en tête le contrat de mariage d'entre les époux; cette analyse doit porter : 1° sur le régime adopté; 2° Sur les apports des époux et les dots à eux constituées; 3° Sur les conventons qui dérogent au partage égal des bénéfices de la communauté; 4° Sur les libéralités (préciput, donation, etc...) faites en faveur du survivant (FORM. 1899).

21934. Fonds de commerce. — Lorsque l'inventaire a lieu après le décès d'un commerçant, et que le contrat permet à l'époux survivant de conserver ce fonds pour son compte personnel, il est utile de rapporter textuellement la clause qui confère ce droit. Si le survivant doit faire connaître son option dans un délai déterminé, l'on constate celle-ci par une déclaration insérée soit à la suite de la clause, soit à la fin de la cote, soit à la fin de l'inventaire, sous les déclarations générales (*V. n°° 21825 et suiv.*).

21935. Acte de mariage ou livret de famille. — Il n'est pas sans utilité de comprendre sous la même cote une expédition de l'acte de mariage des époux, afin de constater le lieu et la date de la célébration; cette analyse est indispensable lorsque les époux n'ont pas fait de contrat de mariage; cette pièce pourra être remplacée par le livret de famille.

21936. Déclarations additionnelles. — L'analyse des pièces de cette cote doit être suivie des déclarations des parties tendant à compléter les renseignements utiles à connaître, et que l'analyse ne peut faire ressortir. — Ces déclarations doivent être méthodiquement classées et porter principalement sur les faits signalés sommairement à titre d'indication, ci-après :

21937. État civil. — Il convient de relater le lieu et la date de naissance des époux et le lieu et la date de la célébration de leur mariage.

21938. Apports et dots des époux. — Ensuite il convient : 1° de préciser les biens entrés dans la communauté moyennant une reprise du montant de leur estimation; 2° de faire connaître le sort des biens et valeurs apportés ou donnés et réservés propres; 3° de préciser les reprises ou récompenses qui pourraient résulter de sommes encaissées ou déboursées par la communauté pour le compte des époux relativement à leurs biens propres.

21939. Successions recueillies. — Puis l'on énonce les diverses successions, donations et legs recueillis par les époux au cours du mariage en renvoyant à la cote ou aux cotes dont il en sera spécialement question.

21940. Frais du contrat de mariage. — Enfin, il y a lieu de relater le montant des frais et droits auxquels le contrat de mariage a donné ouverture en distinguant ceux afférents aux apports et constitutions de dot de chacun des époux de manière à déterminer les récompenses que ces derniers pourront devoir de ce chef à la communauté suivant les règles que nous avons établies *supra n°° 4929 et 4930*. Il convient aussi de signaler qui a acquitté ces frais, car au cas où ils l'auraient été par les parents, il y aurait lieu à rapport à leur succession future (Seine, 30 juillet 1891, *R. N. 8533*).

21941. TESTAMENT OU DONATION DU DÉFUNT. — Lorsque le défunt a fait un testament, l'on doit en faire l'analyse ou mieux le transcrire littéralement, quelle que soit sa forme. Cette transcription évitera dans bien des circonstances la production de l'expédition du testament, notamment lors des transferts des valeurs nominatives (*V. n° 21919*).

21942. Déclarations complémentaires. — L'analyse du testament doit être suivie de l'indication des noms, prénoms, qualités et domiciles des bénéficiaires des legs, souvent erronée ou incomplète dans le testament; les legs caducs (Civ. 1038 et 1039) doivent être signalés.

21943. Donation entre époux. — Si les époux se sont fait des donations au cours du mariage, il y a lieu d'analyser l'expédition de celle en faveur de l'époux survivant en précisant très exactement l'étendue des dispositions (*V. n° 22450*).

21944. SUCCESSIONS ÉCHUES. — Il est de toute nécessité de comprendre sous une cote spéciale l'analyse des actes relatifs aux successions échues aux époux au cours du mariage. Cette cote doit déterminer la consistance mobilière et immobilière de ces successions et le sort des biens ainsi recueillis, de manière à fixer les reprises en nature ou en deniers que l'époux aura à exercer.

21945. Liquidation et partage. — Les biens recueillis résultent ordinairement d'un partage; l'analyse de cet acte doit rapporter la date de l'acte, les noms du défunt, le lieu et la date du décès, les droits de l'époux héritier en distinguant les fonds des fruits, la désignation sommaire des biens entrés dans le lot de ce dernier, ceux restés dans l'indivision, la soulte stipulée à sa charge ou à son profit, etc.

21946. Partage anticipé. — Le partage anticipé des art. 1075 et 1076 du Code civil s'analyse comme le partage ordinaire. Il convient de relater ensuite si la donation qui l'a précédé a reçu son exécution par l'indication, le cas échéant, du lieu et de la date du décès des donateurs et l'analyse des actes le constatant. Si les donateurs existent encore, on le mentionne.

21947. Frais. — Les frais que la communauté a dû débourser à l'occasion de ces successions (frais d'actes, droits de mutation et autres) doivent être indiqués par l'analyse des quittances délivrées ou, à défaut, par déclarations, de manière à fixer la récompense dûe de ce chef par l'époux héritier.

21948. Mobilier non constaté. — Bien que le mobilier recueilli non constaté par inventaire, ou état en bonne forme, soit réputé acquêt

(Civ. 1499), il convient, le cas échéant, d'en déterminer néanmoins la valeur, cette présomption ne paraissant pas être opposable entre époux (Cass., 30 juillet 1872, D. 73, 1, 241; Cass., 16 janv. 1877, D. 78, 1, 265; Cass., 20 août 1884, D. 85, 1, 312).

21949. BIENS PROPRES DES ÉPOUX. — En outre des apports en mariage, dots constituées et successions recueillies, les époux, dans le cas d'adoption du régime de la communauté réduite aux acquêts, peuvent devenir, pendant le mariage, propriétaires de biens, à titre personnel. (*V. not. n° 21951*).

21950. Analyse ou déclarations. — Il convient donc, le cas échéant, de comprendre sous une cote spéciale, par l'analyse des titres ou par déclarations, l'énoncé de ces biens et ce qu'ils sont devenus, afin de déterminer les reprises en nature ou en deniers que l'époux propriétaire peut avoir à exercer, ainsi que les récompenses qu'il peut devoir pour les paiements que la communauté a pu effectuer en son acquit à l'égard de ces biens.

21951. LIBRE SALAIRE DE LA FEMME MARIÉE. — La femme peut posséder à titre personnel des biens par elle acquis avec le produit de son salaire lorsqu'elle exerce une profession distincte de celle de son mari, en vertu de la loi du 13 juillet 1907 (*V. n° 2815*). Il est utile de comprendre sous une cote spéciale ces différents biens dont le sort est déterminé par le régime des époux et certaines circonstances relatées ci-après :

21952. Femme non commune en biens. — Lorsque la femme est mariée sans communauté ni société d'acquêts, les biens dont il s'agit lui restent propres en tout état de cause. Sous le régime dotal ils sont paraphernaux.

21953. Femme commune en biens. — Sous le régime de la communauté conventionnelle et légale ou sous le régime dotal avec société d'acquêts, les mêmes biens demeurent propres seulement si la femme ou ses héritiers en ligne directe renoncent à la communauté ou à la société d'acquêts; autrement les biens acquis font partie de l'actif commun (*V. n° 21773*).

21954. Analyse. — En toutes circonstances, il convient donc d'analyser l'acte de notoriété relatif à la profession de la femme et de faire ressortir sous une rubrique spéciale les bénéfices commerciaux ou sociaux, créances, valeurs et immeubles, le prorata de revenu de ces biens et le prorata de salaires ou de traitement de la femme, de manière à faciliter la détermination des reprises, s'il y a lieu (Javon, 540 et 541).

21955. RÉCOLEMENT D'INVENTAIRE. — Le récolement consiste dans l'analyse d'un autre inventaire ayant pour but d'établir les biens qui se retrouvent en nature parmi ceux qui y sont indiqués et de déterminer le sort de ceux qui n'existent plus (Baudry-Lacant., 1689, 1690; Javon, 530 à 536) (FORM. 1692).

21956. Cas. — Il peut être procédé seulement au récolement dans les différents cas suivants : 1° lorsque l'hérédité recueillie en entier par l'un des époux est constatée par un inventaire; 2° lorsqu'un inventaire a été fait récemment après le décès d'un des époux et que l'on procède à un nouvel inventaire après le décès du survivant, spécialement lorsque ce dernier est resté en possession des biens à titre d'usufruitier ou autrement.

21957. Mobilier. — Le récolement en ce qui concerne le mobilier consiste en une simple vérification ayant pour but de constater celui présent et celui manquant (*V. n° 21969*).

21958. Titres et papiers. — A l'égard des titres et papiers, le récolement a pour objet le dépouillement de ceux-ci avec l'indication de ceux qui se retrouvent et de ceux qui sont manquants; l'on énonce cote par cote le nombre de pièces et leur objet et le sort des biens et valeurs récolés.

21959. Frais. — A la suite de l'analyse de cet inventaire, l'on relate le montant des frais de cet inventaire et de tous autres relatifs à la succession dont il s'agit (*V. n° 21947*).

21960. Autres papiers. — Enfin, s'il existe d'autres objets, titres et papiers autres que ceux compris dans le précédent inventaire, ils sont inventoriés dans la forme ordinaire.

21961. IMPENSES. — Dans l'inventaire, il suffit d'énoncer les impenses qui ont pu être faites aux immeubles propres des époux sans en tirer de résultats au point de vue de la récompense due; il est toutefois indispensable de distinguer la nature de l'impense (*V. n°ˢ 20766 et suiv.*).

21962. Effets. — L'impense *d'entretien* ne donne lieu à aucune récompense; l'impense *nécessaire* entraîne récompense de toute la somme déboursée (Cass., 9 nov. 1864, S. 65, 1, 46); l'impense *utile* donne ouverture à une indemnité égale à la plus-value procurée à l'immeuble au jour de la dissolution de la communauté sans pouvoir excéder la dépense (Douai, 16 juill. 1853, D. 54, 2, 62, S. 53, 2, 577); quant à l'impense *voluptuaire*, elle ne donne lieu, en principe, à aucune récompense (Cass., 14 mars 1877, D. 77, 1, 353; S. 78, 1, 5).

21963. REMPLOIS. — L'immeuble acquis par l'un des époux en remploi du prix d'un autre immeuble à lui propre aliéné est subrogé à celui-ci et comme tel est propre à cet époux, qui peut en exercer la reprise en nature (Civ. 1434 et 1435).

21964. Analyse. — Les circonstances du remploi doivent être très exactement rapportées pour en déterminer les conséquences; ainsi, suivant que le prix de l'acquisition est inférieur ou supérieur à celui de l'immeuble aliéné, l'époux acquéreur, dans le premier cas, a droit à la reprise de la somme non employée, et, dans le second, il est tenu d'indemniser la communauté de l'excédent versé.

21965. Frais. — En outre, en tout état de cause, la communauté qui a généralement avancé les frais du contrat et de ses accessoires, doit en être indemnisée par l'époux acquéreur.

21966. ÉCHANGE. — L'immeuble acquis à titre d'échange contre un autre immeuble propre à l'un des époux est subrogé en son lieu et place; en conséquence, il reste propre à l'époux qui l'a acquis (Civ. 1407). — *V. n°ˢ 11933 et suiv.*

21967. Soultes. — Si l'échange a eu lieu moyennant une soulte, celle-ci constitue une reprise ou une récompense, suivant que la communauté en a fait l'encaissement ou le paiement.

21968. Frais. — Il est également dû, dans tous les cas, récompense à la communauté du montant des frais du contrat et de son exécution.

21969. Analyse. — Cette cote devra donc énoncer, en dehors de la date de l'acte et des noms des coéchangistes, la désignation et l'origine sommaire des biens échangés, les stipulations relatives aux soultes et aux frais et leur acquit.

21970. Valeurs mobilières personnelles. — Les valeurs mobilières personnelles à chacun des époux doivent être comprises séparément dans l'inventaire par une analyse dans la forme ordinaire (Form. 1905).

21971. Énonciations. — Cette analyse doit énoncer : la dénomination de la valeur, sa nature de titre nominatif ou au porteur, les numéros de la valeur et s'il y a lieu de son certificat, l'intérêt, les arrérages ou dividendes qu'elle produit, les échéances, la jouissance du titre. Puis on mentionne l'origine, et l'on fait ressortir, lorsqu'il est connu, le prorata de revenus au décès, et qui constitue un actif de communauté.

21972. Immeubles acquêts. — Après l'analyse des pièces relatives aux propres des époux et aux reprises à exercer par eux, il est passé à l'analyse des titres et papiers relatifs aux immeubles acquis par la communauté.

21973. Énonciations. — Cette analyse doit comprendre : l'énonciation du contrat, la dénomination du vendeur, la désignation sommaire des immeubles, le prix et son paiement et les formalités hypothécaires.

21974. Prix encore dus. — Si le prix est encore dû en totalité ou en partie, il convient de l'indiquer ainsi que le taux des intérêts dont il est productif, le lieu et les époques de paiement, ainsi que la dernière date de paiement des intérêts.

21975. Immeubles revendus. — Lorsque quelques-uns des immeubles acquis par un même contrat ont été revendus, il convient de le mentionner par une déclaration à la suite, et de signaler si les prix ont été payés ou sont encore dus; dans ce dernier cas, il faudrait rappeler les stipulations relatives au paiement et au service des intérêts.

21976. Valeurs de bourse. — Après les immeubles, il convient d'analyser les rentes sur l'État et autres valeurs mobilières cotées ou non cotées à la Bourse dépendant de la communauté. Il est de bonne pratique de grouper les valeurs nominatives, celles au porteur et les titres étrangers (*n° 21926*).

21977. Valeurs nominatives. — Les rentes sur l'État nominatives et toutes autres valeurs nominatives s'analysent par l'énonciation du montant de la nature et des numéros de chaque titre, etc... (*V. n° 21971*) ainsi que l'immatricule que l'on doit reproduire textuellement. — Les valeurs nominatives doivent être cotées et paraphées par le notaire de la même manière que les autres papiers de la succession (*V. n° 21926*).

21978. Valeurs au porteur. — Les valeurs au porteur s'analysent de la même manière que les valeurs nominatives, mais elles ne doivent être ni cotées ni paraphées (*V. n° 21927*).

21979. Récépissés. — En cas de dépôt de valeurs à la caisse des dépôts et consignations, à la banque de France ou dans tout établissement financier, on inventorie les récépissés en rapportant sa date, son numéro, ceux des titres déposés et toutes autres indications utiles (*V. n° 22090*).

21980. Titres étrangers. — Les titres étrangers s'analysent comme les titres français, mais le notaire est tenu, sous peine d'une amende de 100 francs en principal, de faire connaître si ces titres sont timbrés ou faire connaître l'absence de timbre (L. 31 déc. 1907). Lorsque les titres ne sont pas représentés au notaire, celui-ci les énonce sur la seule production des bordereaux, récépissés ou déclaration des parties, sans s'inquiéter s'ils sont ou non timbrés (*V. n° 21985*).

21981. Taux des droits de timbre. — Le tarif du droit de timbre au comptant sur les titres de fonds d'États étrangers, est actuellement de 2 %, sans décimes (L. 4 av. 1914, art. 5); toutefois, les titres déjà timbrés au tarif de 0,50 % antérieurement au 1er janv. 1899 ou au tarif de 1 % avant le 1er avril 1907, sont suffisamment timbrés.

Par exception, les fonds étrangers cotés à la Bourse officielle, dont le cours, au moment où le droit devient exigible, est tombé au-dessous de la moitié du pair par suite d'une diminution de l'intérêt imposée par l'État débiteur, sont assujettis au droit de 1 % et non au droit de 2 % (L. 31 janv. 1907, art. 8) ainsi que les actions émises par les sociétés dont la durée n'excède pas 10 ans (L. 25 juin 1920, art. 48).

Tous les autres titres étrangers (autres que les fonds d'État), sont soumis au droit de timbre de 2 % sans décimes, sauf à imputer sur ce tarif le montant des droits payés en vertu de tarifs antérieurs, ou au droit de timbre par abonnement de 0,10 %, décimes compris (L. 28 déc. 1895, art. 3; Décr. 10 av. 1896, 22 juin 1898 et 25 juin 1899; L. 25 juin 1920, art. 48).

21982. Titres timbrés. — Lorsque les titres à analyser sont timbrés, l'on rapporte le lieu, la date et le numéro du visa pour timbre et le montant du droit acquitté, ou si la formalité a été donnée, soit au moyen du timbre à l'extraordinaire, soit d'un timbre mobile, les mentions contenues dans l'empreinte du timbre apposé. Il n'est pas nécessaire de rappeler la couleur du timbre ni d'énoncer les chiffres en lettres (Javon, 557).

21983. Titres non timbrés ou insuffisamment timbrés. — Lorsque les titres étrangers ne sont revêtus d'aucune mention de timbre, il faut le relater (*n° 21980*); s'ils sont timbrés au tarif plein ou insuffisamment, il y a lieu de rapporter les mentions de timbre comme il est indiqué au *n° 21982*.

L'énonciation dans l'inventaire de titres étrangers, soit par l'analyse des titres eux-mêmes soit simplement par celle d'un récépissé (Sol. 27 mai 1921; Inst. 15 juill. 1921, n° 3700-15), ne rend pas les droits de timbre non encore perçus immédiatement exigibles, mais elle oblige les parties à s'acquitter de ces droits dans les délais indiqués au numéro suivant.

21984. Exigibilité des droits de timbre. — A l'égard des titres étrangers non timbrés ou insuffisamment timbrés énoncés dans l'inventaire, les parties sont tenues d'effectuer le paiement des droits dus ou à justifier de leur acquit par la représentation des titres ou des quittances du Trésor, ou encore par la production d'un acte notarié relatant les mentions de timbre, le tout dans les délais suivants :

Lorsqu'il s'agit d'un inventaire après décès, au moment de la déclaration de succession et au plus tard dans les six mois du décès;

Lorsqu'il s'agit d'un inventaire après déclaration de faillite, dans les 40 jours de la clôture de l'inventaire et au plus tard dans les six mois à partir de la déclaration.

En cas d'inventaire après divorce ou séparation de corps, dans le délai accordé à la femme par l'art. 1463 C. c. pour accepter la communauté.

Et pour tous les autres inventaires, dans le délai de deux mois du jour de la séance au cours de laquelle l'énonciation a eu lieu (Javon, 560).

21985. Amendes. — Chaque contravention aux prescriptions ci-dessus est punie d'une amende égale à 5 % en principal de la valeur nominale des titres non réguliers avec minimum de 100 francs en principal et avec solidarité entre tous les ayants droit pour le paiement des droits et de l'amende (L. 31 déc. 1907; Inst. 3267). — *V. n° 21980.*

21986. Exigibilité de l'amende. — Comme il est relaté ci-dessus, l'énonciation de titres étrangers dans l'inventaire ne rend exigible le droit de timbre qu'à l'expiration du délai assigné pour le paiement; l'amende pour défaut de paiement n'est donc encourue qu'à cette date qui sert de point de départ à la prescription biennale (Sol. 27 mai 1921; Inst. 3700-45).

21987. Comptes courants. — Les comptes courants en banque ou les comptes courants chèques postaux sont énoncés par l'analyse des relevés trimestriels ou journaliers. Il est nécessaire de demander à l'établissement un relevé du compte arrêté au jour du décès.

21988. Carnet de chèques. — Les carnets de chèque doivent aussi être inventoriés; il y a lieu d'annuler les chèques restant à la souche afin qu'il ne puisse en être fait usage.

21989. Créances hypothécaires. — L'inventaire comprend ensuite l'analyse des titres de créances hypothécaires toujours dues.

21990. Énonciations. — Cette analyse doit énoncer : la date du contrat, le nom du débiteur, le montant en capital de la créance, son exigibilité, le taux et l'époque d'exigibilité des intérêts, les immeubles donnés en garantie, la date, le volume et le numéro de l'inscription. A la suite, l'on fait déclarer les intérêts qui sont dus.

21991. Créances chirographaires. — Les créances chirographaires sont inventoriées par l'analyse des actes ou pièces en formant le titre; ces créances résultent le plus souvent de reconnaissances sur timbre proportionnel ou de billets à ordre. L'analyse doit faire connaître la date de la reconnaissance, le nom du débiteur, le montant de la créance, son exigibilité, le taux de l'intérêt, ses échéances et la dernière acquittée.

21992. Titre non timbré. — Les notaires ne sont pas tenus en analysant les reconnaissances ou billets de relater s'ils sont ou non timbrés (Sol. 15 mars 1907 et 18 juin 1822); de plus l'indication qu'ils sont établis sur papier non timbré n'autoriserait pas la régie à poursuivre, contre les parties, les droits et amendes de timbre (Déc. fin. 2 fév. 1853; Inst. 10 fév. 1853, n° 1954; Sol. 12 mars 1867). — *V. n° 22360.*

21993. Assurance sur la vie. — Quel que soit le bénéficiaire d'une assurance sur la vie, il y a lieu d'inventorier celle-ci, sans s'inquiéter si elle constitue une valeur de communauté ou une valeur de succession, ou si, au contraire, elle ouvre un droit direct et personnel au profit des personnes désignées.

21994. Énonciations. — Cette assurance s'analyse par l'énonciation de son numéro, de sa date, de son montant, de l'échéance, du montant des primes, du nombre de celles payées et par la désignation de l'assureur, du souscripteur et du bénéficiaire (L. 21 juin 1875, art. 6). — Il sera bon de faire déclarer par les parties si les primes ont été payées par la communauté, ou si elles ont été prélevées seulement sur les revenus de celle-ci.

21995. Livret de caisse d'épargne. — Le livret de caisse d'épargne s'analyse par l'énonciation de la date de délivrance et du numéro du livret et son intitulé, montant du capital et taux de l'intérêt.

21996. Arrêté. — Il est utile de faire arrêter le compte du livret au jour même du décès afin de déterminer le montant de l'avoir en principal et intérêts à cette époque.

21997. Baux et locations. — L'inventorié d'un bail a lieu par l'énonciation : de la nature du contrat, sa date, la durée du bail, les noms du bailleur et du locataire ou fermier, la désignation des immeubles loués ou affermés, le montant du loyer ou fermage, son exigibilité et son lieu de paiement, les charges et conditions spéciales de la convention. Cette analyse doit être complétée par la déclaration des parties relatives au montant des loyers ou fermages dus ou acquis au jour même du décès (*V. n° 22453*).

21998. Baux à ferme. — Pour les baux à ferme, les paiements ont généralement lieu à terme échu et il convient d'établir le prorata de fermages couru au jour du décès, lequel constitue suivant le cas un actif ou un passif de communauté ou de succession, selon que l'inventaire a lieu après le décès du bailleur ou du fermier.

21999. Baux à loyer. — A l'égard des baux de maisons ou d'appartements, l'on doit également déterminer le prorata de loyer couru au décès; en outre, il convient, le cas échéant, de signaler les loyers qui ont pu être versés d'avance, c'està-dire avec imputation, sur les derniers mois de jouissance du bail; ces loyers d'avance constituent en effet un actif ou un passif suivant qu'ils ont été payés ou reçus.

22000. Droit fiscal. — Il y a lieu de n'énoncer à l'inventaire que des baux et locations pour lesquels il a été satisfait aux prescriptions fiscales, car leur énonciation établit leur existence et leur donne date certaine. A cet égard, il est rappelé que les baux écrits doivent être enregistrés dans les trois mois de leur date ou dans les trois mois de l'entrée en jouissance si celle-ci est antérieure à la date du contrat (*V. n°s 12905 à 12915*), et que les locations verbales sont soumises à l'acquit des droits d'enregistrement dans les trois mois de l'entrée en jouissance, sauf celles consenties suivant l'usage des lieux ou pour une durée ne dépassant par trois ans, et dont le prix n'excède pas 2.000 francs à Paris et 1.000 francs dans toutes les autres localités (*V. n°s 12941 et 12942*). — *V. n°s 22415 et suiv.*

22001. Impots et contributions. — Il y a lieu de comprendre sous cette cote l'analyse des dernières feuilles d'avertissement de l'administration et des dernières quittances.

22002. Déclaration. — Cette analyse a pour but de constater le chiffre des impôts et contributions de toute nature à la charge du défunt ou grevant les biens pour l'année en cours ainsi que le montant du prorata dû au jour du décès. Il y a donc lieu de faire compléter au besoin l'analyse des pièces par des déclarations.

22003. ASSURANCES. — Les assurances contre l'incendie, les accidents, etc..., doivent également être comprises dans l'inventaire dans le but signalé plus haut pour les impôts, en tenant compte que les primes sont généralement payables d'avance.

22004. Analyse. — Il conviendra donc d'analyser les polices en énonçant : la désignation de la compagnie, la date et le numéro de la police, la durée de l'assurance, son objet, le montant de la prime et son exigibilité. L'on analysera également les dernières primes payées. A défaut de pièces, ces renseignements seront fournis sous forme de déclaration.

22005. LIBÉRALITÉS. — **RAPPORTS.** — En vue de la liquidation ultérieure, il est nécessaire de mentionner à l'inventaire les libéralités faites aux enfants, tant au point de vue des rapports que ceux-ci pourraient devoir que des indemnités dues de ce chef par les donateurs à la communauté.

22006. Analyse. — Par suite, le notaire doit se faire représenter les expéditions de contrat de mariage, donations et autres actes, desquels les libéralités résultent; ces documents sont inventoriés comme pièces représentées, de suite rendues sans cote ni paraphe.

22007. Minute. — Le notaire peut aussi représenter, lui-même, s'il en est dépositaire, les minutes des actes de libéralité, qu'il inventorie également comme pièces représentées et retirées [FORM. 1899].

22008. Déclarations complémentaires. — A défaut de titres, il y a lieu d'y suppléer par des déclarations, faisant connaître les libéralités, prêts, avances, dons manuels, qui ont pu être faits par le défunt soit à son conjoint, soit à l'un de ses enfants.

22009. Rapports fictifs. — Il est également nécessaire d'énoncer les libéralités faites à des étrangers ou par préciput à des successibles, en raison des rapports fictifs auxquels elles peuvent donner lieu pour le calcul de la quotité disponible (Civ. 922).

22010. EMPRUNT AU CRÉDIT FONCIER. — L'emprunt au Crédit foncier doit être énoncé à l'inventaire comme tout autre emprunt et ce, au moyen de l'analyse de la minute du contrat représentée par le notaire dépositaire ou à défaut par les déclarations des parties (FORM. 1937).

22011. Amortissement. — Il y a lieu de tenir compte, à l'égard de l'emprunt contracté au Crédit foncier, que le capital s'amortit au fur et à mesure du paiement des annuités. Il sera donc nécessaire d'énoncer le chiffre exact de la dette en principal et intérêts au jour du décès, renseignement généralement fourni par le décompte que l'établissement fait parvenir sur demande.

22012. FONDS DE COMMERCE. — **REGISTRES.** — *Contrat d'acquisition.* — Au cas d'exploitation d'un fonds de commerce au décès, il y a lieu d'analyser le contrat d'acquisition et indiquer, le cas échéant, le solde du prix restant dû en principal et intérêts au jour du décès; dans ce dernier cas il conviendra d'énoncer par sa date, le volume et le numéro de l'inscription de privilège de vendeur grevant le fonds.

22013. Livres de commerce. Tenue. — En vertu des articles 8 à 10 du Code de commerce, tout commerçant est tenu : 1° D'avoir un livre journal, qui *présente* jour par jour toutes ses opérations commerciales, ainsi que ses dépenses de maison mois par mois; 2° De faire tous les ans un inventaire de ses effets mobiliers et immobiliers, et de ses dettes actives et passives, et de le copier, année par année, sur un registre spécial à ce destiné; 3° De mettre en liasse les lettres missives qu'il reçoit et de copier sur un registre celles qu'il envoie; 4° De tenir ces livres par ordre de dates, sans blancs, lacunes, ni transports en marge.

En outre, l'art. 11 du même code prescrit que le livre journal et le livre des inventaires seront paraphés et visés tous les ans par un juge du tribunal de commerce ou par le maire, et que ces livres devront être conservés pendant dix ans.

22014. Analyse. — *Constatation de l'état des livres.* — Le notaire doit constater l'usage et l'état des livres de commerce existants; coter et parapher les feuillets s'ils ne le sont déjà et bâtonner les blancs se trouvant dans les pages écrites (Pr. 943).

22015. Situation active et passive. — Le notaire donne ensuite en détail le relevé de l'actif ou du passif tel qu'il résulte des registres; l'actif se divise, suivant les déclarations des parties, en créances bonnes, créances douteuses et créances mauvaises.

22016. SOCIÉTÉ. — Si le défunt faisait partie d'une société ou associé dans une maison de commerce, il convient de faire connaître à l'inventaire les conditions de l'association et si possible d'analyser le contrat et toutes pièces intéressant la succession (*V. n° 22148*).

22017. Communication des registres. — Les parties n'ont pas le droit de faire inventorier les livres et papiers d'une société dont le défunt faisait partie, mais elles peuvent exiger la communication des livres (Com. 14; Paris, 17 nov. 1885, *R. Not.* 7325; Cass., 30 juill. 1896, *Rép. Not.* 9343).

22018. Communication au notaire. — Décidé que pour obvier aux graves inconvénients qui pourraient résulter de la communication des livres de la société, il convient de confier au notaire chargé de l'inventaire, le soin de vérifier lui-même ces livres pour en tirer tous les renseignements nécessaires à l'établissement des forces de la succession (Marseille, 12 mai 1910; *Jur. civ., Mars.* 1910-370).

§ 5e. — DÉCLARATIONS GÉNÉRALES.

22019. Règles. — Sous la dénomination « déclarations générales », l'on comprend ordinairement celles concernant les créances et dettes dont on n'a pas d'actes ou dont on peut ignorer l'existence au moment de l'inventaire, ou encore dont les actes sont en des mains étrangères (Bioche, 243; Dutruc, 41; Limoges, 25 août 1860, D. 61, 2, 28).

22020. Omission. — Cette déclaration n'est pas une formalité substantielle; l'omission ne vicie pas même l'inventaire, si elle n'est pas le résultat de la fraude (Caen, 18 août 1838), et sauf pour le tuteur (*V. n° 22048*) elle n'entraîne pas la perte de la créance qui n'a pas été déclarée (Bioche, 255; Garsonnet, t. 7, § 2621, note 29).

22021. FORCE PROBANTE. — Les déclarations dont il s'agit n'ont force probante ni au profit des tiers ni contre eux. La partie peut toujours rétracter sa déclaration en prouvant qu'elle est erronée (Bioche, 245; Toullier, t. 9, n° 66; Cass., 16 mars 1825; Paris, 23 juill. 1835; Nancy, 28 mai 1839; Paris, 20 fév. 1902, Rep. pr. 13111).

22022. Application. — Néanmoins, en raison des circonstances, le juge peut donner à une déclaration faite à l'inventaire une force probante plus complète. Ainsi il a été jugé spécialement :

22023. Reconnaissance tacite. — 1° Que le silence gardé par un fils majeur présent à l'inventaire sur la déclaration par laquelle le survivant des père et mère fixe le chiffre de la somme dont la communauté est débitrice envers ce fils, a pu être regardée comme une preuve qu'il ne lui était pas dû autre chose (Bourges, 15 juill. 1840, et sur pourvoi Cass., 9 août 1842).

22024. Époux survivant. — 2° Que l'inventaire d'une communauté fait preuve contre l'époux survivant des créances qu'il constate au profit de la communauté, tant que cet époux ne fait pas la preuve de l'erreur (Cass., 19 juin 1841, S. 41, 1, 353; Bordeaux, 17 mars 1875).

22025. Tuteur. — 3° Que la déclaration de dette faite par le tuteur fait foi contre lui, s'il ne prouve qu'elle est le résultat d'une erreur (Nancy, 28 mai 1839).

22026. Mari. — 4° Que la déclaration du mari dans un inventaire qu'il doit une récompense à la communauté fait foi, jusqu'à inscription de faux entre les parties qui l'ont signée, sauf preuve de l'erreur (Dijon, 18 fév. 1873, *J. des N.*, n° 20869).

22027. Tiers. — 5° Qu'un tiers peut invoquer comme commencement de preuve par écrit d'une remise de dette que lui aurait faite le *de cujus*, le silence gardé sur la créance litigieuse tant par l'héritier que par la veuve dans l'inventaire des valeurs successorales, ainsi que dans la déclaration faite à l'enregistrement et dans le partage de la communauté ayant existé entre le défunt et sa veuve (Cass., 18 janv. 1904, D. 1904, 1, 295).

22028. RECONNAISSANCE DE DETTE. — La déclaration par un héritier qu'il se reconnaît débiteur, soit envers la succession, soit envers l'un de ses cohéritiers, lui est opposable comme constituant une véritable reconnaissance obligatoire (Dijon, 18 février 1873; Nancy, 14 août 1882, *Rép. not.* 1481). — *V. n°s 22430 et suiv.*

22029. Deniers comptants. — L'argent comptant, espèces et billets, est inventorié, soit au fur et à mesure qu'il est trouvé, soit en fin de la prisée ou de chaque séance de prisée, sauf à faire une récapitulation lors de la dernière; mais lorsque tous les héritiers sont présents et capables, on ne porte généralement les deniers comptants qu'en fin de l'inventaire en tête des déclarations générales (*Dict. not.* 608). — *V. n° 21799.*

22030. Foi. — La déclaration que les deniers comptant trouvés au domicile du défunt appartiennent à la communauté fait foi entre les parties qui ont concouru à l'inventaire (V. Cass., 2 déc. 1835, S. 36, 1, 398).

22031. Actif. — Les déclarations actives doivent comprendre tout ce qui peut dépendre de la communauté ou de la succession, même les créances personnelles au conjoint survivant, en les distinguant sous des titres spéciaux.

22032. Prorata d'intérêts. — Les proratas d'intérêts des créances sont calculés de la dernière échéance au jour du décès; il en est de même des loyers et fermages.

22033. DÉSIGNATION. — Chaque créance doit être désignée par les noms, prénoms, qualité et demeure du débiteur le chiffre et la cause de la créance (Roll. de Vill., 281). — Il est de bonne pratique de faire une distinction entre les créances d'un recouvrement certain, celles douteuses et celles irrécouvrables.

22034. Droit fiscal. — La déclaration des créances actives, étant une conséquence nécessaire de l'inventaire, leur énonciation ne saurait permettre à l'Administration de percevoir le droit de titre (*V. n° 22426.*)

22035. Passif. — Les déclarations passives comprennent les dettes qui ne résultent pas des pièces inventoriées, comme celles dont les titres sont entre les mains des créanciers, les mémoires de travaux, factures de marchands et fournisseurs, frais de dernière maladie, de funérailles, etc.

22036. Distinction. — Il y a lieu également de faire une distinction entre les dettes de la communauté, de la succession et celles personnelles à l'un ou à l'autre époux.

22037. Énonciation. — Chaque dette doit être énoncée par les noms, prénoms et demeure des débiteurs, le montant de la dette et sa cause (Roll. de Vill., 281).

22038. Proratas. — Les intérêts des dettes étant une charge des fonds de l'association conjugale ou de la succession du défunt jusqu'au jour du décès, il convient d'en calculer le prorata jusqu'à cette époque. Même règle en ce qui concerne les loyers et fermages qui peuvent être dus.

22039. FRAIS FUNÉRAIRES ET DE DERNIÈRE MALADIE. — Les dettes de maison faites avant le décès, même celles relatives aux frais de dernière maladie, sont à la charge de la communauté; celles faites depuis le décès, notamment les frais d'inhumation et autres, sont à la charge de la succession.

22040. Jouissance légale. — Les frais de dernière maladie et ceux funéraires sont une charge de la jouissance légale accordée au père ou à la mère sur les biens de ses enfants mineurs (Civ. 385, Cass., 22 juin 1905, S. 1910, 1, 535), étant observé que cette règle ne s'applique qu'aux successions dévolues aux mineurs et non à leur propre succession (Douai, 22 juill. 1854, D. 55, 2, 83; Rennes, 11 janv. 1904, D. 1904, 2, 351).

22041. Contribution du père. — Il est bon de remarquer que le père qui renonce à la succession de son fils n'en doit pas moins contribuer au paiement des frais funéraires proportionnellement à la condition sociale et à la fortune de chacun d'eux (Boulogne-sur-Mer, 8 mai 1908, *R. N.* 13788).

22042. Contribution des enfants. — De même les enfants renonçant à la succession de leur père ou de leur mère restent tenus personnellement, chacun pour une quote-part, au paiement des frais funéraires (Seine, 7 janv. 1902, *Rép. Not.* 12241; Nancy, 30 janv. 1902, *R. N.* 11632; Boulogne-sur-Mer, 28 oct. 1902, *R. N.* 11377). Il en est ainsi alors même que l'initiative de la commande de ces frais est prise par l'un d'eux seul ou par l'époux survivant, à condition qu'ils soient en rapport avec la position sociale et la fortune apparente du défunt (Seine, 14 mars 1904, *R. N.* 11974; Seine, 24 janv. 1913, *R. N.* 15223).

22043. Privilège. — Les frais funéraires et de dernière maladie bénéficient du privilège de l'art. 2101 du Code civil. Ce privilège s'étend à tous les frais afférents à des funérailles décentes en rapport avec la position sociale et la fortune du défunt (Planiol, t. 3, 2556; Guillouard, t. 1, 203), mais non au deuil ni à la construction du monument funèbre, si modeste qu'il soit (Cass. 15 mars 1897, S. 97, 1, 438, D. 97, 1, 280), ni à l'achat d'une concession dans le cimetière (Planiol, 2556). Les frais du culte, avant la séparation de l'Église et de l'État, étaient considérés comme privilégiés, la loi de séparation ne paraît pas leur avoir enlevé ce caractère et le notaire doit continuer à les porter comme tels dans l'inventaire, sauf à ne les payer par préférence qu'avec l'assentiment de tous les créanciers (Javon, 598).

22044. Deuil de la veuve. — Les frais du deuil de la femme survivante commune en biens sont en principe à sa charge et il n'y a pas lieu de décrire ni de priser à l'inventaire les vêtements de deuil dont elle a dû faire l'acquisition.

22045. Indemnité. — Néanmoins, comme la succession lui doit une indemnité de ce chef réglée selon la fortune du mari décédé (Civ. 1481), il n'y aurait aucun inconvénient à évaluer cette indemnité aux déclarations générales et de la comprendre au passif de la succession en vue de la liquidation ultérieure.

22046. Récapitulation générale. — Il est de bonne pratique de dresser, avant la clôture, une récapitulation générale de l'actif et du passif de la communauté et de la succession ainsi que des reprises et récompenses des époux avec références aux côtes correspondantes.

22047. Application. — Toutefois, cette pratique ne s'impose guère que si l'inventaire ne doit pas être immédiatement suivi de liquidation ou de partage et au cas d'hérédité recueillie par l'un des conjoints pour la totalité ou par un mineur ou un interdit.

22048. Interpellation au tuteur. — Une déclaration spéciale de ses créances contre le mineur est imposée au tuteur par l'art. 451 du Code civil, à peine de déchéance, que sa créance soit constatée par acte authentique ou sous seing privé. Cette déchéance n'est toutefois encourue que si le notaire a requis le tuteur de faire sa déclaration et si le procès-verbal d'inventaire mentionne cette réquisition. — (*V. n° 22308*).

22049. Application. — Par suite, dans tout inventaire où un mineur est intéressé, sans exception, le notaire doit requérir le tuteur légal datif ou testamentaire (ou son mandataire s'il a reçu spécialement le pouvoir de répondre) de déclarer s'il lui est dû quelque chose par son pupille.

22050. Administrateur légal. — Remarque est faite que l'interpellation dont il s'agit ne s'applique qu'au tuteur et qu'elle n'est pas exigée à l'égard du père administrateur légal (Demante, II, 137 *bis*; Demolombe, VII, 455), ni du subrogé tuteur (*V. n° 21571*).

22051. Réponse. — Si la réponse est négative, il y a lieu de l'indiquer; si elle est affirmative, il est utile de mentionner le montant de la créance et sa cause; s'il y a compte à faire, il suffit de déclarer l'existence de ce compte (Roll. de Vill. 297). — Décidé que la déclaration du tuteur qu'il est créancier d'une certaine somme ou *à peu près* suffit pour qu'il puisse réclamer plus tard des sommes supérieures (Laurent, t 5, n° 13; Bioche, 177; Roll. de Vill., 297; Rouen, 17 août 1839, J. *du Pal.* 39, 2, 523; D. 40, 2, 103). — *Contra :* Demolombe, t. 5, n° 564).

22052. Refus de répondre. — Le refus par le tuteur de répondre à l'interpellation du notaire emporte déchéance de sa créance contre le pupille (Civ. 451).

22053. Créances. — La déclaration n'est exigée qu'à l'égard des créances antérieures à l'ouverture de la tutelle, sans distinction entre les créances liquides et celles non liquides (Nîmes, 29 mars 1852, S. 52, 2, 340, D. 52, 5, 547). Cependant, dans la pratique, par mesure de prudence, l'on mentionne toutes les créances même celles postérieures à l'ouverture de la tutelle (Javon, 607).

22054. Preuve. — La déclaration du tuteur ne le dispense pas de fournir la preuve de la créance qu'il paraît avoir et elle ne saurait même lui servir de commencement de preuve par écrit (Demolombe, t. 7, 565; Bourges, 26 avril 1831).

22055. Responsabilité du notaire. — Le notaire doit mentionner sa réquisition ainsi que la réponse qui en est faite sous peine d'être déclaré responsable des conséquences de cette omission. — Décidé à cet égard que l'omission par le tuteur de déclarer ses créances sur le mineur n'emporte pas déchéance de ses droits, si le notaire a négligé de l'interpeller à cet égard (Pau, 6 août 1834, S. 35, 2, 123; Nancy, 23 juin 1851, S. 51, 2, 711, D. 52, 2, 84). — *V. n° 22309.*

22056. Avertissement. — Sont en outre constatés, avant la clôture, les avertissements que le notaire a le devoir de donner aux requérants pour les éclairer sur l'étendue des obligations particulières à leur charge, qui résultent, soit des actes analysés, soit de la loi, telles que les prescriptions de la loi du 27 février 1880 sur l'aliénation et la conversion des valeurs des mineurs ou l'obligation d'emploi résultant des conditions du contrat de mariage (Paris, 28 nov. 1895, *R. N.*, 9560). — *V. n°s 22306 et suivants.*

22057. Protestations et réserves. — Enfin, avant de passer à la clôture de l'inventaire, il est utile de faire faire aux parties, même requérantes, si les déclarations n'ont point été faites par elles, toutes protestations et réserves utiles contre les déclarations contenues en l'inventaire, soit d'une manière générale, soit sur un point déterminé (*V. n° 22123*).

§ 6e. — Cloture de l'inventaire.

22058. Objet. — La clôture de l'inventaire n'est pas comme l'intitulé, un acte séparé; elle fait corps avec la dernière séance et constate l'accomplissement des formalités prescrites par la loi.

22059. Constatations. — Elle constate généralement les affirmations, le serment, la remise et garde des objets, autorisations, etc... Elle porte enfin l'affirmation que la loi de finances actuellement en discussion aux Chambres semble vouloir imposer, au notaire relativement, aux valeurs que le défunt pouvait posséder à l'étranger (*V. formule 1976*).

22060. Affirmation. — La veuve doit affirmer sincère et véritable l'inventaire dressé après le décès de son mari (Civ. 1456).

22061. Application. — Cette affirmation n'est exigée que de la veuve commune en biens ou en société d'acquêts; elle ne s'applique donc pas aux veuves mariées sous un autre régime et les maris survivants en sont dispensés (Roll. de Vill., 303).

22062. Mandataire. — Le mandataire de la femme qui en a reçu le pouvoir peut faire, en cette qualité, cette affirmation.

22063. Refus d'affirmer. — En cas de refus d'affirmer, il y a lieu de se pourvoir en référé conformément à l'article 944 du Code de procédure civile (Cass., 23 fév. 1836, S. 36, 1, 773).

22064. Omission. — L'on décide généralement que l'omission par la femme survivante d'affirmer sincère et véritable l'inventaire de la communauté, n'entraîne pas nullité de cet inventaire; il n'en résulte qu'une présomption d'inexactitude qui peut être combattue par des preuves ou présomptions contraires (Troplong, 1541; Roll. de Vill., 332; Bordeaux, 24 fév. 1829).

22065. Déchéance. — Décidé à cet égard que la veuve, donataire de son mari, peut être déchue de sa donation, si après la mort de son mari,

elle se rend coupable d'omissions ou d'inexactitudes volontaires dans la confection de l'inventaire dressé après le décès (Cass. 18 mai 1889; Dijon, 16 nov. 1893; Bourges, 11 déc. 1893; Paris, 23 mai 1900, *J. N.* 663).

22066. Serment. — C'est également dans cette partie du procès-verbal qu'on fait mention du *serment* prêté, lors de la clôture de l'inventaire, par ceux qui ont été en possession des objets avant l'inventaire ou qui ont habité la maison dans laquelle se trouvent ces objets, qu'ils n'en ont détourné, vu détourner ni su qu'il en ait été détourné aucun (Pr. 943-8°).

22067. Mention. — Il doit être fait mention de serment dans les termes mêmes qu'il a été prêté (Versailles, 30 juin 1899, *Rép. Not.* 11152).

22068. Mandataire. — Le serment est un acte strictement personnel qui ne peut être prêté par mandataire; lorsque la personne tenue au serment n'assiste pas à l'inventaire, la prestation peut être reçue par procès-verbal séparé (Javon, 616) [Form. 1980].

22069. Époque du serment. — On a soutenu que l'art. 943 exigeant que le serment soit prêté lors de la clôture de l'inventaire, l'inventaire serait nul si le serment avait été prêté au commencement de l'inventaire et n'avait pas été renouvelé lors de la clôture (Pigeau, t. 2, 668; Rousseau et Laisney, 65), mais cette opinion est généralement écartée (Carré et Chauveau, t. 6, *quest.* 3151 *ter*; Bioche, 263; Dutruc, 47; Garsonnet, t. 7, § 2621, note 31).

22070. Application. — Par suite, lorsque le serment des personnes de la maison a été reçu lors de la levée des scellés il n'y a pas lieu d'en exiger un nouveau lors de la clôture de l'inventaire (Cass., 23 fév. 1836).

22071. Défaut ou refus. — Le défaut ou le refus de prestation de serment n'emporte pas nullité de l'inventaire. A cet égard la sanction des formalités prescrites par l'art. 943 se trouve dans l'art. 944, qui autorise les parties à se pourvoir en référé sur toutes les difficultés qui peuvent s'élever dans le cours de l'inventaire (Cass., 23 fév. 1836, S. 36, 1, 773).

22072. Constatation du refus. — En cas de refus de prêter serment par une personne qui y est tenue il y a lieu de constater ce refus à l'inventaire et renvoyer les parties à se pourvoir en référé si elles le jugent à propos.

22073. Effets du refus. — Décidé que le refus n'établit pas au surplus contre celui qui l'exprime une présomption formelle de détournement (Bordeaux, 9 juill. 1857, *J. N.* 16190).

22074. Personnes tenues au serment. — Le serment s'applique en général à tous ceux qui se sont trouvés dans la possibilité de détourner ou de voir détourner des objets de la succession (Nîmes, 6 déc. 1880, S. 81, 2, 72).

22075. Domestiques. — Les domestiques sont compris parmi ces personnes, et lorsque c'est utile, on les fait intervenir à l'inventaire à l'effet de déférer le serment; cependant dans l'usage l'on n'a recours à cette intervention qu'à défaut d'autres personnes qualifiées ou sur réquisition des parties intéressées (Javon, 617).

22076. OFFICIER COMPÉTENT. — Le serment est toujours reçu par le notaire et jamais par le juge de paix, même au cas d'apposition de scellés (Bioche, 178; Dutruc, 188; Roll. de Vill., 311).

22077. FAUX SERMENT. — Décidé que le faux serment dans un inventaire ne constitue ni le délit de faux témoignage, ni le crime de faux en écriture publique, mais un simple mensonge qui ne tombe sous l'application d'aucune loi pénale (Nivelles, 10 avr. 1880; Bruxelles, 30 juin 1880, *Rev. pr. du Not.* 1880-701).

22078. Omission et détournements. — Le notaire n'en doit pas moins avertir l'époux survivant et les descendants que l'omission et le détournement d'objets de la communauté ou de la succession entraînent la perte de toute part dans ces objets; qu'à l'égard de tous autres individus (collatéraux, légataires, domestiques) qui auraient recélé ou appliqué à leur profit tout ou partie des objets détournés sont punissables comme le vol (Pén. 379 et 380). — *V. nᵒˢ 21415 et suiv.*

22079. Remise et garde des objets. —

PRINCIPE. — La remise des effets, titres et papiers, s'il y a lieu, est faite entre les mains de la personne dont les parties conviennent, ou qui, à défaut d'entente, est désignée par le président du tribunal, et il en est fait mention dans l'inventaire (Pr. 943 et 944; Cass., 28 juin 1899, *J. du N.* 1899-793).

22080. Mesure provisoire. — Cette remise n'est qu'une mesure provisoire prise dans l'intérêt commun et ne peut conférer au gardien aucun droit particulier (Bioche, 266; Garsonnet, t. 7, § 2621, note 33; Paris, 29 avr. 1828, D. 28, 2, 97).

22081. ÉPOUX SURVIVANT. — Lorsqu'il y a un époux survivant, c'est généralement à lui que sont confiés les objets et papiers, surtout s'il était commun en biens; de même à l'égard d'une veuve non commune qui aurait des répétitions à exercer contre la succession de son mari (Roll. de Vill., 314).

22082. Garde refusée. — Cependant la garde des objets peut être refusée au conjoint survivant ou tout au moins celle de certains objets, comme les papiers, l'argenterie, les bijoux et autres objets précieux; toutefois en ce qui concerne les objets d'un usage journalier ils sont laissés, en tout état de cause, au survivant, à moins que les soupçons élevés contre lui ne soient extrêmement graves (Roll. de Vill., 305; Dutruc, 189; Rutgeerts, 113; Loret, t. 3, 482).

22083 HÉRITIER. — S'il n'y a point de conjoint survivant ou si la garde des objets lui est refusée, les héritiers conviennent entre eux de celui qui aura cette charge; à défaut d'entente à cet égard, le gardien est nommé sur référé, par le président du tribunal (Pr 944). — *V. nᵒ 22091).*

22084. Remise aux officiers publics. — Généra-

lement : les papiers, titres, valeurs et deniers, sont remis au notaire lorsqu'il doit être procédé à la liquidation ou au partage des biens, et l'argenterie et les bijoux à l'officier public qui doit procéder à la vente du mobilier (*V. nᵒ 22091).*

22085. EXÉCUTEUR TESTAMENTAIRE. — Le mobilier doit être confié à l'exécuteur testamentaire, lorsqu'il a la saisine en vertu de l'article 1026 du C. civ.; à l'égard des titres et papiers relatifs aux immeubles, la garde peut lui en être refusée (Roll. de Vill., 315).

22086. Cessation de la saisine. — La garde des effets mobiliers pourra être refusée à l'exécuteur testamentaire lorsque l'héritier a fait cesser la saisine, conformément à l'article 1027 C. civ. (Roll. de Vill., 317).

22087. Créanciers. — Les créanciers opposants peuvent également contester la remise des effets mobiliers à l'exécuteur testamentaire; dans ce cas, si les créanciers le requièrent, les objets sont confiés à un gardien (Roll. de Vill., 317), qui peut être le notaire instrumentant (Bruxelles, 25 déc. 1861).

22088. CONSIGNATION. — Les parties ou l'une d'elles peuvent exiger que les titres et valeurs de bourse soient déposés à la Caisse des dépôts et consignations; en cas de difficultés il en est référé au président du tribunal qui doit ordonner ce dépôt (L. 28 juill. 1875, art. 1).

22089. Dépôts. — Le dépôt est alors effectué à Paris à la Caisse des consignations même et dans les départements aux mains des trésoriers payeurs généraux ou des receveurs particuliers préposés à la Caisse (Décr. 15 déc. 1875, art. 1).

22090. Récépissés. — Ces dépôts sont constatés par des récépissés délivrés par nature de titre et qui portent l'espèce, le nombre et les numéros des titres dans leur ordre (Décr. 1875, art. 2; Civ., 24 juin 1890). Ces récépissés doivent être visés à Paris de suite par le contrôleur de la Caisse et dans les départements, dans les 24 heures de leur date, par les préfets et sous-préfets. — Au cas de consignation en cours d'inventaire, ces récépissés sont inventoriés dans la forme ordinaire (*V. nᵒ 21979).*

22091. CONTESTATIONS. — En cas de contestations sur la remise et garde des effets, il est statué par le juge des référés conformément à l'article 944 du Code de procédure civile.

22092. Modifications de l'ordonnance. — L'ordonnance qui intervient peut être ensuite modifiée par une nouvelle ordonnance. Ainsi lorsque le juge a décidé que les titres et papiers resteraient entre les mains de la veuve du défunt, il peut, par une nouvelle ordonnance, confier ce dépôt au notaire chargé de la liquidation, alors que cette modification est rendue nécessaire en raison des difficultés survenues entre les héritiers (Cass., 18 oct. 1910, *Rev. pr. not.* 16896).

22093. DIVORCE ET SÉPARATION DE CORPS. — En matière de divorce ou de séparation de corps, c'est l'époux qui est en possession des objets qui en est constitué le dépositaire (Civ. 242). — *V. nᵒ 22198.*

22094. Signatures. — Enfin l'inventaire est signé à la clôture, comme il est expliqué pour l'intitulé (*V. nᵒ 21751*) et en outre, à chaque séance, s'il a exigé plusieurs vacations (*V. n° 21883*).

CHAPITRE VII

Des Incidents divers, difficultés et référés.

I. — *Incidents divers.*

22095. Tiers intervenant. — Revendication. — Lorsqu'un tiers revendique, comme lui appartenant, des objets ou titres se trouvant au lieu de l'inventaire, il peut intervenir pour formuler sa réclamation; il devrait même être appelé à l'inventaire s'il avait formé opposition.

22096. Constatation. — Cette intervention doit être constatée au procès-verbal d'inventaire; le notaire rapporte les dires du réclamant ainsi que les observations et contestations des héritiers (Pr. 939 et 944).

22097. Remise des objets. — Lorsque le tiers réclamant justifie de la légitimité de sa revendication, les effets qui en font l'objet peuvent lui être remis sur-le-champ contre décharge consignée au procès-verbal; s'ils ne peuvent être remis à l'instant et qu'il soit nécessaire d'en faire la description, elle est faite, quand il y a des scellés, sur le procès-verbal de levée du juge de paix; au cas contraire sur l'inventaire (Pr. 939).

22098. Référé. — S'il s'élève des difficultés sur la remise demandée, il en est référé au président du tribunal (Roll. de Vill., 268; Cass., 27 avr. 1874, S. 75, 1, 207). — V. n° 22091.

22099. Prisée par distinction. — Au cas précité de difficulté, il est utile de décrire les objets revendiqués; et s'ils sont susceptibles d'estimation, les priser par distinction (*V. n° 21775*).

22100. Renseignements. — Un tiers peut aussi intervenir dans l'inventaire pour fournir des renseignements utiles sur l'établissement de l'actif et du passif; il peut en être ainsi, par exemple, lorsque des rapports d'affaires ont existé entre lui et le *de cujus* ou, encore, lorsqu'il est dépositaire, à un titre quelconque, de valeurs de la succession.

22101. Constatation. — En ce cas le notaire constate au procès-verbal cette intervention et son objet; il inventorie, s'il y a lieu, les pièces remises en la forme ordinaire avec décharge, et fait signer l'intervenant qui se retire.

22102. Lettres confidentielles. — Les lettres confidentielles sont, en principe, la propriété de leur destinataire et ce, à titre personnel non susceptible de transmission; par suite l'auteur de ces lettres peut en demander la restitution et s'opposer à ce qu'elles soient inventoriées (Orléans, 29 juill. 1896, S. 96, 2, 248, D. 97, 2, 209).

22103. Contestation. — En cas de contestation de la part des héritiers sur le caractère confidentiel des lettres dans les papiers du défunt, le tribunal peut, soit en ordonner l'apport en chambre du conseil pour en vérifier le texte, soit charger un officier ministériel (avocat, avoué ou notaire), de procéder à cet examen (Cass., 27 déc. 1875, S. 76, 1, 97; Cass., 9 fév. 1881, S. 81, 1, 193, D. 82, 1, 73; Orléans, 29 juill. 1896). *Rapp.* Toulouse, 6 juill. 1880, S. 81, 2, 115).

22104. Papiers étrangers. — Ainsi que nous l'avons expliqué *supra* n° *22095*, lorsque des tiers revendiquent la propriété de papiers étrangers à la succession, ils peuvent être remis sur-le-champ avec ou sans description au procès-verbal du juge de paix ou du notaire à défaut de scellés. S'il s'élève des difficultés à cet égard, il en est référé au président du tribunal (*V. n°ˢ 22095 et suiv.*).

22105. Lettres missives. — Nous avons également signalé ce qu'il convenait de faire à l'égard des lettres missives trouvées dans les papiers; celles confidentielles sont restituées à leur auteur (n° *22102*), les autres sont portées dans l'inventaire en liasse sans description, mais cotées comme pouvant servir de renseignements en cas de besoin.

22106. Dossiers. — Au cas d'inventaire après le décès d'un avocat, avoué, notaire ou homme d'affaires, s'il est trouvé des pièces de procédures ou autres se rattachant à des affaires terminées ou en cours, il suffit d'inventorier par liasse chaque dossier et de constater seulement sur la couverture de celui-ci le nombre de pièces le composant, sans qu'il soit besoin de les coter et parapher (Carré et Chauveau, *quest.* 3148; Roll. de Vill., 253). — *V. n° 22234.*

22107. Découverte d'un testament. — Inventaire avec scellés. — Lorsque les scellés ont été apposés et que, lors de leur levée, il est trouvé un testament olographe ou mystique, c'est au juge de paix qu'il appartient d'en faire la présentation au président du tribunal qui en ordonne le dépôt (Pr. 916 à 920). — *V. n°ˢ 8878 et suiv,*

22108. Testament trouvé par le notaire. — Cette règle reçoit son application alors même que le testament aurait été trouvé par le notaire, sauf à celui-ci à comparaître aussi devant le président et à faire constater dans le dire du juge de paix qu'il a été trouvé par lui et qu'il se présente concurremment avec le juge de paix pour en faire la présentation (Rutgeerts, 110; Aix, 8 juill. 1830; Lombez, août 1856).

22109. Consistance. — Doit être considéré comme un testament tout pli cacheté, même sans mention sur l'enveloppe en indiquant la nature (Roll. de Vill., 262; De Belleyme, 11, 206).

22110. Inventaire sans scellés ou levés. — S'il n'y a pas eu de scellés ou s'ils ont été levés sans description, le notaire qui découvre un testament olographe ou mystique cacheté en constate la forme extérieure, le sceau et la suscription, s'il y a lieu, paraphe l'enveloppe avec les parties présentes et indique les jour et heure où il se présentera devant le président du tribunal pour l'ouverture du pli.

22111. Mention et ajournement. — Le notaire fait mention du tout sur son procès-verbal, qui est signé des parties après ajournement pour la continuation de l'inventaire (V. n°s *21883 et suiv.*).

22112. TESTAMENT OUVERT. — Si le testament est trouvé ouvert (ou le pli qui le renferme), le notaire ou le juge de paix selon le cas en constate la forme extérieure et observe ce qui est prescrit n°s *22107 et suivants.*

22113. Continuation des opérations. — Toutefois, le cas échéant, il n'est pas obligatoire de suspendre les opérations et d'ajourner comme à l'égard du pli cacheté. Il n'y aurait en effet aucun inconvénient à continuer et terminer la séance commencée, à moins que le contenu du testament soit de nature à modifier les qualités des parties (V. n° *21884*).

22114. TIERS. — Lorsque le testament est présenté au cours de l'inventaire par un tiers (un intéressé ou un étranger à la succession), le notaire en constate la remise dans son procès-verbal et l'on procède ensuite comme si le testament avait été trouvé parmi les papiers (Roll. de Vill., 263; De Belleyme, 11, 439).

22115. Testament d'un tiers. — Si le testament trouvé, cacheté ou non, est celui d'un tiers, le notaire doit remplir les mêmes formalités que si le testament émanait du défunt (Garsonnet, VII, § 2598, note 7; Roll. de Vill., 262), mais le président le remet à son propriétaire sans en faire connaître le contenu (Pr. 919).

22116. FORMALITÉS DE PRÉSENTATION ET D'OUVERTURE. — Ni le notaire ni le juge de paix n'ont le droit d'ouvrir un pli cacheté trouvé au cours des opérations sans être passibles d'une peine disciplinaire, alors même que le pli porterait une suscription les autorisant à cette ouverture (De Belleyme, II, 205; Chartres, 8 avril 1846). — V. n° *22256.*

22117. Nécessité de la présentation. — En tout état de cause, le testament doit être présenté au président du tribunal alors même que le testament paraîtrait révoqué, cette formalité étant considérée comme une mesure d'ordre public (Lavaur, 17 mai 1876; Rouen, 27 nov. 1883, R. N. 6848).

22118. Tribunal compétent. — En principe, le testament doit être présenté au président du tribunal de l'arrondissement dans lequel la succession s'est ouverte (Civ. 1007); toutefois on décide que cette règle n'est pas tellement impérative que le président du tribunal du domicile du dépositaire ne soit pas compétent pour en faire l'ouverture. — V. n°s *8899 et suiv.*).

22119. Présentation. — Aux jour et heure indiqués, sans qu'il soit besoin de sommation, le juge de paix ou le notaire, suivant le cas, présente le testament au président du tribunal, lequel en fait l'ouverture, en constate l'état et en ordonne le dépôt, si le contenu concerne la succession.(Pr. 916, 918, 920).

22120. Recours. — En ce qui concerne les pouvoirs du président, le choix du notaire et les recours possibles contre l'ordonnance. — *Voir supra* n°s *8903 et suiv.*

II. — *Difficultés et référés.*

22121. Difficultés. — REFUS DE COMMUNICATION. — Lorsque au cours des opérations d'inventaire une partie se refuse à produire ou communiquer certaines pièces utiles à l'inventaire, les autres parties ont la ressource soit de formuler des protestations et réserves soit d'en référer au président du tribunal (Arg. Pr. 944). — V. n° *22091.*

22122. Action en justice. — Mais tant que l'inventaire n'est pas clos, les parties ne seraient pas recevables à introduire une action en justice tendant à la communication des pièces refusées (Seine, 3 juill. 1896, R. N. 9728), c'est le juge des référés qui doit prononcer même à l'égard d'une personne étrangère à la succession (Rennes, 5 mai 1891, R. N. 8085).

22123. PROTESTATIONS ET RÉSERVES. — Lorsque les difficultés ont seulement pour objet des mesures conservatoires, n'intéressant que le partage à venir, le notaire doit s'efforcer de concilier les parties; en cas d'insuccès il se borne à enregistrer au procès-verbal les dires, réclamations, protestations et réserves, de toutes les parties sans surseoir à la continuation des opérations.

22124. Inventaire clos. — Ces protestations et réserves doivent être consignées avant la clôture de l'inventaire. Décidé que le notaire ne peut, après la clôture du procès-verbal, consigner à la suite de celui-ci sur le même timbre, des protestations, sans être en contravention (Chambéry, 10 août 1895, R. N. 9669).

22125. RÉCLAMATIONS. — Enfin lorsque l'une des parties a des réclamations à faire, il est utile de les formuler dans le procès-verbal d'inventaire, comme élément de la liquidation ou du partage à intervenir; les autres parties peuvent y répondre ou en présenter elles-mêmes. Le notaire doit se borner à reproduire ces diverses déclarations.

22126. Référés. — INVENTAIRE SANS SCELLÉS. — En règle générale, lorsqu'il s'élève des difficultés au cours d'un inventaire ou s'il est formé des réquisitions pour l'administration de la communauté ou de la succession ou pour toute autre cause, et qu'il n'y soit pas déféré par les autres parties, le notaire doit délaisser les parties à se pourvoir en référé devant le président du tribunal de première instance; il pourra en référer lui-même, s'il réside dans le canton où siège le tribunal : dans ce cas, le président met son ordonnance sur la minute du procès-verbal (Pr. 944).

22127. Énonciation au procès-verbal. — Avant d'introduire le référé, le notaire doit énoncer dans son procès-verbal l'objet de la contestation et les principaux moyens invoqués par les parties.

22128. Difficultés au cours de l'inventaire. — Lorsque les difficultés sont soulevées au cours de l'inventaire, le notaire en réfère lui-même, il doit se transporter seul devant le président et lui communiquer la minute de l'inventaire, sur laquelle le président met son ordonnance, à la suite de la vacation, sans autre formalité ni procès-verbal, après avoir toutefois ordonné la comparution des parties s'il le juge utile (Roll. de Vill., 345; Carré et Chauveau, t. 6, *quest.* 3153; Bioche, 277; Garsonnet, t. 7, § 2621, note 8.

22129. Ordonnance préparée. — En ce cas, l'ordonnance du juge est souvent préparée à l'avance par le notaire; il en est ainsi notamment lorsqu'il s'agit d'obtenir de simples autorisations sans contestation [*V. Formule 1975*].

22130. Inventaire clos. — L'inventaire clos, le notaire est dessaisi et c'est alors aux parties à se présenter devant le juge. Pour faciliter l'emploi de cette procédure expéditive, l'usage s'est établi d'ouvrir, après les réquisitions des parties qui soulèvent une difficulté susceptible d'être tranchée en référé, une dernière vacation qui permet au notaire d'en référer (Carré et Chauveau, t. 6, *quest.* 3153 *bis*; Bioche, 274 et 275; Garsonnet, t. 7, § 2622 *in fine*).

22131. Inventaire avec scellés. — Au cas d'inventaire avec scellés, c'est dans le procès-verbal de levée de ceux-ci que doivent être mentionnées les réquisitions ainsi que l'ordonnance, et c'est alors au juge de paix d'introduire le référé (Pr. 936-8° et 944; Bioche, 271; Garsonnet, t. 7, § 2622, note 6).

22132. Mention à l'inventaire. — Dans ce cas le notaire se borne à constater que, sur les contestations qui se sont élevées, le juge de paix a renvoyé les parties devant le président (Roll. de Vill., 432).

22133. Référés par les parties. — Si le notaire ne réside pas dans le canton où siège le tribunal, il doit délaisser les parties à se pourvoir en référé (Pr. 944) et non pas les intimer à se présenter devant le président du tribunal (Cass., 6 mars 1861).

22134. Scellés. — Au surplus, s'il appartient au juge de paix d'introduire un référé sur procès-verbal, aux termes de l'art. 922 C. pr. civ., le juge des référés peut aussi être saisi directement par les parties, comme dans le cas prévu par l'art. 944 (Amiens, 30 nov. 1897, sous Cass., 28 juin 1899, S. 1900, 1, 27).

22135. Délai. — Aucun délai de rigueur n'est imposé pour la citation en référé, mais faut-il encore que le défendeur ait un délai suffisant, dont le juge est souverain appréciateur, entre la citation, et le moment fixé pour la comparution, pour lui permettre de présenter ses moyens de défense (Paris, 8 mars 1870, D. 70, 2, 68; Caen, 9 nov. 1874, D. 76, 2, 48; Bordeaux, 18 nov. 1902, *J. du N.* 1904-648).

22136. Objet des contestations. — Les difficultés qui doivent être renvoyées devant le juge des référés sont seulement celles qui portent sur la confection de l'inventaire ou la prorogation du délai de celui-ci et sur l'administration de la communauté ou de la succession, comme par exemple les congés à donner, l'encaissement des loyers et fermages, les réparations urgentes, les recouvrements à faire, la continuation d'un commerce, etc... (Pr. 944). — *V. nos 22139 et suiv.*

22137. Autres difficultés. — Pour toutes difficultés d'un autre ordre, il y a lieu de les constater seulement au procès-verbal de scellés ou dans l'inventaire, sans renvoi devant le président, comme étant nécessairement réservées aux juges du fond (Carré et Chauveau, t. 6, *quest.* 3152 *bis*; Dutruc, 49; Paris, 30 août 1830).

22138. Difficultés postérieures à l'inventaire. — L'article 944 ne s'applique, d'autre part, qu'aux difficultés soulevées au cours de l'inventaire; l'inventaire clos la mission, du juge de paix et celle du notaire sont terminées, et ils ne peuvent plus agir sur les difficultés soulevées à l'occasion de l'inventaire (Bioche, 189; Roll. de Vill., 343).

22139. Compétence. — Les mots « ou pour tous autres objets » introduits dans l'article 944 du Code de pr. civ., a permis au juge d'étendre sa compétence en référé à de nombreux cas; c'est ainsi qu'il est généralement décidé que le juge des référés est compétent, savoir :

22140. Acquit des dettes. — 1° Pour l'acquit des dettes privilégiées, sans qu'il en résulte acceptation de la succession (De Belleyme, t. 2, n° 441).

22141. Administrateur provisoire. — 2° Pour nommer un administrateur provisoire de la succession (Bordeaux, 4 avr. 1855, S. 55, 2, 117; Douai, 3 déc. 1867, S. 68, 2, 35). — V. n° 21742.

22142. Congés. — 3° Pour autoriser à donner congé à des locataires ou fermiers sans prendre qualité (Dalloz, Rép. prat. *inv.* 150).

22143. Gestion. — 4° Pour autoriser dans les mêmes conditions la gestion d'un fonds de commerce ou d'un établissement industriel (Seine, 26 juin et 30 sept. 1841, 13 janv. 1842).

22144. Inventaire avant délai. — 5° Pour autoriser, en cas d'urgence, l'établissement de l'inventaire avant le délai légal, (Pr. 928. — *V. n° 21429*) ou encore accorder la prorogation du délai d'inventaire (*V. n° 21457*).

22145. Recouvrement. — 6° Pour autoriser à effectuer, sans prendre qualité, divers recouvrements, notamment les loyers et fermages (Dall., Rép. pr. *inv.* 150).

22146. Remise et garde des effets. — 7° Pour ordonner la remise et la garde des effets et papiers de la succession entre les mains d'une personne désignée, au cas de désaccord entre les parties (Pr. 943-9°). — V. n° 22091.

22147. Réparations. — 8° Pour autoriser des réparations urgentes aux immeubles de la succession (Dalloz, Rép. pr. *inv.* 150).

22148. Sociétés. — 9° Pour ordonner la communication des registres d'une société dont le défunt faisait partie (Paris, 7 nov. 1885, *R. N.* 17325). — *V. nos 22016 et suiv.*

22149. Transport de papiers. — 10° Pour autoriser ou ordonner le transport des titres et papiers en l'étude du notaire instrumentaire à l'effet d'y être inventoriés (Cass., 28 juin 1899, S. 1900, 1, 37, D. 99, 1, 447). — *V. n° 21912.*

22150. Vente de fonds de commerce. — 11° Pour autoriser la vente, sans attribution de qualité, d'un fonds de commerce ou établissement industriel (Seine, 20 juin et 30 sept. 1841 et 13 janv. 1842). — *V. n° 21823.*

22151. Vente du mobilier. — 12° Pour autoriser la vente du mobilier également sans attribution de qualité (Pr. 986), et particulièrement ceux qui sont susceptibles de dépérir, ou dispendieux à conserver (Civ., 796) [*Form. 1975*].

22152. Avoué. — Le ministère des avoués peut être utilisé en référé, mais il n'est pas obligatoire (Dutruc, 193; Roll. de Vill., 346).

CHAPITRE VIII
Des Inventaires particuliers.

22153. Inventaire par déclarations. — Principe. — Les formalités prescrites par l'art. 943 du Code de procédure civile ne sont rigoureusement à observer que lorsqu'au nombre des intéressés se trouvent des mineurs ou autres incapables; spécialement par opposition à la règle que les objets doivent être décrits et prisés dans les lieux où ils se trouvent, l'inventaire entre parties majeures et maîtresses de leurs droits peut être régulièrement fait entièrement dans l'étude du notaire sur un état de meubles dressé par celles-ci ou simplement sur leurs déclarations.

22154. APPLICATION. — Il est généralement procédé à l'inventaire sur déclarations lorsque les objets mobiliers dépendant d'une communauté ou d'une succession ont disparu depuis le décès et ne peuvent être retrouvés, ou lorsque les objets sont de trop minime importance pour faire les frais de déplacement du notaire et d'un officier priseur.

22155. MOBILIER VENDU. — Il en est encore ainsi lorsque le *de cujus* avait sa résidence en dehors de son domicile et que les objets qu'il y possédait au moment de son décès ont été vendus sans attribution de qualité, avant la confection de l'inventaire; il suffit alors d'analyser le compte présenté par l'officier qui a procédé à la vente ou d'énoncer la vente et son produit sur la déclaration des parties (Javon, 663).

22156. Inventaire par commune renommée. — Il existe aussi ce qu'on appelle l'inventaire par *commune renommée*, mais qui se dresse plutôt dans la forme des enquêtes que dans celle de l'inventaire (*V. nᵒˢ 12508 et suiv.*).

22157. Application. — Ainsi la femme dont le mobilier n'a pas été inventorié dans les cas prévus par les art. 1415, 1418 et 1504, le mineur, le nu-propriétaire ou l'absent, des biens desquels le tuteur, l'usufruitier ou les envoyés en possession provisoire et le conjoint présent qui a opté pour la continuation de la communauté n'ont pas fait inventaire, peuvent en prouver la consistance contre ces derniers par tous les moyens et même par la commune renommée.

22158. INCOMPÉTENCE DU NOTAIRE. — Mais décidé, à cet égard, qu'un notaire ne peut être commis judiciairement à l'effet de recevoir un inventaire par *commune renommée*, le droit d'entendre des témoins n'appartenant qu'aux tribunaux (Douai, 1ᵉʳ juin 1847, D. 47, 4, 339).

22159. Inventaire avec sommations. — Nous avons précédemment fait connaître les personnes qui peuvent requérir l'inventaire (*V. nᵒˢ 21506 et suiv.*) et celles qui doivent y assister (*V. nᵒˢ 21580 et suiv.*); or, toutes les parties requérantes et celles qui doivent obligatoirement assister aux opérations doivent être pré-

sentes ou représentées ou à défaut régulièrement sommées (*V. nᵒ 21634*).

22160. CONVOCATION. — En conséquence, pour toute partie intéressée dont la comparution sur convocation amiable n'est pas assurée, il conviendra de lui faire sommation d'assister à l'inventaire aux lieu, jour et heure qui seront portés dans l'exploit (*V. nᵒ 21634*).

22161. APPLICATION. — En principe, la sommation d'assister à l'inventaire doit être adressée aux parties à quelque distance qu'elles demeurent du lieu où il est procédé et dans le cas même où elles n'auraient pas fait opposition à la levée des scellés. Mais pour la comparution il y a lieu de distinguer suivant qu'elles demeurent dans un rayon de cinq myriamètres ou au delà.

22162. Domicile à moins de cinq myriamètres. — Dans ce premier cas, où elles se présenteront ou se feront représenter par un mandataire ou à défaut celui-ci sera prononcé contre elles, et il sera procédé en leur absence (Alger, 9 juin 1877, S. 78, 2, 84).

22163. Domicile au-delà de cinq myriamètres. — A l'égard des parties demeurant au-delà de cinq myriamètres qui ont été appelées et qui sont défaillantes, elles sont représentées toutes ensemble, quelque soit leur nombre, par un notaire désigné à cet effet (*V. nᵒˢ 21614 et suiv.*).

22164. Notaire commis. — Un notaire peut également être commis pour représenter : 1ᵒ en cas d'urgence les parties résidant à moins de cinq myriamètres (*V. nᵒ 21614*); 2ᵒ des *présumés absents* (nᵒ 21617), et des aliénés (*V. nᵒ 21619*).

22165. Créanciers opposants. — En outre des parties intéressées il convient également de faire sommation aux créanciers de la succession qui ont régulièrement fait opposition (*V. nᵒˢ 21598 et suiv.*).

22166. SOMMATION. — La sommation doit être faite au domicile réel (sauf pour les créanciers opposants qu'il y a lieu de sommer à domicile élu) par exploit d'huissier en observant au moins un délai de trois jours francs entre la sommation et la comparution plus les délais de distance (*V. nᵒ 21636*).

22167. Énonciations à l'inventaire. — Au procès-verbal, le notaire énoncera les noms, prénoms, professions et domicile des parties sommées, l'exploit d'huissier, puis prononcera, s'il y a lieu, défaut contre les défaillants.

22168. Annexes. — S'il y a scellés, les originaux des sommations sont annexés au procès-verbal du juge, au cas contraire au procès-verbal d'inventaire (*V. nᵒ 21317*).

22169. PORTES CLOSES. — Si au jour et à l'heure fixés pour l'inventaire l'on trouve closes les portes des locaux renfermant les objets à inventorier, le notaire doit constater le fait par procès-verbal et il renvoie les parties en référé ou s'y rend lui-même, afin d'obtenir du juge l'autorisation de faire ouvrir les portes par un serrurier.

22170. Nouvelle sommation. — Il y a lieu dans ce cas de faire une nouvelle sommation aux parties, avec mention de l'ordonnance, pour le jour fixé, de façon à passer outre au cas de non comparution ou de portes à nouveau fermées (Javon, 660).

22171. Inventaire après faillite. — COMPÉTENCE. — Après déclaration de faillite, l'inventaire est fait par les syndics provisoires, avec l'assistance du juge de paix (Com. 479 et 480).

22172. Juge de paix. — L'assistance du juge de paix n'est requise que lorsqu'il y a eu apposition de scellés; dans le cas contraire, la présence du juge de paix n'est pas requise; il est même sans qualité pour y assister (Seine, 7 août 1858). — *V. n° 21185.*

22173. Notaire. — La compétence des syndics n'exclut d'ailleurs pas complètement celle des notaires, et le syndic pourrait parfaitement faire appel au ministère d'un notaire (Roll. de Vill., 59).

22174. Ministère public. — Les officiers du ministère public peuvent se transporter au domicile du failli et assister à l'inventaire. Ils ont, à toute époque, le droit de requérir communication de tous les actes, livres ou papiers relatifs à la faillite (Com. 483).

22175. Liquidation judiciaire. — En cas de liquidation judiciaire l'inventaire est fait par le liquidateur provisoire, en présence du liquidé (L. 4 mars 1889, art. 4).

22176. Délai. — L'inventaire est fait par les syndics dans les trois jours de leur nomination ou de l'apposition des scellés (Com. 479). — Voir *n° 21442.*

22177. FORME. — La forme commerciale pour l'inventaire est employée même en cas de déclaration de la faillite du *de cujus* postérieurement à son décès (Com. 437), sauf aux syndics ou liquidateurs à appeler aux opérations les héritiers présomptifs (Com. 481).

22178. Mineurs. — Il en est ainsi même en présence d'héritiers mineurs (Paris, 21 mars 1867, S. 67, 2, 357; Paris, 11 mars 1893, *Rev. not.* 9051).

22179. Récolement. — Il y a lieu seulement à récolement à l'égard des objets qui, conformément à l'art. 469 C. com., n'auraient pas été mis sous les scellés, et auraient déjà été inventoriés et prisés (Com. 480-3°).

22180. FORMALITÉS. — L'inventaire en la forme commerciale est dressé en double minute au fur et à mesure que les scellés sont levés en présence du juge de paix (*V. n° 22172*) qui le signe à chaque vacation (Com. 480).

22181. Dépôt au greffe. — L'une des minutes est déposée au greffe du tribunal de commerce dans les vingt-quatre heures, l'autre reste entre les mains des syndics (com. 480).

22182. Inventaire après divorce et séparation. — CAS. — Le divorce comme la séparation de corps entraîne la dissolution de la communauté et il y a alors lieu à l'inventaire de la même manière qu'en cas de dissolution par décès.

22183. Séparations de biens. — La séparation de biens, judiciairement prononcée, n'a pas la même conséquence; néanmoins l'inventaire est nécessaire lorsque la dot de la femme se trouve en péril, ou lorsque celle-ci a l'intention d'accepter la communauté ou encore lorsqu'elle a fait apposer les scellés (Paris, 21 mars 1867 et 2 mai 1877).

22184. Renonciation. — La femme peut toutefois renoncer entièrement ou partiellement à l'inventaire, en consentant, par exemple, à ce que certains objets revendiqués par le mari ne soient pas inventoriés (Cass. 29 juill. 1884, S. 85, 1, 154).

22185. BUT. — L'inventaire a pour but de permettre à la femme de se renseigner sur les forces et charges de la communauté et de faciliter l'établissement de la liquidation de ses droits et reprises. Il doit donc être contradictoire entre les deux époux.

22186. Option. — Comme au cas de dissolution de la communauté par suite de décès, la femme conserve la faculté d'accepter cette communauté ou de la répudier (Civ. 1463; V. Cass. 14 mars 1855, S. 55, 1, 335, D. 55, 1, 63; Cass; 18 juill. 1904, S. 1905, 1, 85).

22187. ÉPOQUE. — L'inventaire peut être dressé, soit pendant l'instance même en divorce ou en séparation de corps, soit à défaut après le jugement prononçant le divorce ou la séparation.

22188. Inventaire pendant l'instance. — L'inventaire a généralement lieu pendant l'instance lorsque l'un des époux a fait apposer les scellés sur les effets mobiliers de la communauté; les scellés sont alors levés à la requête de la partie la plus diligente, les objets et valeurs sont inventoriés et prisés et l'époux qui est en possession est constitué gardien judicaire, à moins qu'il n'en soit décidé autrement (*V. n° 22082*).

22189. COMPÉTENCE. — L'inventaire pendant l'instance ou après jugement de divorce ou de séparation de corps ou de biens est de la compétence exclusive du notaire (*V. n° 21462*).

22190. Choix du notaire. — Sur le choix ou la désignation du notaire qui doit procéder à l'inventaire en matière de divorce ou de séparation de corps, Voir *supra n°* 21496 *et suiv.*

22191. OBJET. — L'inventaire doit comprendre les objets mobiliers, titres et papiers susceptibles d'intéresser l'actif et le passif de la communauté et l'établissement des droits et reprises de chacun des époux.

22192. Papiers étrangers. — Mais tous les titres, papiers et notes quelconques étrangers sont exclus de l'inventaire (Caen, 21 août 1884, S. 86, 2, 163; Paris, 20 juin 1895, *J. N.* 25838).

22193. Lettres confidentielles. — Il en est ainsi notamment des lettres confidentielles à l'un ou à l'autre époux (Rouen, 23 mars 1864, S. 64, 2, 143; Paris, 2 mars 1886, S. 86, 2, 161; Paris, 7 avril 1897). — *V. n° 22102.*

22194. Société. — Ce qui a été dit, n°* 22016 *et suiv.*, à l'égard des sociétés dont le défunt aurait fait partie, est applicable à celle dans laquelle le mari serait intéressé (Bordeaux, 8 janv. 1912, *J. des Not.* 1912-753).

22195. Contestations. — Enfin au cas de contestations ou de désaccord, il y a lieu, comme après décès, de renvoyer les parties à se pourvoir en référé (*V. n°* 22126 *et suiv*).

22196. FORME. — L'intitulé sort un peu de la forme ordinaire : il y a lieu, d'abord de relater par un exposé le contrat de mariage des époux, la demande en divorce, ou en séparation de corps, le jugement s'il est rendu, les scellés et la sommation s'il y a lieu, puis les époux requièrent le notaire de procéder à l'inventaire (FORM. 1683).

22197. Transport à l'étude. — Décidé que, quel que soit le gardien constitué, le juge peut ordonner, sur la demande de l'une des parties, que les titres, papiers et valeurs extraits des scellés et sommairement inventoriés soient confiés au notaire instrumentaire et transportés en son étude pour y être l'objet d'une analyse complète et détaillée, sauf restitution ultérieure (Cass., 28 juin 1899, D. 99, 1, 447, S. 00, 1, 37).

22198. GARDE DES OBJETS. — Lorsque l'inventaire est dressé au cours de l'instance en divorce ou en séparation de corps, l'époux qui est resté en possession des objets et valeurs en est constitué gardien (Civ. 242).

22199. Administration de la communauté. — Décidé néanmoins qu'en accordant à la femme le droit de prendre des mesures conservatoires pour sauvegarder ses droits pendant l'instance en divorce, la loi n'a pas conféré au juge le droit de dépouiller le mari de l'administration des biens de la communauté pour en investir un tiers, qui serait ainsi contitué gérant et administrateur de la communauté légale à l'exclusion du mari (Cass. 26 mars 1889, S. 90, 1, 253; Paris, 24 déc. 1918, 21 fév. 1919, 23 déc. 1921 et 15 juill. 1922).

22200. Pouvoirs du mari. — La garde confiée au mari ne lui confère pas le droit de disposer des objets en tenant compte de leur estimation. Décidé néanmoins que le mari conserve le droit d'aliéner les biens de communauté, lorsque l'aliénation ne constitue pas un acte frauduleux (Cass., 2 mars 1920; Cass., 16 nov. 1921, G. P. 13 déc. 1921).

22201. Sequestre. — Néanmoins, la femme peut demander au tribunal la nomination d'un sequestre pour la conservation des biens, notamment lorsqu'elle reproche à son mari des faits d'incurie ou de malveillance (Cass., 26 mars 1889, D. 89, 1, 444, S. 90, 1, 253; Paris, 13 avril 1889, S. 91, 2, 27; Paris, 13 fev. 1896; Cass., 28 juin 1911, S. 12, 1, 32).

22202. Inventaire après décès d'un officier supérieur. — SCELLÉS. — Après le décès des officiers généraux ou supérieurs, l'autorité a le droit de faire apposer les scellés sur les meubles contenant les papiers, cartes, plans ou mémoire se trouvant au domicile du défunt et susceptibles d'intéresser les Départements de la Guerre ou de la Marine (Décr. 13 niv. an X, art. 1; 31 déc. 1886, art. 1; 22 janv. 1890, art. 1).

22203. Application. — Cette mesure s'applique au décès des officiers généraux, supérieurs ou assimilés, d'un corps de la marine ou de l'armée de terre, des commissaires ordonnateurs, des inspecteurs aux revues et des officiers de santé en chef des armées. L'on doit même généraliser la même faculté à l'égard d'un officier de toute arme et de tout grade, qui, par la nature de ses fonctions, est présumé dépositaire de documents pouvant intéresser l'armée (Décr. 31 déc. 1886, art. 7, et 22 janv. 1890, art. 3).

22204. INVENTAIRE. — Ensuite le général commandant la division nomme, dans les dix jours qui suivent l'apposition des scellés, un officier pour être témoin à la levée des scellés et à l'inventaire des papiers.

22205. Remise. — Les papiers et documents reconnus par le délégué comme appartenant au Gouvernement ou pouvant l'intéresser, sont inventoriés par distinction et remis ensuite au délégué contre décharge (Inst. Min. de la Guerre, 23 juill. 1893). Copie de cet inventaire et la décharge sont adressées ensuite au ministre compétent (Javon, 686).

22206. DOCUMENTS PERSONNELS. — Lorsque l'inventaire révèle certains documents intéressant l'armée mais appartenant au *de cujus*, l'État serait fondé à les conserver, mais en en payant le prix d'après estimation arrêtée de concert avec les héritiers (Décr. 1886 précité, art. 3 et s.; Poitiers, 15 mars 1880, D. 80, 2, 153, S. 82, 2, 77).

22207. Inventaire des biens d'un étranger décédé en France. — RÈGLES. — En règle générale, en cas de décès d'un étranger en France, le notaire est compétent pour dresser l'inventaire lorsque les héritiers appelés à la succession sont de nationalité française; mais lorsque les héritiers (ou l'un d'eux) sont de nationalité étrangère, il convient, pour déterminer la compétence de l'officier instrumentant, de rechercher s'il existe ou non des conventions diplomatiques avec l'État dont dépendait le défunt; il en résultera donc que, suivant le pays auquel appartenait le *de cujus*, l'inventaire devra être fait soit par le notaire seul, soit par le notaire avec le concours du consul ou soit par le consul exclusivement (*V. les nos 22209 et suiv.*).

22208. Forme. — Dans ce cas, l'inventaire est fait par le notaire, il est dressé dans la même forme que celui après le décès d'un français (Paris, 12 août 1840, S. 40, 2, 442). — *V. nos 21637 et suivants.*

22209. ANGLETERRE. — Aucune convention n'est intervenue avec l'Angleterre, et il en résulte que les notaires français ont seuls le droit de faire les inventaires après le décès d'un sujet anglais survenu en France (Cass., 13 avr. 1897, et sur renvoi Nîmes, 28 nov. 1898, *Rev. Not. 9825*).

22210. Succession ab intestat. — La saisine n'existant pas en Angleterre, la levée des scellés et l'inventaire doivent être requis en l'absence de testament par la personne (héritière ou non), à laquelle la cour de probate a accordé les lettres d'administration; ces lettres d'administration ainsi qu'un certificat de coutume sont annexés au procès-verbal de levée de scellés ou à défaut, à l'inventaire.

22211. Succession testamentaire. — En cas de succession testamentaire, la levée des scellés et l'inventaire sont requis par le ou les exécuteurs testamentaires auxquels l'administration et le règlement de la succession ont été attribués par la Haute Cour de chancellerie, division du Probate, siégeant à Londres. Il convient alors d'annexer le testament, le probate et un certificat de coutume en attestant la régularité.

22212. Turquie. — L'inventaire après le décès d'un sujet ottoman est également de la compétence du notaire français à l'exclusion de celle du consul (Aix, 9 juill. 1903, D. 1905, 2, 73).

22213. Brésil. — Les conventions intervenues avec le Brésil les 10 décembre 1860 (art. 7) et 28 novembre 1866 (art. 4) autorisent le notaire français à dresser l'inventaire avec la collaboration du consul.

22214. Compétence des consuls. — A l'égard des autres États et notamment de ceux mentionnés au numéro suivant, il résulte des conventions diplomatiques intervenues que les consuls peuvent procéder aux inventaires des successions de leurs nationaux sans le concours d'un notaire français ou tout au moins imposer son concours et sa collaboration au notaire français chargé de procéder aux opérations.

22215. Application. — Des conventions de ce genre existent avec : l'Autriche (11 déc. 1866, art. 3, et 18 fév. 1884); — Biramie (24 janv. 1873, art. 5, et 15 janv. 1885); — Bolivie (5 août 1897, art. 12 et suiv.); — Chili (15 sept. 1846, art. 23); — Colombie (30 mai 1892, art 1); — Costa-Rica (12 mars 1868, art. 1); — l'Équateur (5 juin 1843, art. 22); — Espagne (18 mars 1862, art. 20; Cass. 9 fév. 1897, S. 97, 1, 169; Seine, 17 mai 1911); — Grèce (7 janv. 1876, art 10 et s.); — Guatemala (8 mars 1848, art. 22); — Haïti (12 fév. 1838, art. 3); — Honduras (23 fév. 1856, art. 22); — Italie (16 juill. 1862, art 9 et 10); — Japon (4 août 1896, art. 19); — Mascate (17 nov. 1841, art. 7); — Nicaragua (11 avr. 1859, art. 22); — Paraguay (4 mai 1853, art. 10); — Pérou (9 mars 1861, art. 37); — Perse (12 juillet 1855, art. 6); — Portugal (11 juill. 1866, art. 2 et 27 juillet 1868, art. 8); — République dominicaine (8 mai 1852, art. 24); — République Argentine (26 fév. 1889); — Russie (1er avr. 1874; v. l. 17 juin 1874, art. 2; Cass. 17 juin 1895, D. 95, 1, 533; Cass., 27 mars 1900, J. N. 27123; Paris, 23 juill. 1907, J. N. 29132); — Salvator (2 janv. 1858, art. 26); — Sandwich (20 oct. 1867, art. 20); — Siam (24 août 1857, art. 24); — Suisse (15 juin 1869); — Vénézuéla (24 oct. 1856 art. 8).

22216. Intervention des consuls. — L'intervention des consuls étrangers ne devant se produire que dans l'intérêt exclusif de leurs nationaux, a été diversement autorisée par les tribunaux (*V. nos suivants*).

22217. Héritiers naturalisés. — Aussi il a été jugé... qu'un consul autrichien n'a pas le droit d'intervenir dans le règlement d'une succession laissée en France par un de ses nationaux, alors que les héritiers avaient acquis la qualité de Français depuis l'ouverture de la succession (Seine, 7 juin 1890; Clunet, 1890, p. 686).

22218. Héritiers français et étrangers. — Mais décidé... Qu'un consul d'Italie est fondé à intervenir dans l'administration de la succession d'un Italien décédé en France, en présence d'héritiers français, qui demandaient la commission d'un notaire français, lorsqu'il existe un héritier de nationalité italienne (Seine, 8 mars 1898; Clunet, 1898, p. 1106).

22219. Espagne. — Il a été décidé de même, à l'égard de la convention franco-espagnole du 7 janvier 1862 (Seine, 20 mai 1881; Bordeaux, 17 juill. 1895; Clunet, 1882-214 et 1897-164. — *Comp.* Cass., 9 fév. 1897, D. 97, 1, 137).

22220. Russie. — La même interprétation a été donnée à la convention franco-russe du 1er avr. 1874 (Seine, 22 juin 1897; Nice, 19 févr. 1906; Aix, 19 déc. 1906; Clunet, 1897-1034, 1906-820 et 1907-424).

Néanmoins, suivant une autre opinion autorisée, les art. 4 et 5 du traité régleraient les dispositions à prendre en cas de décès d'un Français en Russie et d'un Russe en France, sans distinguer si le défunt laisse ou non des héritiers de sa nationalité (Paris, 6 janv. 1898; Cass., 27 mars 1900; Clunet, 1898-1108 et 1901-146. — *Comp.*, Paris, 23 juill. 1907, et Cass., 18 juill. 1911; Clunet, 1908-174 et 1911-936).

22221. Autres interprétations. — Enfin, il a encore été décidé que la compétence des agents consulaires est subordonnée à la condition qu'il n'existe pas sur les lieux d'héritiers ou légataires capables de faire valoir leurs droits. Il en a été ainsi décidé avec : — l'Espagne (Paris, 1er mars 1872, D. 72, 2, 235; Bordeaux, 17 juill. 1895; Clunet, 1897-164; Cas., 9 fév. 1897, D. 97, 1, 137); l'Italie (Seine, 19 et 26 déc. 1899; Paris, 15 fév. 1900; Seine, 11 avr. 1900; Paris, 5 mars 1901; Clunet, 1900-616 et 624, 1901-573); — le Portugal (conv. 11 juill. 1866, art. 8 et 9); — la Grèce (Athènes, 1897; Clunet, 1898-968, 1900, 826).

Décidé au contraire que le consul est autorisé à requérir la levée des scellés, et la confection de l'inventaire en tout état de cause (V. not. Cass., 1er juin 1893, D. 94, 2, 249, et 17 juin 1895, D. 95, 1, 533).

22222. Décès d'un agent diplomatique. — En cas de décès en France d'un agent diplomatique ou consulaire étranger, l'inventaire de ses biens est généralement fait par un autre agent de la même puissance ou, à défaut, par l'agent d'une puissance amie en présence de collègues d'autres nations (De Martens, 73; Heffter, 225).

22223. Inventaire après le décès d'un notaire. — Après le décès d'un notaire en exercice, les scellés doivent être apposés d'office en son étude sur les minutes et répertoires par le juge de paix de la résidence (L. 25 vent. an XI, art. 61) (*V. nos 21195 et suiv.*).

22224. Autre cas. — Il en est encore ainsi au cas de démission, suspension, destitution, emprisonnement, aliénation (*V. nos 21197 et 21201*). Dans ces diverses hypothèses, il est dressé seulement un état sommaire des minutes et répertoire (L. vent., art. 58) en présence du juge de paix (Dec. just, 21 avr. 1828); état qui peut être dressé en la forme authentique ou sous seing privé (Javon, 690).

22225. Agent du fisc. — Les notaires étant soumis, de la part des préposés de l'Enregistrement, à l'exercice d'un droit de contrôle et de vérification, il est nécessaire d'aviser cette Administration du jour et de l'heure fixés pour la levée des scellés et l'inventaire; laquelle délègue, si elle le juge à propos, un de ses agents pour assister à ces opérations.

22226. Mission. — Cet agent a seulement pour mission de représenter son administration, au recolement des papiers et documents constituant le dépôt public, et dont le notaire-gérant doit prendre charge, c'est-à-dire les minutes, les pièces déposées pour minutes ou annexées, les répertoires, grosses, expéditions (Douai, 16 déc. 1861, D. 63, 2, 15; Cass., 5 nov. 1866, S. 66, 1, 449, D. 66, 1, 149; Narbonne, 13 janv. 1879, *J. N.* 22112; Riom, 15 juill. 1903, *R. E.* 26654).

22227. Communication des pièces. — Le préposé de l'administration n'a donc pas qualité pour exiger la communication des pièces, actes et titres confiés au notaire à titre privé (Cass., 5 nov. 1866, et Riom, 15 juill. 1903 précités).

22228. Mission terminée. — Sa mission se termine donc avec l'inventorié des minutes et répertoires; jugé à cet égard... qu'il ne peut pénétrer que dans l'étude et dans le cabinet du notaire (Cass., 11 avr. 1854, D. 54, 1, 192; — *Contra :* Angers, 13 juill. 1880, S. 81, 2, 18), et que l'inventaire des papiers personnels de la succession doit avoir lieu hors sa présence (Cass., 14 août 1854, S. 54, 1, 524, D. 54, 1, 268; Rennes, 12 mars 1866; cass., 3 nov. 1866; Jonzac, 13 mars 1873, *J. N.* 21610; Narbonne, 13 janv. 1879, *J. N.* 22112; Angers, 13 juill. 1880 précité; Riom, 15 juill. 1903, *R. E.* 26654).

22229. Contestations. — Le triage des papiers secrets et à communiquer, appartient en principe aux héritiers (Toulouse, 11 mai 1864, S. 64, 2, 185, D. 64, 2, 150) mais au cas de contestation le préposé comme les héritiers ont le droit de se pourvoir en référé (Mâcon, 11 fév. 1862, *J. E.* 18249). — *V. nos 22126 et suiv.*

22230. Dépositaires publics. — Remarque est faite que seuls sont considérés comme dépositaires publics soumis au contrôle : les notaires, greffiers, archivistes de l'État, comptables de deniers publics, ingénieurs des mines à l'exclusion des avoués (Condom, 13 nov. 1889, D. 91, 3, 85) et des huissiers.

22231. FORME. — Pour tous les titres, papiers et documents ne constituant pas le dépôt public dont il est question *supra* n° *22226,* ils sont décrits et analysés dans la forme ordinaire. Quant aux minutes et papiers soumis au contrôle du fisc, il suffit de procéder à un recolement sur les répertoires et d'en dresser un état sommaire et descriptif par acte sous seing privé (L. 25 vent. an XI, art. 58).

22232. Office. — L'office devra être décrit et dans certaines circonstances estimé, suivant ce qui a été expliqué *supra* n° *21866 et suivants.*

22233. Registre de comptabilité. — Les registres de comptabilité de l'étude, et spécialement ceux relatifs aux comptes des clients, devant rester secrets seront simplement énoncés sans cote ni paraphe (Cass., 28 janv. 1835, S. 35, 1, 739; Cass., 19 janv. 1870, *R. not.* 2611; Cass., 3 déc. 1885, *R. Not.* 7047; Paris, 23 janv. 1896, *R. not.* 9547). — S'il y a commission de notaire pour la gérance de l'étude, celui-ci arrête les comptes des grands livres « clients » et « étude » et fait les balances. Le reliquat actif ou passif de ces comptes est seul rapporté dans l'inventaire (Javon, 638).

22234. Dossiers. — Les dossiers des affaires de l'étude, constituant un dépôt à titre privé sont également énoncés sans détail et sans cote ni paraphe (Civ. Just., 21 avr. 1828). — *V. n° 22106.*

22235. Inventaires spéciaux. — MAJORAT. — Des règles spéciales ont été édic-

tées par le décret du 4 mai 1809 pour l'inventaire des meubles dépendant des successions des titulaires de majorat.

22236. Application. — Ces règles paraissent être aujourd'hui sans application, néanmoins la doctrine enseigne encore la procédure à suivre, le cas échéant (*V. les nos suivants*).

22237. Notification du décès. — Le décès d'un titulaire de majorat doit être notifié au garde des Sceaux et le juge de paix ou le notaire, s'il connaît cette qualité doit, avant de procéder à la levée des scellés ou à l'inventaire se faire représenter cette notification et la mentionner et ce à peine de destitution (Décr. 4 mai 1809, art. 12; art. 31 déc. 1830). Si la qualité en question ne leur est révélée qu'au cours des opérations, le juge de paix ou le notaire doivent faire opérer ou opérer eux-mêmes sans délai la notification dont s'agit. (Lettre du pr. gén. du sceau des titres à la Chambre des notaires de Paris, 16 octobre 1809).

22338. Famille royale. — Une ordonnance du 25 avril 1820 avait également édicté certaines prescriptions, aujourd'hui sans application, pour l'inventaire des effets des membres de la famille royale après leur décès ou en toute autre occasion.

22239. CULTE. — L'article 3 de la loi du 9 décembre 1905 sur la séparation des Églises et de l'État a prescrit un inventaire par les agents de l'Administration des Domaines.

22240. Objet. — Cet inventaire comporte la description : 1° des biens mobiliers et immobiliers des établissements du culte supprimés; 2° des biens de l'État, des départements et des communes dont ces établissements avaient la jouissance.

22241. COMMERÇANTS. — L'article 9 du Code de commerce impose à toutcommerçant l'inventaire annuel de ses effets mobiliers et immobiliers avec copie sur un registre spécial.

22242. Forme. — Cet inventaire se fait par état dressé sous la forme du seing privé, et échappe par suite aux règles de l'inventaire qui nous occupe (*V. n° 22015*).

22243. FRANÇAIS DÉCÉDÉ A L'ÉTRANGER. — Les consuls résidant en pays étranger sont tenus de dresser l'inventaire des biens des Français décédés dans ce pays lorsqu'il n'existe pas sur les lieux d'héritiers ou légataires capables de faire valoir leurs droits (V. ord. août 1860, liv. I, titre 9, art. 20; Regl. 23 août 1739).

22244. Application. — Il convient d'ailleurs de se conformer dans cette hypothèse aux règles édictées par les conventions diplomatiques dont il est question *supra* nos *22214 et s.,* et qui établissent en règle générale la réciprocité entre les puissances intéressées.

22245. PERSONNES DÉCÉDÉES EN MER. — L'inventaire des effets mobiliers appartenant aux personnes qui décèdent en mer est dressé par le capitaine de navire.

22246. Dépôt à l'arrivée. — Il est déposé, lors de l'arrivée du navire, dans le port de désarmement, au bureau du préposé à l'inscription maritime, où les parties intéressées peuvent le réclamer (Ord. 1681, liv. 3, tit. 11, art. 4. — *Comp.* Com. 224).

CHAPITRE IX

Du procès-verbal d'ouverture de coffres-forts.

22247. Principes. — Dans le but de prévenir des fraudes fiscales, la loi du 18 avril 1918 dispose qu'aucun coffre-fort ou compartiment de coffre-fort tenu en location ne peut être ouvert par qui que ce soit, après le décès, soit du locataire ou de l'un des locataires, soit de son conjoint, s'il n'y a pas entre eux séparation de corps, qu'en présence d'un notaire qui dresse procès-verbal constatant l'ouverture du coffre-fort et contenant l'énumération complète et détaillée de tous les titres, sommes ou objets quelconques qui y sont contenus (art. 1er).

22248. Sanction. — L'inobservation de ces prescriptions par la personne qui a ouvert ou fait ouvrir le coffre-fort ayant connaissance du décès, la rend passible des droits de mutation par décès, des pénalités exigibles en raison des sommes, titres ou objets contenus dans le coffre-fort (sauf son recours contre le redevable de ces droits et pénalités) etd'une amende de 100 à 10.000 francs en principal (L. 18 avr. 1918, art. 3). — *V. n° 22269.*

22249. Solidarité. — L'héritier, légataire ou donataire, sera tenu au paiement de cette amende, solidairement avec cette personne ou ces personnes s'il omet des titres, sommes ou objets dans sa déclaration (même loi, art. 3)..

22250. OBLIGATIONS DU BAILLEUR. — Pour faciliter l'application des prescriptions qui nous occupe, toutes personnes ou société qui se livre à la location des coffres-forts doit, aux termes de l'art. 4 de la loi du 18 avril 1918 :

1º En faire la déclaration au bureau de l'Enregistrement de sa résidence et, s'il y a lieu, à celui de chacune de ses succursales ou agences s'occupant de semblables locations;

2º Tenir un répertoire alphabétique de tous les locataires;

3º Inscrire sur un registre, avec indication de la date et de l'heure, les noms et adresses de toutes les personnes qui procèdent à l'ouverture d'un coffre-fort ou compartiment de coffre-fort, faire signer ces personnes sur le registre et, si elles ne sont pas personnellement ni exclusivement locataires, leur faire certifier en outre qu'elles n'ont pas connaissance du décès, soit du locataire, soit de l'un des locataires, soit du conjoint non séparé de corps de ce locataire ou colocataire;

4º Et représenter et communiquer ces répertoires et registres à première demande des agents de l'Administration de l'Enregistrement.

22251. Sanction. — Toute infraction à ces dispositions est punie, d'une amende de 100 à 5.000 francs et le refus de communication des documents précités, pourra être ordonné par justice sous une astreinte de 100 francs au minimum par chaque jour de retard par application de l'art. 5 de la loi du 17 avril 1906 (L. 18 avr. 1918, art. 5).

22252. Ouverture du Coffre. — En outre tout bailleur qui aura laissé ouvrir le coffre-fort, hors la présence d'un notaire, sera, s'il avait connaissance du décès, tenu personnellement aux obligations relatées *supra n° 22248* et passible également d'une amende de 100 à 10.000 francs en principal (L. 18 avr. 1918, art. 3).

22253. OBLIGATIONS DES DÉPOSITAIRES. — Les banquiers, changeurs, escompteurs et toute personne recevant habituellement des plis cachetés ou des cassettes fermées sont soumis aux mêmes obligations que les bailleurs de coffres-forts et sous les mêmes pénalités (L. 18 avr. 1918, art. 6). — *V. n°ˢ 22248, 22251 et 22252.*

22254. Application. — COFFRE-FORT. — Les prescriptions précitées s'appliquent exclusivement aux coffres-forts ou compartiments de coffre-fort tenu en location dans un établissement de crédit ou dans une banque; il faut donc en excepter le coffre-fort particulier que le défunt aurait à son domicile en qualité de propriétaire ou de locataire.

22255. Société en nom collectif. — Décidé que les dispositions de l'article 1er de la loi du 18 avril 1918, s'appliquent au coffre-fort tenu en location par une société en nom collectif alors même que le pacte social porterait qu'en cas de décès de l'un des associés, ses héritiers ne pourraient s'immiscer dans les affaires sociales (Nantes, 23 mars 1921, *Rev. not.* 18955).

22256. PLIS CACHETÉS ET CASSETTES. — Les dispositions dont il s'agit sont également applicables aux plis cachetés et cassettes fermées remis en dépôts aux banquiers, changeurs, escompteurs et à toutes personnes recevant habituellement des dépôts de cette nature (L. 18 avr. 1918, art. 6). — *V. n° 22116.*

22257. Dépôt. — Comme pour le coffre-fort il ne peut s'agir ici que de plis cachetés et cassettes *remis en dépôt* et non de ceux trouvés au domicile du défunt, au cours de l'inventaire.

22258. Dépôt aux mains du notaire. — En est-il de même des dépôts remis au notaire? Autrement dit le notaire doit-il être considéré au sens de l'article 6 comme une *personne recevant habituellement* des dépôts de cette nature? Nous estimons que le notaire n'est pas un dépositaire comme l'entend la loi de 1918, et que les prescriptions dont il s'agit ne s'appliquent pas aux plis cachetés et cassettes, qui auraient pu lui être remis par le défunt ou son conjoint (*Conf.* Javon, 729).

22259. Notaire instrumentant. — PRINCIPE. — C'est aux notaires qu'il appartient exclusivement de constater l'ouverture après décès d'un coffre-fort et de dresser l'inventaire des titres et objets qu'il contient.

22260. Perquisition. — Décidé cependant que la loi du 18 avril 1918, n'impose pas l'intervention d'un notaire pour l'ouverture d'un coffre-fort, après le décès du locataire de ce coffre, quand il ne s'agit que d'une perquisition de testament, à opérer par un magistrat sur réquisition expresse d'un héritier (Seine (référés), 7 nov. 1918, *J. N.* 32342).

22261. COMPÉTENCE. — Bien entendu, le notaire instrumentant doit avoir le droit d'exercer au lieu ou il est procédé à l'ouverture du coffre.

22262. Notaire étranger au règlement de la succession. — Lorsque le notaire instrumentaire est autre que celui choisi ou désigné pour régler la succession, le procès-verbal est simplement dressé en brevet (L. 18 avr. 1918, art. 1er-5°).

22263. Notaire chargé du règlement de la succession. — Si c'est au contraire, le notaire chargé du règlement de la succession qui doit ouvrir le coffre, il peut en dresser un procès-verbal, en brevet comme il est indiqué au numéro précédent, ou un inventaire en la forme ordinaire avec les qualités des héritiers; dans ce dernier cas, le dépouillement des titres et papiers devrait avoir lieu de suite (Javon, 735).

22264. CHOIX DU NOTAIRE. — Le notaire est choisi par les ayants-droit suivant les principes admis en matière d'inventaire et que nous avons exposés SUPRA n^{os} *21467 et suiv.*

22265. Désaccord. — Au cas de désaccord, le notaire est désigné par le président du tribunal civil du lieu d'ouverture, à la requête de la partie la plus diligente (L. 18 avr. 1918, art. 1). — V. n° *21477.*

22266. Procédure. — Rien ne parait s'opposer à ce que cette désignation ait lieu par la voie du référé, qui est plus normale, puisqu'il y a contradiction (*Dict. du not.*, 486); l'ordonnance devra autoriser le notaire, à procéder tant en l'absence qu'en la présence des ayants-droit, ou eux dûments appelés et à faire ouvrir le coffre par un spécialiste, en cas de perte des clefs; enfin il sera bon de prévoir à qui les titres et papiers, autres que les testaments, devront être confiés. — Cette ordonnance demeurera annexée au procès-verbal d'ouverture (*V. n° 22288*).

22267. Agent de l'Enregistrement. — AVIS. — Le notaire chargé de procéder à l'ouverture d'un coffre-fort, d'un pli cacheté ou d'une cassette fermée est tenu de donner avis au directeur départemental de l'Enregistrement par lettre recommandée avec accusé de réception, trois jours francs à l'avance, des lieu, jour et heure de l'ouverture (L. 30 juin 1923, art. 16; Inst. 5 juill. 1823, n° 3784).

22268. Application. — Dans les départements où le service est divisé, cet avis doit être adressé au directeur de l'enregistrement, qui a dans ses attributions le recouvrement des droits de mutation par décès. — Pour le calcul du délai, il n'y a lieu de compter ni le jour où la lettre est déposée à la poste, ni celui de l'ouverture du coffre.

22269. Sanctions. — Le notaire qui ne se conformerait pas à cette prescription, serait tenu personnellement des droits de mutation par décès, et des amendes (sauf recours contre les redevables), et en outre d'une amende de 100 à 10.000 francs en principal (LL. 18 avr. 1918, art. 6, et 30 juin 1923, art. 16).

22270. CONTROLE. — La seule obligation du notaire consiste dans l'avis à adresser au directeur de l'Enregistrement et n'a pas à se préoccuper du contrôle que l'Administration a la faculté d'exercer.

22271. Représentation. — Le directeur de l'enregistrement, sur cet avis, déléguera, s'il le juge à propos, l'un de ses agents pour assister à l'opération; dans ce cas la présence de cet agent devra être constatée.

22272. Mission. — L'agent du fisc assiste à toutes les phases de l'opération, c'est-à-dire l'ouverture du coffre et au dépouillement fait par le notaire; il peut prendre une note détaillée de tous les titres, sommes ou objets quelconques contenus dans le coffre. Il n'a pas à signer le procès-verbal.

22273. Absence. — Si aucun agent de l'enregistrement ne se présente pour répondre à l'avis précité, il est d'usage de constater dans les deux heures de l'heure fixée, son absence et de commencer les opérations d'ouverture et d'inventaire.

22274. Établissement bailleur. — OBLIGATIONS DIVERSES. — Ainsi que nous l'avons précédemment signalé, l'établissement bailleur ou toute personne ou société qui se livre à la location de coffres-forts est tenu, envers l'Administration de l'Enregistrement, à diverses obligations sous sanctions pénales (*V. n°s 22250 et suiv.*).

22275. OPÉRATIONS DU NOTAIRE. — La loi du 18 avril 1918 ne confère au bailleur du coffre aucun droit de contrôle à exercer sur les opérations du notaire. Son rôle se borne à donner accès au notaire et aux parties dans les locaux affectés après s'être assuré de la qualité du notaire et de la présence de tous les ayants-droit (*Dict. not.*, invent. 445).

22276. CARNET DE L'ÉTABLISSEMENT. — Les lois des 18 avril 1918 et 30 juin 1923 ne contiennent aucune disposition autorisant le notaire appelé à inventorier un coffre-fort, à se faire représenter le carnet que l'établissement financier est obligé de tenir en vertu de l'art. 4 de la loi de 1918.

22277. Secret professionnel. — Cette communication qui ajoute, évidemment, un élément de plus à l'exactitude des constatations, est refusée par la plupart des établissements financiers. Ils font observer qu'on ne saurait l'exiger en s'appuyant sur une disposition légale et ils objectent que, tenus au secret professionnel, la communication aurait l'inconvénient de révéler les noms des autres locataires du Coffre.

22278. Formes. — L'ouverture du coffre, du pli ou de la cassette et l'inventaire des objets y contenus sont constatés par un procès-verbal dressé en la forme ordinaire des inventaires, c'est-à-dire sur réquisition, en présence des parties intéressées ou en leur absence si elles font défaut après avoir été régulièrement sommées.

22279. Énonciations. — Les qualités des parties doivent êtres indiquées avec soin comme pour l'inventaire; ensuite vient l'énumération complète et détaillée des titres, sommes et objets trouvés dans le coffre, le pli ou la cassette; il n'est pas indispensable mais il est utile de priser les objets susceptibles d'estimation, de coter et parapher les titres et papiers, et de faire prêter serment lorsque le procès-verbal ne fait pas corps avec l'inventaire.

22280. Présomption de propriété. — Les sommes, titres et objets trouvés dans un coffre-fort loué conjointement à plusieurs personnes, sont réputées, à défaut de preuve contraire et seulement pour la perception des droits, être la propriété conjointe de ces personnes et dépendre pour une part virile de la succession.

22281. Preuve contraire. — De même toute personne locataire d'un coffre-fort est présumée propriétaire de tout ce qu'il contient par application de l'art. 2279 du Code civil; mais le tout n'est qu'une simple présomption qui peut être combattue par la preuve contraire (*V. numéro suivant*).

22282. Application. — Ainsi il a été décidé que la présomption de propriété qui existe au profit du locataire du coffre, peut-être écartée lorsqu'il est établi que ce dernier habitait avec sa mère, qu'il n'avait jamais eu de fortune personnelle, ni emploi rémunérateur, et que la qualité d'administrateur de la fortune maternelle résulte pour le fils du *de cujus* d'une déclaration signée de lui et datée d'une époque, où ce coffre-fort était loué par la mère (Dijon, 21 mars 1921, *J. E.* 31224).

22283. Titres et papiers. — Comme à l'inventaire il n'y a pas lieu d'analyser les papiers étrangers à la succession, lettres confidentielles, etc., il suffit de les mentionner (*V. nos 22102 et suivants*).

22284. Testament ou plis cachetés. — Lorsqu'il est trouvé des testaments ou des plis cachetés, ou s'il s'élève des difficultés au cours de l'opération, le notaire procède conformément aux articles 916, 918 à 922 du Code de procédure civile (L. 18 avr. 1918, art. 1-30).

22285. Boites ou cassettes fermées. — Si le coffre-fort renferme des boîtes ou cassettes fermées, les termes formels de l'art. 6 de la loi du 18 avril 1918 paraissent autoriser le notaire à les ouvrir et à en inventorier le contenu en utilisant les formalités remplies pour le coffre-fort lui-même.

22286. Contestations. — S'il relève des contestations au cours des opérations, elles sont mentionnées au procès-verbal, le notaire renvoie les parties se pourvoir en référé (*V. nos 22125 et suiv.*).

22287. Application. — Le cas échéant le coffre est refermé et réouvert à la séance suivante, aux jour et heure indiqués au procès-verbal.

22288. Compétence. — Le juge compétent pour le référé est le président du tribunal civil du lieu où se trouve le coffre-fort, le pli cacheté ou la cassette fermée (*V. no 22266*).

22289. Timbre et Enregistrement. — Procès-verbal. — Le procès-verbal d'ouverture est exempt de timbre et enregistré gratis, mais il ne peut en être délivré expédition ou copie, et il ne peut en être fait usage en justice, par acte public ou devant toute autorité constituée, sans que les droits de timbre et d'enregistrement aient été acquittés (L. 18 avr. 1918, art. 1). — *V. no 22348.*

22290. Titres et pièces. — Le procès-verbal d'ouverture de coffre n'est autre qu'un inventaire (Inst. 20 mai 1918, no 3547). Il convient donc de lui appliquer, au point de vue fiscal, les principes admis en matière d'inventaire en ce qui concerne l'énonciation des titres et pièces.

22291. Application. — Spécialement la mention d'actes non enregistrés et non assujettis à cette formalité, dans un délai déterminé ne rend pas obligatoire leur enregistrement; à l'égard des titres étrangers il convient d'observer les règles que nous avons précédemment signalées pour l'inventaire (*V. nos 21980 et suiv.*)

CHAPITRE X

De la responsabilité notarial.

22292. Principe. — Comme pour tout autre acte la responsabilité du notaire qui procède à un inventaire peut être engagée en cas d'infraction aux obligations, devoirs et prohibitions édictées par la loi (*V. nos 128 et suiv.*).

22293. Généralités. — Il en est ainsi généralement en raison du préjudice éprouvé par les intéressés par suite de l'annulation de l'inventaire pour incompétence, empêchement, inaccomplissement des formalités prescrites ou vice de forme, par exemple pour l'avoir dressé sans autorisation préalable avant l'expiration du délai de trois jours (Roll. de Vill., 39).

22294. Réception. — Parenté. Intérêt. — L'interdiction faite au notaire de recevoir des actes dans lesquels ses parents ou alliés au degré prohibé seraient parties intéressées (*V. nos 472 et suiv.*) est applicable à l'inventaire. Il en est de même à l'égard d'un inventaire d'une succession dans laquelle il aurait un intérêt quelconque (*V. no 21642*).

22295. Notaire exécuteur testamentaire. — Ainsi le notaire désigné par le défunt comme exécuteur testamentaire doit s'abstenir de dresser l'inventaire de la succession de celui-ci (*V. no 4127*).

22296. Qualités. — Le notaire engage aussi sa responsabilité lorsqu'il commet une erreur dans l'établissement des qualités des parties, si cette erreur constitue une faute et si elle a causé un préjudice.

22297. Héritier ignoré. — Mais l'on doit considérer que l'omission d'un héritier dont l'existence était ignorée ou dont les recherches n'auraient pas permis de constater l'existence et qui ne se serait fait connaître qu'après la clôture, ne saurait être reprochée au notaire (Javon, 752).

22298. Notaire commis. — Commission inutile. — Le notaire instrumentant répond des frais frustratoires qui sont de son fait; il en est ainsi notamment s'il fait commettre un de ses confrères à l'effet de représenter des intéressés défaillants, domiciliés dans la distance de cinq myriamètres (Cass., 17 avr. 1828).

22299. Responsabilité partagée. — De son côté, le notaire commis pour représenter des incapables, non présents ou absents peut être rendu responsable du préjudice qui pourrait résulter de sa négligence, notamment s'il n'a pas veillé à ce que les pièces de l'inventaire fussent cotées et paraphées. Dans ce cas, la responsabilité est partagée entre lui et le notaire instrumentant (Paris, 7 décembre 1839, S. 40, 2, 64).

22300. Mandat. — Décidé dans le même ordre d'idée que le notaire commis est investi d'un mandat en vertu duquel il doit défendre les intérêts de la personne qu'il représente, et même plaider au nom de cette personne sur les incidents relatifs à la régularité de l'inventaire (Colmar, 11 nov. 1831, S. 32, 2, 353). — *V. n° 21625.*

22301. Analyses et déclarations. — Valeurs étrangères. — Ainsi que nous l'avons relaté *n°s 21980 et suiv.*, le notaire est en contravention entraînant une amende de 100 francs en principal lorsqu'il analyse des valeurs de bourse étrangères sans faire connaître si elles sont timbrées ou non, et dans le premier cas sans rapporter les mentions de timbre apposées. Toutefois, le notaire contrevenant serait, le cas échéant, déchargé de toute responsabilité au sujet du paiement des droits de timbre (L. 31 déc. 1907).

22302. Justifications. — Au cas d'inventaire requis en vertu d'un jugement, le notaire est tenu, avant d'instrumenter, d'exiger la production de la grosse de ce jugement (Pr. 545); la communication d'une simple expédition serait insuffisante pour couvrir sa responsabilité (Vannes, 31 déc. 1903, *Rev. Not.* 11809).

22303. Reconnaissances. — Le notaire instrumentaire est personnellement tenu du paiement des droits exigibles à raison des reconnaissances de dettes, dons manuels et autres, ainsi qu'à raison des déclarations de libérations que peut contenir l'inventaire. Par conséquent, s'il ne veut faire l'avance de ces droits, il doit, avant de mentionner la déclaration, se faire consigner somme suffisante pour y faire face (Cass., 10 déc. 1877, S. 78, 1, 84). — *V. n° 22440.*

22304. Cotes et paraphes. — La responsabilité du notaire est engagée lorsque faute d'avoir coté et paraphé les titres de la succession, ceux-ci ont été détournés (Paris, 7 nov. 1839, S. 40, 2, 64; Paris, 12 juill. 1861, *J. des Not.* 17398).

22305. Valeurs. — Ainsi que nous l'avons précédemment relaté n° *21926*, le notaire est tenu sous sa responsabilité de coter et parapher les inscriptions nominatives de rentes sur l'État, et des titres nominatifs de valeurs industrielles. Cette formalité est au contraire interdite à l'égard des titres au porteur; décidé toutefois, à l'égard de ces derniers titres, que les cotes et paraphes opposés par le notaire sur ces titres n'engagerait pas sa responsabilité (Douai, 17 janv. 1870, S. 70, 2, 40).

22306. Avertissements. — Le notaire, en principe, doit suppléer à l'inexpérience de ses clients et les éclairer sur leurs droits et leurs devoirs relativement aux actes auxquels ils concourent (*V. n°s suivants*).

22307. Femme dotale. — Ainsi, lorsqu'une femme recueille une succession, le notaire doit, pour mettre sa responsabilité à couvert, prévenir cette femme et son mari de la nécessité pour eux de recourir à la mesure conservatoire de l'immatriculation des valeurs au porteur, et le mentionner dans l'inventaire (Paris, 28 nov. 1895, *Rev. du not.* 9560).

22308. Mineur. — De même, lorsqu'un mineur figure au nombre des successibles, le notaire agit prudemment en donnant connaissance au tuteur et au subrogé-tuteur des prescriptions de la loi du 27 février 1880, avec mention au procès-verbal (Javon, 762).

22309. Interpellation au tuteur. — Ainsi que nous l'avons précédemment indiqué, le notaire est tenu d'inviter le tuteur à déclarer s'il lui est dû quelque chose par son pupille et d'en faire mention au procès-verbal, sous peine d'être déclaré responsable des conséquences du défaut de cette réquisition (*V. n°s 22048 et suiv.*).

22310. Serment. — Nous rappelons également que l'omission par le notaire de requérir le serment de la part des personnes qui y sont tenues engage sa responsabilité s'il en résulte un préjudice (*V. n° 22066*).

22311. Fraudes. — L'inventaire doit être fidèle et exact, et il n'est pas douteux que le notaire pourrait être recherché, s'il s'associait aux manœuvres frauduleuses d'un héritier et le favorisait au moyen d'un inventaire frauduleux (Cass., 14 janv. 1889, *J. du Not.* 1889, p. 123. — *Comp.* Cass., 21 mars 1904, *J. N.* 31486).

22312. Fraude fiscale. — Décidé aussi que le notaire qui déclarerait un nombre de vacations manifestement inférieur à celui nécessaire pour le travail accompli, en vue de diminuer les droits d'enregistrement, serait passible de peines disciplinaires (Bourges, 15 juin 1876, *Rev. Not.* 5274).

22313. Signature. — Enfin, l'on considère que le notaire est responsable du préjudice qui résulterait de l'omission d'avoir fait signer la déclaration donnée à la fin de l'inventaire par l'un des héritiers qu'il demeurait chargé, du consentement des autres parties, de l'argent trouvé, des objets inventoriés et des titres et papiers (Eloy, *Resp. not.*, t. II, 382; Rennes, 14 avr. 1817).

II. — Formules.

I. — SCELLÉS

FORM. 1658. — Préambule de procès-verbaux.

L'An MIL NEUF CENT..., le..., à... heures.

A..., en notre cabinet, sis...

PARDEVANT nous..., juge de paix du canton de..., assisté de Me..., greffier de la justice de paix,

A COMPARU :

M... (*Nom, prénoms, profession et demeure du comparant*).

Lequel nous a fait l'exposé et la réquisition qui suivent :

FORM. 1659. — Clôture de procès-verbaux.

Il a été vaqué aux opérations ci-dessus depuis... heures, jusqu'à... heures, par... (*simple, double, triple*) vacation.

De tout ce qui précède il a été dressé le présent procès-verbal.

Et après lecture, les parties, le gardien des scellés, etc..., ont signé avec nous et le greffier.

Si l'une des parties ne sait pas signer. Quand à M..., requis de signer, il a déclaré ne savoir le faire (*ou :* il a déclaré ne pouvoir le faire, en raison de...).

Clôture avec témoins certificateurs :

De tout ce qui précède, il a été dressé le présent procès-verbal, en présence de :

1º M..., 2º M...

Témoins certificateurs qui ont attesté les noms, l'état et la demeure des comparants (*ou :* de M...) qu'ils ont déclaré bien connaître.

Et après lecture, M... et les témoins certificateurs ont signé avec nous et le greffier.

FORM. 1660. — Mentions d'annexe.

Annexé à la minute d'un procès-verbal d'apposition de scellés (*ou :* de levée de scellés), dressé le... par M. le juge de paix du canton de... soussigné, assisté de Me..., greffier, aussi soussigné.

ou : Certifié véritable par M... et annexé à la minute d'un procès-verbal, etc... (*comme ci-dessus*).

ou encore : Signé *ne varietur* par M... et annexé à la minute d'un procès-verbal d'apposition de scellés (*ou :* de levée de scellés) dressé le... par, etc... (*comme ci-dessus*).

FORM. 1661. — Ordonnance d'apposition de scellés d'office.

L'An... (*comme en la formule 1658*).

Nous..., juge de paix du canton de...

Informé par M. le maire de... (*ou :* par la rumeur publique; *ou* par M...) que M. A... est décédé à..., en son domicile, rue..., nº..., le..., vers... heures, laissant des héritiers absents (*ou :* pour héritiers des mineurs non pourvus de tuteur, *ou encore :* un interdit non pourvu de tuteur, etc...).

Et agissant en conformité de l'art. 911 du Code de procédure civile.

Ordonnons que les scellés seront immédiatement apposés en la demeure du défunt ou, le cas échéant, qu'il sera dressé un procès-verbal de description sommaire ou un procès-verbal de Carence.

Et après lecture nous avons signé avec le greffier à... en notre cabinet.

(*Signatures.*)

FORM. 1662. — Requête d'apposition de scellés par un héritier, légataire ou créancier ayant titre exécutoire.

L'An... (*comme en la formule 1658*). A COMPARU :

M... (*s'il y a lieu :* Élisant domicile à... chez M..., conformément à l'art. 914-3º du Code de procédure civile.

Lequel a fait l'exposé et la réquisition qui suivent :

M. A..., propriétaire, demeurant à..., est décédé en son domicile le..., vers... heures.

Le comparant est habile à se dire et porter seul héritier (*ou* héritier pour partie) dudit M. A..., son père, ainsi que le constate un acte de notoriété dressé par Me..., notaire à..., le..., et dont une expédition est demeurée ci-annexée après mention.

(*Ou :* Le comparant est habile à se dire et porter légataire universel de M. A... aux termes du testament de ce dernier, reçu par Me..., notaire à..., le..., et dont une expédition nous a été représentée et à l'instant rendue (*ou :* est demeurée ci-annexée après mention), lequel legs universel M... se réserve d'accepter ou de répudier, ainsi qu'il avisera bien qu'il puisse recevoir son exécution, M. A... n'ayant laissé aucun héritier à réserve ainsi qu'il est constaté, etc...)

(*Ou :* Le comparant se disant créancier de M. A... d'une somme de... en principal, montant en principal de la condamnation prononcée à son profit contre le *de cujus*, suivant jugement rendu par le Tribunal civil de..., le..., dont la grosse nous a été représentée et a été à l'instant rendue.)

Cet exposé terminé, le comparant ès-qualités, nous a requis d'apposer, dès que possible, les scellés au domicile de feu M. A... et partout où besoin sera.

Et après lecture, le comparant a signé.

(Signature.)

Ordonnance :

Sur quoi nous, juge de paix soussigné, assisté de notre greffier, aussi soussigné.

Vu la réquisition qui précède et l'article 909 du Code de procédure civile.

Attendu que le requérant, en la qualité susexprimée, a le droit de demander l'apposition des scellés dont il s'agit.

Ordonnons que nous nous transporterons immédiatement assisté de notre greffier (*ou :* le..., à... heures assisté de notre greffier) au domicile de feu M. A..., sis à..., rue..., n°..., pour y procéder à l'apposition de scellés requise.

(*Ou :* Ordonnons que les scellés seront immédiatement apposés en la demeure du défunt et en tous autres lieux qu'il appartiendra.

Et vu notre empêchement et l'urgence, déléguons, par application de l'article 907 du Code de procédure civile, Me..., notre greffier, à l'effet de procéder de suite à ces opérations, nanti de nos pouvoirs.)

Fait à... au lieu susindiqué, le dit jour...

Et après lecture nous avons signé avec le greffier.

(Signatures.)

FORM. 1663. — Requête d'apposition de scellés par un créancier n'ayant pas de titre exécutoire.

A Monsieur le président du tribunal civil de...

M... (*Nom, prénoms, profession et domicile*),

Ayant Me R... pour avoué,

A l'honneur de vous exposer :

Que M. A..., propriétaire, demeurant à... est décédé en son domicile le...

Qu'il est créancier de celui-ci d'une somme de... en principal pour... (*causes de la créance*).

Qu'il a le plus grand intérêt pour la conservation de son gage et le recouvrement de sa créance à faire apposer les scellés sur les meubles et effets de son débiteur.

Mais que n'étant pas fondé en titre exécutoire, il doit être autorisé conformément à l'article 909-2° du Code de procédure civile.

Pourquoi il demande qu'il vous plaise, Monsieur le président, l'autoriser à faire apposer les scellés par M. le juge de paix de... sur les meubles, effets mobiliers et papiers dépendant de la succession de M. A... se trouvant en son domicile susindiqué et en tout autre lieu, à charge de vous en référer en cas de difficultés, scellés préalablement apposés; et, vu l'urgence, d'ordonner l'exécution par provision de votre ordonnance avant enregistrement.

Et ce sera justice.

(Date et signature.)

Ordonnance. — Nous, président,

Vu la requête qui précède et les pièces à l'appui,

Vu l'article 909 du Code de procédure civile.

Autorisons l'exposant à faire apposer les scellés par M. le juge de paix de... sur les meubles, effets mobiliers et papiers de la succession de M. A... en son domicile à... et partout, où besoin sera, à charge de nous en référer en cas de difficultés, scellés préalablement apposés.

Ce qui sera, vu l'urgence, exécuté par provision même avant enregistrement de notre ordonnance.

Fait à..., le...

FORM. 1664. — Requête d'apposition de scellés au cours de l'inventaire.

L'An... (*comme en la formule 1662*).

Lequel, préalablement à la réquisition objet des présentes, a exposé ce qui suit :

M. A..., propriétaire, demeurant à..., rue..., est décédé en son domicile le..., vers... heures.

L'inventaire des meubles et objets mobiliers dépendant de sa succession a été commencé par Me..., notaire à..., mais n'est pas encore terminé; d'autre part le comparant n'a pas été appelé à ces opérations, bien qu'il soit... (*relater la qualité qui permettait à l'exposant de requérir l'inventaire*).

(*Ou :* D'autre part, des difficultés se sont élevées entre l'exposant et les autres parties intéressées.)

Le comparant a, par suite, le plus grand intérêt à ce que les scellés soient apposés sur les meubles et effets mobiliers restant à inventorier.

Ceci exposé, le comparant ès qualité... (*comme en la formule 1662*).

ORDONNANCE.

Sur quoi, nous, juge de paix soussigné, assisté de notre greffier, aussi soussigné,

Vu la requête qui précède et l'article 923 du Code de procédure civile,

Attendu que le requérant a qualité pour requérir l'apposition des scellés dont il s'agit;

Attendu que l'inventaire commencé après le décès de M. A... n'est pas encore achevé.

Ordonnons que nous nous transporterons immédiatement (*ou :* le... à... heures) assisté de notre greffier, au domicile susindiqué de M. A... et en tout autre lieu qu'il sera nécessaire pour y procéder à l'apposition de scellés sur les meubles et objets mobiliers dépendant de la succession de ce dernier et non encore inventoriés.

Fait à... aux lieu, jour et heure susindiqués,

Et après lecture, nous avons signé avec le greffier.

(Signatures.)

FORM. 1665. — Procès-verbal d'apposition de scellés.

L'AN... (*comme en la formule 1662*).

Après l'ordonnance continuer ainsi :

Et sans désemparer (*ou :* et de suite — *ou encore :* Et l'an..., le..., à... heures).

En conformité de l'ordonnance qui précède.

Nous..., juge de paix du canton de..., assisté de Me..., notre greffier,

(*Ou :* Nous..., greffier de la justice de paix du canton de...

Agissant en vertu de la délégation qui précède et conformément aux dispositions de l'article 911 du Code de procédure civile).

Nous nous sommes transporté en la demeure du *de cujus* sise à..., rue..., n°..., à l'effet d'y procéder aux opérations d'apposition de scellés dont nous avons été légalement requis.

Ayant trouvé à ce domicile Mme..., nous lui avons fait connaître notre qualité et l'objet de notre visite et avons procédé ainsi qu'il suit :

APPOSITION DES SCELLÉS. — *Dans une chambre du premier étage, éclairée par deux fenêtres sur la cour :* nous avons apposé deux scellés, l'un sur les portes et l'autre sur le tiroir d'une armoire en chêne qui se trouvait fermée à clef et dont les clefs nous ont été remises par M... et que nous avons laissées aux mains du greffier.

Dans une pièce à usage de cabinet de travail : Un scellé muni de trois cachets sur les tiroirs, etc...

Continuer ainsi dans chaque pièce et indiquer à chaque fois : Nous avons laissé en évidence, outre les meubles mis sous scellés : un lit complet avec sommier; une table de nuit, deux fauteuils, etc...

S'il est trouvé des espèces : Dans le tiroir du bureau nous avons trouvé la somme de... dont... en billet de banque de... et le surplus en pièces de... sur cette somme nous avons, du consentement des parties présentes, remis à Mme..., domestique du défunt, une somme de... pour subvenir aux dépenses urgentes et courantes et ce, à titre conservatoire et d'administration seulement. Le surplus de la somme soit..., a été, du consentement des parties, confié à Me..., notre greffier, qui s'en est chargé pour en faire la représentation quand et à qui il appartiendra.

DÉCLARATIONS ET SERMENTS. — Sur notre interpellation, Mme... nous a déclaré qu'il n'existe point, à sa connaissance, d'autres lieux occupés par le défunt ni d'autres objets mobiliers dépendant de sa succession. Après quoi, sur la réquisition que nous lui avons faite, elle a juré qu'elle n'a rien pris, caché ni détourné, vu ni su qu'il ait été rien pris, caché ou détourné, soit directement soit indirectement des objets et effets dépendant de la succession de M. A... (*ou s'il y a lieu :* des meubles et effets de la communauté ayant existé entre elle et son défunt mari, et de la succession de ce dernier).

DÉCOUVERTE D'UN TESTAMENT. — En procédant nous avons découvert dans le tiroir du bureau un paquet cacheté (*ou :* un pli cacheté) paraissant renfermer le testament du *de cujus*. Ce paquet (*ou :* ce pli) est clos par une enveloppe, scellé par cinq empreintes de cire rouge sur lesquelles ont été apposés un cachet portant les initiales E. D. L'enveloppe porte cette suscription : Ceci est mon testament. Signé... — Nous avons parafé cette enveloppe avec Mme... et nous avons fixé au..., à... heures du... notre transport devant M. le président du tribunal civil de..., afin de lui présenter le paquet dont il s'agit, pour en faire l'ouverture et ordonner, suivant les circonstances, les mesures qu'il appartiendra, et nous avons signé en cet endroit avec les parties comparantes (*signatures*).

Si le testament est ouvert : En procédant nous avons découvert dans... un papier

ouvert qui paraît être le testament de M... *de cujus*, écrit sur une feuille au timbre de...
ce testament commence par ces mots : ceci est mon testament et se termine par la signature de M... Nous avons parafé cette pièce avec Mme... (*comme ci-dessus*). — (*Signatures.*)

GARDIEN DE SCELLÉS. — Ce fait, nous avons désigné (*s'il y a lieu :* sur la présentation
qui nous en a été faite par les parties intéressées) Mme... comme gardienne des scellés et
des objets laissés en évidence; laquelle, ici présente, a déclaré se charger, sous les obligations qui y sont attachées, de la mission qui lui est confiée.

CLOTURE. — Il a été vaqué aux opérations ci-dessus depuis... heures, jusqu'à...
heures par (simple, double ou triple) vacation, non compris le temps du déplacement.

De tout ce qui précède, il a été dressé le présent procès-verbal.

Et après lecture, Mme... (*s'il y a lieu :* et le gardien des scellés) ont signé avec nous
et le greffier.

(Signatures.)

FORM. 1666. — Opposition à scellés dans le procès-verbal d'apposition.

Et à l'instant est intervenu aux présentes.

M. D..., propriétaire, demeurant à... (*s'il y a lieu :* déclarant faire élection de domicile à... chez M..., conformément à l'article 927 du Code de procédure civile).

Lequel a déclaré qu'il est créancier de M. A... pour une somme de..., montant de la
condamnation qu'il a obtenue contre lui, suivant jugement du tribunal de commerce
de... en date du... et qu'il s'oppose formellement à ce qu'il soit procédé, hors sa présence
ou lui dûment appelé, à la levée des scellés par nous apposés après le décès du dit M. A...

Et après lecture, le comparant a signé avec nous et le greffier.

(Signatures.)

FORM. 1667. — Opposition par exploit à la levée de scellés.

L'AN MIL NEUF CENT..., le...,

A la requête de M. B..., propriétaire, demeurant à...

Élisant domicile...

J'ai... (*immatricule de l'huissier*),

Signifié et déclaré à M. le greffier de la justice de paix du canton de... en son greffe
ou étant et parlant à... qui a visé le présent.

Que le requérant est créancier etc... (*comme en la formule précédente*).

Et qu'il s'oppose formellement par les présentes à ce qu'il soit procédé à la levée des
scellés apposés par M. le juge de paix de... au domicile de M... hors sa présence ou lui
dûment appelé pour sûreté et garantie de ses droits susénoncés et sous toutes réserves.

A ce qu'il n'en ignore, j'ai, etc...

FORM. 1668. — Mention sur le procès-verbal d'apposition de l'opposition faite par exploit d'huissier.

Opposition par M...

Par exploit de M^e..., huissier à..., en date du..., et demeuré ci-annexé, opposition a
été faite par M..., qui a élu domicile à..., à la levée, hors sa présence, des scellés apposés
après le décès de M. A... suivant procès-verbal en date du... dont la minute précède.

Pour mention
Le greffier. (Signature.)

FORM. 1669. — Mainlevée d'opposition aux scellés.

L'AN MIL NEUF CENT..., le..., à... heures.

A..., au greffe de la justice de paix.

PARDEVANT nous.., greffier de la justice de paix du canton de... A COMPARU :

M..., négociant, demeurant à...

Lequel a, par les présentes, déclaré donner mainlevée pure et simple, définitive et
sans réserve, de l'opposition faite, à sa requête (*ou :* en son nom) suivant exploit de M^e...,
huissier à.., en date du..., à la levée, hors sa présence, des scellés apposés après le décès
de M. A...

Voulant que cette opposition soit considérée comme non avenue.

Et après lecture, M... a signé avec nous, greffier.

(Signatures.)

FORM. 1670. — Requête pour levée de scellés en cas d'urgence.

A Monsieur le président du tribunal civil de...

M. B..., négociant, demeurant à..., ayant M^e... pour avoué,

A l'honneur de vous exposer :

Que suivant procès-verbal en date du..., les scellés ont été apposés (*le cas échéant :*
à la requête de l'exposant en sa qualité de...) par M. le juge de paix du canton de..., à...,
sur les meubles et effets dépendant de la succession de M. A... décédé le..., inhumé le...

Qu'il est urgent de procéder à la levée de ces scellés, sans attendre l'expiration du délai prévu par la loi, en raison de...

Pourquoi et conformément à l'article 928 du Code de procédure civile, il demande qu'il vous plaise, l'autoriser à faire procéder immédiatement et sans délai à la levée des scellés dont il s'agit, commettre un notaire pour représenter à la levée et à l'inventaire les parties qui ont le droit d'assister à ces opérations et qui ne sont pas présentes, autoriser l'exécution de votre ordonnance, par provision, même avant enregistrement.

Et ce sera justice   *(Date et Signature.)*

ORDONNANCE. — Nous, président,

Vu la requête qui précède et les pièces à l'appui, ainsi que l'article 928 du Code de procédure civile,

Et attendu qu'il y a extrême urgence à... *(indiquer le but à obtenir et les causes de l'urgence)*.

Ordonnons que les scellés apposés par M. le juge de paix de..., après le décès et au domicile de M. A..., seront levés immédiatement et sans délai à la réquisition de l'exposant.

Commettons Mᵉ..., notaire à..., pour représenter à la levée des scellés dont il s'agit et à l'inventaire qui suivra les parties non présentes.

Autorisons, vu l'urgence, l'exécution de notre ordonnance par provision, même avant enregistrement.

Fait à..., le...

FORM. 1671. — Requête à fin de commettre un notaire pour représenter les absents.

A Monsieur le président du tribunal civil de...

M... *(comme en la formule précédente)*.

A l'honneur de vous exposer :

Qu'en sa qualité d'héritier de M. A..., propriétaire, demeurant à..., où il est décédé le..., l'exposant a fait apposer les scellés au domicile du défunt par M. le juge de paix du canton de... suivant procès-verbal en date du...

Qu'il doit être procédé à sa requête le..., à la levée de ces scellés et à l'inventaire avec prisée des meubles, effets et papiers dépendant de la succession de M. A...

Qu'au nombre des héritiers se trouvent : 1º M..., propriétaire, demeurant à...; 2º et M..., rentier, demeurant à..., et que par suite de leur éloignement il y a lieu de commettre un notaire pour les représenter aux opérations précitées, conformément aux articles 931 et 942 du Code de procédure civile.

Pourquoi, l'exposant demande qu'il vous plaise, Monsieur le président, commettre un notaire pour représenter Mᵐᵉ... susnommés aux opérations de levée de scellés et d'inventaire dont il s'agit *(s'il y a lieu :* et vu l'urgence autoriser l'exécution de votre ordonnance par provision même avant enregistrement).

Et ce sera justice.   *(Date et signature.)*

ORDONNANCE. — Nous, président,

Vu la requête qui précède et les pièces à l'appui ainsi que les articles 931 et 942 du Code de procédure civile.

Commettons Mᵉ..., notaire à..., pour représenter M... et M... aux opérations de levée de scellés et d'inventaire après le décès de M. A...

(S'il y a lieu : Autorisons, vu l'urgence, l'exécution de notre ordonnance par provision, même avant enregistrement.)

Fait à..., le...

FORM. 1672. — Sommation d'assister à la levée des scellés.

L'AN MIL NEUF CENT..., le...

En vertu d'une ordonnance rendue par M. le juge de paix du canton de..., le..., enregistrée, au bas d'une réquisition à lui présentée par le requérant à fin de levée de scellés, desquelles réquisition et ordonnance copie est donnée en tête de celle du présent exploit,

Et à la requête de M... *(nom, prénoms, profession)* demeurant à..., pour lequel domicile est élu à... chez...

J'ai... *(immatricule de l'huissier)*, soussigné,

Fait sommation à : 1º M... *(noms et profession)* demeurant à..., pris en qualité de..., en son domicile ou étant et parlant à...;

2º M... *(noms, profession et domicile)*, pris en qualité d'opposant à la levée des scellés ci-après indiqués suivant exploit de Mᵉ..., huissier à..., en date du... *(ou :* suivant déclaration insérée au procès-verbal d'apposition de scellés dressé...) au domicile par lui élu dans l'opposition précitée à... ou étant et parlant à...,

De comparaître le..., à... heures du..., dans la maison où était domicilié M... décédé le..., pour, si bon leur semble, être présents à la levée des scellés apposés au dit lieu ainsi qu'à l'inventaire qui suivra, des meubles, titres, pièces, papiers, valeurs et renseignements de toute nature intéressant tant activement que passivement la succession de M. A...

Déclarant aux susnommés que, faute par eux de comparaître, il sera procédé aux opérations de levée de scellés et d'inventaire dont il s'agit comme s'ils étaient présents.

Et j'ai, à ce qu'ils n'en ignorent, etc...

FORM. 1673. — Procès-verbal de levée de scellés.

I. — Réquisition. — L'An..., le..., à... heures.

Pardevant nous..., juge de paix du canton de..., assisté de M⁶..., notre greffier,

Ont comparu :

1º M...; 2º M...

Lesquels, préalablement à la réquisition qui va suivre, ont exposé ce qui suit :

M. A..., rentier, demeurant à..., rue..., nº..., est décédé en son domicile le...

Il a laissé, savoir... (*mêmes qualités qu'en l'inventaire*).

Après le décès de M. A..., les scellés ont été apposés sur les meubles et effets mobiliers dépendant de sa succession, suivant procès-verbal en date du... enregistré.

Ceci exposé, les comparants désirant faire procéder avec inventaire à la levée des scellés dont il s'agit nous requièrent de fixer les jour et heure où il nous plaira d'y procéder, s'obligeant à y faire trouver et, en tous cas, à y appeler régulièrement, par sommations données en temps utile et en vertu de notre ordonnance, toutes les parties intéressées.

Et après lecture et sous toutes réserves, les comparants ont signé.

(*Signatures.*)

II. — Ordonnance. — Sur quoi, nous..., juge de paix du canton de..., assisté de M⁶..., notre greffier,

Vu la réquisition qui précède et les pièces à l'appui demeurées ci-annexées;

Attendu que les requérants, ont le droit de demander la levée avec inventaire, des scellés apposés après le décès de M. A...;

Attendu que le délai pendant lequel les scellés ne peuvent être levés, d'après l'article 928 du Code de procédure civile, est expiré :

Attendu qu'il n'y a pas d'opposition à la levée de scellés requise.

Ordonnons que nous nous transporterons le..., à... heures (*ou :* immédiatement) au domicile de M. A..., *de cujus*, sis à..., rue..., nº..., pour procéder, toutes parties intéressées, représentées ou appelées aux opération dont il s'agit.

Intimons MM..., requérants, à s'y trouver, défaut de suite, la présente fixation valant sommation.

Fait à..., au lieu susindiqué, ledit jour...

Et après lecture, les requérants ont signé avec nous et le greffier.

(*Signatures.*)

III. — Levée des scellés. — L'An..., le..., à... heures (*ou :* Et sans désemparer), nous..., juge de paix du canton de..., assisté de M⁶..., greffier.

En conformité de l'ordonnance par nous rendue et qui précède,

Nous nous sommes transportés au domicile de feu M. A..., sis..., aux fins de la levée avec inventaire, des scellés apposés après son décès.

Arrivé sur les lieux, nous y avons trouvé :

1º M..., 2º et M..., requérants, qui ont déclaré faire élection de domicile à..., chez..., conformément à l'art. 936-2º du Code de procédure civile.

Lesquels ont exposé ce qui suit :

En vertu de notre ordonnance précitée et par exploit de M⁶..., huissier à..., en date du... enregistré, il a été fait sommation à : 1º M...; 2º M... d'avoir à se présenter, si bon leur semble, à ces lieu, jour et heure, aux fins des opérations dont il s'agit, avec déclaration qu'il sera procédé tant en leur absence qu'en leur présence, défaut de suite.

L'original duquel exploit est demeuré ci-annexé après mention.

En conséquence, les comparants nous ont requis de donner défaut contre les parties sommées si elles ne comparaissent pas et de procéder, tant en leur absence qu'en leur présence, à la levée, avec inventaire, des scellés dont il s'agit.

Et après lecture, MM... ont signé.

(*Signatures.*)

A cet instant sont intervenus :

1º M...; 2º M..., lesquels ont dit se présenter pour obéir à la sommation qui leur a été faite et assister aux opérations de levée de scellés et d'inventaire dont il s'agit; nous leur avons donné acte de cette comparution.

Les parties ont choisi comme expert-priseur M⁶..., greffier de la justice de paix, qui a promis de remplir fidèlement son mandat.

Puis, lecture donnée aux parties de ce qui précède, nous avons procédé à nos opérations de la manière suivante, sans que les qualités ci-dessus exprimées puissent nuire et préjudicier à qui que ce soit, mais au contraire sous toutes réserves.

D *ans une pièce au rez-de-chaussée éclairée par deux fenêtres sur la cour :* Nous avons levé et ôté, après l'avoir vérifié et reconnu sain et entier, le scellé apposé sur une armoire.

Me..., notaire instrumentaire, a inventorié, sous la prisée du greffier, d'abord tous les meubles et objets apparents et ensuite ceux qui se trouvaient sous scellés dans les divers meubles et placards, les scellés ayant été levés et ôtés par nous au fur et à mesure des besoins de l'inventaire.

Salle à manger..., cuisine..., cave... (relater comme ci-dessus les opérations dans chacune des pièces).

Papiers. — Me..., notaire, a procédé à l'examen et au tri des titres et papiers trouvés dans les meubles.

Clôture. — Il a été vaqué à tout ce qui précède depuis... heures jusqu'à... par *(simple, double, triple)* vacation.

Et après lecture, les parties, le gardien des scellés, l'expert priseur et Me..., notaire, ont signé avec nous et le greffier.

(Signatures.)

II. — INVENTAIRE

PREMIÈRE PARTIE. — Intitulés et prisées.

§ 1er. — Intitulés. Préambules et clotures d'intitulé.

FORM. 1674. — **Intitulé d'inventaire de communauté *(ou : de succession)* sans scellés.**

L'An mil neuf cent..., le mardi 15 mars, à 9 heures.

A Paris, dans un appartement situé au... étage d'une maison sise rue..., no..., où demeurait et où est décédé le... M. Antoine Lange, rentier, époux de Mme Lucie Danois ci-après nommée *(ou : où demeurait M..., etc...; observation faite que M. Lange est décédé à..., où il se trouvait momentanément le...).*

(Ou : Au Perreux (Seine), rue..., no..., dans une maison où demeurait et où est décédé le..., M. Jules Roset, fabricant de meubles, veuf en premières noces de Mme Léocadie Audouin, et époux en secondes noces de Mme Marthe Dumont.

Ou : A..., rue..., no..., au domicile qu'occupait M..., où il est décédé le..., étant fait observer que ce dernier était séparé de fait d'avec Mme..., son épouse; laquelle réside à..., rue..., no...

Ou : A la ferme du Catois, commune de... *(département),* où demeurait et où est décédé le... dernier, M...

Ou : A..., rue..., no..., dans l'habitation qui formait le domicile commun de M. et Mme..., et où Mme... a continué de résider.

Ou : A..., rue..., no..., dans une maison appartenant à M..., qui y était domicilié et où il est décédé le... présent mois, ainsi que le constate son acte de décès inscrit au registre des actes de décès de... le même jour, dont une expédition délivrée par le maire de cette commune le... est demeurée ci-annexée après mention.)

A la requête de :

1ent Mme Lucie Danois, etc... *(V. formules 1691 et suiv.).*

2ent M... *(énonciation des noms et qualités des héritiers comme aux formules 1714 et s.).*

(Ou : A la requête et en présence de : 1o..., 2o..., 3o...)

A la conservation des droits et intérêts des requérants et de tous autres qu'il appartiendra, sans que les qualités ci-dessus exprimées puissent préjudicier à qui que ce soit, mais au contraire, sous toutes réserves.

Il va être par Me..., notaire à..., soussigné.

(Ou s'il y a deux notaires : Il sera, par Me... et Me..., tous deux notaires à..., soussignés.

Ou s'il y a un notaire et deux témoins : Il va être par Me..., notaire à..., soussigné, assisté de : 1o M..., 2o et M..., témoins instrumentaires requis et soussignés conformément à la loi.

Ou lorsque le notaire est commis par justice : Il sera, par Me..., notaire à..., soussigné, commis à cet effet, suivant ordonnance rendue sur référé *(ou :* sur requête) par M. le président du Tribunal civil de..., le..., de laquelle ordonnance une expédition *(ou :* l'original) est demeurée ci-annexée après mention.)

Procédé à l'inventaire fidèle et description exacte de tout ce qui peut dépendre tant activement que passivement de la communauté de biens ayant existé entre M. et Mme Lange-Danois et de la succession de M. Lange *(ou seulement :* de la succession de M...).

(Ou : Procédé à l'inventaire fidèle et à la description exacte de tous les meubles meublants, effets et objets mobiliers, titres, papiers, valeurs, notes, deniers comptants et renseignements quelconques pouvant dépendre tant de la communauté, etc...

Ou après le décès d'un cultivateur : Procédé... de tous les meubles meublants, objets mobiliers, attirail de culture, animaux, labours, semences, récoltes, titres, papiers, etc...)

Le tout trouvé dans les lieux ci-après désignés faisant partie de la maison où il est actuellement procédé, dépendant de la communauté *(ou :* qui appartenait en propre au de cujus; ou : qui appartient en propre à Mme Vve Lange).

(Ou lorsque le décès n'a pas été énoncé en tête : le tout étant dans un appartement au... étage de la maison où il est procédé appartenant à M... *(propriétaire),* où M. Lange était domicilié et où il est décédé le... ainsi que le constate, etc...)

Sur la représentation et les déclarations qui seront faites par Mme Vve Lange, épouse survivante, qui est restée en possession du tout depuis le décès de son mari, et qui, avertie du serment qu'elle aura à prêter en fin du présent inventaire et de l'obligation résultant pour elle et ses intéressés de l'article 52 de la loi du 13 juillet 1925 dont lecture vient d'être donnée, a promis d'y déclarer et faire comprendre tout ce qui, à sa connaissance, peut dépendre activement et passivement des communauté et succession dont il s'agit (*ou : de la succession dont il s'agit*).

Tous les objets susceptibles d'évaluation seront estimés par M^e..., commissaire-priseur, demeurant à..., lequel, à ce présent, a promis de faire cette prisée à sa juste valeur.

(*Ou si le notaire procède lui-même à la prisée :* Les objets qui en sont susceptibles seront prisés par M^e..., notaire soussigné.

Ou si la prisée est faite par le greffier : La prisée des objets mobiliers susceptibles d'estimation sera faite par M^e..., greffier de la justice de paix de..., lequel, à ce présent, a promis d'y procéder fidèlement, conformément à la loi.

Ou si elle est faite par un huissier : La prisée... par M..., huissier, demeurant à..., lequel, à ce présent, a promis de faire cette prisée à sa juste valeur.

Ou si la prisée est faite avec le concours d'un expert : La prisée des objets susceptibles d'estimation sera faite par M... (*comme ci-dessus*) sur l'avis de M..., demeurant à..., expert choisi par les parties, et qui a préalablement prêté serment entre les mains du notaire soussigné, de s'acquitter fidèlement de la mission qui lui est confiée.)

Et sous toutes réserves, les parties ont signé avec le commissaire-priseur (*le cas échéant :* l'expert) et le notaire après lecture faite.

(*Ou si l'une des parties ne peut signer :* Et sous toutes réserves de droit et après lecture faite, les parties ont signé avec l'officier-priseur (*s'il y a lieu :* l'expert, le gardien de scellés) et les notaires (*ou :* les témoins et le notaire), à l'exception de M... qui, de ce requis, a déclaré ne savoir le faire (*ou :* ne pouvoir le faire par suite...).

FORM. 1675. — Intitulé d'inventaire de communauté (*ou :* de succession) avec scellés.

L'An... (*comme en la formule 1674*).

Sur la représentation et les déclarations qui seront faites par M..., gardien des scellés ci-après mentionnés, lequel ici présent, averti du serment qu'il aura à prêter en fin du présent inventaire, a promis d'y déclarer et faire comprendre tout ce qui, à sa connaissance, peut dépendre tant activement que passivement desdites communauté ou succession (*ou :* de ladite succession).

Il sera procédé au fur et à mesure que les scellés apposés par M. le juge de paix de..., suivant procès-verbal en date du..., auront été reconnus par ce magistrat sains et entiers et comme tels levés et ôtés.

La prisée des objets, etc... (*comme en la formule 1674*).

Et sous toutes réserves de droit, les parties ont signé avec le gardien des scellés, l'officier-priseur (*s'il y a lieu :* l'expert) et le notaire après lecture faite.

FORM. 1676. — Intitulé d'inventaire après sommations aux héritiers.

L'An mil neuf cent..., le mardi..., à... heures.

A Paris, rue..., n°..., dans un appartement au... étage, où demeurait et où est décédé le... Mme Louise Ory, veuve de M. René Ledoux.

Pardevant M^e..., notaire à..., soussigné.

A Comparu :

M. Eugène Desnos, clerc de notaire, demeurant à...

Agissant au nom et comme mandataire de M. Albert Ledoux, propriétaire, demeurant à..., en vertu des pouvoirs qu'il lui a conférés suivant acte reçu par M^e..., le..., dont le brevet original est demeuré ci-annexé après mention.

Lequel a exposé que, suivant exploit de M^e..., huissier à..., en date du..., et dont l'original est demeuré ci-annexé, M. Ledoux, son mandant, a fait sommation à : 1° M. Émile Ledoux, son frère, propriétaire, demeurant à...; 2° et à Mme Lucie Ledoux, sa sœur, épouse de M. Gustave Rey, négociant, avec lequel elle demeure à..., de se trouver et comparaître à ces jour, lieu et heure, défaut de suite pour assister à la levée des scellés apposés au domicile de Mme Vve Ledoux, leur mère *de cujus*, ainsi qu'à l'inventaire des biens dépendant de la succession de cette dernière.

Puis il a requis M^e..., notaire soussigné, de prononcer défaut contre M. Émile Ledoux et M. et Mme Rey, s'ils ne se présentent pas ni personne pour eux, et de procéder, en tout état de cause, aux opérations dont il s'agit.

Et après lecture, il a signé en cet endroit.

(Signature.)

A l'instant est intervenu :

Mme Rey, née Ledoux et son mari, ci-dessus prénommés, qualifiés et domiciliés.

Lesquels ont dit qu'ils comparaissaient, M. Rey, dans le but d'assister et autoriser son épouse, pour répondre au désir de la sommation qui leur a été faite, à l'effet d'être présent aux opérations d'inventaire après le décès de Mme Vve Ledoux; inventaire qu'ils requièrent en tant que de besoins.

Et ils ont signé après lecture.

(Signatures.)

Attendu qu'il est... heures passées et que M. Émile Ledoux ne s'est pas présenté en personne, ni fait représenter par mandataire, M^e..., notaire soussigné, obtempérant à la réquisition de M. Desnos, ès-noms, a prononcé défaut contre lui.

Et faisant droit à la réquisition des parties présentes :

A la requête de :

1º M. Albert Ledoux, susnommé, représenté par M. Desnos, son mandataire;

2º Mme Lucie Ledoux, épouse assistée et autorisée de M. Gustave Rey, négociant, avec lequel elle demeure à..., à ce présents.

M. Albert Ledoux, Mme Rey, issus avec M. Émile Ledoux, défaillant, du mariage, etc... (pour les qualités, voir formules 1714 et suiv.).

A la conservation des droits et intérêts de qui il appartiendra.

Il va être, etc... (Voir formule 1674).

FORM. 1677. — Intitulé avec créanciers opposants et sommations.

L'An... (comme en la formule 1674 jusqu'à l'indication du lieu où il est procédé).

Sur la représentation etc... (comme en la formule 1678).

Tous les objets susceptibles d'évaluation seront estimés par... (Voir formule 1674).

Il sera procédé au fur et à mesure que les scellés apposés par M. le juge de paix du canton de..., suivant procès-verbal en date du..., auront été reconnus par ce magistrat sains et entiers et comme tels levés et ôtés.

Il est ici fait observer :

Que les scellés à la levée desquels il va être procédé, ont été apposés à la requête de M. A..., créancier du de cujus, autorisé à cet effet par ordonnance de M. le président du Tribunal civil de..., en date du...

Que depuis l'apposition des scellés, des oppositions à leur levée ont été faites :

1º Par M. B... (noms, profession et domicile), suivant exploit de..., huissier à..., en date du...;

2º Par M. C...; 3º Par M. D..., etc...

Tous se prétendant créanciers de M... de cujus.

Que, suivant exploit de M..., huissier à..., en date du..., il a été fait sommation à MM. A..., B..., C... et D... susnommés, de se trouver ce jourd'hui, heure présente, au lieu où il est procédé, afin d'être présents aux opérations de levée de scellés et d'inventaire, avec déclaration qu'à défaut par eux de comparaître ou de se faire représenter, il serait prononcé défaut de suite et procédé aux opérations dont il s'agit en leur absence comme en leur présence; l'original de laquelle sommation est demeurée annexée au procès-verbal de levée de scellés dressé par M. le juge de paix ce jour même.

Que M. B..., quoique régulièrement sommé, n'ayant pas comparu ni personne pour lui, il a été prononcé défaut contre lui ainsi que le constate le procès-verbal de levée de scellés susénoncé.

Et qu'à l'instant se sont présentés :

1º M. C...; 2º M. D... susnommés;

3º M^e..., avoué près le tribunal civil de..., demeurant à..., au nom et comme porteur des titres de créances de M. A... susnommé.

Lesquels ont déclaré comparaître pour assister à la levée des scellés et à l'inventaire dont il s'agit en exécution de la sommation ci-dessus énoncée.

Et sous toutes réserves de fait et de droit, les parties requérantes, présentes et intervenantes ont signé avec M..., gardien des scellés, l'officier-priseur et le notaire, après lecture faite.

(Signatures.)

(Voir formule 1784.)

FORM. 1678. — Intitulé d'inventaire dressé avant le délai légal. Scellés.

L'An..., le mardi..., à... heures.

A Paris, dans un appartement, etc... (comme en la formule 1674 jusqu'à la phrase suivante).

Il va être par M^e..., notaire à..., soussigné;

Et en exécution d'une ordonnance de M. le président du Tribunal civil de..., rendue le... sur le procès-verbal d'apposition des scellés énoncé ci-après, autorisant, vu l'urgence, les présentes opérations de levée de scellés et d'inventaire avant l'expiration du délai imparti par l'article 928 du Code de procédure civile de laquelle ordonnance une expédition est demeurée ci-annexée après mention.

Procédé à l'inventaire, etc... (La suite comme aux formules 1674 et 1675).

FORM. 1679. — **Intitulé d'inventaire dressé avant le délai légal. Absence de scellés.
Ordonnance.**

L'An..., le..., à 11 heures du matin,

A..., dans un appartement situé au deuxième étage d'une maison appartenant à M..., et où est décédé M. Journé ci-après nommé.

PARDEVANT Me..., notaire à..., soussigné. — A COMPARU :

Mme Louise PERRET, sans profession, demeurant à..., veuve de M. Sosthène JOURNÉ.

Agissant : I. — *En son nom personnel :* 1º A cause de la communauté...; 2º A cause des droits...; 3º Comme ayant droit à l'usufruit du 1/4... (*V. infra, formule 1692*); 4º Et comme ayant la jouissance légale des biens de ses deux enfants mineurs ci-après nommés, dans les termes de l'article 384 du Code civil.

II. — *Et au nom et comme tutrice* naturelle et légale de : 1º..., 2º..., ses deux enfants issus de son union avec M. Journé *de cujus.*

Laquelle a exposé :

Que M. Sosthène Journé, son mari, est décédé hier 4 juin en son domicile sus-indiqué, le..., laissant pour seuls héritiers ses deux enfants mineurs ci-dessus nommés.

Qu'il dépend de la communauté un fonds de commerce de..., exploité par les époux Journé au rez-de-chaussée de l'immeuble où il est actuellement procédé, lequel est grevé de diverses dettes commerciales échues et en raison desquelles certains créanciers menacent de faire apposer les scellés; que cette formalité, qui aurait pour effet d'interrompre l'exploitation du fonds est susceptible de causer le plus grave préjudice aux intérêts des parties et même des créanciers et qu'il est de toute nécessité de procéder d'extrême urgence à l'inventaire des biens des communauté et succession dont il s'agit, sans attendre le délai prescrit par la loi.

Que, par délibération du conseil de famille tenue ce matin devant M. le juge de paix de..., les mineurs Journé ont été pourvus d'un subrogé-tuteur en la personne de M. Alexis Journé, leur oncle, propriétaire, demeurant à...; que par suite, rien ne s'oppose à la confection immédiate d'un inventaire, mais qu'aux termes de l'article 928 du Code de procédure civile, il ne peut y être procédé avant le délai de trois jours qui suit celui de l'inhumation du *de cujus*, à moins d'y être autorisé par ordonnance de M. le président du Tribunal civil.

En conséquence, Mme Vve Journé, comparante, ès-qualités, requiert Me..., notaire soussigné, de se transporter devant M. le président du Tribunal civil de..., à l'effet d'obtenir l'autorisation nécessaire pour procéder sans délai à l'inventaire dont il s'agit.

Et elle a signé après lecture.

(Signature.)

Déférant à cette réquisition, Me..., notaire, s'est immédiatement transporté avec Mme Vve Journé près M. le président du Tribunal civil de..., aux fins susindiquées; lequel magistrat, connaissance prise de la requête qui précède, a rendu l'ordonnance suivante :

ORDONNANCE. — Nous, président du Tribunal civil de...

Vu les observations et réquisitions contenues en la requête dont la minute précède,

Après avoir entendu, en outre, Me..., notaire, et Mme Journé en leurs observations;

Attendu que Mme Vve Journé ès-qualités, requiert la confection immédiate d'un inventaire après le décès de son mari, arrivé le..., mais qu'aux termes de l'article 928 du Code de procédure civile, il ne peut y être procédé que trois jours francs après l'inhumation, à moins que pour cause urgente, il en soit, par nous, autrement ordonné;

Attendu que les créanciers menacent de prendre des mesures conservatoires dont l'exécution entraînerait des frais et perte de temps préjudiciables aux intérêts de tous, et que la confection immédiate de l'inventaire sera de nature à leur donner satisfaction;

Attendu, en outre, qu'il y a intérêt pour les héritiers, comme pour les créanciers, à ce qu'il ne se produise aucune interruption dans les opérations commerciales, interruption qui ne manquerait de causer au fonds de commerce exploité un certain préjudice.

Attendu, au surplus, qu'un subrogé-tuteur a été nommé aux mineurs Journé et qu'il peut être procédé immédiatement à l'inventaire requis en présence de tous les ayants droit.

Vu l'urgence, autorisons Me..., notaire, en conformité de l'article 928 du Code de procédure civile, à procéder sans délai à la requête des ayants droit à l'inventaire dont il s'agit.

Fait à..., au palais de justice, le...   *(Signature.)*

En conséquence de l'ordonnance de M. le président du Tribunal de 1re instance de... qui précède,

L'An..., le..., à... heures au lieu susindiqué.

Il va être :

A la requête de Mme Vve Journé susnommée, agissant tant en son nom personnel comme il est indiqué ci-dessus, qu'en qualité de tutrice légale de ses deux enfants mineurs ci-dessus nommés et seuls héritiers conjointement pour le tout, et divisément chacun pour moitié de M. Sosthène Journé, leur père.

En présence de M..., soussigné, subrogé-tuteur des mineurs Journé, nommé à cette fonction aux termes de la délibération de conseil de famille précitée.

Et à la conservation, etc...

Procédé, etc... (*V. formu'e 1674*).

FORM. 1680. — Intitulé d'inventaire des biens d'un interdit judiciaire.

L'An..., le..., à... heures.

A..., rue..., n°..., dans la maison où habitait M. Jules Morin, ancien représentant de commerce, actuellement placé à l'asile de..., interdit suivant jugement du Tribunal civil de..., en date du...

A la requête de M. Justin Finot, propriétaire, demeurant à...

Agissant en qualité de tuteur à l'interdiction de M. Morin, fonction à laquelle il a été nommé et qu'il a acceptée, suivant délibération du conseil de famille de l'interdit, prise sous la présidence de M. le juge de paix du canton de..., le...

En présence de M. Séraphin Oriot, négociant, demeurant à...

Subrogé-tuteur de M. Jules Morin, fonction qui lui a été conférée et qu'il a acceptée, par la délibération du conseil de famille précitée.

A la conservation des droits et intérêts de M. Jules Morin et tous autres qu'il appartiendra.

Il va être, par M^e..., notaire à...

Procédé à l'inventaire fidèle et description exacte de tous les meubles meublants, effets et objets mobiliers, titres, papiers, valeurs notes, deniers comptants et renseignements quelconques pouvant appartenir à M. Jules Morin à quelque titre que ce soit.

Le tout trouvé, etc... (*V. formule 1674*).

FORM. 1681. — Intitulé d'inventaire des biens d'un interdit légalement.

L'An..., le..., à... heures.

A..., dans une maison sise rue..., n°..., où demeurait M. Jules Morin, ancien négociant, interdit légalement en vertu d'un arrêt rendu par la Cour d'assises de..., le...

A la requête de M..., agissant en qualité de tuteur, etc... (*V. formule 1680*).

En présence de M..., subrogé tuteur, etc...

A la conservation, etc... (*comme en la formule 1680*).

FORM. 1682. — Intitulé d'inventaire après le décès d'une personne déclarée en faillite après son décès.

L'An..., le..., à... heures. A..., etc...

A la requête de : 1°..., 2°..., agissant, etc... (*formule ordinaire*).

Et en outre à la requête de M. Charles Benoit, Syndic de faillite demeurant à...

Agissant au nom et comme syndic définitif de la faillite de M... *de cujus* déclarée postérieurement à son décès, suivant jugement rendu par le tribunal civil de commerce de..., le...; nommé à cette fonction par jugement du même tribunal en date du..., et en cette qualité ayant le droit de requérir les présentes en vertu de l'article 481 du Code de commerce.

A la conservation, etc...

(*Voir formule 1811.*)

FORM. 1683. — Intitulé d'un inventaire dressé sur demande en séparation de corps ou divorce.

L'An..., le mardi... mars, à 9 heures.

A..., rue..., n°..., dans une maison habitée par M. et Mme Leroux, ci-après nommés et constituant leur domicile commun (*ou : au domicile de M. Leroux ci-après nommé*).

Pardevant M^e..., notaire à..., soussigné,

A Comparu :

Mme Sidonie Coret, sans profession, demeurant où il est actuellement procédé, épouse de M. Joseph Leroux non assistée de celui-ci, mais autorisée par justice à agir seule par l'ordonnance ci-après énoncée. Assistée de M^e..., avoué près le tribunal civil de...

Laquelle a exposé ce qui suit :

Suivant ordonnance rendue le..., M. le président du Tribunal civil de... l'a autorisée à former contre son mari, une demande en divorce (*ou : en séparation de corps*) et à faire procéder à l'inventaire des forces et charges de la communauté existant entre elle et ce dernier.

A sa requête les scellés ont été apposés sur les effets de cette communauté au lieu où il est actuellement procédé par M. le juge de paix du canton de..., le...

Et suivant exploit de..., huissier à..., en date du..., dont l'original est demeuré annexé au procès-verbal de levée de scellés ci-après relaté, elle a fait sommation à M. Joseph Leroux, son mari, de se trouver ce jourd'hui à 9 heures, en leur domicile commun susénoncé pour assister à la levée des scellés et aux opérations d'inventaire dont il s'agit, lui déclarant que faute de comparaître il serait donné défaut et procédé en son absence.

Ceci exposé, Mme Leroux, comparante, a requis M^e..., notaire soussigné, de lui donner acte de sa comparution, de prononcer défaut contre M. Leroux, s'il ne se présente pas ni personne pour lui et de procéder à l'inventaire dont il s'agit en tout état de cause.

Et elle a signé avec son avoué après lecture.

(Signatures.)

A l'instant est intervenu M. Joseph Leroux, susnommé, assisté de M^e..., avoué près le Tribunal civil de...

Lequel a dit se présenter pour obéir à la sommation qui lui a été faite, déclarant ne pas s'opposer à ce qu'il soit procédé à l'inventaire réclamé et le requérant même en tant que de besoin (S'il y a défaut voir formule 1676 et 1677).

Et il a signé avec M^e... son avoué, après lecture.

(Signatures.)

En conséquence, à la requête de :

1° Mme Leroux, judiciairement autorisée; 2° M. Joseph Leroux, son mari, tous deux susnommés.

Agissant l'un et l'autre en son nom personnel, savoir :

1° A cause de la communauté de biens réduite aux acquêts existant entre eux aux termes de leur contrat de mariage reçu par M^e..., notaire à..., le...; laquelle communauté Mme Leroux se réserve d'accepter ou de répudier par la suite selon qu'elle avisera.

2° A cause des reprises qu'ils peuvent avoir à exercer contre ladite communauté.

Et à la conservation de leurs droits réciproques.

Il va être, par M^e..., notaire soussigné,

Procédé à l'inventaire de tout ce qui peut dépendre de la communauté précitée.

Sur les représentations et déclarations, etc... (V. formule 1674).

FORM. 1684. — **Intitulé d'un inventaire dressé après divorce ou séparation de corps.**

L'An..., le mardi... mars à 9 heures.

A..., au domicile de M. Leroux, ci-après nommé.

Pardevant M^e..., notaire à..., soussigné.

A Comparu

M. Joseph Leroux, propriétaire, demeurant à...

Lequel a d'abord exposé ce qui suit :

Il a contracté mariage avec Mme Sidonie Coret à la mairie de..., le...;

Cette union a été précédée d'un contrat passé devant M^e..., notaire à..., le..., contenant adoption du régime de la communauté réduite aux acquêts;

Par exploit de M^e..., huissier à..., en date du..., il a formé contre son épouse une demande en divorce (ou : en séparation de corps) et aux termes d'un jugement contradictoire rendu le..., le tribunal civil de... a prononcé ce divorce à son profit et a renvoyé les époux devant M^e..., notaire soussigné, pour procéder à la liquidation de leurs droits.

Ce jugement a été levé, publié, signifié et est passé en force de chose jugée; il a été transcrit sur les registres des actes de l'état civil de..., le..., et mentionné le..., en marge de l'acte du mariage de M. et Mme Leroux.

Enfin, en vue de la liquidation de la communauté dissoute, il y a lieu de procéder par un inventaire à la constatation des forces et charges de celle-ci et à cet effet, le comparant, par exploit de M^e..., huissier à..., en date du..., dont l'original est ci-annexé, a fait sommation à Mme Sidonie Coret de se trouver en son domicile à..., à ces jour, heure et lieu afin d'être présente à cet inventaire, avec déclaration qu'il y serait procédé en son absence comme en sa présence.

Ceci exposé, le comparant requiert M^e..., notaire soussigné, de lui donner acte de ses comparutions et dires, de prononcer s'il y a lieu défaut contre Mme Coret et de procéder aux opérations.

Puis il a signé, après lecture.   (Signature.)

A l'instant est intervenu M. Alfred Lenoir, clerc de notaire, demeurant à..., agissant au nom et comme mandataire de Mme Sidonie Coret, susnommée, sans profession, demeurant à..., en vertu de la procuration qu'elle lui a conférée suivant acte reçu en brevet, par M^e..., notaire à..., le..., dont l'original est demeuré ci-annexé après mention (S'il y a défaut, voir formules 1676 et 1677).

Lequel a dit se présenter pour obéir à la sommation faite à sa mandante et assister à l'inventaire dont il s'agit.

Et il a signé après lecture.   (Signature.)

En conséquence, à la requête de M. Joseph Leroux, stipulant en son nom personnel et de Mme Sidonie Coret représentée par son mandataire (*ou :* en présence de M. Alfred Lenoir, mandataire de Mme Sidonie Coret),

Et à la conservation de leurs droits respectifs, Mme Coret tant à cause de la communauté précitée que son mandant lui réserve d'accepter ou de répudier par la suite, si elle le juge à propos, qu'en raison des droits, reprises et créances qu'elle peut avoir à exercer contre cette communauté et même s'il y a lieu contre son ex-mari, en vertu de son contrat de mariage, de tous autres titres et de la loi.

Sans que ces qualités puissent préjudicier à qui que ce soit, mais au contraire, sous toutes réserves.

Il va être par M^e..., notaire soussigné,

Procédé à l'inventaire fidèle et à la description exacte de tout ce qui peut dépendre de la communauté précitée ou l'intéresser à un titre quelconque.

Sur la représentation, etc... (*V. formule 1674*).

FORM. 1685. — Intitulé d'un inventaire après séparation de biens.

L'An MIL NEUF CENT..., le mercredi... mars, à 9 heures.

A..., en une maison formant le domicile commun de M. et Mme Leroux ci-après nommés.

A la requête de :

Mme Sidonie CORET, sans profession, épouse de M. Joseph LEROUX, avec lequel elle demeure à... ici présente (*s'il y a lieu :* et assistée de M^e..., avoué près le Tribunal civil de...).

Agissant en son nom personnel :

1° En qualité d'épouse séparée quant aux biens d'avec M. Leroux, son mari, suivant jugement rendu par défaut par le Tribunal civil de..., le..., publié, signifié, exécuté et passé en force de chose jugée ainsi qu'il résulte du procès-verbal d'ouverture de liquidation de ses reprises dressé par M^e..., notaire soussigné, le...;

2° A cause de la communauté de biens réduite aux acquêts qui a existé entre elle et M. Leroux, aux termes de leur contrat de mariage reçu...; laquelle communauté elle se réserve d'accepter ou de répudier par la suite, selon qu'elle avisera;

3° Et à raison des droits, reprises et créances qu'elle peut avoir à exercer contre cette communauté, et en cas d'insuffisance contre son mari, en vertu de son contrat de mariage, de tout autres titres et de la loi.

En présence de M. Leroux, ci-dessus nommé, qualifié et domicilié.

A la conservation des droits et intérêts de Mme Leroux et de tous autres qu'il appartiendra, etc... (*comme à l'ordinaire, voir formule 1674*).

(*S'il y a sommation, s'inspirer des formules 1676 et 1677 ci-dessus.*)

FORM. 1686. — Intitulé d'inventaire après le décès d'un notaire.

L'An..., le..., etc... (*formule ordinaire*).

En présence de M...

Agissant en qualité de receveur de l'enregistrement à..., et comme délégué par M. le Directeur de l'Enregistrement du département de..., suivant autorisation en date du..., à l'effet d'assister au dépouillement des minutes et répertoires de l'étude de M^e... *de cujus*, décédé dans l'exercice de ses fonctions de notaire.

A la conservation, etc...

FORM. 1687. — Intitulé d'inventaire après le décès d'un officier général.

L'An..., le jeudi... mars à 9 heures. A..., etc...

A la requête de : 1°..., 2°..., etc...

En présence de M..., capitaine au 151e régiment d'infanterie, en garnison à...

Agissant comme délégué par M. le général commandant la... division, suivant autorisation en date du... à l'effet d'assister à la levée des scellés et à l'inventaire des papiers de la succession de M..., susnommé.

A la conservation, etc...

FORM. 1688. — Intitulé d'un inventaire après le décès d'un titulaire de majorat.

L'An..., le jeudi... mars à 9 heures.

A..., rue..., n°..., dans un appartement au 2e étage où demeurait et où est décédé le..., M...

Lequel décès a été notifié, conformément aux prescriptions de l'article 12 de la loi du 4 mai 1809 par M^e..., notaire soussigné, à la date du..., à M. le Garde des Sceaux, ministre de la Justice, qui en a accusé réception par lettre du... ci-jointe et annexée après mention.

A la requête de, etc...

FORM. 1689. — Intitulé d'inventaire sur déclaration.

L'An mil neuf-cent..., le jeudi... mars, à 9 heures,

A..., en l'étude de Me..., notaire soussigné,

A la requête de : 1º M..., etc... (*V. formule 1674*).

A la conservation des droits et intérêts des parties et de tous autres qu'il appartiendra, sans que les qualités ci-dessus exprimées puissent préjudicier à qui que ce soit, mais au contraire, sous toutes réserves.

Il va être par le ministère de Me..., notaire à..., soussigné,

Procédé à l'inventaire fidèle et à la description exacte des objets mobiliers, valeurs et papiers pouvant dépendre de la succession de M. César Benoit, ancien grainetier, domicilié à..., décédé à l'hôpital de..., où il était en traitement, le...

Sur la représentation et les déclarations qui seront faites par M..., l'un des requérants (*ou :* par les requérants), lequel a été averti du serment qu'il aura à prêter en fin du présent inventaire (*ou :* lesquels avertis du serment qu'ils auront à prêter en fin du présent inventaire) a promis, etc... (*V. formule 1674*).

De tout ce qui précède a été dressé le présent intitulé d'inventaire que les requérants ont signé avec le notaire, après lecture.

FORM. 1690. — Intitulé d'inventaire dressé uniquement pour la justification de la dévolution de la succession en vue d'une mutation de rente. Expédition de contrat de mariage annexée.

L'An..., le..., à... (*V. formule 1674*).

A la requête et en présence de :

1ent Mme Louise Ledanois, propriétaire, demeurant à..., veuve de M. Raoul Blin.

Agissant : 1º Comme ayant été commune en biens acquêts avec M. Raoul Blin, son défunt mari, aux termes de leur contrat de mariage reçu par Me..., notaire à..., le..., dont une expédition est demeurée ci-annexée après avoir été certifiée véritable par les parties et que dessus mention de l'annexe a été apposée;

2º A cause des droits...; 3º Comme habile, etc... (*V. formule 1692*).

2ent M. Léon Blin... et M. Albert Blin...

Frères germains seuls enfants issus du mariage d'entre M. Raoul Blin *de cujus* et Mme Louise Ledanois, requérante, et agissant en cette qualité comme habiles à se porter héritiers conjointement pour le tout ou divisément chacun pour 1/2 de M. Blin leur père.

A la conservation, etc... (*V. formule 1674*).

Sur la représentation faite par Mme veuve Blin, qui en est restée en possession depuis le décès de son mari.

Toutefois, les parties requièrent Me..., notaire soussigné, de procéder à la clôture du présent procès-verbal destiné uniquement à la constatation de la dévolution de la succession de M. Raoul Blin, se réservant de continuer par la suite les opérations de l'inventaire si elles le jugent à propos.

Il a été vaqué à tout ce que dessus depuis ladite heure de... jusqu'à celle de... par simple vacation.

Et sous toutes réserves, les requérants ont signé avec le notaire.

§ 2e. — Qualités.

A. — *Époux survivant.*

FORM. 1691. — Mari survivant. — Communauté légale. — Usufruit légal.

A la requête de :

M. Louis Morin, propriétaire, demeurant à..., veuf en premières noces de Mme Joséphine Lair, à ce présent.

Agissant en son nom personnel :

1º A cause de la communauté légale de biens ayant existé entre lui et sa défunte épouse, à défaut de contrat de mariage préalable à leur union célébrée à la mairie de..., le...;

2º A cause des droits, reprises et avantages de toute nature qu'il peut avoir à exercer sur cette communauté en vertu de tous titres et de la loi;

3º Et comme habile à recueillir l'usufruit du quart (*ou :* de la moitié, *ou :* d'une part d'enfant légitime le moins prenant, *ou :* de la totalité) des biens composant la succession de son épouse en vertu de l'article 767 du Code civil.

FORM. 1692. — **Veuve survivante.** — **Communauté d'acquêts.** — **Attributaire de communauté.** — **Préciput.** — **Donation.** — **Usufruit légal.**

A la requête de :

Mme Joséphine LAIR, sans profession, demeurant à..., veuve de M. Louis MORIN, à ce présente.

Agissant en son nom personnel :

1° A cause de la communauté de biens réduite aux acquêts qui a existé entre elle et son défunt mari, aux termes de leur contrat de mariage reçu par M^e..., notaire à..., le..., précédant leur union célébrée à la mairie de..., le...; laquelle communauté Mme Morin se réserve d'accepter ou de répudier, selon qu'elle avisera;

2° A cause des droits, reprises, créances et avantages matrimoniaux qu'elle peut avoir à exercer sur cette communauté et subsidiairement, s'il y a lieu, contre la succession de son mari, en vertu de leur contrat de mariage, de tous autres titres et de la loi;

3° A cause du préciput de dix mille francs, qu'elle a le droit de réclamer, en sa qualité d'épouse survivante, en vertu de l'article... du contrat de mariage;

4° Comme ayant droit, en qualité de survivante, et en vertu de l'art... du même contrat de mariage, à la totalité de l'actif de communauté, à charge d'acquitter le passif grevant celle-ci (*V. formule 1693*).

5° Comme habile à se porter donataire de son mari, aux termes de l'art... du même contrat de mariage, de l'usufruit de la moitié des biens meubles et immeubles composant la succession de son mari avec dispense de fournir caution et de faire emploi.

(*Ou :* Comme attributaire à titre de convention de mariage en vertu de l'art... du contrat précité de l'usufruit pendant sa viduité, de la moitié revenant aux héritiers de son mari, dans les biens de communauté.

Ou : Comme habile à se porter donataire de son mari d'une rente annuelle et viagère, sa vie durant, de la somme de... payable à termes échus par semestre à partir du décès de son mari en vertu de l'article... du contrat de mariage susénoncé;

Ou : Comme habile à se porter donataire de son mari de l'usufruit (*ou :* d'un quart en toute propriété et d'un quart en usufruit) de tous les biens et actions mobiliers et immobiliers composant la succession de celui-ci avec dispense de fournir caution et de faire emploi, aux termes d'un acte reçu par M^e..., notaire à..., le... enregistré.

Ou : A cause de la donation universelle en pleine propriété à elle faite par M..., son défunt mari, aux termes d'un acte reçu par M^e..., notaire à..., en présence réelle de deux témoins le..., enregistré.

Ou : A cause de la donation que lui a faite M..., son mari décédé, de l'usufruit pendant sa vie, de l'universalité des biens meubles et immeubles composant la succession de celui-ci, avec stipulation qu'en cas d'existence d'ascendants, cette donation comprendrait même l'usufruit de la part réservée par la loi à ceux-ci, le tout avec dispense de caution et d'emploi ainsi qu'il résulte de l'article... de son contrat de mariage susénoncé.

Ou : Comme habile à se porter donataire de son mari pour le cas où elle survivrait de l'usufruit de tous les biens meubles et immeubles, droits et actions mobiliers et immobiliers lui appartenant au jour de son décès et composant sa succession, sans exception tion ni réserve en vertu d'un acte reçu en présence réelle de témoins par M^e..., notaire à..., le...

Avec stipulation :

Qu'en cas de réduction, si elle était demandée, la donation dont il s'agit comprendrait la part la plus large, dont la loi lui permettrait la disposition, soit en usufruit seulement, soit même en pleine propriété et usufruit à la volonté de la donataire.

Et que, dans tous les cas, la donataire serait dispensée de fournir caution et de faire emploi à raison des valeurs mobilières soumises à l'usufruit, mais qu'elle devrait faire dresser inventaire.

Ou : Comme habile à recueillir le legs que M. Morin, son mari, lui a fait de l'usufruit de la moitié des biens meubles et immeubles qui composeraient sa succession, aux termes de son testament olographe, en date à..., du... déposé aux minutes de M^e..., notaire à..., suivant ordonnance de M. le président du Tribunal civil de..., contenue au procès-verbal d'ouverture et de description de ce testament dressé par lui à la date du...

Ou : Comme habile à se porter légataire de la pleine propriété des biens meubles et immeubles dépendant de la succession de son mari aux termes de son testament reçu par M^e..., notaire à..., le...

Ou : Comme habile à recueillir l'effet des dispositions faites en sa faveur par son mari aux termes de son testament, etc... (*comme ci-dessus*); par suite desquelles dispositions, dont l'analyse sera faite au cours du présent inventaire, Mme Morin aurait droit : 1° à... (*relater sommairement les dispostions*).

V. également infra formule 1705.

6° Et comme habile à recueillir l'usufruit du quart (*ou :* de la moitié; *ou :* d'une part d'enfant légitime le moins prenant *ou :* de la totalité) des biens composant la succession de son mari, en vertu de l'article 767 du Code civil;

(*Ou :* Et comme ayant droit en vertu de l'article 767 du Code civil et par suite de l'existence d'enfants du mariage à l'usufruit du 1/4 des biens dépendant de la succession.

Ou : Et comme ayant droit en vertu de l'article 767 du Code civil et par suite de l'exis-

tence d'enfants d'un précédent mariage à l'usufruit d'une part d'enfant légitimé le moins
prenant étant du 1/5 des biens dépendant de la succession.
Ou : Et comme ayant droit en vertu de l'article 767 du Code civil et par suite de
l'absence de postérité légitime à l'usufruit de moitié des biens dépendant de la succession.
Ou : Et comme ayant droit en vertu de l'article 767 du Code civil et par suite de la
non existence de postérité légitime ou naturelle du défunt, de frères et sœurs ou descendants d'eux et d'ascendant à l'usufruit de la totalité des biens de la succession.
Ou : Comme habile à se porter héritière de l'usufruit du 1/4 (*ou :* de la moitié; *ou :*
d'une part, etc.; *ou :* de la totalité) des biens composant la succession de son mari en vertu
de l'article 767 du Code civil.)
Lequel droit usufructuaire qui se confond avec le bénéfice de la donation
susénoncée, Mme Vve... se réserve d'accepter ou de répudier par la suite, ainsi
qu'elle avisera.
ou : Lesquels communauté, avantages, donation et usufruit, Mme Vve... se réserve
le droit d'accepter ou répudier selon qu'elle avisera.

**FORM. 1693. — Veuve survivante. — Communauté d'acquêts. — Attribution de commu-
nauté. — Privation de l'usufruit légal.**

A la requête de :
Mme... (*comme formule 1692*).
Agissant en son nom personnel :
1° A cause de la communauté, etc... (*V. formule 1692*).
3° Comme habile à profiter si bon lui semble, en sa qualité d'épouse survivante de la stipulation de l'article... du contrat de mariage précité ainsi
conçu : « La totalité des biens meubles et immeubles, composant la communauté au jour du décès du premier mourant des époux, appartiendra exclusivement au survivant qu'il y ait ou non des enfants du mariage, à condition
d'en supporter seul les charges conformément à l'article 1525 du Code civil. »
(*ou :* Comme ayant droit en vertu de l'art... de son contrat de mariage, à la totalité
de l'actif de communauté sans exception à la charge par elle comme de droit de payer
toutes les dettes de cette communauté.)
Observation faite qu'aux termes de son testament reçu en présence de
témoins par M^e..., notaire à..., le..., enregistré, M. Morin a privé son épouse de
tout droit d'usufruit sur les biens de sa succession.

**FORM. 1694. — Mari survivant. — Communauté d'acquêts. — Conservation de fonds de
commerce.**

A la requête de :
M... (*comme en la formule 1691*).
Agissant en son nom personnel :
1° A cause de la communauté... (*comme en la formule 1692*).
3° Comme ayant la faculté, en vertu de l'article... du contrat de mariage
précité, de conserver pour son compte personnel le fonds de commerce exploité
au décès de Mme Morin, ensemble le matériel et les marchandises en dépendant
et le droit au bail des lieux où il s'exploite, à charge de tenir compte de la
valeur du tout d'après l'estimation qui en sera faite au présent inventaire et
de faire connaître son option dans les... du décès.
ou : Comme ayant droit en qualité de survivante et en vertu de l'art... du même contrat de mariage de conserver pour son compte personnel, si bon lui semble, le fonds de
commerce ou l'établissement industriel exploité par M... à son décès, ensemble l'achalandage y attaché ainsi que le mobilier industriel servant à son exploitation et les marchandises le garnissant, à la charge par elle de tenir compte de la valeur du tout fixée pour le
matériel, le mobilier et les marchandises d'après la prisée de l'inventaire et pour l'achalandage d'après l'estimation de deux experts.

FORM. 1695. — Veuve survivante. — Communauté universelle.

A la requête de :
Mme... (*comme en la formule 1692*).
Agissant aux présentes :
1° A cause de la communauté universelle de biens meubles et immeubles
présents et à venir (*ou :* de biens meubles et immeubles présents, *ou :* de biens
meubles et immeubles à venir) ayant existé entre elle et son défunt mari, con-
formémert aux stipulations de leur contrat de mariage reçu par M^e..., notaire
à..., le...;
2° A raison des reprises et créances qu'elle se réserve la faculté d'exercer
contre la succession de son mari, en cas de renonciation à la dite communauté;
3°... (*V. formule 1692*).

FORM. 1696. — Veuve survivante. — Régime dotal sans société d'acquêts.

A la requête de :
Mme... (*V. formule 1692*).

Agissant en son nom personnel :

1º En qualité d'épouse survivante de M. Morin, avec lequel elle était mariée sous le régime dotal, sans société d'acquêts, aux termes de leur contrat de mariage reçu par M⁰..., notaire à..., le...;

2º A cause des droits, reprises, créances et avantages matrimoniaux de toute nature qu'elle peut avoir à exercer contre la succession de son mari en vertu tant du contrat de mariage susénoncé que de tous autres titres et de la loi;

3º... (*V. formule 1692*).

FORM. 1697. — Veuve survivante. — Régime dotal avec société d'acquêts.

A la requête de :
Mme... (*comme en la formule 1692*).
Agissant aux présentes :

1º A cause de la société d'acquêts ayant existé entre elle et son défunt mari, conformément aux stipulations de leur contrat de mariage reçu par M⁰..., notaire à..., le..., portant adoption du régime dotal avec adjonction d'une société d'acquêts; laquelle société d'acquêts, Mme Morin se réserve d'accepter ou de répudier par la suite, selon qu'elle avisera;

2º A cause des droits, reprises, créances et avantages matrimoniaux de toute nature qu'elle peut avoir à exercer contre cette société d'acquêts et subsidiairement, s'il y a lieu, contre la succession de son mari, tant en vertu du contrat de mariage précité et de tous autres titres que de la loi;

3º... (*V. formule 1692*).

FORM. 1698. — Veuve survivante. — Non communauté.

A la requête de :
Mme... (*V. formule 1692*).
Agissant en son nom personnel :

1º En qualité d'épouse survivante de M. Morin avec lequel elle était mariée, sous le régime exclusif de communauté (*ou :* avec lequel elle était soumise au régime de la non-communauté), aux termes de leur contrat de mariage reçu par M⁰..., notaire à..., le...;

2º A cause des reprises, créances et avantages matrimoniaux qu'elle peut avoir à exercer contre la succession de son mari, en vertu du contrat de mariage précité, de tous autres titres et de la loi;

3º... (*V. formule 1692*).

FORM. 1699. — Veuve survivante ayant renoncé à la communauté ou à la Société d'acquêts.

A la requête de :
Mme... (*Comme en la formule 1692*).
Agissant en son nom personnel :

1º A cause des reprises, créances et avantages matrimoniaux et autres de toute nature qu'elle peut avoir à exercer contre la succession de son mari avec qui elle était mariée sous le régime de la Communauté d'acquêts (*ou :* sous le régime dotal avec société d'acquêts) conformément aux stipulations de son contrat de mariage reçu par M⁰..., notaire à..., le...

Observation faite que suivant déclaration faite au greffe du tribunal civil de..., le..., Mme Morin a renoncé purement et simplement à la communauté (*ou :* à la société d'acquêts) ayant existé entre elle et son défunt mari.

2º Comme habile, etc... (*V. formule 1692*).

FORM. 1700. — Veuve survivante. — Séparation de biens judiciaire.

A la requête de :
Mme... (*V. formule 1692*).
Agissant :

1º En qualité d'épouse survivante de M. Morin, avec lequel elle était mariée sous le régime de la communauté de biens réduite aux acquêts aux termes de leur contrat de mariage reçu par M⁰..., notaire à..., le..., mais judiciairement séparée quant aux biens suivant jugement contradictoire rendu par le tribunal civil de..., le..., publié, exécuté et passé en force de chose jugée;

2º A cause des droits, reprises, créances et avantages matrimoniaux qu'elle peut avoir à exercer en vertu soit de son contrat de mariage précité, soit de la liquidation de ses reprises résultant d'un acte reçu par M⁰..., notaire à..., le..., soit de tous autres titres et de la loi;

3º Comme habile, etc... (*V. formule 1692*).

FORM. 1701. — **Mari** (*ou : veuve*) **survivant.** — **Séparation de biens contractuelle.**

A la requête de :
M... (*V. formule 1691*) *ou :* Mme... (*V. formule 1692*).
Agissant en son nom personnel :
    1º Comme époux survivant et à raison des droits et créances, qu'il peut avoir à exercer contre la succession de sa défunte épouse d'avec laquelle il était séparé de biens aux termes de leur contrat de mariage reçu par M^e..., notaire à..., le...;
    (*ou :* 1º En qualité d'épouse survivante de M. Morin avec lequel elle était mariée **sous le régime de la séparation de biens,** aux termes de leur contrat de mariage reçu par M^e..., notaire à..., le...;
    2º A cause des droits, reprises, créances et avantages matrimoniaux qu'elle peut avoir à exercer contre la succession de son mari en vertu dudit contrat de mariage, de tous autres titres et de la loi.)
    2º Comme habile à se porter... (*V. formule 1692*).

FORM. 1702. — **Époux survivant donataire en concours avec des descendants.**

A la requête de Mme... (*Voir formule 1692*).
Agissant en son nom personnel :
1º..., 2º... (*V. formule 1692*);
    3º Comme habile à se porter donataire de son mari, pour le cas (arrivé) d'existence d'enfants de la moitié en usufruit (*ou :* d'un quart en pleine propriété et un quart en usufruit), des biens meubles et immeubles, droits et actions mobiliers et immobiliers, composant sa succession avec dispense de fournir caution et de faire emploi, aux termes d'un acte reçu par M^e..., notaire à..., le..., enregistré (*ou :* de l'article... de son contrat de mariage susénoncé).
    (*ou :* 3º Comme habile à se porter donataire de son mari aux termes de l'article... du contrat de mariage précité, d'une rente annuelle et viagère de..., payable de six mois en six mois. à terme échu, à compter du décès de M. Morin (*ou :* aux termes d'un acte reçu par M^e..., notaire à..., le...)

FORM. 1703. — **Époux survivant donataire en concours avec un ascendant.**

A la requête de 1^ent Mme... (*V. formule 1692*).
Agissant en son nom personnel :
    1º A cause de la communauté...; 2º A cause des droits... (*V. formule 1692*);
    3º Comme habile à se porter donataire de son mari, aux termes de l'article.. de leur contrat de mariage précité, de la toute propriété de l'universalité des biens meubles et immeubles, droits et actions mobiliers et immobiliers appartenant à M. Morin au jour de son décès et composant sa succession avec stipulation qu'au cas (arrivé) d'existence d'ascendant, ladite donation comprendrait l'usufruit de la portion à eux réservée par la loi.
    Observation étant faite, qu'aux termes de l'article 1004 du Code civil modifié par la loi du 14 février 1900 l'époux ne peut plus disposer en faveur de son conjoint de l'usufruit de la réserve des ascendants, et que par conséquent la donation par M. Morin à son épouse comprend seulement (par suite de l'existence de Mme Veuve Morin, ci-après nommée sa mère) les trois quarts en toute propriété des biens composant sa succession.
    4º Et comme habile à recueillir l'usufruit de la moitié, des biens composant la succession de M. Morin, en vertu de l'article 767 du Code civil, lequel usufruit se confond avec le bénéfice de la donation susénoncée.

FORM. 1704. — Époux survivant légataire en usufruit.

A la requête de Mme... (*V. formule 1692*).
Agissant en son nom personnel :
    1º...; 2º...;
    3º Comme habile à se porter légataire de l'usufruit pendant sa vie, de la moitié des biens composant la succession de son mari, avec dispense de fournir caution et de faire emploi, aux termes du testament authentique de ce dernier reçu par M^e..., notaire à..., en présence de quatre témoins (*ou :* de deux témoins et d'un second notaire), le..., enregistré.
    ou : Comme habile à se porter légataire d'un quart en toute propriété et d'un quart en usufruit de tous les biens meubles et immeubles composant la succession de son mari aux termes du testament de ce dernier, fait en la forme olographe à..., à la date du..., déposé au rang des minutes de M^e..., notaire soussigné, le..., en vertu de l'ordonnance de M. le président du Tribunal civil de... contenue en son procès-verbal d'ouverture et de description (*ou :* de description) de ce testament en date du même jour.
    4º Et comme habile à recueillir, etc... (*Comme en la formule 1703*).

FORM. 1705. — Époux survivant légataire universel en concours avec un ascendant.

A la requête de 1^{ent} Mme... (*Comme en la formule 1692*).
Agissant en son nom personnel.
1°...; 2°... (*Comme en la formule 1692*);
3° Comme habile à se porter légataire universelle, en toute propriété de son défunt mari aux termes du testament de ce dernier etc... (*V. formule 1704*) avec stipulation qu'en cas (arrivé) d'existence d'héritiers reservataires, ce legs serait réduit conformément à la loi.
4° Et comme habile à recueillir l'usufruit de la moitié des biens composant la succession de M. Morin, lequel usufruit, se confond avec le bénéfice du legs ci-dessus énoncé.
2^{ent} Et Mme...
Habile à se porter héritière pour un quart à réserve de M. Morin, son fils décédé, issu de son mariage avec M...

FORM. 1706. — Époux survivant tuteur légal. — Subrogé tuteur.

A la requête de :
M. Émile Morin, négociant, demeurent à..., veuf de Mme Josephine Lair, à ce présent.
Agissant :
1^{ent} En son nom personnel :
1° A cause...; 2°...; 3°... (*V. formules 1691 et 1692*);
4° Et comme ayant la jouissance légale des biens de ses enfants mineurs ci-après nommés pendant le temps et sous les conditions déterminées par la loi (*ou :* dans les termes de l'article 384 du Code civil).
(*ou :* Comme ayant la jouissance légale jusqu'à l'arrivée de l'un des cas prévus par la loi des biens de ses deux plus jeunes enfants mineurs ci-après nommés.)
2^{ent} Et au nom et comme tutrice légale de :
1° M..., né à..., le..., 2° Mlle..., née à...., le...
Ses deux enfants mineurs issus de son union avec son épouse, née Joséphine Lair, décédée.
En présence de : M..., propriétaire, demeurant à..., subrogé-tuteur des mineurs Morin susnommés, ses neveux et nièce, nommé à cette fonction, qu'il a acceptée, par le conseil de famille de ces mineurs en une délibération tenue sous la présidence de M. le juge de paix du canton de..., le...
ou : En présence de M..., agissant en qualité de subrogé-tuteur du mineur... susnommé; nommé à cette fonction qu'il a acceptée aux termes d'une délibération du conseil de famille de celui-ci, tenue sous la présidence de M. le juge de paix du canton de..., assisté du greffier qui en a dressé procès-verbal à la date du...

FORM. 1707. — Veuve survivante enceinte. — Curateur au ventre.

A la requête de : Mme... (*Comme en la formule 1692*) agissant :
1^{ent} En son nom personnel :
1°...; 2°...; 3°... (*V. formule 1692*);
4° Et comme ayant droit à la jouissance pendant le temps et sous les conditions déterminés par la loi des biens de l'enfant dont elle se déclare enceinte, s'il nait viable;
2^{eat} Et au nom et comme devant être éventuellement la tutrice naturelle et légale de cet enfant au cas de viabilité.
En présence de :
M... (*noms, profession et domicile*).
Agissant en qualité de curateur au ventre de l'enfant dont Mme Morin est enceinte, fonction à laquelle il a été nommé et qu'il a acceptée suivant délibération du conseil de famille de l'enfant à naître prise sous la présidence de M. le juge de paix du canton de. ., le...
(*ou si l'inventaire a lieu en présence des héritiers qui viendraient à la succession au cas de non-viabilité de l'enfant :* En présence de : 1° M... (*curateur comme ci-dessus*); 2° M...; 3° M..., ces deux derniers habiles à se dire seuls héritiers éventuels de M. Morin *de cujus*, pour le cas où l'enfant dont Mme Morin se déclare enceinte ne naîtrait pas viable.
Qualités. — L'enfant dont Mme Morin est enceinte, seul issu du mariage d'entre M. et Mme Morin et habile par suite à se porter, s'il nait viable, seul héritier de M. Morin son père, *de cujus*.

FORM. 1708. — Veuve survivante enceinte et tutrice de ses enfants nés. — Subrogé-tuteur
et curateur au ventre.

A la requête de Mme... (*Comme en la formule 1692*). Agissant :
1^{ent} En son nom personnel :
1°..; 2°...; 3°... (*V. formule 1692*);

4° Et comme ayant la jouissance légale, dans les termes de l'article 384 du Code civil des biens de ses enfants mineurs, ci-après nommés et devant avoir celle des biens de l'enfant dont elle est actuellement enceinte;

2^{ent} Au nom et comme tutrice légale de 1° M..., né à..., le...; 2° Mlle..., née à..., le..., ses deux enfants mineurs issus de son union avec son défunt mari;

3^{ent} Et en outre comme devant être tutrice légale de l'enfant dont elle déclare être enceinte, s'il naît viable.

En présence de M... (*noms, profession et domicile*).

Agissant comme subrogé-tuteur des mineurs Morin, ses neveu et nièce et curateur au ventre de l'enfant à naître, nommé à ces fonctions par le conseil de famille de ces enfants, en sa délibération tenue à la date du... sous la présidence de M. le juge de paix du canton de...

QUALITÉS. — Les mineurs Morin et l'enfant à naître seuls enfants existant et conçus du mariage de M. et Mme Morin et comme tels, habiles à se porter, héritiers de leur père conjointement pour le tout ou chacun pour un tiers;

ou : Les deux mineurs Morin frère et sœur germains, issus de l'union d'entre M. et Mme..., habiles à se porter héritiers, dans le cas où l'enfant dont Mme Vve... a déclaré être enceinte, ne naîtrait pas viable, conjointement pour le tout ou chacun pour moitié, de M..., leur père, *de cujus*.

Et dans le cas où l'enfant conçu naîtrait viable, les deux mineurs Morin susnommés et cet enfant, habiles à se porter héritier du même conjointement pour le tout ou chacun pour un tiers.

FORM. 1709. — Époux survivant curateur à émancipation et mineur émancipé.

A la requête de :

I. — Mme... (*Comme en la formule 1692*). Agissant :

1^{ent} En son nom personnel :

1°...; 2°...; 3°... (*V. formule 1692*);

4° Et au nom et en qualité de curatrice à l'émancipation de M..., son fils encore mineur, étant né à..., le..., mais émancipé ainsi qu'il sera énoncé ci-après; fonction à laquelle Mme Morin a été nommée et qu'elle a acceptée par délibération du conseil de famille prise sous la présidence de M. le juge de paix du canton de... à la date du...

II. — Et M..., susnommé, commis architecte demeurant à...

Encore mineur comme il vient d'être énoncé mais émancipé par Mme Morin, sa mère, suivant déclaration reçue par M. le juge de paix du canton de..., qui en a dressé procès-verbal à la date du...

FORM. 1710. — Veuve survivante tutrice légale et conseil à la tutelle.

A la requête de : Mme... (*Comme formule 1692*). Agissant :

1^{ent} En son nom personnel;

1°...; 2°...; 3°...; 4°... (*V. formules 1692 et 1706*).

2^{ent} Et au nom et en qualité de tutrice naturelle et légale de : M..., son fils mineur né à..., le..., de son union avec M. Morin, son défunt mari.

En présence de:

1° M. A... (*nom, profession et domicile*).

Agissant en qualité de conseil spécial nommé par M. Morin, pour assister la requérante à tous les actes relatifs à la tutelle de son fils, aux termes de son testament fait en la forme olographe en date... déposé, etc... (*V. formule 1704*).

2° M. B... (*nom, profession et domicile*).

Subrogé tuteur, etc... (*V. formule 1706*).

FORM. 1711. — Époux survivant séparé de corps.

A la requête de M. Émile MORIN, propriétaire, demeurant à..., veuf en premières noces de Mme Josephine Lair, à ce présent.

Agissant en son nom personnel :

1° En qualité d'époux survivant de Mme Joséphine Lair susnommée d'avec laquelle il a été déclaré séparé de corps et de biens suivant jugement rendu par le tribunal civil de..., le..., signifié et passé en force de chose jugée;

2° Comme habile à se dire et porter donataire de la dite dame de... (*énoncer la consistance*) en vertu de l'article..., de leur contrat de mariage, reçu par M^e..., notaire à..., le... (*ou* : en vertu d'un acte reçu par M^e..., notaire à..., le...) donation qui a conservé tout son effet, la séparation de corps ayant été prononcée au profit du requérant (*et dans le second cas* : et la disposition précitée n'ayant pas été révoquée);

3° Et comme habile à recueillir l'usufruit du quart des biens composant la succession de Mme Morin en vertu de l'article 767 du Code civil, lequel usufruit se confond avec le bénéfice de la donation précitée.

FORM. 1712. — **Veuve survivante tutrice remariée.** — **Mari cotuteur.**

A la requête de M. Henri Lange, industriel et Mme Joséphine Lair, son épouse, qu'il autorise, demeurant ensemble à...

Agissant... Mme Lange en qualité de tutrice légale et M. Lange en qualité de cotuteur de M... né à..., le..., du mariage de ladite dame avec M. Émile Morin, son premier mari, décédé, la requérante maintenue dans la tutelle avec la cotutelle de M. Lange, son second mari, antérieurement à leur mariage, suivant délibération du conseil de famille du mineur Morin prise sous la présidence de M. le juge de paix de..., le...

(ou, s'il y a lieu : Agissant : ... Mme Lange en qualité de tutrice dative et M. Lange en qualité de cotuteur de M..., né à..., le..., du mariage de Mme Lange avec M. Émile Morin, son premier mari décédé, la requérante réintégrée dans cette tutelle avec la cotutelle de M. Lange postérieurement à leur mariage suivant délibération, etc... *(comme ci-dessus).*

FORM. 1713. — **Époux survivant succédant à défaut d'héritier.**

A la requête de M. Ludovic Oriot, propriétaire, demeurant à..., à ce présent.

Agissant :

1° A cause de la communauté..., 2° A cause des droits... (*V. formule 1692*) ;

3° Et comme habile à se porter seul héritier en conformité de l'article 767 du Code civil de sa défunte épouse, décédée sans laisser de parents au degré successible ainsi que le constate un acte de notoriété dressé après son décès par M^e..., notaire à..., le...

B. — *Héritiers.*

FORM. 1714. — **Enfants légitimes majeurs présents et représentés par mandataire.** — **Mari agissant comme maître des droits de sa femme.** — **Fille mineure mariée.**

A la requête de :

1° Mme Louise Morin, sans profession, épouse assistée et autorisée de M. Albert Huron, industriel, demeurant ensemble à..., à ce présents.

M. et Mme Huron, mariés en premières noces et soumis au régime de la communauté de biens réduite aux acquêts aux termes de leur contrat de mariage reçu par M^e..., notaire à..., le..., ne contenant aucune clause restrictive de la capacité civile de l'épouse ni prescriptive d'emploi de ses biens propres.

2° M. Arsène Bart, négociant, demeurant à..., à ce présent.

Agissant au nom et comme maître des droits et actions de Mme Aimée Morin, son épouse, demeurant avec lui et avec qui il est marié sous le régime de la communauté légale de biens, à défaut de contrat de mariage préalable à leur union célébrée à la mairie de..., le...

3° M. Antoine Morin, cultivateur, demeurant à...

Non présent, mais représenté par M. René Pelé, clerc de notaire, demeurant à..., ici présent son mandataire, en vertu des pouvoirs qui lui ont été conférés aux termes d'un acte reçu par M^e..., notaire à..., le..., dont le brevet original légalisé est demeuré ci-annexé après mention.

4° Mme Marie Morin, sans profession, épouse de M. Antonin Dupré, négociant, avec lequel elle demeure à...

Non présente mais représentée par M..., son mandataire en vertu de la procuration qu'elle lui a donnée avec l'autorisation de son mari, suivant acte reçu en minute par M^e..., notaire à..., dont une expédition légalisée est demeurée ci-annexée après mention.

M. et Mme Dupré mariés, etc... (*comme ci-dessus*).

5° M. Félix Hue, propriétaire, et Mme Lucie Morin, son épouse, qu'il assiste et autorise, demeurant ensemble, à...

Mariés en premières noces et soumis etc...

Mme Hue encore mineure étant née à..., le... mais émancipée par son mariage et ayant pour curateur légal son mari, lequel agit aux présentes en cette qualité.

Qualités. — Mme Huron, Mme Bart, M. Antoine Morin, Mme Dupré et Mme Hue, frère et sœurs germains, seuls enfants issus du mariage de M. Émile Morin, *de cujus* avec Mme Joséphine Lair, susnommée (*ou :* prédécédée) et par suite habiles à se porter seuls héritiers conjointement pour le tout ou divisément chacun pour un cinquième de M. Émile Morin, leur père.

FORM. 1715. — **Enfants légitimes.** — **Petits-enfants appelés par représentation.**

A la requête de :

1^ent M. Antoine Morin, cultivateur, demeurant à..., à ce présent et agissant en son nom personnel.

5

2ᵉⁿᵗ M. Arsène **Bart**, négociant, demeurant à..., veuf de Mᵐᵉ Aimée Morin.

A ce présent et agissant au nom comme tuteur légal de 1º Albert Bart, né à..., le...; 2º Léontine Bart, née à..., le..., ses deux enfants issus de son mariage avec Mᵐᵉ Aimée Morin, sa défunte épouse.

En présence de M..., subrogé tuteur... (*Comme en la formule 1706*).

Qualités. — M. Antoine Morin, frère germain de Mᵐᵉ Bart susnommée, décédée, tous deux les seuls enfants issus du mariage de M. Émile Morin *de cujus* avec Mᵐᵉ Joséphine Lair, prédécédée et comme tel habile à se porter héritier pour moitié du dit M. Morin, son père.

Et les mineurs Bart, petits enfants de M. Émile Morin *de cujus* et habiles à se porter ses héritiers conjointement pour moitié et chacun pour un quart par représentation de leur mère susnommée Mᵐᵉ Bart, née Aimée Morin, décédée à..., le..., laquelle était issue, avec M. Antoine Morin, du mariage des époux Morin-Lair.

FORM. 1716. — Enfants légitimes. — Petits-enfants venant de leur chef.

A la requête de :

1º M. Albert **Bart**, propriétaire, demeurant à..., à ce présent.

2º Mˡˡᵉ Léontine **Bart**, sans profession, demeurant à..., majeure, à ce présente.

Agissant tous deux en leur nom personnel.

Qualités. — M. Albert Bart et Mˡˡᵉ Léontine Bart, frère et sœur germains, seuls enfants issus du mariage de M. Arsène Bart, négociant, demeurant à..., et de Mᵐᵉ Aimée Morin, décédée à..., le..., seule enfant du mariage d'entre M. Émile Morin *de cujus* et Mᵐᵉ Aimée Morin précédée :

Et par suite habiles à se porter de leur chef les seuls héritiers, conjointement pour le tout ou divisement chacun pour moitié, de M. Émile Morin, leur aïeul maternel.

FORM. 1717. — Enfants légitimes. — Enfants ayant renoncé à la succession de leur père du chef d'un frère décédé.

A la requête de :

1º M. Léon **Chappey**, cultivateur, demeurant à...;

2º Et M. Antoine Chappey, industriel demeurant à...

Tous deux à ce présents, agissant comme habiles à se porter seuls héritiers, conjointement pour le tout ou séparément chacun pour moitié de M. Julien Chappey *de cujus*, leur père.

Étant observé que M. Julien Chappey, laissait à son décès un autre enfant, Mˡˡᵉ Lucie Chappey, décédée en minorité le..., mais que les requérants en leur qualité de seuls héritiers de leur sœur ont renoncé purement et simplement du chef de cette dernière à la succession de M. Julien Chappey suivant déclaration faite au greffe du tribunal civil de..., le..., et dont une expédition est demeurée ci-annexée après mention.

FORM. 1718. — Enfants légitimes. — Enfants de deux lits.

A la requête de :

1º M. Louis-Jules **Biot**, propriétaire, demeurant à...;

2º Mᵐᵉ Ernestine **Biot**, sans profession, épouse de M. Arsène **Genty**, zingueur, qui l'assiste et l'autorise, avec lequel elle demeure à... Mariés, etc... (*V. formule 1714*);

3º M. Albert **Bart**, propriétaire, demeurant à...;

4º Mˡˡᵉ Léontine **Bart**, sans profession, demeurant à..., majeure.

Tous à ce présents et agissant chacun en son nom personnel.

Qualités. — M. Biot et Mᵐᵉ Genty, frère et sœur germains, seuls enfants issus du mariage de Mᵐᵉ Marie Caron avec M. Célestin Biot, son premier mari.

Et M. et Mˡˡᵉ Bart, seuls enfants issus du mariage de ladite dame Marie Caron avec M. Arsène Bart, son second mari.

Et tous, en ces qualités, habiles à se porter seuls héritiers conjointement pour le tout ou divisement chacun pour un quart de Mᵐᵉ Bart, née Marie Caron, leur mère décédée.

FORM. 1719. — Enfants légitimes. — Enfant grevé de restitution.

A la requête de M. Léon **Chappe**, propriétaire, demeurant à..., à ce présent.

Agissant.

1º En qualité de seul enfant existant de M. Victor Chappe *de cujus*, né de son mariage avec la dame Louise Huron, prédécédée, et comme tel habile à se porter unique héritier de M. Chappe susnommé, son père;

2º Comme habile à se porter légataire de la quotité disponible de la succession du même, mais à charge de restitution à ses enfants nés et à naître, ainsi qu'il résulte du testament de M. Chappe, *de cujus,* reçu en la forme authentique par M⁰..., notaire à..., le..., enregistré.

En présence de M. Stanislas Hervé, propriétaire demeurant à..., tuteur à la restitution, nommé par feu M. Chappe aux termes du testament précité (*ou :* nommé à cette fonction aux termes d'une délibération du conseil de famille du grevé, prise sous la présidence de M. le juge de paix du Canton de..., le...)

FORM. 1720. — Enfant légitimé par mariage.

A la requête de M. Louis FIALON, propriétaire, demeurant à..., à ce présent et agissant en son nom personnel.

QUALITÉS. — M. Fialon, seul enfant de M. Émile Fialon *de cujus* et de Mᵐᵉ Lucie Texier, son épouse survivante (*ou :* prédécédée), et en cette qualité habile à se porter seul héritier de M. Fialon, son père — remarque faite que M. Fialon requérant était enfant naturel de M. et Mᵐᵉ Fialon-Texier reconnu par ces derniers suivant deux actes reçus par M⁰..., notaire à..., le..., et qu'il a été légitimé par le fait de leur mariage célébré à la mairie de..., le...

FORM. 1721. — Enfant légitime et enfant naturel.

A la requête de :

1º M. Louis LEFRANÇOIS, propriétaire, demeurant à..., à ce présent et agissant en son nom personnel;

2º Mˡˡᵉ Clémentine LEFRANÇOIS, modiste, demeurant à..., à ce présente et agissant également en son nom personnel.

QUALITÉS. — M. et Mˡˡᵉ Lefrançois requérants habiles à se porter seuls héritiers de M. Almire Lefrançois, leur père, décédé, savoir :

M. Louis Lefrançois pour les 3/4 comme étant le seul enfant issu du mariage du *de cujus* avec Mᵐᵉ... prédécédée;

Et Mˡˡᵉ Clémentine Lefrançois pour le dernier quart en qualité d'enfant naturel du dit M. Lefrançois qui l'a reconnu avant son mariage, suivant acte reçu par M⁰..., notaire à..., le... (*ou :* suivant acte dressé à la mairie de..., le...), mentionné à la date du... en marge de l'acte de naissance du requérant dressé à la mairie de..., le...; duquel acte de reconnaissance une expédition (*ou :* une expédition délivrée par M. le maire de..., le...) est demeurée ci-annexée après mention.

ou : ... enfant naturelle reconnue par M... *de cujus,* suivant acte passé en présence réelle de témoins, devant M⁰..., notaire à..., le..., et mentionné le... en marge de l'acte de naissance du requérant inscrit le... sur les registres de l'état civil de la commune de...

(*ou :* ... enfant naturel de M... reconnu par ce dernier, ainsi qu'il résulte de son acte de naissance inscrit aux registres de la commune de..., le... (par conséquent avant son mariage avec Mᵐᵉ...)

ou : ... enfant naturel de M... qui l'a reconnu aux termes de son testament reçu en présence réelle de témoins par M⁰..., notaire à..., le...

FORM. 1722. — Deux enfants légitimes et un enfant naturel.

A la requête de :

1º M. Louis LEFRANÇOIS, propriétaire, demeurant à...;

2º M. Octave LEFRANÇOIS, cultivateur, demeurant à...;

3º Et Mˡˡᵉ Clémentine LEFRANÇOIS, modiste, demeurant à...

Tous ici présents et chacun d'eux agissant en son nom personnel.

QUALITÉS. — MM. Louis et Octave Lefrançois, frères germains, seuls enfants issus du mariage d'entre M. Almire Lefrançois *de cujus* et Mᵐᵉ... prédécédée et comme tels habiles à se porter héritiers de M. Lefrançois, leur père, chacun pour cinq douzièmes;

Et Mˡˡᵉ Clémentine Lefrançois habile à se porter héritière des deux douzièmes de surplus comme étant fille naturelle du *de cujus* et reconnue par lui avant son mariage suivant acte, etc... (*V. formule 1721*).

FORM. 1723. — Enfant légitime et deux enfants naturels.

A la requête de :

1º M. Louis LEFRANÇOIS, propriétaire, demeurant à...;

2º Mˡˡᵉ Clémentine LEFRANÇOIS, modiste, demeurant à...;

3º M. René LEFRANÇOIS, cultivateur, demeurant à...

Tous ici présents, chacun d'eux agissant en son nom personnel.

QUALITÉS. — M. Louis Lefrançois, fils légitime de M. Almire Lefrançois *de cujus,* seul enfant issu du mariage d'entre ce dernier et Mᵐᵉ... prédécédée et en cette qualité habile à se porter son héritier pour 4/6 par suite de l'existence de deux enfants naturels;

Et Mˡˡᵉ Clémentine Lefrançois et M. René Lefrançois, habiles à se porter héritiers conjointement pour les 2/6 de surplus ou divisément chacun pour 1/6 comme étant enfants naturels du *de cujus* et reconnus par lui avant son mariage savoir : Mlle Lefrançois par acte, etc... (*V. formule 1721*), et M. René Lefrançois par acte...

FORM. 1724. — **Enfant légitime et deux enfants naturels dont l'un est renonçant.**

A la requête de :

1° M. Louis LEFRANÇOIS, propriétaire, demeurant à...;

2° Et Mlle Clémentine LEFRANÇOIS, modiste, demeurant à...

Tous deux ici présents et agissant chacun en son nom personnel.

QUALITÉS. — M. et Mlle Lefrançois requérants habiles à se porter seuls héritiers, etc... (*comme en la formule 1721*, puis ajouter) :

Observation faite qu'à son décès, M. Almire Lefrançois laissait un deuxième enfant naturel, M. Léon Lefrançois, qu'il avait également reconnu avant son mariage suivant acte, etc... (*comme en la formule 1721*).

Mais que suivant déclaration passée au greffe du tribunal civil de..., le..., M. Léon Lefrançois a renoncé purement et simplement à la succession de son père.

FORM. 1725. — **Enfant légitime et descendants légitimes d'un enfant naturel.**

A la requête de :

1° M. Jacques MORIN, propriétaire, demeurant à ...;

2° Mlle Clémentine LEFRANÇOIS, couturière, demeurant à...;

3° Et M. René LEFRANÇOIS, cultivateur, demeurant à...

Tous ici présents et agissant chacun en son nom personnel.

QUALITÉS. — M. Jacques Morin, seul enfant issu du mariage de M. Émile Morin *de cujus* avec Mme Josephine Lair, prédécédée, et en cette qualité habile à se porter héritière de son père pour les 3/4 ou 6/8 en raison de l'existence de descendants légitimes de l'enfant naturel reconnu du *de cujus*.. | 6/8

Et Mlle Lefrançois et M. Lefrançois, seuls enfants issus du mariage de M. Almire Lefrançois et de Mme Aimée Morin, décédée a..., le..., fille naturelle de M. Émile Morin qui l'avait reconnue avant son mariage suivant acte, etc... (*V. formule 1721*); et en cette qualité lesdits Mlle et M. Lefrançois, habiles à se porter héritiers par représentation de leur mère de M. Émile Morin, leur grand-père, conjointement pour le dernier quart ou chacun divisément pour 1/8 ensemble............................... | 2/8

Total............................... | 8/8

FORM. 1726. — **Enfants légitimes de deux lits.** — **Enfant légitime d'un enfant naturel reconnu au cours du second mariage.**

A la requête et en présence de :

1° M. Jacques MORIN, propriétaire, demeurant à...;

2° M. Joseph LEROUX, cultivateur, demeurant à...;

3° Mme Aimée MEUNIER, épouse assistée et autorisée de M. Louis SERVOT, industriel, demeurant à... Mariés, etc... (*V. formule 1788*).

QUALITÉS. — M. Jacques Morin, M. Joseph Leroux et Mme Servot, requérants, habiles à dire et porter seuls héritiers conjointement pour le tout ou divisement chacun dans les proportions ci-après indiquées de Mme Aline Meunier, leur mère et grand'mère, décédée comme il est dit ci-dessus veuve en premières noces de M. Léon Morin et en deuxièmes noces non remariée de M. Pierre Leroux, savoir :

M. Morin comme étant le seul enfant issu du mariage, célébré à la mairie de..., le..., de M. Léon Morin, décédé à..., le..., avec ladite dame née Meunier.

M. Leroux, comme étant seul enfant issu du mariage célébré à..., le..., de M. Pierre Leroux, décédé à..., le..., avec ladite dame née Meunier.

Et Mme Servot, comme étant seule enfant légitime de M. Lucien Meunier, décédé à..., le..., lequel était fils naturel de Mme Leroux, née Meunier *de cujus*, comme étant né à..., et ayant été reconnu par ladite dame suivant acte... (*V. formule 1721*), c'est-à-dire pendant son second mariage avec M. Leroux.

Et par suite, les requérants habiles à succéder :

M. Jacques Morin, de son chef, pour 5/12 comme étant enfant légitime du premier lit, en concours avec un autre enfant légitime et le représentant d'un enfant naturel...................... | 5/12

M. Joseph Leroux, enfant légitime du second lit, aussi de son chef, pour 6/12 comme étant en concours avec un enfant légitime, |

A reporter..... | 5/12

Report	5/12
la reconnaissance de M. Servot faite pendant le mariage de ses père et mère, ne pouvant lui préjudicier en conformité de l'article 337 du Code civil..	6/12
Et Mme Servot, par représentation de M. Meunier, son père, pour 1/12, comme recueillant seulement la 1/2 de ses droits par suite de l'inopposabilité de la reconnaissance de son père, à l'égard de M. Leroux (*Théorie du Tribunal civil de Compiègne du 20 février 1907*)..	1/12
Total égal à l'unité..	12/12

FORM. 1727. — Enfant naturel. — Père et mère. — Frères et sœurs.

A la requête de :

1° M. Louis Lefrançois, propriétaire, demeurant à...;

2° M. Jean Lefrançois, rentier, et Mme Léontine Calot, son épouse, qu'il autorise, demeurant ensemble à... Mariés, etc... (*V. formule 1714*);

3° Mlle Clémentine Lefrançois, modiste, demeurant à...;

4° Et M. René Lefrançois, cultivateur, demeurant à...

Tous ici présents et agissant chacun en son nom personnel.

Qualités. — M. Louis Lefrançois, enfant naturel de M. Almire Lefrançois, décédé, qui l'a reconnu suivant acte, etc... (*V. formule 1721*) et en cette qualité habile à se porter héritier de ce dernier son père pour 3/4 ou 12/16 par suite de l'existence d'héritiers légitimes privilégiés.................................. | 12/16

M. et Mme Lefrançois-Calot, père et mère du défunt, et en cette qualité habiles à se porter ses héritiers conjointement pour la 1/2 du dernier 1/4 dévolu à la famille légitime, soit chacun pour 1/16 du total, ensemble.. | 2/16

Et Mlle Lefrançois et M. René Lefrançois, sœur et frère germains du *de cujus* comme étant avec lui les seuls enfants issus du mariage de M. et Mme Lefrançois-Calot, sus nommés, et en cette qualité, habiles à se porter héritiers de leur frère décédé, conjointement pour les 2/16 de surplus ou chacun divisément pour 1/16.. | 2/16

Total .... | 16/16

FORM. 1728. — Deux enfants naturels. — Père, Frère et Sœur.

A la requête de :

1° M. Henri Seigneur, propriétaire, demeurant à..., ici présent;

Agissant au nom et comme tuteur datif de Clémentine Lefrançois, née à..., le..., et de Robert Lefrançois, né à..., le...; nommé à cette fonction, qu'il a acceptée, par le conseil de famille de ces mineurs suivant délibération en date du..., tenue sous la présidence de M. le juge de paix du canton de...;

2° M. Jean Lefrançois, rentier, demeurant à..., veuf de Mme Léontine Calot;

3° M. René Lefrançois, cultivateur, demeurant à...;

4° Et M. Henri Lefrançois, cultivateur, demeurant à :

Ces trois derniers, ici présents, agissant, chacun en son nom personnel.

Qualités. — Les deux mineurs Lefrançois, enfants naturels de M. Almire Lefrançois *de cujus*, qui les a reconnu, savoir : etc... (*V. formule 1721*) et en cette qualité habiles à se porter héritiers de leur père conjointement pour 3/4 ou séparément chacun pour 3/8 ou 24/32 ensemble.................. | 24/32

M. Jean Lefrançois, père du défunt, et en cette qualité habile à se porter son héritier pour 1/16 ou 2/32..................... | 2/32

Et MM. René et Henri Lefrançois, frère et sœur germains du *de cujus* comme étant avec lui les seuls enfants issus du mariage de M. Jean Lefrançois susnommé et de Mme Léontine Calot, son épouse prédécédée et en cette qualité, habiles à se porter héritiers de leur frère, conjointement pour 3/16 ou divisément chacun pour 3/32 ensemble.. | 6/32

Total .... | 32/32

FORM. 1729. — Enfants naturels. — Frère et sœur germains. — Renonciation par un enfant naturel et un frère germain. — Accroissement.

A la requête et en présence de :

1° M. Raoul Blin, propriétaire, demeurant à...;

2° Mme Louise Blin, sans profession, épouse assistée et autorisée de M. Fernand Brunet, industriel, avec lequel elle demeure à... Mariés, etc... (*V. formule 1788*);

3º M. Ernest BLIN, cultivateur, demeurant à...;

4º Mᵐᵉ Léontine BLIN, couturière, épouse assistée et autorisée de M. Albert NOYEN, employé, avec lequel elle demeure à... Mariés, etc... (*V. formule 1788*).

QUALITÉS. — M. Raoul Blin, Mᵐᵉ Brunet, M. Ernest Blin et Mᵐᵉ Noyen, habiles à se dire et porter héritiers de M. Sosthène Blin, *de cujus*, décédé, veuf non remarié de Mᵐᵉ Marie Ory, conjointement pour la totalité et divisément savoir :

I. — M. Raoul Blin et Mᵐᵉ Brunet, enfants naturels du *de cujus* reconnus par lui, savoir... (*V. formule 1721*).

Pour les 3/4 ou 6/8 dévolus aux enfants naturels en présence de frère et sœur aux termes de l'article 759 du Code civil et, séparément, chacun pour 3/8 par suite de la renonciation à la succession dont il s'agit faite par M. Émile Blin, propriétaire, demeurant à..., leur frère naturel reconnu également par leur père, par acte... (*V. formule 1721*), suivant déclaration passée au greffe du Tribunal civil de..., le................................... | 6/8

II. — M. Ernest Blin et Mᵐᵉ Noyen, frère et sœur germains du défunt, issus comme lui ainsi que M. André Blin, ci-après nommé, du mariage de M... et de Mᵐᵉ..., tous deux décédés.

Pour le 1/4 ou les 2/8 dévolus aux frères et sœurs en présence d'enfants naturels, en vertu de l'article 759 du Code civil et séparément chacun pour 1/8 par suite de la renonciation à la succession dont il s'agit, par M. André Blin, leur frère germain, limonadier, demeurant à..., suivant déclaration, etc........................ | 2/8

Total égal à l'unité................................... | 8/8

FORM. 1730. — Enfant naturel mineur en concours avec une sœur légitime. — Tutrice légale.

A la requête de :

1º Mˡˡᵉ Élise LECOINTRE, sans profession, demeurant à..., à ce présente :

Agissant au nom et comme tutrice légale de Madeleine LEFRANÇOIS, sa fille naturelle, née à..., le..., reconnue par elle suivant acte, etc... (*V. formule 1721*);

2º Mˡˡᵉ Renée LEFRANÇOIS, couturière, demeurant à..., à ce présente et agissant en son nom personnel. En présence de M..., subrogé-tuteur (*V. formule 1706*).

QUALITÉS. — La mineure Lefrançois habile à se porter héritière pour les 3/4 de M. Almire Lefrançois, *de cujus,* son père naturel, qui l'a reconnu suivant acte... (*V. formule 1721*).

Et Mˡˡᵉ Renée Lefrançois habile à se porter héritière pour dernier 1/4 de de M. Lefrançois, son frère germain *de cujus,* en conformité de l'article 759 du Code civil.

FORM. 1731. — Enfants naturels et neveux et nièces.

A la requête de :

1º Mᵐᵉ Louise GOUIN, sans profession, épouse de M. René FLEURIER, propriétaire, demeurant ensemble à..., mariés, etc... (*V. formule 1714*);

2º M. Firmin GOUIN, cultivateur, demeurant à...;

3º M. Joseph GOUIN, horticulteur, demeurant à...;

4º M. Albert BOISSEY, propriétaire, demeurant à...;

5º Mᵐᵉ Sidonie CARON, sans profession, demeurant à..., veuve non remariée de M. Gustave ALLAIS;

6º Et M. Léon CARON, limonadier, demeurant à...

Tous les susnommés, ici présents, agissant chacun en son nom personnel, M. Fleurier, à l'effet d'assister et autoriser son épouse.

QUALITÉS. — Mᵐᵉ Fleurier et MM. Gouin, enfants naturels de Mˡˡᵉ Alice Gouin, *de cujus* qui les a reconnus suivant acte... (*ou savoir :* Mᵐᵉ Fleurier, suivant acte...), etc. (*V. formule 1721*); et en cette qualité habile à se porter héritiers de la dite Dˡˡᵉ Gouin, leur mère, conjointement pour 3/4 ou chacun divisément plur 1/4 ou 4/16, soit ensemble .... | 12/16

M. Albert Boissey, neveu de Mˡˡᵉ Gouin et habile en cette qualité à se porter son héritière pour 1/8 ou 2/16, par représentation de sa mère, Mᵐᵉ Louise Gouin, décédée, veuve de M. Léon Boissey et sœur germaine de la *de cujus*..................... | 2/16

Et Mᵐᵉ Allais et M. Léon Caron, nièce et neveu de Mˡˡᵉ Gouin *de cujus* et en cette qualité habile à se porter ses héritiers conjointement pour le dernier 1/8 ou chacun pour 1/16 par représentation de Mᵐᵉ..., leur mère décédée, épouse de M..., et autre sœur germaine de la *de cujus*.................................. | 2/16

Total .... | 16/16

FORM. 1732. — Enfant naturel seul héritier.

A la requête de M. Jean Catois, propriétaire, demeurant à..., à ce présent et agissant en son nom personnel.

Enfant naturel de Arsène Catois *de cujus* et reconnu par lui suivant acte reçu par M^e..., notaire à..., le... (*ou :* suivant acte dressé à la mairie de..., le...), ainsi qu'il a été mentionné le... en marge de l'acte de naissance du requérant dressé à la mairie de..., le...

Et en cette qualité habile à se porter seul héritier de M. Catois, son père naturel susnommé, décédé sans laisser d'autre descendant ni aucun ascendant ni frère ou sœur ou descendant légitime de ceux-ci.

FORM. 1733. — Enfant naturel légataire de la quotité disponible. — Enfant légitime.

A la requête de :
1° M. Justin Laurent, cultivateur, demeurant à...;
2° Mlle Lucie Meunier, modiste, demeurant à...

Tous deux ici présents et agissant, chacun en son nom personnel.

QUALITÉS. — M. Laurent, seul enfant issu du mariage de Mme Léontine Meunier *de cujus* avec M. Charles Laurent prédécédé, et en cette qualité habile à se porter héritier pour 3/4 de sa mère, sauf l'effet du legs ci-après énoncé.

Et Mlle Meunier, fille naturelle de Mme veuve Laurent *de cujus*, qui l'a reconnue avant son mariage, suivant acte, etc... (*V. formule 1721*), et, en cette qualité, habile à se porter héritière de sa mère pour le dernier 1/4.

Et en outre, ladite demoiselle Meunier, habile à se porter légataire de la quotité disponible de la même succession, aux termes du testament de Mme veuve Laurent *de cujus*, reçu par M^e..., notaire à..., le..., enregistré.

FORM. 1734. — Enfant naturel légataire universel en concours avec un ascendant.

A la requête de :
1° M. Amédée Fortin, cultivateur, demeurant à...;
2° Et M. René Fortin, propriétaire, demeurant à...

A ce présents et agissant en leur nom personnel, savoir :

QUALITÉS. — M. Amédée Fortin comme habile à se porter ayant droit aux 7/8 de la succession de Mlle Clémentine Fortin *de cujus*, en qualité de fils naturel de celle-ci reconnu par elle suivant acte... (*V. formule 1721*), et son légataire universel aux termes de son testament reçu par M^e..., notaire à..., le..., enregistré.

Et M. René Fortin, comme habile à se porter héritier réservataire pour le 1/8 de surplus de Mme Fortin *de cujus* en sa qualité de père légitime de cette dernière.

FORM. 1735. — Enfant naturel légataire universel. — Absence d'héritier réservataire.

A la requête de M. René Fortin, propriétaire, demeurant à...

A ce présent et agissant comme habile à se porter légataire universel de Mlle Clémentine Fortin, *de cujus*, sa mère naturelle, qui l'a reconnu, etc... (*V. formule 1721*); legs universel résultant du testament de Mlle Fortin reçu par M^e..., notaire à..., le..., enregistré, et qui peut recevoir son exécution, la testature n'ayant laissé aucun ascendant ni aucun descendant, ainsi que le constate un acte de notoriété dressé par M^e..., notaire à..., le...

FORM. 1736. — Père (ou mère) naturel.

A la requête de :
M. Louis Fortin, cultivateur, demeurant à..., à ce présent.

Père naturel de Mlle Clémentine Fortin, *de cujus*, qu'il a reconnue, etc... (*V. formule 1721*), et en cette qualité habile à se porter son seul héritier en vertu de l'article 765 du Code civil, ladite demoiselle Fortin étant décédée sans postérité gitime ou naturelle ainsi que le constate, etc... (*V. formule 1735*)

FORM. 1737. — Père et mère naturels.

A la requête de :
1° M. Louis Fortin, cultivateur, demeurant à..., à ce présent;
2° Et Mlle Suzanne Meunier, couturière, demeurant à..., à ce présente.

M. Fortin et Mlle Meunier, père et mère naturels de Mlle Clémentine Fortin, *de cujus*, qu'ils ont reconnue, savoir : M. Fortin, suivant acte... (*V. formule 1721*), et Mlle Meunier aux termes d'un acte, etc...

Et en cette qualité et en conformité de l'article 765 du Code civil, habile à se porter seuls héritiers chacun pour moitié de la dite demoiselle Fortin, décédée sans postérité ainsi que le constate, etc...

FORM. 1738. — Frère et sœur légitimes et sœur naturelle d'un enfant naturel.

A la requête de :

1º M. René Fortin, propriétaire, demeurant à...;

2º Mme Louise Fortin, sans profession, épouse de M. Émile Lange, avec lequel elle demeure à... Mariés, etc... (*V. formule 1714*);

3º Et Mlle Suzanne Fortin, majeure, couturière, demeurant à...

Tous ici présents et agissant en leur nom personnel, M. Lange à l'effet d'assister et autoriser son épouse.

Qualités. — M. Fortin et Mme Lange, frère et sœur germains, seuls enfants issus du mariage de M. Raoul Fortin et de Mme Mathilde Corre, tous deux décédés et par suite habiles à appréhender dans la succession de Mlle Clémentine Fortin *de cujus* tous les biens que cette dernière a pu recevoir de M. Raoul Fortin, son père, qui l'a reconnu, suivant acte... (*V. formule 1721*), ou recueillir dans sa succession et qui existent encore en nature ou qui sont représentés par des prix encore dûs ou par des actions en reprises;

Et Mlle Fortin, sœur naturelle de Mlle Clémentine Fortin, étant également fille naturelle de M. Raoul Fortin susnommé, qui l'a reconnue suivant acte, etc... (*V. formule 1721*), et en cette qualité habile à se porter seule héritière de tous les autres biens pouvant dépendre de la succession de ladite demoiselle Fortin *de cujus*.

Le tout en conformité de l'article 766 du Code civil, Mlle Fortin étant décédée sans postérité ainsi que le constate un acte de notoriété dressé par Me..., notaire à..., le...

FORM. 1739. — Enfant adoptif.

A la requête de M. René Lecerf, propriétaire, demeurant à..., à ce présent.

Enfant adoptif de M. Roger-Émile Lecerf *de cujus*, ainsi qu'il résulte d'un acte d'adoption dressé par Me..., notaire à..., le... (*ou :* ainsi qu'il résulte d'un procès-verbal dressé par M. le juge de paix du canton de..., le...), homologué suivant jugement rendu par le tribunal civil de..., le..., transcrit sur les registres de l'état civil de la mairie de..., le..., et mentionné le... en marge de l'acte de naissance du requérant dressé à la mairie de..., le... (*ou bien :* régulièrement transcrit sur les registres de l'état civil ainsi qu'il résulte des pièces qui ont été déposées pour minutes à Me..., notaire à..., le..., suivant acte par lui dressé le...

Qualités. — Et en cette qualité habile à se porter seul héritier de M. Roger-Émile Lecerf, son père adoptif, décédé sans postérité ainsi qu'il est relaté ci-dessus.

FORM. 1740. — Enfant adoptif décédé. — Descendants de l'adoptant exerçant le retour successoral.

A la requête de :

1º M. Raoul Lecerf, propriétaire, demeurant à...;

2º M. Louis Lecerf, cultivateur, demeurant à...

Tous deux ici présents et agissant en leur nom personnel.

Qualités. — MM. Lecerf, frères germains, seuls enfants existant du mariage d'entre M. Octave Lecerf et Mme Renée Marchais, tous deux décédés, savoir : le mari à..., et la femme à..., et en cette qualité habiles, conformément à l'article 358 du Code civil, à appréhender chacun par moitié dans la succession de M. Fernand Chauvin-Lecerf *de cujus* tous les biens se retrouvant en nature que ce dernier a pu recevoir de M. Octave Lecerf susnommé ou recueillis par lui dans la succession de ce dernier.

Étant fait observer : Que M. Chauvin-Lecerf *de cujus* a été adopté par M. Octave Lecerf ainsi qu'il résulte, etc... (*comme en la formule 1739*), et qu'il est décédé sans descendants légitimes ainsi que le constate un acte de notoriété dressé par Me..., notaire à..., le...

FORM. 1741. — Ascendant seul héritier dans sa ligne.

A la requête de M. Jean Naret, propriétaire, demeurant à..., ici présent.

Agissant comme habile à se porter seul héritier pour la moitié afférente à la ligne paternelle de M. René Naret, son fils *de cujus* (*si l'autre ligne est représentée par des collatéraux autres que des frères et sœurs du défunt, ajouter :* et à recueillir l'usufruit du 1/3 de la 1/2 dévolue aux héritiers collatéraux de la ligne maternelle, en vertu des articles 753 et 754 du Code civil).

FORM. 1742. — Ascendants dans les deux lignes.

A la requête de :

1º Mme Julie Rossignol, propriétaire, demeurant à..., veuve de M. Fernand Bizet, ici présente;

2° M. René Bizet, propriétaire, et Mme Adélaïde Rosset, son épouse, qu'il autorise, demeurant ensemble à..., ici présents, mariés, etc... (*V. formule 1714*).

Agissant tous en leur nom personnel.

Qualités. — Mme veuve Bizet et M. et Mme Bizet-Rosset, habiles à se porter seuls héritiers de Mme veuve Laurent, née Louise Bizet, *de cujus*, leur fille et petite fille, décédée intestat, sans laisser de descendants ni de frères et sœurs ou descendants de ceux-ci, savoir :

Mme veuve Bizet pour la moitié dévolue à la ligne maternelle;

Et M. et Mme Bizet-Rosset, conjointement pour l'autre moitié dévolue à la ligne paternelle ou chacun pour un quart de la totalité, par suite du prédécès de M. Fernand Bizet, leur fils, père de Mme veuve Laurent *de cujus*.

FORM. 1743. — Père et mère et frère et sœur.

A la requête de :

1° M. Léon Blin, industriel, et Mme Joséphine Lecointe, son épouse, qu'il autorise, demeurant ensemble à..., mariés, etc... (*V. formule 1714*);

2° M. René Blin, négociant, demeurant à...;

3° Mme Denise Blin, épouse de M. Alexis Bonnet, cultivateur, avec lequel elle demeure à..., mariés, etc... (*V. formule 1788*);

Tous ici présents et agissant chacun en son nom personnel, M. Bonnet à l'effet d'assister et autoriser son épouse.

Qualités. — M. et Mme Blin, habiles à se porter héritiers conjointement pour moitié ou chacun divisement pour un quart de M. Jean-Alphonse Blin, *de cujus*, leur fils décédé intestat et sans postérité.

Et M. René Blin et Mme Bonnet, frère et sœur germains de M. Jean Blin, comme étant avec lui issus du mariage de M. et Mme Blin-Lecointe requérants, et en cette qualité habiles à se porter héritiers conjointement pour l'autre moitié ou chacun divisément pour un quart dudit M. Jean-Alphonse Blin *de cujus* leur frère.

FORM. 1744. — Père (*ou : mère*). — Frères et sœur.

A la requête de :

1° M. Léon Blin, industriel, demeurant à..., veuf de Mme Joséphine Lecointe;

2° M. René Blin, propriétaire, demeurant à...;

3° M. Armand Blin, cultivateur, demeurant à...;

4° Et Mme Denise Blin, sans profession, épouse de M. Alexis Bonnet, cultivateur, avec lequel elle demeure à..., mariés, etc... (*V. formule 1788*).

Tous ici présents, agissant, chacun d'eux en son nom personnel, M. Bonnet à l'effet d'assister et autoriser son épouse.

Qualités. — M. Blin, habile à se porter héritier pour un quart, de M. Jean Blin, *de cujus*, son fils, issu de son mariage avec Mme Joséphine Lecointe susnommée, décédé intestat et sans postérité.

Et MM. René et Armand Blin et Mme Bonnet, frères et sœur, etc... (*comme formule précédente*) et en cette qualité, habiles à se porter héritiers de M. Jean Blin, leur frère, conjointement pour les 3/4 de surplus ou séparément chacun pour 1/4.

FORM. 1745. — Père et mère dont l'un renonçant. — Frères germains. — Accroissement.

A la requête et en présence de :

1° M. Léon Blin, propriétaire, demeurant à..., époux de Mme Joséphine Lecointe;

2° M. Émile Blin...; 3° M. Octave Blin...

Qualités. — MM. Blin, habiles à se porter héritiers conjointement pour le tout et divisement chacun dans les proportions ci-après indiquées, de M. Jean Blin, *de cujus*. leur fils et frère germain, *décédé* intestat et sans postérité, savoir :

M. Léon Blin, pour un quart, en sa qualité d'ascendant privilégié par application de l'article 748 du Code civil;

Et MM. Émile et Octave Blin pour les 3/4 de surplus ou chacun pour 3/8, tant en qualité de frères germains du *de cujus* seuls enfants issus avec ce dernier du mariage de M. et Mme Blin Lecointe susnommés, que par suite de la renonciation faite par Mme Blin, née Lecointe, à la succession de son fils, dont il s'agit, suivant déclaration passée au greffe du Tribunal civil de..., le...

FORM. 1746. — Père. — Frères germains dont l'un renonçant. — Accroissement.

A la requête de :

1° M. Léon Blin, propriétaire, demeurant à..., veuf de Mme Joséphine Lecointe, décédée à..., le...;

2° M. Émile Blin, propriétaire, demeurant à...

QUALITÉS. — M. Léon Blin, habile à se porter héritier pour un quart de M. Jean Blin *de cujus*, son fils, issu de son mariage avec Mme Joséphine Lecointe susnommé, décédé, intestat et sans postérité.

Et M. Émile Blin, frère germain du *de cujus* comme étant avec lui et M. Octave Blin ci-après nommé, issus du mariage de M. et Mme Blin-Lecointe et habile à se porter héritier pour les 3/4 de surplus, tant en sa qualité sus-exprimée que par suite de la renonciation à la succession dont il s'agit, faite par M. Octave Blin, autre frère germain, propriétaire, demeurant à..., suivant déclaration passée au greffe du Tribunal civil de..., le...

FORM. 1747. — Mère. — Frère, neveu et nièce.

A la requête de :

1° Mme Joséphine LECOINTE, propriétaire, demeurant à..., veuve de M. Léon BLIN;

2° M. René BLIN, industriel, demeurant à...;

Tous deux à ce présents et agissant en leur nom personnel.

3° Et M. Almire Jory, cultivateur, demeurant à..., à ce présent.

Agissant au nom et comme tuteur datif de : 1° Émile Blin, né à..., le...; 2° Yvonne Blin, née à..., le..., fonction à laquelle il a été nommé, et qu'il a acceptée suivant délibération du conseil de famille desdits mineurs tenue sous la présidence de M. le juge de paix du canton de..., le...

Observations faite que les mineurs Blin ont pour subrogé-tuteur, M. René Blin, leur oncle susnommé, requérant nommé par la même délibération de conseil de famille.

QUALITÉS. — Mme veuve Blin, habile à se porter héritière pour 1/4 à réserve de M. Jean Blin, *de cujus*, son fils issu de son union avec M. Léon Blin susnommé et décédé intestat et sans postérité ou .... | 4/16

M. René Blin, frère germain de M. Jean Blin, issu avec lui et M. Armand Blin, ci-après nommé de l'union des époux Blin-Lecointe et, en cette qualité, habile à se porter son héritier pour la moitié des 3/4 dévolus aux collatéraux, soit 3/8 ou .... | 6/16

Les mineurs Blin frère et sœur germains, seuls enfants issus du mariage d'entre M. Armand Blin, frère germain du *de cujus* et Mme Cécile Sorel, tous deux décédés, savoir : la femme, le..., et le mari, le..., et en cette qualité, habiles à se porter héritiers de M. Jean Blin *de cujus*, leur oncle, conjointement pour la moitié des 3/4 dévolus aux collatéraux, soit 3/8 ou séparément chacun pour 3/16, ou... | 6/16

Ensemble .... | 16/16

FORM. 1748. — Père. — Frère germain renonçant. — Neveux et nièces.

A la requête et en présence de :

1° M. Léon BLIN, propriétaire, demeurant à..., veuf de Mme Joséphine Lecointe, décédée à..., le...;

2° M. Émile BLIN...; 3° Mlle Yvonne BLIN...

QUALITÉS. — MM. Léon et Émile Blin et Mlle Yvonne Blin, habiles à se porter héritiers conjointement pour le tout ou divisément dans les proportions indiquées ci-après de M. Jean Blin *de cujus*, leur fils et oncle, décédé intestat et sans postérité, savoir :

M. Léon Blin pour un quart, en qualité d'ascendant privilégié et par application de l'article 748 du Code civil;

M. Émile Blin et Mlle Yvonne Blin, conjointement pour les 3/4 de surplus ou séparément chacun pour 3/8, tant comme étant les seuls enfants issus du mariage de M. Octave Blin, frère germain du *de cujus* et de Mme..., que par suite de la renonciation faite par leur père, M. Octave Blin, à la succession de M. Jean Blin, son frère, suivant déclaration passée au greffe du Tribunal civil de..., le...

Étant fait observer que M. Jean Blin *de cujus* et M. Octave Blin étaient les seuls enfants issus du mariage de M. et Mme Blin-Lecointe susnommés.

FORM. 1749. — Père. — Frère germain renonçant. — Cousins.

A la requête et en présence de :

1° M. Léon BLIN, propriétaire, demeurant à..., veuf de Mme Joséphine Lecointe, décédée à..., le...;

2° M. Raoul PRINCE...; 3° Mlle Yvonne PRINCE...

QUALITÉS. — MM. Blin et Prince et Mlle Prince, habiles à se porter héritiers conjointement pour le tout ou divisément dans les proportions ci-après indiquées de M. Jean Blin, *de cujus,* leur fils et cousin, décédé intestat et sans postérité, savoir :

M. Blin pour la 1/2 dévolue à la ligne paternelle et l'usufruit du 1/3 de l'autre 1/2 conformément aux articles 753 et 754 du Code civil;

Et M. et Mlle Prince, pour la 1/2 dévolue à la ligne maternelle, soit pour chacun 2/8 (sauf l'effet de l'usufruit de M. Blin), comme étant les seuls enfants issus du mariage de M. Étienne Prince avec Mme Louise Lecointe, décédée à..., le..., sœur de Mme Blin, mère de la *de cujus* et par suite de la renonciation ci-après énoncée.

Étant fait observer :

Que M. Jean Blin *de cujus* et M. Octave Blin, propriétaire, demeurant à..., étaient les seuls enfants issus du mariage de M. et Mme Blin-Lecointe susnommés.

Et que M. Octave Blin, qui n'a pas de descendants, a renoncé purement et simplement à la succession de M. Blin *de cujus,* son frère, suivant déclaration passée au greffe du Tribunal civil de..., le...

FORM. 1750. — Père. — Cousin germain.

A la requête de :

1° M. Léon Blin, propriétaire, demeurant à..., veuf de Mme Joséphine Lecointe;

2° M. Raoul Prince, insustriel, demeurant à...

Tous deux ici présents et agissant en leur nom personnel.

Qualités. — M. Blin, habile à se porter héritier pour la moitié dévolue à la ligne paternelle, de M. Jean Blin, *de cujus,* son fils, décédé intestat et sans postérité et en outre à recueillir l'usufruit du 1/3 de l'autre moitié conformément aux articles 753 et 754 du Code civil;

Et M. Raoul Prince, habile à se porter héritier pour la moitié dévolue à la ligne maternelle (sauf l'effet de l'usufruit de M. Blin), de M. Jean Blin, son cousin germain, comme étant issu du mariage de M. Étienne Prince avec Mme Louise Lecointe, décédée à..., le..., sœur de Mme Blin, mère du *de cujus.*

FORM. 1751. — Mère et collatéraux. — Renonciation par ceux-ci. — Dévolution à l'autre ligne.

A la requête de Mme Sidonie Laure, propriétaire, demeurant à..., veuve de M. Antoine Boschet, à ce présente.

Agissant en son nom personnel comme habile à se porter héritière pour le tout de M. Octave Boschet, *de cujus,* son fils seul enfant issu de son union avec M. Antoine Boschet susnommé et décédé intestat et sans postérité, savoir : 1° de la 1/2 afférente à la ligne maternelle en sa qualité d'ascendante; 2° et de l'autre 1/2 afférente à la ligne paternelle qui lui est dévolue conformément à l'article 755 du Code civil à défaut d'héritier acceptant dans cette ligne.

Étant fait observer que le seul parent du défunt successible dans la ligne paternelle était M. Arthur Simon, propriétaire, demeurant à..., lequel a renoncé purement et simplement à la succession dont il s'agit suivant déclaration passée au greffe du Tribunal civil de..., le..., ainsi que le tout est constaté dans un acte de notoriété dressé par M^e..., notaire à..., le...

FORM. 1752. — Ascendant. — Retour légal et retour conventionnel.

A la requête de Mme Sidonie Laure, propriétaire, demeurant à..., veuve de M. Antoine Boschet,

A ce présente et agissant comme habile à se porter héritière pour la moitié dévolue à la ligne maternelle de M. Octave Boschet, *de cujus,* son fils, décédé intestat, sans postérité, ni frère ni sœur ou descendants d'eux.

Et en outre comme habile à se porter héritière à titre de retour légal, conformément à l'article 747 du Code civil, des biens par elle donnés au *de cujus,* suivant acte, etc..., et qui se retrouvent en nature dans sa succession ou donnent lieu à une action en reprise.

Ou : Et en outre comme habile à exercer le droit de retour conventionnel qu'elle s'est réservé sur les biens par elle donnés au *de cujus* aux termes de son contrat de mariage reçu par M^e..., etc...

FORM. 1753. — Frères et sœurs germains. — Neveux et nièces.

A la requête de :

1° M. Jean Gagneur, propriétaire, demeurant à...;

2° Mme Louise Gagneur, épouse de M. Joseph Leroux, cultivateur, avec lequel elle demeure à..., mariés, etc... (*V. formule 1714*);

3° M. Antoine Gagneur, cultivateur, demeurant à...;

4° M. René Mothe, ingénieur, demeurant à...;

5° M. Alphonse MOTHE, clerc d'huissier, demeurant à...;

6° Et Mlle Lucie MOTHE, majeure, couturière, demeurant à...

Tous ici présents, agissant, chacun en son nom personnel, M. Leroux, à l'effet d'assister et autoriser son épouse.

QUALITÉS. — MM. Jean et Antoine Gagneur et Mme Leroux, issus (ainsi que M. François Gagneur, *de cujus,* et Mme Mothe ci-après nommée), du mariage de M. Cyprien Gagneur et de Mme Sidonie Blanchard, tous deux décédés; et, en cette qualité, habiles à se porter héritiers de M. François Gagneur, *de cujus,* leur frère germain, chacun pour 1/4 ou 3/12, soit ensemble 9/12

MM. Mothe et Mlle Mothe, frères et sœur germains, seuls enfants issus du mariage de M. Julien Mothe, propriétaire, demeurant à... et Mme Marie Tardieu, décédée à..., le..., et en cette qualité habiles à se porter héritiers de M. François Gagneur, *de cujus,* leur oncle, conjointement pour le dernier 1/4 par représentation de Mme Mothe, leur mère, soit chacun pour 1/12, ensemble 3/12

Total 12/12

FORM. 1754. — Frères et sœurs germains, utérins et consanguins.

À la requête de :

1° Mme Aline SERVOT, propriétaire, demeurant à...; veuve de M. René LAPLANCHE...;

2° M. Jules SERVOT, etc...;

3° M. Lucien SERVOT, etc...; 4° M. Alexis SERVOT, etc...;

5° M. Antoine SERVOT, etc...; 6° M. Amédée SERVOT, etc...;

7° Mlle Yvonne LEROUX, etc...; 8° M. Albert LEROUX, etc...; 9° M. Octave LEROUX, etc...; 10° et M. Silvain LEROUX, etc...;

Tous ici présents et chacun agissant en son nom personnel.

QUALITÉS. — Mme veuve Laplanche, MM. Jules, Lucien et Alexis Servot, sœur et frères germains comme étant issus ainsi que M. Robert Servot, *de cujus,* du mariage de M. Théophile Servot avec Mme Jeanne Métayer, sa deuxième épouse;

MM. Antoine et Amédée Servot, frères consanguins de M. Robert Servot, *de cujus,* comme étant issu du mariage de M. Théophile Servot et de Mme Yvonne Laurent, sa première épouse;

Et Mlle Yvonne Leroux et MM. Albert, Octave et Silvain Leroux, sœur et frères utérins de M. Robert Servot, *de cujus,* comme étant issu du mariage de Mme Jeanne Métayer susnommée avec M. Joseph Leroux, son premier mari.

Et en ces qualités habiles à se porter seuls héritiers de M. Robert Servot *de cujus,* à défaut d'ascendant et de descendant, conjointement pour le tout ou chacun dans les proportions ci-après :

1° Mme veuve Laplanche, sœur germaine :

Pour un 1/6 de la 1/2 dévolue à la ligne paternelle ou 4/48 de la totalité de la succession 4/48

Pour 1/8 de la 1/2 dévolue à la ligne maternelle ou 3/48 de la totalité de la succession 3/48

Soit ensemble 7/48

2° M. Jules Servot, frère germain pour mêmes quotités, soit . 7/48

3° M. Lucien Servot, frère germain pour mêmes quotités, soit. 7/48

4° M. Alexis Servot, frère germain également, pour 7/48

5° M. Antoine Servot, frère consanguin pour 1/6 de la 1/2 dévolue à la ligne paternelle ou 4/48 de la totalité de la succession ... 4/48

6° M. Amédée Servot, autre frère consanguin, pour même quotité 4/48

7° Mlle Yvonne Leroux, sœur utérine pour 1/8 de la 1/2 dévolue à la ligne maternelle ou 3/48 de la totalité de la succession 3/48

8° M. Albert Leroux, frère utérin pour même quotité 3/48

9° M. Octave Leroux, frère utérin, pour même quotité 3/48

10° Et M. Silvain Leroux, autre frère utérin pour même quotité 3/48

Total 48/48

FORM. 1755. — Neveux et nièces. — Petits neveux et petites nièces.

À la requête de :

1° M. Jean HOURY, mécanicien, demeurant à...;

2° M. Victor HOURY, industriel, demeurant à...;

3° Mlle Jeanne GAGNEUR, majeure, couturière, demeurant à...

Tous trois ici présents, agissant en leur nom personnel;

4° M. Léopold SAVARIT, propriétaire, demeurant à..., veuf de Mme Marie Gagneur ici présent

Agissant.

1^{ent} En son nom personnel comme ayant la jouissance légale dans les termes de l'article 384 du Code civil de ses enfants mineurs ci-après nommés;

2^{ent} Et au nom et comme tuteur naturel et légal de ses quatre enfants mineurs issus de son union avec Mme Marie Gagneur susnommée, étant : 1° Mathilde Savarit, née à..., le..., 2° Aimé Savarit, né à..., le...; 3° Germaine Savarit, née à..., le...; 4° et Jean Savarit, née à..., le...

Étant fait observer que les mineurs Savarit ont pour subrogé-tuteur M. Victor Houry, susnommé, fonction qui a été conférée à ce dernier et qu'il a acceptée suivant délibération du conseil de famille des mineurs tenue sous la présidence de M. le juge de paix de..., le...

QUALITÉS. — MM. Jean et Victor Houry, frères germains, habiles à se porter héritiers de Mlle Marie Houry *de cujus*, leur tante, décédée sans postérité, conjointement pour moitié par représentation de M. Louis Houry, leur père décédé le..., frère germain de la *de cujus*, soit chacun pour 1/4 ou 4/16, ensemble 8/16

Mlle Jeanne Gagneur, habile à se porter héritière de Mlle Marie Houry, *de cujus*, sa tante, pour 1/4 par représentation de Mme Lucie Houry, sa mère, décédée à..., le..., veuve de M. Antoine Gagneur, et sœur germaine de la *de cujus*, soit 4/16 . . . .   4/16

Les mineurs Savarit, habiles à se porter héritiers de Mlle Marie Houry, *de cujus*, leur grand'tante, par représentation de Mme Suzanne Gagneur, leur mère, décédée à..., le..., épouse de M. Léopold Savarit, sœur de Mlle Jeanne Gagneur susnommée, et ce conjointement pour 1/4 ou séparément chacun pour 1/16, soit ensemble 4/16

Total 16/16

Étant fait observer que M. Louis Houry (*père de MM. Jean et Victor Houry*), Mme Gagneur, née Lucie Houry (*mère de Mlle Jeanne Gagneur et grand'mère des mineurs Savarit*), et Mlle Marie Houry *de cujus*, étaient frère et sœurs germains comme étant issus (*avec une autre sœur prédécédée sans postérité*) du mariage d'entre M. Séraphin Houry et Mme Elvire Léonard, auteurs communs, décédés le mari à..., le..., et la femme à..., le...

FORM. 1756. — Collatéraux. — Cousins aux 3e et 5e degrés. — Tableau généalogique.

A la requête de :

1° M. Raoul VERNE, propriétaire, demeurant à...;

2° Mme Arthémise BINET, sans profession, demeurant à..., veuve de M. Ernest LANGE;

3° et M. Émile BINET, industriel, demeurant à...

Tous trois à ce présents, et agissant, chacun en son nom personnel.

QUALITÉS. — M. Verne, seul cousin germain du côté paternel de M. René Verne, *de cujus*, et comme tel, habile à recueillir la moitié de la succession dévolue à cette ligne;

Mme Vve Lange et M. Émile Binet, cousin et cousine au 5e degré de René Verne, *de cujus*, du côté maternel, et, en cette qualité, habiles à appréhender conjointement la moitié de la succession dévolue à cette ligne ou séparément chacun pour 1/4 du tout.

Ainsi que ces qualités héréditaires résultent d'un tableau généalogique dressé par les parties et demeuré annexé aux présentes après avoir été certifié sincère et véritable par les requérants et que dessus mention du tout y ait été apposée par le notaire soussigné.

FORM. 1757. — Collatéraux. — Cousins issus de germains. — Parenté dans les deux lignes.

A la requête de : 1° M. Antoine SERVOT...; 2° Mlle Louise SERVOT...; 3° M. Léon LEROUX...; 4° et Mlle Sidonie LEROUX..., tous à ce présents et agissant en leur nom personnel.

QUALITÉS. — M. Servot et Mme Servot, habiles à se porter héritiers conjointement pour la moitié dévolue à la ligne paternelle ou chacun divisément pour 1/4 ou 3/12 de la totalité de M. René Servot *de cujus*, leur cousin issu de germains, comme étant les seuls arrière-petits enfants existants de M. Edmond Servot aïeul paternel du *de cujus*.

Mlle Servot, M. Léon Leroux et Mlle Leroux, habiles à se porter seuls héritiers conjointement pour la moitié dévolue à la ligne maternelle ou chacun divisément pour 2/12 du total, de M. René Servot, *de cujus*, aussi leur cousin issu de germains, comme étant les seuls arrière-petits enfants existants de M. Antoine Duru, aïeul maternel du *de cujus*.

Mlle Louise Servot prend part dans les deux lignes comme étant issue du mariage de M. Jean Servot, cousin germain paternel du défunt avec Mme Émilienne Duru, cousine germaine maternelle du *de cujus*.

Ainsi que ces qualités héréditaires sont établies en un tableau généalogique dressé, etc... (*comme en la formule 1756*).

Par suite, les droits héréditaires des requérants dans la succession de M. René Servot sont pour :

M. Antoine Servot de...................................	3/12
Mlle Servot de 3/12 + 2/12 ensemble de....................	5/12
M. Léon Leroux de.................................	2/12
Mlle Leroux de...................................	2/12
Total	12/12

C. — *Légataires et donataires.*

FORM. 1758. — Légataire universel. — Testament authentique. — Pas de réserve.

A la requête de M. Raoul LAURENT, négociant, demeurant à..., à ce présent.

QUALITÉ. — Agissant en son nom personnel comme habile à se porter légataire universel de M. Jacques Bruder, son oncle, *de cujus*, en vertu d'un testament reçu en la forme authentique par Me..., notaire à..., le..., enregistré; lequel legs universel peut recevoir son exécution intégrale, M. Bruder n'ayant laissé aucun héritier réservataire, ainsi constaté en un acte de notoriété, dressé par le notaire soussigné le...

FORM. 1759. — Légataires universels. — Testament authentique. Accroissement.

A la requête de M. Raoul Laurent, etc., à ce présent.

QUALITÉS. — Agissant comme habile à recueillir la totalité du legs universel fait par M. Jacques Bruder, son oncle, aux termes de son testament reçu par Me..., notaire à..., le..., en présence de quatre témoins (*ou :* d'un second notaire et deux témoins) le... enregistré;

Lequel legs universel peut recevoir son entière exécution, M. Bruder étant décédé sans laisser aucun descendant, ni aucun ascendant, par suite aucun héritier ayant droit à un titre quelconque à une réserve légale dans sa succession, ainsi qu'il est constaté par un acte de notoriété dressé après son décès par Me..., notaire à..., le..., et profite exclusivement au requérant par suite du prédécès arrivé à..., le..., de M... son colégataire universel; acte de ce décès dont une copie délivrée le... est demeurée ci-annexée après mention.

FORM. 1760. — Légataires universels. — Testament olographe.

A la requête de : 1º M. Raoul LAURENT, etc...; 2º et M. René PICHON, etc...

QUALITÉS. — Agissant tous deux en leur nom personnel comme habiles à se porter légataires universels en toute propriété, conjointement pour le tout ou séparément chacun pour moitié, de M. Jacques Bruder, leur oncle *de cujus*, aux termes du testament de celui-ci fait en la forme olographe en date à..., du..., déposé au rang des minutes de Me..., notaire soussigné, le..., en conformité d'une ordonnance rendue par M. le président du Tribunal civil de... (*ou :* par l'un des juges du Tribunal civil de... pour l'empêchement de son président empêché) contenue en son procès-verbal de description (*ou :* d'ouverture et de description) de ce testament en date du même jour.

Desquels legs universels MM. Laurent et Pichon ont été envoyés en possession suivant ordonnance rendue le... (*l'on peut ajouter :* M. Bruder étant décédé sans laisser aucun héritier ayant droit à une réserve légale dans sa succession, ainsi qu'il est constaté par un acte de notoriété dressé par Me..., notaire à..., le...).

La grosse de laquelle ordonnance d'envoi en possession a été déposée au rang des minutes du notaire soussigné suivant acte reçu par lui le...

FORM. 1761. — Légataire universel. — Testament mystique.

A la requête de M. Raoul LAURENT, etc..., à ce présent.

QUALITÉS. — Agissant comme habile à se porter légataire en toute propriété de l'universalité de tous les biens mobiliers et immobiliers de M. Jacques Bruder, son oncle *de cujus*, en vertu du testament de ce dernier, fait en la forme mystique le..., ainsi qu'il résulte d'un acte de suscription reçu par

M⁰..., notaire à..., le..., testament déposé au rang des minutes du notaire soussigné le..., en exécution (*comme en la formule 1760*).

Duquel legs universel le requérant a été envoyé en possession suivant ordonnance, etc... (*V. formule 1760*).

FORM. 1762. — Donation. — Institution contractuelle.

A la requête de Mme Virginie CAMUS, sans profession, demeurant à..., veuve de M. Sosthène LEPRINCE, à ce présente et agissant en son nom personnel.

QUALITÉS. — Habile à recueillir la succession de M. Joseph Camus, *de cujus*, son oncle, en vertu de l'institution d'héritière faite par celui-ci en sa faveur, aux termes de son contrat de mariage reçu par M⁰..., notaire à..., le...; (*ou :* habile à se porter donataire universelle en toute propriété de M..., en vertu de la donation à titre d'institution contractuelle faite par celui-ci en sa faveur aux termes de son contrat de mariage, etc...).

Laquelle institution peut recevoir son entière exécution, M. Camus n'ayant laissé, à son décès, aucun héritier réservataire, ainsi constaté, etc...

FORM. 1763. — Exécuteur testamentaire. — Saisine.

A la requête de M. Constant BOUVET, propriétaire, demeurant à..., ici présent.

Agissant en qualité d'exécuteur testamentaire avec saisine de M. Jacques Bruder, *de cujus*, en vertu du testament de ce dernier fait en la forme, etc... (*V. formules 1758 et suiv.*).

FORM. 1764. — Légataire particulier. — Somme.

A la requête de, etc...
En présence de M. Sosthène PERRIN, demeurant à...

Stipulant, comme légataire à titre particulier, d'une somme de 10.000 fr. à prendre sur l'actif de la succession de M. Raoul Vincent, *de cujus*, en vertu du testament de ce dernier reçu, etc... (*V. formule 1758*).

FORM. 1765. — Légataire particulier. — Corps certain.

A la requête de...
En présence de M. Sosthène PERRIN, propriétaire, demeurant à...

Agissant en qualité de légataire à titre particulier d'une maison sise à..., dépendant de la succession de M..., aux termes du testament de ce dernier, susénoncé (*ou :* reçu par M⁰...).

FORM. 1766. — Légataires universels. — Charge de rendre. — Tuteur à la restitution.

A la requête : 1° M..., et M..., tous deux ici présents.

Agissant comme habiles à se porter légataires universels conjointement pour le tout ou séparément, chacun pour un tiers de M..., *de cujus*, leur frère germain, aux termes de son testament reçu par M⁰..., notaire à..., le...; legs universels faits à la charge par MM..., de rendre à leurs enfants nés et à naître au premier degré tous les biens meubles et immeubles, qu'ils recueilleront dans la succession du testateur.

En présence de M..., demeurant à...

Agissant en qualité de tuteur, etc... (*comme en la formule 1812*).

FORM. 1767. — Légataire éventuel *de residuo*.

En présence de M. Raoul VINCENT, propriétaire, demeurant à...

Habile à se porter héritier pour moitié de M. Jean Hanne, son oncle, *de cujus*, ainsi qu'il est constaté en un acte de notoriété dressé par M⁰..., notaire à..., le..., et comme tel, habile à revendiquer pour sa part le legs éventuel de ce qui restera au décès de M..., légataire universel, fait par M. Hanne, au profit de sa famille, suivant testament olographe en date à..., du..., déposé, etc... (*V. formule 1760*).

D. — *Succession en deshérence et vacante.*

FORM. 1768. — Succession en deshérence. — État héritier.

L'AN..., le..., à...
En exécution d'un arrêté de M. le préfet du département de..., en date du...
Et à la requête de M. le Directeur de l'Enregistrement, des domaines et du timbre, demeurant à Paris, au ministère des Finances, rue de Rivoli, 192; poursuites et diligences de M..., inspecteur de l'Enregistrement, des domaines et du timbre, demeurant à...,

désigné à cet effet par M. le Directeur de l'Enregistrement du département de..., suivant autorisation nº..., en date du..., qu'il a représenté et qui lui a été de suite rendue.

Agissant au nom de l'État Français appelé à recueillir, à titre de déshérence, la succession de M... *de cujus,* décédé sans laisser de parents au degré successible ni conjoint survivant, ainsi qu'il est constaté par un acte de notoriété, etc...

FORM. 1769. — Succession vacante. — Administrateur provisoire.

A la requête de M. Louis NARET, notaire honoraire, dmeeurant à... à ce présent.

Agissant en qualité d'administrateur provisoire de la succession non appréhendée de M. Robert Vincent, *de cujus,* nommé à cette fonction suivant ordonnance de M. le Président du Tribunal civil de..., en date du..., dont l'original enregistré à..., le..., est demeuré ci-annexé après mention (*ou :* à la minute du procès-verbal de levée de scellés dont il sera ci-après question).

Ou : Agissant, etc..., nommé à cette fonction par le Tribunal civil de..., suivant jugement rendu sur requête et en la chambre du conseil le...

FORM. 1770. — Succession vacante. — Curateur.

A la requête de M.., curateur aux successions vacantes, demeurant à...

Agissant en qualité de curateur à la succession de M. Raoul Vincent, *de cujus,* déclarée vacante par jugement du Tribunal civil de..., rendu le...

E). — *Absence.*

FORM. 1771. — Absence. — Envoyés en possession provisoire.

L'AN..., à..., en une maison où demeurait M. Louis Vincent, célibataire, disparu depuis le...

A la requête de : 1º M. Edmond VINCENT, etc...; 2º Mlle Sidonie VINCENT, etc.., à ce présents.

Agissant en leurs qualités de seuls présomptifs héritiers et envoyés en possession provisoire chacun pour moitié de ses biens, de M. Louis Vincent susnommé, leur frère germain issu avec eux du mariage d'entre M... et Mme..., décédée, et dont l'absence a été déclarée suivant jugement du tribunal civil de..., en date du..., passé en force de chose jugée ainsi qu'il en a été justifié.

En présence de M. le juge de paix du canton de..., demeurant à..., ainsi qu'il en a été requis par M. le procureur de la République près le Tribunal civil de..., suivant ordonnance en date du..., dont l'original est demeuré ci-annexé après mention.

FORM. 1772. — Absence. — Conjoint présent et héritiers présomptifs avant option.

L'AN..., à..., dans une maison où demeurait M. Louis Vincent et où a continué d'habiter son épouse ci-après nommée.

A la requête de :

1ent Mme Hortense JARDIN, sans profession, demeurant à..., épouse de M. Louis VINCENT susnommé, et spécialement autorisée à l'effet des présentes par le Tribunal civil de... suivant jugement sur requête rendu à la date du... à ce présente.

Agissant :

1º A cause de la communauté légale de biens existant entre elle et M. Vincent, son mari, à défaut de contrat de mariage préalable à leur union célébrée à la mairie de..., le...; laquelle communauté elle se réserve d'accepter ou de répudier ultérieurement, selon qu'elle avisera;

2º A cause des droits, reprises, créances, etc... (*V. formule 1691*).

2ent M. Edmond VINCENT, etc...; 3ent Et Mlle Sidonie VINCENT, etc..., ici présents agissant en leur nom personnel.

En présence de M..., procureur de la République près le Tribunal civil de..., demeurant en cette ville.

QUALITÉS. — M. Edmond Vincent et Mlle Sidonie Vincent, frère et sœur germains de M. Louis Vincent, comme étant avec lui, les seuls enfants issus du mariage de M... et de Mme... décédés, et par suite ses seuls présomptifs héritiers conjointement pour le tout ou divisément chacun pour moitié à défaut de postérité et d'ascendants, ainsi que le constate un acte de notoriété dressé par Me..., notaire à..., le...

Et en cette qualité, envoyés en possession provisoire dans les mêmes proportions, des biens de M. Louis Vincent susnommé, déclaré absent à partir du..., par le Tribunal civil de..., aux termes d'un jugement devenu définitif rendu à la date du..., et dont la grosse est demeurée ci-annexée après mention.

FORM. 1773. — Absence. — Conjoint présent ayant opté pour la continuation de la communauté.

A la requête de Mme Hortense JARDIN, etc... (*comme en la formule 1772*).

Mme Vincent ayant opté pour la continuation de la communauté existant entre elle et son mari aux termes de leur contrat de mariage reçu par M^e..., notaire à..., le..., et ayant pris l'administration des biens de son mari suivant déclaration passée au greffe du Tribunal civil de..., à la date du...

En présence de :

1° M. Edmond VINCENT, etc...; 2° Mlle Sidonie VINCENT, etc...

Seuls présomptifs héritiers, chacun pour moitié, de M. Louis Vincent, leur frère germain, issu avec eux du mariage de M... et Mme..., ainsi qu'il est constaté par un acte de notoriété, etc...

3° M..., juge de paix du canton de..., demeurant à..., requis à cet effet, etc... (*comme en la formule 1771*).

F. — *Requêtes et présences diverses. Représentations.*

FORM. 1774. — Administrateur *ad hoc.*

A la requête de M. Eugène BISET, employé, demeurant à..., ici présent.

Agissant au nom et comme administrateur *ad hoc* du mineur Gaston Louet, né à..., le..., du mariage de M... et Mme..., nommé à cette fonction par le Tribunal civil de... aux termes d'un jugement rendu en Chambre du conseil le...

(*ou :* Agissant au nom et en qualité d'administrateur *ad hoc* du mineur Gaston Louet, né à..., le..., ayant pour administrateur légal M..., son père, propriétaire, demeurant à... M. Biset nommé à cette fonction, en raison de l'opposition d'intérêts existant entre le mineur Louet et son père, par le Tribunal civil de..., suivant jugement rendu en Chambre du conseil, le ministère public entendu, le...).

FORM. 1775. — Administrateur légal.

A la requête de M. Eugène BISET, employé, demeurant à..., ici présent.

Agissant au nom et comme administrateur légal de Gaston Biset, son fils mineur, né à..., le..., de son mariage avec Mme Isabelle Curé, demeurant avec lui.

ou : A la requête de Mme Eugénie SOREL, sans profession, demeurant à..., femme divorcée de M. Léon Biset;

Agissant au nom et en qualité d'administratrice légale de..., sa fille mineure, née à..., le..., avec M. Biset susnommé et dont la garde lui a été confiée.

FORM. 1776. — Administrateur testamentaire.

A la requête de M..., demeurant à..., ici présent.

Agissant au nom et comme administrateur spécial à l'effet du legs dont il sera ci-après parlé de M..., mineur, né à..., le..., issu du mariage d'entre M... et Mme...; nommé à cette fonction aux termes du testament de M... *de cujus* énoncé ci-dessus (*ou :* ci-après).

FORM. 1777. — Aliéné non interdit ni interné. — Administrateur provisoire.

A la requête de M..., ici présent.

Agissant en qualité d'administrateur provisoire de la personne et des biens de M..., demeurant à...; fonction à laquelle il a été nommé, en conformité de l'article 497 du Code civil, par le Tribunal civil de... aux termes d'un jugement rendu sur requête le... et dont une expédition est demeurée ci-annexée après mention (*ou :* à la minute d'un acte en constatant le dépôt dressé par le notaire soussigné le...).

FORM. 1778. — Aliéné non interdit ni interné. — Notaire commis pour le représenter.

En présence de M..., notaire, demeurant à...

Agissant au nom de M... demeurant à..., aliéné non interdit ni pourvu d'administrateur provisoire, et comme ayant été commis à l'effet de représenter ce dernier aux présentes opérations, suivant ordonnance rendue sur requête par M. le président du Tribunal civil de..., le..., et dont l'original est demeuré ci-annexé après mention.

FORM. 1779. — Aliéné non interdit. — Assistance publique.

A la requête de M..., directeur de l'Administration de l'Assistance publique de Paris, demeurant à Paris, rue..., n°..., à ce présent.

Agissant au nom et en qualité de tuteur de M..., domicilié à..., actuellement placé dans l'établissement d'aliénés de... ressortissant des hospices civils de Paris, conformément à la loi du 10 janvier 1849.

FORM. 1780. — Aliéné non interdit. — Établissement public.

A la requête de M..., à ce présent.

Agissant en qualité d'administrateur provisoire des biens de M..., domicilié à..., actuellement placé dans l'établissement public d'aliénés de..., fonction à laquelle il a été nommé et qu'il a acceptée, suivant délibération de la Commission de surveillance de cet établissement prise en la forme administrative à la date du..., et dont une ampliation est demeurée ci-annexée après mention.

FORM. 1781. — Aliéné non interdit. — Administrateur provisoire légal.

A la requête de M..., membre de la Commission administrative de l'établissement public d'aliénés de... (*ou :* du département de...), demeurant à...

Désigné par la Commission administrative — suivant délibération en date du..., dont une ampliation est demeurée ci-annexée après mention — pour remplir conformément à la loi du 30 juin 1838 les fonctions d'administrateur provisoire à l'égard des personnes aliénées non interdites placées dans ledit établissement (*ou :* lesdits établissements), et agissant en cette qualité au nom de M..., domicilié à..., aliéné non interdit, admis dans l'établissement susénoncé, sous le n°..., où il est actuellement séquestré comme pensionnaire du département de...

FORM. 1782. — Aliéné non interdit. — Administrateur provisoire choisi en dehors de la Commission de l'établissement public.

A la requête de M..., ici présent.

Agissant en qualité d'administrateur provisoire des biens de M..., domicilié à..., mais actuellement placé dans l'établissement public d'aliénés de..., nommé à cette fonction suivant jugement rendu par le Tribunal civil de..., le..., et dont un extrait est demeuré ci-annexé après mention.

FORM. 1783. — Conseil judiciaire.

A la requête de M. Antonin Leroux, sans profession, demeurant à..., ici présent.

Assisté de M..., avoué, demeurant à..., également présent, son conseil judiciaire en vertu d'un jugement rendu par le Tribunal civil de..., le...

FORM. 1784. — Créanciers opposants.

A la requête de, etc...

En présence de : 1° M. Louis Chevalier, négociant, demeurant à..., 2°...; 3°... etc...

Agissant comme se prétendants créanciers de la succession de M... *de cujus* et s'étant opposés à ce qu'il soit procédé au présent inventaire hors leur présence, aux termes d'un exploit de..., huissier à..., en date du..., et dont l'original est demeuré ci-annexé après mention (*ou :* ainsi qu'il résulte pour M... et M... d'un exploit de M..., huissier à..., en date du..., et pour M... d'un exploit de..., et dont les originaux sont demeurés, etc...).

A la conservation, etc... (*V. formule 1677 et 1879*).

FORM. 1785. — Curateur à succession vacante.

A la requête de M..., curateur aux successions vacantes, demeurant à..., ici présent.

Stipulant en qualité de curateur à la succession de M..., déclarée vacante par jugement du Tribunal civil de..., rendu le...

FORM. 1786. — Curateur au ventre.

En présence de M. Silvain Genu, propriétaire, demeurant à...

Curateur au ventre de l'enfant conçu dont Mme... a déclaré être enceinte; nommé à cette fonction par le conseil de famille, suivant délibération tenue sous la présidence de M. le juge de paix du canton de..., le...

FORM. 1787. — Curateur de militaire disparu.

A la requête de M. Joseph DENAIN, propriétaire, demeurant à..., ici présent.

Agissant en qualité de curateur de M. Émile Denain, son neveu, cultivateur, demeurant à..., mobilisé comme sergent au 104e d'infanterie, disparu aux armées le...; nommé à cette fonction par le conseil de famille dans une délibération prise le..., sous la présidence de M. le juge de paix du canton de..., en conformité de la loi du 11 ventôse an II.

FORM. 1788. — Femme mariée. — Autorisation maritale. — Divers régimes.

A la requête de :

1o M. Denis VINCENT, industriel, et Mme Louise MEUNIER, son épouse, de lui autorisée, demeurant ensemble à..., tous deux ici présents.

Communauté légale. — Mariés en premières noces sous le régime de la communauté légale de biens à défaut de contrat de mariage, préalable à leur union célébrée à la mairie de..., le..., ainsi déclaré (*ou :* ainsi qu'il résulte de leur acte de mariage, dont une expédition a été représentée au notaire soussigné qui l'a à l'instant rendue; *ou :* qui demeure, annexée aux présentes après mention).

ou : Mariés sous le régime de la communauté légale de biens, sans restriction de la capacité civile de la femme ni obligation d'emploi de ses biens propres, à l'égard des tiers, aux termes de leur contrat de mariage passé devant Me..., notaire à..., le...

Communauté d'acquêts. — Mariés sous le régime de la communauté de biens réduite aux acquêts, aux termes de leur contrat de mariage reçu par Me..., notaire à..., le...; lequel ne contient aucune clause restrictive de la capacité civile de l'épouse ni prescriptive d'emploi de ses propres.

ou : Mariés, etc.; par lequel contrat Mme Vincent a déclaré soumettre au régime dotal avec obligation d'emploi (*indiquer sommairement ce qui a été frappé de dotalité*).

Non communauté. — Mariés sous le régime exclusif de communauté (*ou :* sans communauté) sans restriction de la capacité civile de la femme ni obligation d'emploi de ses biens propres, aux termes de leur contrat de mariage passé devant Me...

Régime dotal avec société d'acquêts. — Mariés sous le régime dotal avec addition de société d'acquêts (*ou :* avec paraphernalité de certains biens de la femme et société d'acquêts) aux termes de leur contrat de mariage reçu par Me...

2o Mme Louise MEUNIER, sans profession, épouse assistée et autorisée de M. Denis VINCENT, négociant, avec lequel elle demeure à...

Régime dotal sans société d'acquêts. — Mariés sous le régime dotal sans société d'acquêts, avec paraphernalité de tous les biens à venir de la femme (*ou :* avec stipulation de paraphernalité des successions qui écherraient à la femme) aux termes de leur contrat de mariage reçu par Me...

Séparation de biens contractuelle. — Mariés sous le régime de la séparation de biens aux termes de leur contrat de mariage reçu..., lequel contrat ne contient aucune obligation d'emploi des biens de Mme Vincent.

Séparation de biens judiciaire. — Mariés sous le régime etc..., et depuis séparés de biens suivant jugement rendu par le Tribunal civil de 1re instance de..., le..., signifié, publié et exécuté notamment par la liquidation des reprises de Mme Vincent dressé par Me..., notaire à..., suivant acte du... (*ou :* suivant jugement par défaut rendu par le Tribunal civil de..., le..., levé, signifié, publié, et exécuté et actuellement passé en force de chose jugée ainsi que la requérante en a justifié; *ou :* ainsi qu'il résulte des pièces déposées aux minutes de Me..., notaire à..., suivant acte dressé par lui à la date du...)

FORM. 1789. — Femme mariée. — Autorisation de justice.

A la requête de Mme Louise MEUNIER, sans profession, épouse de M. Denis VINCENT, industriel, demeurant à..., la requérante domiciliée de droit avec son mari, mais résidant de fait à... (*ou :* Mme... demeurant à... (dernier domicile de son mari), épouse de M. Denis VINCENT actuellement sans résidence connue.

Mariés, etc... (*V. formule 1788*).

Mme Vincent, à ce présente et autorisée spécialement à cet effet par le Tribunal civil de... suivant jugement contradictoire (*ou :* par défaut) rendu en audience publique le..., signifié et passé en force de chose jugée, ainsi que le tout résulte de la grosse du jugement précité, de l'exploit de sa signification et des certificats de non-opposition ni appel demeurés ci-annexés après mention (*ou :* déposés aux minutes de Me..., notaire soussigné, suivant acte dressé par lui à la date du...).

FORM. 1790. — Femme séparée de corps ou divorcée.

A la requête de :

1° Mme Louise MEUNIER, sans profession, demeurant à..., ici présente.

Épouse séparée de corps et de biens de M. Denis Vincent aux termes d'un jugement contradictoire, rendu par le Tribunal civil de..., le..., passé en force de chose jugée et exécuté suivant acte de liquidation dressé par M°..., notaire à..., commis à cet effet, le...

2° Mme Louise MEUNIER, sans profession, demeurant à..., femme divorcée et non remariée de M. Denis VINCENT.

ou : A la requête de : 1° M. Denis Vincent, etc...; 2° Mme Louise Meunier, etc...

Époux séparés de corps (*ou :* divorcés) suivant jugement, etc.

Agissant chacun en son nom personnel à cause de la communauté légale de biens ayant existé entre eux à défaut de contrat de mariage... et à cause des reprises qu'ils peuvent avoir à exercer respectivement sur cette communauté.

FORM. 1791. — Interdit. — Tuteur et subrogé-tuteur.

A la requête de M..., à ce présent.

Agissant au nom et en qualité de tuteur de M. César BINET, interdit suivant jugement rendu par le Tribunal civil de..., le..., fonction à laquelle le requérant a été nommé et qu'il a acceptée suivant délibération du conseil de famille prise sous la présidence de M. le juge de paix du canton de..., le...

En présence de M...

Subrogé tuteur de M. César Binet, fonction qui lui a été conférée par la délibération du conseil de famille précité (*Voir formules 1680 et 1681*).

FORM. 1792. — Liquidation judiciaire. — Liquidé et liquidateur.

A la requête de M. Louis DANOIS, sans profession, demeurant à..., à ce présent.

En état de liquidation judiciaire en vertu d'un jugement sur requête rendu par le Tribunal de commerce de..., le...

Et assisté, par suite, de M..., ancien avoué, demeurant à..., ici présent son liquidateur définitif à sa liquidation judiciaire, fonction à laquelle il a été nommé par jugement du même Tribunal rendu le...

FORM. 1793. — Liquidation judiciaire. — Liquidateur agissant seul.

A la requête de M..., ancien avoué, demeurant à..., à ce présent.

Agissant en qualité de liquidateur définitif de la liquidation judiciaire de M. Louis Danois, ancien négociant, demeurant à..., déclaré par jugement sur requête du Tribunal de commerce de..., en date du...; fonction à laquelle le requérant a été nommé par le même Tribunal par jugement en date du...

M... autorisé à agir seul au présent inventaire, au refus de M. Danois, par ordonnance du juge commissaire en date du... et dont l'original est demeuré ci-annexé après mention.

FORM. 1794. — Mandataires.

A la requête de : 1° Mme Louise MEUNIER, sans profession, demeurant à..., veuve de M. Denis VINCENT.

Non présente, mais représentée par M. Félix Ledru, clerc de notaire, demeurant à..., son mandataire en vertu de la procuration qu'elle lui a donnée, suivant acte reçu par M°..., notaire à..., le..., dont le brevet original légalisé est demeuré ci-annexé après mention (*ou :* en vertu d'un pouvoir sous seing privé en date à..., du..., qui sera enregistré avec les présentes auxquelles il est demeuré annexé après avoir été certifié véritable par le mandataire et revêtu de la mention d'annexe d'usage).

2° M. Félix DRUELLE, industriel, demeurant à...

Non présent, mais représenté par M..., son mandataire, en vertu d'une procuration écrite en langue allemande en date à..., du..., attestée par M°..., notaire à..., dont l'original revêtu des légalisations d'usage est demeuré ci-annexé, ainsi qu'une traduction du tout en langue française faite par M..., traducteur assermenté près la Cour d'appel de..., à la date du... (*V. aussi formules 135 et 136*).

3° Mme Aimée LEROUX, sans profession, épouse de M. Victor BOREL, avec lequel elle demeure à...

Non présente, mais représentée par M. Borel, son mari et son mandataire en vertu de la procuration qu'elle lui a donnée sous son autorisation, suivant acte, etc...

M. et Mme Borel, mariés, etc... (*V. formule 1788*).

4° M. Arthur LINTON, propriétaire, demeurant à...

Non présent, mais représenté, etc... (*comme ci-dessus*).
Dans laquelle procuration M. Linton a agi en qualité de tuteur de...,
mineur, étant né à..., le..., du mariage de M... et de Mme..., décédés, fonction à
laquelle il a été nommé par le conseil de famille du mineur, suivant délibération prise devant M. le juge de paix du canton de..., le...
En présence de M. Léon CHAPPE, propriétaire, demeurant à...
Agissant au nom et en qualité de mandataire de M... en vertu de la procuration, etc... (*comme ci-dessus*).
Dans laquelle procuration M... a agi en qualité de subrogé-tuteur du
mineur..., fonction, etc... (*comme ci-dessus*).

FORM. 1795. — Mari maître des droits de sa femme.

A la requête de M. Félix CALOT, propriétaire, demeurant à..., à ce présent.
Agissant au nom et comme maître des droits et actions de Mme Joséphine
LEROY, son épouse, demeurant avec lui, et avec laquelle il est marié sous le
régime de la communauté réduite aux acquêts aux termes de leur contrat de
mariage, etc... (*tous régimes sauf la séparation de biens*).

FORM. 1796. — Mineur sous l'administration légale.

A la requête de M. Robert LEDUC, industriel, demeurant à..., à ce présent.
Agissant au nom et comme administrateur légal des biens de : 1°...; 2°...
(*Voir suivant le cas les formules 1774 et 1775*).

FORM. 1797. — Mineur. — Tutelle légale.

A la requête de :
1° M. Louis CHEVALIER, propriétaire, demeurant à..., à ce présent.
Agissant au nom et comme tuteur naturel et légal de : 1° Maurice C...,
né à..., le...; 2° Élise C..., née à..., le..., ses deux enfants mineurs, issus de son
mariage avec Mme Adélaïde Noyen, sa défunte épouse.
2° Mme Armandine GUILLAUME, sans profession, demeurant à..., veuve non remariée de M. Antoine PRIEUR, à ce présente.
Agissant au nom et comme tutrice naturelle et légale de : 1°...; 2°..., ses
deux enfants mineurs issus de son mariage avec M. Prieur, son défunt mari.
En présence de M..., subrogé-tuteur... (*V. formule 1706*).

FORM. 1798. — Mineur. — Tutrice légale et conseil à la tutelle.

A la requête de Mme Armandine GUILLAUME, etc... agissant au nom, etc... (*comme
en la formule 1797*).
En présence de :
1° M. Victor BONIN, industriel, demeurant à...
Agissant en qualité de conseil spécial nommé par M... pour assister la
requérante à tous actes relatifs à la tutelle de ses enfants, aux termes du testament de ce dernier, reçu, etc... (*énoncer le testament comme aux formules 1758 et
suiv.*).

FORM. 1799. — Mineur. — Mère remariée et maintenue tutrice; mari cotuteur.

A la requête de M. Denis VINCENT, propriétaire, et Mme Lucie FERRIER, son épouse,
qu'il autorise, demeurant ensemble à...
Tous deux ici-présents, agissant Mme Ferrier, en qualité de tutrice légale
et M. Ferrier en qualité de cotuteur de : 1° René Bouvet, né à..., le...; 2° Marthe
Bouvet, née à..., le..., enfants mineurs issus du mariage de Mme Ferrier avec
M. Constant Bouvet, son premier mari décédé. La requérante maintenue dans
la tutelle avec la cotutelle de M. Ferrier son second mari, antérieurement à
leur mariage, suivant délibération du conseil de famille des mineurs Bouvet,
prise sous la présidence de M. le juge de paix du canton de..., le...
Ou : Mme Ferrier, agissant en qualité de tutrice dative et M. Ferrier
en qualité de cotuteur de : 1°..., etc... La requérante réintégrée dans cette
tutelle avec la cotutelle de M. Ferrier, postérieurement à leur mariage suivant
délibération, etc...

FORM. 1800. — Mineur. — Tutelle légitime.

A la requête de M. Théophile JANNOT, propriétaire, demeurant à..., ici présent.
Agissant au nom et comme tuteur légitime du mineur René Bouvet,
son petit-fils, né à..., le..., du mariage de M... et de Mme..., fille du requérant,
tous deux décédés, savoir : le mari à..., le..., et la femme à..., le...

FORM. 1801. — Mineur. — Tutelle dative.

A la requête de M. Noël Bourdon, propriétaire, demeurant à..., ici présent.
Agissant au nom et en qualité de tuteur datif de : 1º M..., né à..., le...;
2º Mⁱˡᵉ..., née à..., le..., du mariage de M. et de Mᵐᵉ..., tous deux décédés
le mari à..., le..., et la femme à..., le...; fonction qui a été conférée au requérant
et qu'il a acceptée suivant délibération du conseil de famille des mineurs...
prise sous la présidence de M. le juge de paix de..., le...

FORM. 1802. — Mineur. — Tutelle testamentaire.

A la requête de M. René Leprince, propriétaire, demeurant à..., ici présent.
Agissant au nom et en qualité de tuteur testamentaire de Raoul B...,
mineur, né à..., le..., du mariage de M... et de Mᵐᵉ..., tous deux décédés,
M... à..., le..., et Mᵐᵉ... à..., le...; fonction qui a été conférée au requérant par
M..., mari survivant et tuteur légal du mineur..., aux termes de son testament
reçu..., etc... (*V. formule 1758*) (*ou* : suivant déclaration reçue par Mᵉ..., notaire à..., le...).
(*Ou si c'est la mère remariée qui a choisi le tuteur, ajouter* : qualité con-
firmée par délibération du conseil de famille du mineur..., prise sous la présidence de M. le juge de paix du canton de..., le...

FORM. 1803. — Mineur. — Tuteur *ad hoc.*

A la requête de M. Camille Boisset, propriétaire, demeurant à..., ici présent.
Agissant en qualité de tuteur *ad hoc* de René Saujon, né à..., le..., **du**
mariage de M... et de Mᵐᵉ..., décédés; fonction qui lui a été conférée et qu'il a
acceptée suivant délibération du conseil de famille du mineur... prise sous la
présidence de M. le juge de paix du canton de..., le..., et ce, en raison de l'opposition existant entre ledit mineur et Yvonne Saujon, sa sœur germaine,
née à..., le..., du mariage de M. et Mᵐᵉ... susnommés.
Lesquels mineurs ont l'un et l'autre pour tuteur datif M..., etc... (*comme
en la formule 1801*).

FORM. 1804. — Mineurs émancipés.

A la requête de :
1º M. René Bigeon, étudiant en droit, demeurant à..., ici présent.
Encore mineur comme étant né à..., le..., mais émancipé par M. Justin
Bigeon, son père, propriétaire, demeurant à..., suivant déclaration reçue par
Mᵉ..., notaire à..., le...
Assisté de M..., son curateur, à ce présent, fonction à laquelle il a été
nommé et qu'il a acceptée suivant délibération du conseil de famille du requérant tenue sous la présidence de M. le juge de paix du canton de..., à la date
du...
2º M. René Bigeon, etc...
Encore mineur comme étant né à..., le..., mais émancipé par son conseil
de famille aux termes d'une délibération prise sous la présidence de M. le juge
de paix de..., le...
Assisté de M..., son curateur, à ce présent, fonction qui lui a été conférée
par la même délibération de conseil de famille.
3º Mᵐᵉ Irène Leroux, sans profession, épouse de M. Jules Simon, qui l'assiste et
l'autorise, industriel, demeurant à..., ici présents.
Mariés, etc... (*V. formule 1788*).
Mᵐᵉ Simon, encore mineure, étant née à..., le..., mais émancipée par son
mariage et ayant pour curateur de droit son mari.
4º Mᵐᵉ Irène Leroux, sans profession, demeurant à..., veuve en premières noces,
non remariée de M. Jules Simon.
Mineure née à..., le..., émancipée par suite de son mariage avec M. Simon,
célébré à la mairie de..., le...
Mᵐᵉ Vve Simon assistée de M. Léon Benoît..., à ce présent curateur à
son émancipation, fonction à laquelle il a été nommé et qu'il a acceptée aux
termes d'une délibération du conseil de famille de ladite dame, prise après
le décès de son mari sous la présidence de M. le juge de paix de..., le...
5º M. Léon Laurent, ingénieur, demeurant à...
Mineur étant né à..., le..., mais émancipé par suite de son mariage avec
Mᵐᵉ... demeurant avec lui, célébré à la mairie de..., le..., sans contrat de
mariage préalable.
M. Léon Laurent, assisté de M. Léon Benoît, son oncle, industriel, demeurant à..., à ce présent, curateur à son émancipation ,fonction à laquelle ce dernier a été nommé et qu'il a acceptée suivant délibération du conseil de famille
de M. Léon Laurent, tenue le..., sous la présidence de M. le juge de paix de...

FORM. 1805. — Notaire représentant un aliéné.

A la requête de M⁰..., notaire à..., à ce présent.

Agissant au nom de M..., domicilié à..., admis dans l'établissement d'aliénés de... et commis à cet effet, par M. le président du Tribunal civil de..., aux termes d'une ordonnance rendue sur requête le..., demeurée ci-annexée après mention.

FORM. 1806. — Notaire représentant un non-présent.

En présence de Mᵉ..., notaire à..., demeurant en cette ville rue...,, n°...

Représentant M... en vertu d'une ordonnance rendue sur requête par M. le président du Tribunal civil de..., le..., dont l'original est demeuré ci-annexé (*ou s'il y a scellés :* est demeuré annexé au procès-verbal de levée de scellés ci-après énoncé.

FORM. 1807. — Notaire représentant un présumé absent.

En présence de Mᵉ..., notaire demeurant à...

Agissant au nom et comme représentant M. Émile Luru, cultivateur, demeurant à..., mobilisé au... infanterie, disparu aux armées le..., et par suite présumé absent (*ou :* actuellement sans domicile ni résidence connus et sans nouvelles de lui depuis le début de l'année..., en conséquence présumé absent).

Mᵉ..., commis à cet effet par le Tribunal civil de... en conformité de l'article 113 du Code civil, aux termes d'un jugement rendu sur requête, en la Chambre du conseil, le... dont la grosse est ci-annexée.

FORM. 1808. — Notaire commis pour représenter un requérant éloigné.

En présence de M..., notaire, demeurant à..., commis par ordonnance de M. le président du Tribunal civil de..., en date du..., et ci-annexée après mention, à l'effet de représenter aux présentes opérations M. Émile FOURCADE, soldat au...ᵉ régiment d'infanterie coloniale en garnison à Saïgon (Cochinchine).

Ou : En présence de M..., notaire à..., demeurant en cette ville, rue..., agissant comme représentant M... en vertu d'une ordonnance de M. le président du Tribunal civil de..., en date du..., apposée au bas d'une requête à lui présentée par Mᵉ..., avoué près ce tribunal ; desquelles requête et ordonnance l'original est demeuré ci-annexé après mention.

FORM. 1809. — Notaire commis en cas d'urgence.

En présence de Mᵉ..., notaire à...

Commis à l'effet de représenter au présent inventaire M... (*noms, profession et domicile*) et tous autres héritiers inconnus de M... *de cujus,* aux termes d'une ordonnance rendue sur requête par M. le président du Tribunal civil de..., à la date du..., et dont l'original est demeuré ci-annexé.

FORM. 1810. — Notaire commis pour représenter un mineur non pourvu de tuteur.

En présence de Mᵉ..., notaire, demeurant à...

Agissant au nom et comme représentant René BISET, mineur, étant né à..., le..., et non encore pourvu de tuteur ; Mᵉ..., commis à cet effet, en raison de l'urgence, aux termes d'une ordonnance rendue le..., par M. le président du Tribunal civil de... et dont l'original est ci-annexé.

FORM. 1811. — Syndic de faillite.

A la requête de M..., syndic de faillites, demeurant à..., à ce présent.

Agissant au nom et en qualité de syndic de l'union des créanciers de M. Antonin LAURENT, ex-limonadier, demeurant à..., déclaré en état de faillite suivant jugement du Tribunal de commerce de..., en date du... ; fonction conférée au requérant par le même tribunal par jugement du...

En présence de M. Laurent susnommé (*facultatif*) (*Voir formule 1682*).

FORM. 1812. — Tuteur à la charge de restitution.

En présence de M..., demeurant à...

En qualité de tuteur à la charge de rendre au profit des enfants nés et à naître de M. Henri Bertrand dont il est ci-dessus parlé ; nommé à cette fonction aux termes d'une délibération du conseil de famille, réuni sous la présidence de M. le juge de paix du canton de..., le...

(*Ou :* En qualité de tuteur chargé de l'exécution de la restitution imposée à M. Henri Bertrand, au profit de ses enfants nés et à naître par M..., son père, aux termes de son testament énoncé ci-dessus, fonction qui lui a été conférée par le conseil de famille suivant délibération prise sous la présidence, etc... (*Voir formule 1766*).

FORM. 1813. — Conjoint survivant. — Enfants légitimes. — Enfant naturel. — Légataire universel en toute propriété.

L'An..., le... (*V. formule 1674*).

A la requête de :

1ent Mme Sidonie Coret, propriétaire, demeurant à..., veuve de M. Joseph Leroux, ici présente.

Agissant en son nom personnel :

1° A cause de la communauté de biens...; 2° à cause des droits...; 3° à cause du préciput... (*comme en la formule 1692*).

Observation faite qu'en présence de l'institution ci-après relatée d'un légataire universel le droit d'usufruit accordé à l'époux survivant par l'article 767 du Code civil ne peut être exercé.

2ent 1° M. Lucien Leroux, propriétaire, demeurant à...; 2° M. Edmond Leroux, cultivateur, demeurant à...; 3° M. Albert Leroux, industriel, demeurant à...

3ent M. René Leroux, représentant, demeurant à...

4ent M. Louis Duvivier, négociant, demeurant à...

Tous ici présents et agissant chacun en son nom personnel.

Qualités. — I. — MM. Lucien, Edmond et Albert Leroux frères germains entre eux, seuls enfants légitimes issus du mariage d'entre M. et Mme Leroux-Coret susnommés et en cette qualité habiles à se porter héritiers de M. Leroux leur père *de cujus* chacun pour 7/32 par suite de l'existence d'un enfant naturel et d'un légataire universel du défunt, soit ensemble pour........ 21/32

II. — M. René Leroux, enfant naturel de M. Joseph Leroux, *de cujus* reconnu par lui avant son mariage, suivant acte... (*V. formule 1721*) et en cette qualité habile à se porter héritier de son père naturel pour la moitié de ce qu'il aurait eu s'il avait été légitime conformément à l'article 758 du Code civil, c'est-à-dire pour 3/32....... 3/32

III. — Et M. Duvivier, habile à se porter légataire universel de M. Joseph Leroux, *de cujus*, aux termes du testament de ce dernier, etc... (*V. formule 1758 et s.*); legs réduit à la quotité disponible étant, par suite de l'existence d'enfants, d'un quart ou 8/32, ci....... 8/32

Lequel legs M. Duvivier se réserve d'accepter ou de répudier ultérieurement selon qu'il avisera.

Ensemble 32/32

A la conservation, etc... (*le surplus comme en la formule 1674*).

FORM. 1814. — Conjoint survivant. — Enfants légitimes et enfant naturel. — Legs de la quotité disponible en usufruit à la veuve et en nue propriété à deux des enfants légitimes et à l'enfant naturel.

L'An..., le... (*V. formule 1674*).

A la requête de :

1ent Mme Rose Dupuy, sans profession, demeurant en la maison où il est actuellement procédé, veuve de M. Paul Fourcade *de cujus*, ici présente.

Agissant :

I. — *En son nom personnel :*

1° Comme épouse survivante et à raison des droits et créances qu'elle peut avoir à exercer contre la succession de son défunt mari avec lequel elle était mariée sous le régime de la séparation de biens conformément aux dispositions de leur contrat de mariage reçu par Me..., notaire à..., le...;

2° Comme habile à se porter usufruitière légale pour 1/4 de la succession de son mari en vertu de l'article 767 du Code civil et en outre légataire de la quotité disponible (*civ. 1094*) en usufruit de la succession en vertu du testament de ce dernier, etc... (*V. formules 1758 et suiv.*).

II. — *Et au nom et comme tutrice légale* de ses deux fils mineurs : Camille Fourcade, âgé de 19 ans, étant né à..., le..., et Denis Fourcade, âgé de 20 ans, étant né à..., tous deux issus de son union avec le défunt.

2ent M. Léopold Blum, propriétaire, demeurant à..., ici présent.

Agissant au nom et comme maître des droits et actions de Mme Aline Fourcade, son épouse, etc... (*V. formule 1795*).

3ent M. Léon Ory, employé, et Mme Berthe Fourcade, son épouse, demeurant ensemble à..., tous deux à ce présents; Mme Ory, encore mineure comme étant née à..., le..., agissant avec l'assistance et l'autorisation de son mari et curateur avec qui elle est mariée sous le régime, etc... (*V. formule 1788*).

4ent M. Narcisse Fourcade, dessinateur, demeurant à..., à ce présent.

En présence de :

1° M..., notaire à..., commis par ordonnance de M. le président du tribunal civil de... en date du..., à l'effet de représenter au présent inventaire M. Émile Fourcade, soldat au...e régiment d'infanterie coloniale en garnison à Saïgon (Cochinchine).

2° M..., cultivateur, demeurant à..., subrogé-tuteur des mineurs Fourcade susnommés, fonction qui lui a été dévolue, etc... (*V. formule 1706*).

Qualités. — Mme Blum, Mme Ory, MM. Camille, Denis, Émile et Narcisse Fourcade seuls descendants de M. Fourcade *de cujus* : les cinq premiers comme enfants légitimes nés de son union avec Mme Rose Dupuy et M. Narcisse Fourcade comme enfant naturel reconnu par lui avant son mariage suivant acte, etc... (*V. formule 1721*), et comme tels habiles à se porter héritiers de M. Fourcade, leur père, savoir : les enfants légitimes chacun pour 11/60 et l'enfant naturel pour 1/12.

En outre MMmes Blum et Ory et M. Narcisse Fourcade, habiles à se porter légataires de la nue propriété de la portion disponible (*Civ. 913*) dépendant de la succession de leur père en vertu du testament précité.

En sorte que la succession de M. Paul Fourcade se trouve dévolue, savoir :

	U.	N. P.	T. P.
I. — A Madame Veuve Fourcade : Pour 1/2 en usufruit ou 120/240................	120/240		
II. — A Mme Blum et à Mme Ory : *a*) En toute propriété, pour chacune 11/60 de la 1/2, soit 11/120 ou 22/240 et ensemble...................			44/240
b) Et en nue propriété, pour 1/3 du 1/4 composant la portion disponible léguée à elles et à leur frère Narcisse Fourcade, plus 11/60 de l'autre 1/4 complétant la 1/2 soumise à l'usufruit de leur mère, soit au total chacune 31/240 en nue propriété et ensemble..................		62/240	
III. — A M. Narcisse Fourcade : *a*) En toute propriété pour 1/2 de la 1/2, soit 1/24 ou 10/240...........................			10/240
b) Et en nue propriété pour 1/3 du 1/4 à lui légué conjointement avec Mesdames Blum et Ory, ses sœurs, plus 1/12 de l'autre 1/4 dévolu en usufruit à Mme Veuve Fourcade, soit au total pour la nue propriété 25/240..............		25/240	
IV. — Aux mineurs Camille et Denis Fourcade et à M. Émile Fourcade : *a*) En toute propriété, pour chacun 11/60 de la 1/2, soit 22/240 et ensemble....................			66/240
b) Et en nue propriété pour chacun 11/60 du 1/4 faisant partie du legs en usufruit au profit de Mme Veuve Fourcade mais non compris dans le legs de nue-propriété, soit 11/240 et ensemble................................		33/240	
Ensemble..............	120/240	120/240	120/240
Total égal à l'entier................................			240/240

A la conservation, etc... (*le surplus comme en la formule 1674*).

FORM. 1815. — **Conjoint survivant.** — **Enfants légitimes.** — **Enfant légitime d'un enfant naturel prédécédé.** — **Légataire universel.**

L'An..., à... (*comme en la formule 1674*).

A la requête de :

1ent Mme Ernestine Chartier, sans profession, demeurant à..., veuve de M. Alexandre Baulieu, ici présente.

Agissant :

I. — *En son nom personnel :* 1° A cause de la communauté...; 2° A raison des droits, reprises... (*V. formule 1692*); 3° Et comme ayant la jouissance, dans les termes de l'article 384 du Code civil, des biens de ses deux enfants mineurs ci-après nommés.

II. — *Et au nom et comme tutrice* naturelle et légale de : 1° Victor Baulieu, né à..., le...; 2° Marie Baulieu, née au même lieu le..., ses deux enfants mineurs issus de son union avec son défunt mari susnommé.

2ent M. Ludovic Baulieu, cultivateur, demeurant à..., ici présent et agissant en son nom personnel.

3ent M. Louis Durand, manœuvre, demeurant à..., ici présent et agissant également en son nom personnel.

En présence de M..., subrogé tuteur, etc... (*V. formule 1706*).

Qualités. — I. — M. Ludovic Baulieu, enfant légitime de M. Eugène Baulieu, négociant, demeurant à..., où il est décédé le... — ce dernier, enfant naturel reconnu de M. Alexandre Baulieu *de cujus* suivant acte... (*V. formule 1721*) —

et comme tel habile à se porter héritier à réserve du défunt en vertu des articles 913 et 761 du Code civil de la 1/2 de ce qu'il aurait eu si son père avait été légitime, soit en raison de l'existence de deux enfants légitimes et d'un légataire universel de 1/8 ou 3/24 ci.................................... | 3/24

II. — Les mineurs Baulieu, seuls enfants légitimes nés du mariage des époux Baulieu-Chartier et, comme tels, habiles à se porter héritiers à réserve du *de cujus* leur père, et en raison de l'existence d'un enfant légitime d'un enfant naturel et d'un légataire universel conjointement pour 14/24 ou séparément chacun pour 7/24......... | 14/24

III. — Et M. Durand, habile à se porter légataire universel en toute propriété du *de cujus* aux termes de son testament... (*V. formules 1758 et suiv.*). — Lequel legs, par suite de l'existence de deux enfants légitimes et d'un enfant naturel représenté, se trouve réduit aux 7/24 de la succession ci.................................... | 7/24

> Remarque étant faite qu'en l'absence d'enfant naturel, les deux enfants légitimes auraient eu droit aux 2/3 de la succession soit 1/3 chacun, et le légataire universel à l'autre 1/3; et que les droits de l'enfant naturel s'imputent proportionnellement sur ceux des autres ayants droit, soit 1/24 sur chacun d'eux, ce qui réduit leur émolument à 7/24 chacun.

Ensemble .... | 24/24

A la conservation, etc... (*V. formule 1674*).

FORM. 1816. — Conjoint survivant usufruitier légal. — Enfants légitimes. — Enfant naturel. — Descendants légitimes d'un autre enfant naturel.

L'An..., à... (*comme en la formule 1674*).

A la requête de :

1ent Mme Louise LEROY, sans profession, demeurant à..., veuve de M. Jules LAMBERT, ici présente.

Agissant en son nom personnel : 1º A cause de la communauté...; 2º à raison des droits...; 3º Et comme habile à recueillir l'usufruit du 1/4... (*V. formule 1692*).

2ent 1º M. Louis LAMBERT, industriel, demeurant à...; 2º M. Jacques LAMBERT, propriétaire, demeurant à...; 3º M. Maurice LAMBERT, cultivateur, demeurant à..., tous trois ici présents et agissant en leurs noms personnels.

3ent M. Paul LAMBERT, agriculteur, demeurant à..., à ce présent et agissant également en son nom personnel.

4ent Mme Louise LEMOL, propriétaire, demeurant à..., veuve non remariée de M. Joseph LAMBERT.

Ici présente et agissant en qualité de tutrice naturelle et légale de : 1º Jean LAMBERT, né à..., le...; 2º Lucien LAMBERT, né à..., le...; 3º Marcel LAMBERT, né à..., le... ses trois enfants mineurs issus de son mariage avec M. Joseph Lambert.

QUALITÉS. — MM. Louis, Jacques et Maurice Lambert, fils légitimes de M. Jules Lambert *de cujus* et seuls enfants issus du mariage de ce dernier avec Mme Louise Leroy restée sa veuve.

M. Paul Lambert, fils naturel du *de cujus* et reconnu par lui avant son mariage suivant acte... (*V. formule 1721*).

Les mineurs Jean, Lucien et Marcel Lambert, seuls enfants légitimes issus du mariage de M. Joseph Lambert et de Mme Lemol restée sa veuve, le dit M. Joseph Lambert autre fils naturel du *de cujus* reconnu par lui également avant son mariage suivant acte... (*V. formule 1721*).

Et en ces qualités habiles à se porter héritiers conjointement pour le tout ou séparément chacun dans les proportions ci-après indiquées de M. Jules Lambert décédé *intestat*, comme il est relaté plus haut, le..., époux en premières noces de Mme Leroy restée sa veuve, savoir :

M. Paul Lambert pour 1/10 ou 3/30 par application de l'article 758 du Code civil.................................... | 3/30

Les mineurs Jean, Lucien et Marcel Lambert par représentation de M. Joseph Lambert, leur père, conjointement pour 3/30 ou divisément chacun pour 1/30 par application de l'article 761 du Code civil.. | 3/30

Et MM. Louis, Jacques et Maurice Lambert, ensemble pour les 24/30 de surplus ou séparément chacun pour 8/30 ci.............. | 24/30

Total .... | 30/30

Le tout sauf l'effet de l'usufruit de Mme Veuve Lambert épouse survivante étant du 1/4 de la succession à répartir uniformément sur chacune des parts héréditaires.

A la conservation, etc... (*comme en la formule 1674*).

FORM. 1817. — **Conjoint survivant.** — **Donataire et usufruitier.** — **Enfant légitimé et enfant naturel.**

L'An..., le..., à... (*V. formule 1674*).

A la requête de :

1ent Mme Marthe Dumont, sans profession, demeurant à..., veuve de M. Jules Roset, susnommée; ladite dame née à..., le...

Ici présente, agissant :

I. — *En son nom personnel :* 1º A cause de la communauté...; 2º A cause des droits...; 3º A cause du préciput...; 4º Comme habile à se porter donataire de son mari...; 5º Comme ayant droit en vertu de l'art. 767... (*V. formule 1692*).

Lesquels communauté, avantages, donation et usufruit Mme Veuve Roset se réserve le droit d'accepter ou répudier selon qu'elle avisera.

II. — *En sa qualité de subrogé tutrice* du mineur Alexis Roset, son petit-fils ci-après nommé..., nommé à cette fonction, etc... (*V. formule 1706*).

2ent Mme Joséphine Jolibois, sans profession, demeurant à..., veuve en premières noces de M. Louis Roset et non remariée.

Ici présente, agissant au nom et comme tutrice naturelle et légale de M. Alexis Roset, son fils mineur de 19 ans, né à..., le..., de son union avec M. Louis Roset, son mari, décédé à..., le...

3ent Mlle Charlotte Roset, sans profession, majeure, demeurant à..., ici présente, agissant en son nom personnel.

Qualités. — I. — Le mineur Alexis Roset, seul enfant existant du mariage d'entre M. Louis Roset et Mme Joséphine Jolibois, son épouse survivante, et en cette qualité habile à se dire et porter héritier pour 3/4 seulement, en raison de l'existence de Mlle Charlotte Roset susnommée, de M. Jules Roset, son aïeul paternel *de cujus*, lequel M. Louis Roset étant enfant naturel de M. et Mme Roset-Dumont reconnus par ces derniers suivant deux actes reçus (*V. formule 1721*) et légitimé par le fait de leur mariage célébré à la mairie de..., le...

II. — Mlle Charlotte Roset, enfant naturelle de M. Jules Roset reconnue par ce dernier ainsi qu'il résulte, etc... (*V. formule 1721*), et en cette qualité habile à se porter héritière de M. Jules Roset pour le dernier 1/4, conformément à l'article 758 du Code civil.

A la conservation, etc... (*V. formule 1674*).

FORM. 1818. — **Conjoint survivant donataire.** — **Enfants de deux lits.**

L'An..., le..., à... (*comme en la formule 1674*).

A la requête de :

1ent Mme Jeanne Treullé, propriétaire, demeurant à..., veuve de M. Jean Martin, ici présente.

Agissant en son nom personnel :

1º A cause de la communauté...;

2º A raison des droits... (*comme en la formule 1692*);

3º Comme ayant droit en vertu de l'article 767 du Code civil à l'usufruit du 1/7 des biens composant la succession de son mari par suite de l'existence d'enfants d'un précédent mariage;

4º Comme habile à se porter donataire de la pleine propriété de tous les biens meubles composant la succession de son mari en vertu d'un acte reçu...;

Lesquels usufruit et donation se confondant la requérante se réserve d'accepter ou de répudier par la suite selon qu'elle avisera.

2ent 1º M. A...; 2º M. B...; 3º M. C...; 4º M. D...; 5º M. E...; 6º et M. F... tous ici présents et agissant en leurs noms personnels.

Qualités. — M. A..., seul enfant issu du mariage de M. Martin, *de cujus* et de Mme Joséphine Souday, sa première épouse décédée.

Et MM. B, C, D, E et F, seuls enfants issus du mariage de M. Martin *de cujus* et de Mme Jeanne Treullé susnommée, sa seconde épouse survivante.

Et en ces qualités tous habiles à se porter héritiers de M. Jean Martin *de cujus* leur père, conjointement pour le tout ou divisément chacun pour 1/6.

Sauf les droits de Mme Veuve Martin, leur belle-mère et mère requérante.

A la conservation, etc... (*comme en la formule 1674*).

FORM. 1819. — **Conjoint survivant usufruitier.** — **Enfants légitimes d'un premier lit.** — **Enfant naturel reconnu au cours du veuvage.**

L'An..., à... (*V. formule 1674*).

A la requête de :

1ent Mme Elvire Minolle, sans profession, demeurant à..., veuve de M. François Jacquinot, susnommé, ici présente.

Agissant :

1° Comme épouse survivante du *de cujus* et à raison des droits et créances qu'elle peut avoir à exercer contre la succession de ce dernier avec lequel elle était mariée sous le régime de la séparation de biens aux termes de son contrat de mariage reçu...

2° Et comme habile à recueillir en vertu de l'article 767 du Code civil l'usufruit d'une part d'enfant légitime le moins prenant sans qu'elle puisse excéder le 1/4 des biens composant la succession de son mari, attendu l'existence d'enfants d'un précédent mariage. — Usufruit qu'elle se réserve de répudier par la suite si elle le juge à propos.

2ent Mme Pauline JACQUINOT, épouse assistée et autorisée de M. Pierre COLIN, ajusteur, avec lequel elle demeure à..., ici présents. Mariés, etc... (*V. formule 1788*).

3ent M. Gaston JACQUINOT, industriel, demeurant à..., à ce présent.

4ent M. Ferdinand JACQUINOT, serrurier, demeurant à..., à ce présent.

5ent Et Mlle Renée JACQUINOT, majeure, couturière, demeurant à..., ici présente.

QUALITÉS. — I. — Mme Veuve Jacquinot, habile à recueillir l'usufruit du 1/4 des biens composant la succession de son mari.

II. — Mme Colin et MM. Gaston et Ferdinand Jacquinot, seuls enfants légitimes du *de cujus* nés de son union avec Mme Lucie Hurel, sa première épouse, décédée à..., le..., et comme tels, habiles à se porter héritiers de leur père chacun pour 7/24, soit ensemble pour...................... 21/24

III. — Et Mlle Renée Jacquinot, enfant naturelle de M. Jacquinot *de cujus* reconnue par lui suivant acte... (*V. formule 1721*) et en cette qualité habile à se porter héritière de son père pour la 1/2 de ce qu'elle aurait eu si elle avait été légitime, soit la 1/2 du 1/4 de la succession ou. 3/24

Ensemble 24/24

L'on peut ajouter : En sorte que la succession de M. Jacquinot se trouve dévolue, savoir :

	U.	N. P.	T. P.
1° A Mme veuve Jacquinot pour.......................	24/96		
2° A Mme Colin pour............................		7/96	21/96
3° A M. Gaston Jacquinot pour......................		7/96	21/96
4° A M. Ferdinand Jacquinot pour.................		7/96	21/96
5° Et à Mlle Jacquinot pour.....................		3/96	9/96
		24/96	24/96
Total égal à l'entier.....................................			96/96

A la conservation, etc... (*comme en la formule 1674*).

FORM. 1820. — **Conjoint survivant usufruitier.** — **Enfants légitimes de deux lits.** — **Enfant naturel reconnu au cours du 2e mariage.**

L'AN..., le..., à... (*V. formule 1674*).

A la requête de :

1ent Mme Louise CARON, sans profession, demeurant à... veuve de M. Paul LOBEL, ici présente.

Agissant en son nom personnel : 1° A cause de la communauté...; 2° A cause des droits... (*V. form. 1692*); 3° Comme ayant droit en vertu de l'art. 767 du Code civil et par suite de l'existence d'enfants d'un précédent mariage à l'usufruit du 1/5 des biens dépendant de la succession de son mari.

2ent 1° M. Henri LOBEL, propriétaire, demeurant à...; 2° M. Jules LOBEL, cultivateur, demeurant à..., ici présents, agissant, chacun en son nom personnel.

3ent 1° Louis LOBEL, propriétaire, demeurant à...; 2° Mlle Andrée LOBEL, couturière, demeurant à..., ici présents, agissant en leurs noms personnels.

4ent Et Mlle Sophie LOBEL, artiste lyrique, demeurant à..., ici présente et agissant également en son nom personnel.

QUALITÉS. — MM. Henri et Jules Lobel, frères germains, seuls enfants existants du mariage de M. Paul Lobel, *de cujus*, avec Mme Marie Chenu, sa première épouse, décédée à..., le...

M. Louis Lobel et Mlle Andrée Lobel, frère et sœur germains, seuls enfants issus du mariage de M. Paul Lobel, *de cujus*, avec Mme Louise Caron, sa deuxième épouse requérante.

Et Mlle Sophie Lobel, enfant naturelle de M. Paul Lobel, *de cujus*, née à..., le..., et reconnue par lui au cours de son second mariage suivant acte... (*V. formule 1721*).

Et tous, en ces qualités, habiles à se porter seuls héritiers de M. Paul Lobel, leur père, savoir :

1° Mlle Sophie Lobel, enfant naturelle reconnue pendant le second mariage et par suite ne pouvant opposer sa reconnaissance à Mme Veuve Lobel-Caron, ni aux deux enfants du second mariage, pour la part contributoire des deux enfants du premier lit dans le montant des droits, étant de 1/10 qui lui auraient été dévolus si sa reconnaissance était opposable à tous les héritiers du *de cujus*, soit pour 1/20 ou.. | 6/120

2° MM. Henri et Jules Lobel, enfants du mariage, chacun pour 1/4 de la succession entière ou........................ | 30/120

Sauf le prélèvement pour chacun d'eux de la 1/2 des droits de l'enfant naturelle, soit....................... | 3/120

Reste pour chacun.............. | 27/120

Ou pour les deux..................... | 54/120

3° Et M. Louis Lobel et Mlle Andrée Lobel, enfants issus du deuxième mariage, auxquels la reconnaissance de l'enfant naturelle ne peut préjudicier, chacun pour 1/4 de la succession ou 30/120, soit ensemble pour.......................... | 60/120

Total égal à l'entier...................... | 120/120

Le tout sous réserve des droits d'usufruit de Mme Veuve Lobel-Caron, épouse survivante, qui sont de 1/5 de la succession ou.............. | 24/120

Qui doivent être supportés par :

1° Mlle Lobel, enfant naturelle, pour................ | 2/120

2° MM. Henri et Jules Lobel, enfant du 1er lit, chacun pour 5/120, soit pour les deux.................... | 10/120

3° Et M. Louis Lobel et Mlle Andrée Lobel, enfants du 2e lit, chacun pour 6/120, soit pour les deux............... | 12/120

Égalité .... | 24/120 | 24/120

L'on peut ajouter : En sorte que la succession de M. Paul Lobel se trouve dévolue :

	U.	N. P.	T. P.
1° *A Mme veuve Lobel*, née Caron, en usufruit pour....	24/120		
2° *A M. Henri Lobel :*			
En toute propriété pour...........................			22/120
En nue propriété grevée de l'usufruit de Mme Veuve Lobel pour..		5/120	
3° *A M. Jules Lobel* pour mêmes quotités...........		5/120	22/120
4° *A M. Louis Lobel :*			
En toute propriété pour...........................			24/120
En nue propriété grevée de l'usufruit de Mme Veuve Lobel pour...		6/120	
5° *A Mlle Andrée Lobel*, pour mêmes quotités.......		6/120	24/120
6° *Et à Mlle Sophie Lobel :*			
En toute propriété pour...........................			4/120
Et en nue propriété grevée de l'usufruit de Mme Veuve Lobel..		2/120	
Totaux...............................	24/120		96/120
Réunion.....................		120/120	

A la conservation etc... (*la suite comme en la formule 1674*).

FORM. 1821. — Conjoint survivant usufruitier. — Père et mère. — Frère et sœur.

L'An..., le..., à... (*V. formule 1674*).

A la requête de :

1^ent Mme Louise Hurel, propriétaire, demeurant à..., veuve de M. Léon Descours, ici présente.

Agissant en son nom personnel : 1° A cause de la communauté...; 2° A cause des droits...; 3° Comme habile à recueillir l'usufruit de 1/2... (*V. formule 1692*).

2^ent M. Pierre Descours, négociant, et Mme Sidonie Lechat, son épouse, qu'il autorise, demeurant ensemble à..., ici présents et agissant en leurs noms personnels. Mariés, etc... (*V. formule 1788*).

3^ent 1° M. Albert Descours, jardinier, demeurant à...; 2° M. René Descours, ingénieur, demeurant à...; 3° Mlle Hélène Descours, couturière, demeurant à..., tous trois à ce présents, agissant en leurs noms personnels.

Qualités. — I. — M. et Mme Descours-Lechat, père et mère de M. Léon Descours, *de cujus*, et en cette qualité habiles à se porter héritiers réservataires de ce dernier, conjointement pour 1/2 ou divisément chacun pour 1/4.

II. — MM. Albert et René Descours et Mlle Hélène Descours, frères et sœurs germains de M. Léon Descours, *de cujus*, comme étant avec lui issus du mariage de M. et Mme Descours-Hurel requérants, et en cette qualité habiles à se porter héritiers conjointement pour l'autre 1/2 ou chacun divisément pour 1/6 de la succession dont il s'agit.

Sauf les droits en usufruit de Mme Veuve Descours requérante s'exerçant exclusivement sur la 1/2 de la succession dévolue aux collatéraux.

L'on peut ajouter : En sorte que la succession de M. Léon Descours se trouve dévolue, savoir :

	U.	N. P.	T. P.
1° A Mme veuve Descours, née Hurel pour..........	6/12		
1° A M. Pierre Descours pour..........			3/12
3° A Mme Descours, née Lechat pour..........			3/12
4° M. Albert Descours pour..........		2/12	
5° M. René Descours pour..........		2/12	
6° Et Mlle Descours pour..........		2/12	
Totaux..........	6/12	6/12	6/12
En réunion		12/12	

A la conservation etc... (*V. formule 1674*).

FORM. 1822. — Conjoint survivant commun en biens et donataire universel en usufruit. — Mère. — Frères et sœurs dont l'un décédé saisi de ses droits, laissant une veuve commune légalement en biens remariée et un enfant mineur.

L'An..., le..., à... (*V. formule 1674*).

A la requête et en présence de :

1^ent Mme Léonie PETRUS, propriétaire, demeurant à..., veuve en premières noces de M. Antoine LAURENT.

Agissant : 1° A cause de la communauté...; 2° A cause des droits...; 3° A cause de la donation universelle en usufruit... avec stipulation qu'en cas d'existence d'ascendants elle comprendrait même l'usufruit de la part réservée à ceux-ci...; 4° comme habile à recueillir, en vertu de l'art. 767... (*V. formule 1692*).

2^ent Mme Aimée LORIN, rentière, demeurant à..., veuve de M. Albert LAURENT, non remariée.

Agissant comme habile à se porter héritière réservataire du *de cujus* ainsi qu'il sera indiqué ci-après, et en outre comme ayant eu la jouissance légale des biens de Léon et Marie Laurent ses deux enfants ci-après nommés, savoir : en ce qui concerne Léon Laurent jusqu'au jour où il a atteint ses 18 ans, et en ce qui concerne Marie Laurent, jusqu'au jour de son mariage.

3^ent M. Léon LAURENT, industriel, demeurant à... Mineur étant né à..., le..., émancipé par suite de son mariage, etc..., assisté de... (*V. formule 1804*).

4^ent M. Louis CHEVALIER, agriculteur, et Mme Lucie MORIN, son épouse, qu'il autorise, demeurant ensemble à...; Mme CHEVALIER, veuve en premières noces de M. Henri LAURENT :

Mariés, etc... (*V. formule 1788*).

Agissant :

a) M. Chevalier en qualité de cotuteur du mineur Laurent Eugène ci-après nommé.

b) Mme Chevalier : 1° A cause de la communauté légale de biens ayant existé entre elle et son premier mari (décédé saisi de ses droits dans la succession de Antoine Laurent *de cujus*, son père) à défaut, etc... (*V. formule 1692*); 2° Comme ayant la jouissance légale des biens de son fils mineur ci-après nommé dans les termes de l'article 384 du Code civil; 3° Et au nom et comme tutrice naturelle et légale d'Eugène Laurent, né à..., le..., enfant mineur, né du mariage d'entre ladite dame Chevalier et M. Henri Laurent, mort pour la France le...

Mme Chevalier, maintenue dans cette tutelle avec la cotutelle de son second mari, ainsi qu'il résulte d'une délibération du conseil de famille de son enfant mineur tenue sous la présidence de M. le juge de paix de..., le...

5^ent Mme Marie LAURENT, sans profession, demeurant à..., veuve en première noces non remariée de M. René Blin.

Mineure émancipée, née à..., le..., mais émancipée par suite de son mariage... et assistée de M... (*V. formule 1804*).

Étant expliqué que le mariage de Mme Blin a été précédé d'un contrat de mariage reçu par M^e..., notaire à..., le..., contenant adoption du régime de la séparation de biens.

En présence de :

1° M..., notaire à..., demeurant en cette ville, rue...

Agissant comme représentant M. Raoul LAURENT, représentant de commerce, demeurant à..., en vertu d'une ordonnance, etc... (*V. formule 1808*).

2° Et de M..., rentier, demeurant à...

Agissant en qualité de subrogé-tuteur du mineur Eugène Laurent, son petit-neveu, susnommé, fonction à laquelle il a été nommé, etc... (*V. formule 1706*).

QUALITÉS. — Mme Veuve Laurent, née Lorin, MM. Léon et Raoul Laurent, Mme Veuve Blin et le mineur Eugène Laurent, habiles à se dire et porter seuls héritiers, conjointement pour le tout et divisément chacun dans les proportions déterminées ci-après, de M. Antonin Laurent, *de cujus*, leur fils, frère et oncle, savoir :

I. — Mme Veuve Laurent, née Lorin, mère du défunt, pour un quart à réserve ou 4/16.

II. — MM. Léon et Raoul Laurent, Mme Veuve Blin et le mineur Eugène Laurent, pour les trois quarts ou 12/16 dévolus aux Collatéraux, savoir :

MM. Léon et Raoul Laurent et Mme Veuve Blin, frères et sœur germains du *de cujus*, seuls enfants actuellement existants, issus de l'union ayant existé entre M. Albert Laurent et Mme Aimée Lorin, chacun pour 3/16 de leur chef, soit ensemble 9/16.

Et le mineur Eugène Laurent pour 3/16 (sauf les droits susrelatés de Mme Chevalier, sa mère) comme étant aux droits de M. Henri Laurent, son père; lequel est décédé en son domicile à..., le..., frère germain du *de cujus* et de MM. Léon et Raoul Laurent et de Mme Veuve Blin, et saisi de ses droits dans la succession de M. Antonin Laurent, son père.

Le tout sauf les droits de Mme Laurent, née Petrus, requérante, lesquels comprennent notamment l'usufruit de la totalité des biens de la succession de son mari, en sorte que les droits susdéterminés des héritiers collatéraux sont en nue propriété seulement.

A la conservation, etc... (*V. formule 1674*).

FORM. 1823. — **Conjoint survivant usufruitier.** — **Enfant naturel.** — **Ascendant.** — **Frères et sœurs germains, consanguins et utérins.**

L'AN..., le... à... (*V. formule 1674*).

A la requête et en présence de :

1^ent Mme Clémentine LEFRANÇOIS, modiste, demeurant à..., veuve de M. Louis NARET, *de cujus*.

Agissant en son nom personnel : 1° A cause de la communauté...; 2° A raison des droits...; 3° comme habile à se porter usufruitière pour 1/2... (*V. formule 1692*).

2^ent M. Jean NARET, industriel, demeurant à...

3^ent M. Jacques NARET, cultivateur, demeurant à..., veuf en premières noces de Mme Léontine Dragon et en secondes noces de Mme Maria Hubert;

4^ent M. Arcade NARET, propriétaire, demeurant à...

5^ent M. René NARET, propriétaire, demeurant à...

6^ent M. Marie NARET, ingénieur, demeurant à...

7^ent M. Joseph NARET, cultivateur, demeurant à...

8^ent M. Lucien NARET, horloger, demeurant à...

9^ent Et Mme Maria GACLOU, sans profession, épouse assistée et autorisée de M. Adolphe MEUNIER, agriculteur, avec lequel elle demeure à... Mariés, etc... (*V. formule 1788*).

QUALITÉS. — I. — M. Jean Naret, enfant naturel reconnu de M. Louis Naret, *de cujus* avant le mariage de celui-ci, ainsi qu'il résulte d'un acte... (*V. formule 1721*), et en cette qualité habile à se porter héritier pour 3/4 ou 480/640 de M. Naret, son père naturel, décédé sans postérité légitime........| 480/640

II. — M. Jacques Naret, père du *de cujus*, et comme tel habile à se dire et porter héritier de celui-ci pour 1/4 dans le 1/4 dévolu aux héritiers légitimes, soit 1/16 ou 40/640 de la totalité............| 40/640

III. — M. Arcade Naret, M. René Naret et M. Marie Naret, frères germains du *de cujus*, comme étant issus avec lui du premier mariage de M. Jacques Naret et de Mme Léontine Dragon, et comme tels habiles à se dire et porter héritiers chacun pour 27/640, savoir :

Pour 12/640 dans la ligne paternelle, comme ayant droit, chacun pour 1/5 dans les 60/640 formant la 1/2 revenant aux collatéraux de la ligne paternelle, dans les 3/4 du 1/4 dévolus à la succession légitime ci ....| 12/640

Et pour 15/640 dans la ligne maternelle, comme ayant droit chacun pour 1/4 dans les 60/640 formant l'autre 1/2 revenant aux collatéraux de la ligne maternelle dans les 3/4 du 1/4 dévolu à la succession légitime.................| 15/640

Égalité ....| 27/640

Soit ensemble pour les trois frères germains.......| 81/640 | 81/640

IV. — M. Joseph Naret et M. Lucien Naret, frères consanguins

A reporter........| 601/640

| | *Report* | 601/640 |

du *de cujus*, comme étant issu du second mariage de M. Naret père et de Mme Maria Hubert, et en cette qualité habiles à se dire et porter héritiers chacun pour 12/640 dans la ligue paternelle, comme ayant droit, chacun pour 1/5, dans les 60/640 formant la 1/2 revenant aux collatéraux de la ligne paternelle dans les 3/4 du 1/4 dévolu à la succession légitime, soit ensemble pour les deux frères 24/640 . . . . **24/640**

V. — Enfin, Mme Meunier, sœur ultérine du *de cujus*, comme issue du premier mariage de Mme Naget-Dagron avec M. Gaclou (Achille) et en cette qualité habile à se dire et porter héritière pour 15/640, comme ayant droit au 1/4 dans les 60/640 formant la 1/2 revenant aux collatéraux de la ligne maternelle dans les 3/4 du 1/4 dévolu à la succession légitime ci **15/640**

Total égal à l'unité **640/640**

Le tout sauf les droits d'usufruit de Mme Veuve Naret étant de 1/2 ou 320/640 à exercer exclusivement sur les droits non réservataires.

L'on peut ajouter : Par suite la succession dont il s'agit se trouve dévolue aux aux réquérants de la manière suivante :

	U.	N. P.	T. P.
1° Mme veuve Naret	320/640		
2° M. Jean Naret (réservataire pour 1/2 de sa quotité héréditaire)		240/640	240/640
3° M. Jacques Naret (réservataire)			40/640
4° M. Arcade Naret		18/640	9/640
5° M. René Naret		18/640	9/640
6° M. Marie Naret		18/640	9/640
7° M. Joseph Naret		8/640	4/640
8° M. Lucien Naret		8/640	4/640
9° Mme Meunier		10/640	5/640
Totaux		320/640	320/640
En réunion		640/640	

A la conservation, etc... (*V. formule 1674*).

FORM. 1824. — **Conjoint survivant usufruitier.** — **Enfant naturel.** — **Frère germain.** — **Frère utérin.** — **Absent.**

L'An..., à... (*comme en la formule 1674*).

A la requête de :

1^ent Mme Mélanie Dubois, propriétaire, demeurant à..., veuve de M. Edmond Durand, *de cujus*, ici présente.

Agissant en son nom personnel : 1° A cause de la communauté...; 2° En raison des droits...; 3° Comme habile à se porter héritière de l'usufruit de la 1/2... (*V. formule 1692*).

2^ent 1° M. Pouce Dartois, libraire, demeurant à...; 2° M. Aristide Durand, négociant, demeurant à..., tous deux ici présents et agissant chacun en son nom personnel.

3° Mme Emma Lenoir, sans profession, demeurant à..., épouse de M. Marcel Durand disparu depuis... sans avoir jamais donné de ses nouvelles.

Ici présente et agissant : I. D'abord en son nom personnel comme ayant la jouissance légale des biens de son fils mineur ci-après nommé, dans les termes de l'article 384 du Code civil. II. Et au nom et comme ayant l'administration, en vertu de l'article 141 du Code civil, des biens de M. Étienne Durand, son fils mineur né de son union avec son mari susnommé le...

(*Si l'absence a été déclarée ajouter :* Observation faite que le mineur Durand a été envoyé en possession provisoire des biens de son père, déclaré en état d'absence, ainsi qu'il résulte d'un jugement rendu par le tribunal civil de..., le..., passé en force de chose jugée).

Quai   — M. Aristide Durand, M. Pouce Dartois et le mineur Durand, habiles à   porter héritiers de M. Edmond Durand *de cujus*, décédé intestat, sans poste   légitime, ni ascendant, conjointement pour le tout ou divisément savoir :

I. — M. Aristide Durand pour 3/4 ou 12/16 comme étant enfant naturel *du de cujus* reconnu par lui avant son mariage, suivant acte, etc... (*V. formule 1721*), et par application de l'article 759 du Code civil **12/16**

II. — M. Pouce Dartois pour la 1/2 de la portion de la succession dévolue à la ligne maternelle, soit 1/16 du tout, en sa qualité de frère utérin du *de cujus* comme étant issu du mariage de Mme Mélanie Duroy, mère de ce dernier, avec M. Léon Dartois, son second mari, tous deux décédés **1/16**

A reporter **13/16**

<table>
<tr><td align="right">Report......</td><td>13/16</td></tr>
</table>

    III. — Et le mineur Étienne Durand pour les 3/16 de surplus par représentation de M. Marcel Durand, son père disparu, et dont l'existence est incertaine, et ce, par application des articles 136 et 742 du Code civil.

    Remarque étant faite que M. Marcel Durand était frère germain du *de cujus* comme étant issu avec lui du mariage de M. Léopold Durand et de Mme Mélanie Duroy décédés, et en cette qualité avait droit dans la succession qui nous occupe par application de l'article 752 du Code civil :

A la portion dévolue à ligne paternelle, soit..	2/16	
Et à la 1/2 de la portion afférente à la ligne maternelle, soit 1/2 de 2/16 ou................	1/16	
Égalité	3/16	3/16
Total égal à l'entier.............................		16/16

    Sauf, bien entendu, l'exercice du droit usufructuaire de Mme Veuve Durand, née Dubois, qui frappe chaque ayant droit proportionnellement à sa part héréditaire.

A la conservation, etc... (*V. formule 1674*).

FORM. 1825. — **Conjoint survivant commun en biens et donataire universel en pleine propriété. — Enfant naturel. — Frères germains exhérédés.**

L'AN..., à... (*comme en la formule 1674*).

A la requête et en la présence de :

1^{ent} Mme Rose DUPUY, sans profession, demeurant à..., veuve de M. Paul FOURCADE *de cujus*;

    Agissant en son nom personnel : 1° A cause de la communauté...; 2° En raison des reprises...; — 3° A cause de la donation universelle en pleine propriété à elle faite par M. Paul Fourcade, son défunt mari, etc... (*V. formule 1692*).

2^{ent} M. Denis FOURCADE, dessinateur, demeurant à...

    QUALITÉS. — I. — M. Denis Fourcade, enfant naturel reconnu par M. Paul Fourcade *de cujus*, suivant acte, etc... (*V. formule 1721*).

    Et comme tel habile à défaut de descendants légitimes de M. Fourcade *de cujus* à recueillir intestat, en vertu de l'article 759 du Code civil les 3/4 ou 12/16 de la succession de ce dernier, lequel a laissé pour successibles, outre M. Denis Fourcade, M..., demeurant à..., et M..., demeurant à..., ses deux frères issus avec lui du mariage de M... et de Mme... prédécédés ci.....

	12/16
Mais réduit à sa réserve étant de 1/2 par suite de la donation sus-énoncée faite par le défunt à son épouse survivante, soit à..........	6/16
II. — Mme Veuve Fourcade, habile à prétendre au surplus soit 10/16 de la succession de son mari en sa qualité sus exprimée de donataire universelle en toute propriété de ce dernier................	10/16
Total égal à l'entier.............................	16/16

A la conservation... (*V. formule 1674*).

FORM. 1826. — **Conjoint survivant usufruitier légal. — Ascendant dans une ligne. — Collatéraux dans l'autre ligne. — Concours des usufruits des articles 754 et 767 du Code civil.**

L'AN... A... (*comme en la formule 1674*).

A la requête de :

1^{ent} Mme Louise DEBRY, sans profession, demeurant à . , ... de M. Paul DURAND susnommé, ici présente.

    Agissant en son nom personnel : 1° A cause de la communauté...; 2° à cause des droits...; (*comme en la formule 1692*); comme habile à recueillir l'usufruit de partie des biens composant la succession de son mari, en vertu de l'article 767 du Code civil.

2^{ent} M. Joseph DURAND, propriétaire, demeurant à..., ici présent.

3^{ent} 1° M. Jules PERRIN, propriétaire, demeurant à...; 2 Édouard PERRIN, industriel, demeurant à...; 3° et M. Nicolas PERRIN, cultivateur, demeurant à..., tous trois ici présents et agissant chacun en son nom personnel.

    QUALITÉS. — I. — Mme Veuve Durand, épouse survivante du *de cujus*, et habile à recueillir, dans la succession de ce dernier en vertu de l'article 767 du Code civil, et ce à défaut d'enfant du mariage, et en présence d'ascendant et de collatéraux non privilégiés l'usufruit, savoir : de la 1/2 des biens dévolus à la ligne paternelle et de la totalité de ceux dévolus à la ligne maternelle (sauf l'exercice par M. Durand père de l'usufruit du 1/3 de cette 1/2 relaté ci-après).

II. — M. Joseph Durand, veuf de Mme Lucie Soyer, décédé à... le... et père du *de cujus*, habile comme tel à se porter héritier de ce dernier décédé sans postérité pour la 1/2 dévolue à la ligne paternelle, et en outre pour l'usufruit du 1/3 dévolu à la ligne maternelle, le tout conformément aux articles 753 et 754 du Code civil.

III. — Et MM. Jules, Édouard et Nicolas Perrin, habiles à se porter héritiers, conjointement pour la 1/2 dévolue à la ligne maternelle ou séparément chacun pour 1/6 de la totalité de M. Durand, *de cujus*, leur cousin germain.

L'on peut ajouter : Par suite, la succession de M. Paul Durand se trouve donc dévolue. Savoir :

	U.	U. éventuel	N. P.	T. P.
A Mme Vve Durand, pour...............	21/36	6/36		
A M. Durand père, pour...............	6/36		9/36	9/36
A M. Jules Perrin, pour...............			6/36	
A M. Édouard Perrin, pour...............			6/36	
A. M. Nicolas Perrin, pour...............			6/36	
Totaux.......................	27/36			9/36
Égalité....................				

A la conservation, etc... (*comme en la formule 1674*).

FORM. 1827. — Conjoint survivant. — Décès successifs de la mère et du fils. — Collatéraux. — Usufruit des art. 767 et 754 du Code civil cumulés.

L'An..., le..., à 9 heures.

A... au domicile de M. Dupont, propriétaire, et où sont successivement décédés :

1° Le 5 mars 1925, Mme Louise Richard, sans profession, épouse de M. Eugène Dupont, ci-après nommé.

2° Et le 16 mars même année, M. Octave Dupont fils, saisi de ses droits dans la succession de sa mère et en état de minorité comme étant né... le...

A la requête de :

1^ent M. Eugène Dupont, propriétaire, demeurant à..., ici présent.

Agissant en son nom personnel : 1° A cause de la communauté...; 2° en raison des droits... (*comme en la formule 1692*); 3° comme habile à recueillir l'usufruit du 1/4 des biens composant la succession de son épouse en vertu de l'art. 767 du Code civil.

4° Comme habile à se porter héritier et usufruitier dans les proportions ci-après indiquées de M. Octave Dupont son fils, l'un des *de cujus*.

5° Et comme ayant eu la jouissance légale des biens de ce dernier pendant la période qui s'est écoulée entre son décès et celui de sa mère.

2^ent M. René Richard, rentier, demeurant à...; 2° Mlle Léonide Richard, couturière, demeurant à..., tous deux présents, et agissant en leurs noms personnels.

Qualités. — I. — M. Dupont, père du mineur Octave Dupont, l'un des *de cujus*, et en cette qualité habile à se porter héritier pour la 1/2 dévolue à la ligne paternelle et à recueillir l'usufruit du 1/3 de la 1/2 dévolue aux héritiers collatéraux de la ligne maternelle en vertu de l'article 754 du Code civil.

II. — Et M. et Mlle Richard, oncle et tante du mineur Dupont *de cujus*, comme étant issus du mariage d'entre M... et Mme... décédés, cette dernière sœur germaine de Mme Dupont *de cujus*; et en cette qualité habiles à se porter conjointement héritiers pour la 1/2 dévolue à la ligne maternelle ou chacun pour 1/4 de la totalité de la succession du mineur Octave Dupont. Le tout sauf l'usufruit de M. Dupont père.

A la conservation, etc... (*V. formule 1674*).

FORM. 1828. — Conjoint survivant usufruitier légal. — Enfants légitimes dont l'un légataire de sa part dans la quotité disponible à charge de restitution.

L'An... A... (*V. formule 1674*)

A la requête de :

1^ent Mlle Rosa Durand, sans profession, demeurant à..., veuve de M. Paul Bertrand, à ce présente.

Agissant en son nom personnel : 1° A cause de la communauté légale...; 2° à cause des droits...; 3° comme habile à recueillir l'usufruit du 1/4... (*comme en la formule 1692*).

2^ent 1° Mlle Alice Bertrand, couturière, demeurant à...; 2° M. Henri Bertrand, tailleur, demeurant à...; 3° M. Georges Bertrand, industriel, demeurant à...; 4° et M. Jean Bertrand, cultivateur, demeurant à..., tous quatre ici présents et chacun agissant en son nom personnel.

QUALITÉS. — I. — Mlle Bertrand, M. Henri Bertrand, M. Georges Bertrand et M. Jean Bertrand, seuls enfants issus du mariage d'entre M. et Mme Bertrand Durand et comme tels habiles à se porter héritiers de M. Bertrand *de cujus*, leur père, conjointement pour le tout ou divisément, savoir :

I. — Mlle Bertrand et MM. Georges et Jean Bertrand, chacun pour 1/4 ou 4/16, et ensemble......................................		12/16
II. — Et M. Henri Bertrand pour l'autre 1/4 ou 4/16, savoir :		
a) Jusqu'à concurrence de 3/16 comme héritier réservataire......................	3/16	
b) Et jusqu'à concurrence de 1/16 comme formant sa part dans la quotité disponible de la succession à lui laissée par le *de cujus* à charge de la rendre à ses enfants nés et à naître aux termes de son testament, etc... (*V. formules 1758 et suiv.*)..................	1/16	
Égalité	4/16	4/16
Total		16/16

Le tout sauf l'effet du droit usufructuaire d'un quart revenant à Mme veuve Bertrand; droit que le testateur n'a pas entendu réduire.

En présence de M... En qualité de tuteur à la charge de rendre, etc... (*V. formule 1812*).

A la conservation, etc... (*V. formule 1674*).

FORM. 1829. — **Conjoint survivant divorcé.** — **Ascendants.** — **Enfant naturel.**

L'An... A... (*V. formule 1674*).

A la requête de :

1^ent Mme Louise GORON, sans profession, demeurant à..., divorcée de M. Jacques GUYOT, *de cujus*, à ce présente.

Agissant en son nom personnel comme habile à se porter donataire de l'usufruit de la totalité des biens composant la succession de M. Guyot, avec dispense de caution et d'emploi aux termes de son contrat de mariage d'avec ce dernier, contenant adoption du régime de la séparation de biens, reçu par M^e..., notaire à..., le...

Remarque étant faite :

Que le divorce d'entre M. Guyot et la requérante a été prononcé au profit de cette dernière et aux torts du mari, suivant jugement contradictoire, rendu par la ᵉ Chambre du tribunal civil de.. le..., dont le dispositif a été transcrit sur le registre de l'état civil de..., ainsi que le constate une copie de cette transcription délivrée par M. le maire de cette commune le... et ci-annexé après mention (*ou :* annexée à l'acte de liquidation de reprises ci-après énoncé).

Et que les droits, reprises et créances de la requérante contre son mari ont été liquidés aux termes d'un acte reçu par M^e..., notaire à..., le...

2^ent M. Denis GUYOT, propriétaire, et Mme Stéphanie LAURENT, son épouse, qu'il autorise, demeurant ensemble à..., ici présents. Mariés, etc... (*V. formule 1788*).

3^ent Mlle Lucie Guyot, couturière, demeurant à..., ici présente et agissant en son nom personnel.

QUALITÉS. — Mlle Guyot, enfant naturel de M. Jacques Guyot *de cujus* reconnu par lui suivant acte, etc. (*V. formule 1721*), et en cette qualité habile à se porter héritier de M. Guyot *de cujus*, son père, décédé sans postérité, pour 3/4 ou 6/8.................... | 6/8

QUALITÉS. — Mlle Guyot, enfant naturel de M. Jacques Guyot *de cujus* reconnu par lui suivant acte, etc. (*V. formule 1721*), et en cette qualité habile à se porter héritier de M. Guyot *de cujus*, son père, décédé sans postérité, pour 3/4 ou 6/8....................	6/8
Et M. et Mme Guyot, père et mère du *de cujus*, et en cette qualité habiles à se porter héritiers de ce dernier ensemble pour le dernier 1/4 ou séparément chacun pour 1/8........................	2/8
Ensemble	8/8

Le tout sauf l'effet de la donation universelle en usufruit faite par le *de cujus* à Mme Goron, aux termes de leur contrat de mariage sus énoncé.

A la conservation, etc... (*V. formule 1674*).

FORM. 1830. — **Succession d'un mineur.** — **Testament.** — **Père légataire universel.** — **Frères et sœurs germains.**

L'An..., le... (*comme en la formule 1674*).

A la requête de :

1° M. Henri BÉRARD, propriétaire, demeurant à...

2° M. Georges BÉRARD, cultivateur, demeurant à...

3° Mme Louise Bérard, sans profession, épouse assistée et autorisée de M. Léon Bourdon, industriel, avec lequel elle demeure à... Mariés, etc. (*V. formule 1788*).

4° M. Jacques Bérard, négociant, demeurant à...

5° Et M. Étienne Bérard, propriétaire, demeurant à...

Tous ici présents, chacun agissant en son nom personnel.

Qualités. — MM. Bérard et Mme Bourdon requérants habiles à se porter seuls héritiers de M. Alfred Bérard *de cujus*, décédé célibataire, et en état de minorité, étant né à... le..., du mariage de M. Henri Bérard susnommé et de Mme Louise Cordier prédécédée, et ce conjointement pour le tout et divisément dans les proportions ci-après :

I. — M. Henri Bérard :

Comme héritier réservataire pour 1/4 ou 8/32.....................	8/32
Comme légataire universel du *de cujus* aux termes de son testament reçu... (*V. formules 1758 et suiv.*) pour la 1/2 des 3/4, soit 3/8 ou 12/32 formant la quotité disponible par suite de la minorité du testateur (art. 904 et 914 C. civ.)....................	12/32
Ensemble	20/32

II. — MM. Georges, Jacques et Étienne Bérard et Mme Bourdon conjointement pour les 12/32 de surplus ou séparément chacun pour 3/32 en leur qualité de frères et sœur germains du *de cujus*, comme étant issus avec lui du mariage de M. et Mme Bérard-Cordier susnommés 12/32

Total égal à l'unité..................... 32/32

A la conservation, etc... (*V. formule 1674*).

FORM. 1831. — **Succession d'un mineur. — Légataire universel. — Père et cousin maternel.**

L'An..., A...

A la requête de : 1° M. Léon Dubois, propriétaire, demeurant à...; 2° M. Louis Durand, cultivateur, demeurant à...; 3° et M. Sosthène Leroux, industriel, demeurant à... Tous ici présents, chacun agissant en son nom personnel.

Qualités. — I. — M. Léon Dubois, habile à se porter héritier pour la 1/2 dévolue à la ligne paternelle de M. Pierre Dubois, *de cujus*, son fils décédé sans postérité, ni frère, ni sœur, et en outre habile à recueillir l'usufruit du 1/3 de la 1/2 dévolue à la ligne maternelle par application des articles 753 et 754 du Code civil.

II. — M. Louis Durand, habile à se porter héritier de la 1/2 dévolue à la ligne maternelle de M. Dubois, *de cujus*, son cousin, au 5° degré, comme étant issu du mariage de feu Mme... avec M..., laquelle était sœur germaine de Mme..., mère du *de cujus* — sauf les droits d'usufruit de M. Dubois père, précités.

III. — Et M. Leroux, habile à se porter légataire universel de M. Dubois *de cujus* aux termes de son testament reçu... (*V. formules 1758 et suiv.*), et à ce titre ayant droit à 3/8 de la succession en raison de l'existence d'un ascendant réservataire et de la minorité du testateur.

L'on peut ajouter : En sorte que la succession de M. Pierre Dubois se trouve dévolue :

	U.	N. P.	T. P.
I. — A M. Leroux, légataire universel en pleine propriété pour 3/8 ou 18/48.....................			18/48
II. — A. M. Dubois père :			
En pleine propriété pour la 1/2 de 5/8, soit 15/48..			15/48
En usufruit pour le 1/3 de la 1/2 des 5/8, soit 5/48	5/48		
III. — Et à M. Louis Durand, cousin maternel :			
En pleine propriété pour la 1/2 des 5/8, moins l'usufruit de M. Dubois père, soit 1/3 de la 1/2 des 5/8 ou 15/48 — 5/48 = 10/48.....................			10/48
Et en nue propriété soumise à l'usufruit de M. Dubois père pour 1/3 de la 1/2 des 5/8, soit 5/48....		5/48	
Réunion.....................		5/48	5/48
Total égal à l'unité.....................			48/48

A la conservation, etc... (*V. formule 1674*).

FORM. 1832. — **Succession d'un mineur. — Père et mère. — Frère et sœur mineurs. — Frère, (ou sœur) conçu mais non né.**

L'An..., le... à...

Dans une maison sise..., rue..., n°..., formant le domicile de M. et Mme Dupont ci-après nommés, où est décédé le... M. Charles Dupont, leur fils mineur.

A la requête et en présence de :

1ent Monsieur André DUPONT, industriel, et Mme Louise DUBOIS, son épouse, qu'il autorise, demeurant ensemble à..., rue..., n°...

Mariés en premières noces sous le régime de... (*V. formule 1788*).

2ent M. Jules Lebel, rentier, demeurant à...

Agissant au nom et comme administrateur légal *ad hoc* de : 1° Jean désiré Dupont, né à..., le...; 2° Henriette Madeleine Dupont, née à..., le...

Mineurs, sous l'administration légale de M. André Dupont, leur père, requérant.

Et, en outre, comme devant être administrateur légal *ad hoc* de l'enfant dont Mme Dupont, née Dubois, requérante, est actuellement enceinte, conçu de son mariage avec M. André Dupont.

Nommé à cette fonction, en raison de l'opposition d'intérêts existant entre les mineurs et leur père, suivant jugement rendu en la Chambre du conseil par le tribunal de première instance de... le...

QUALITÉS. — M. et Mme Dupont-Dubois, habiles à se dire et porter héritiers réservataires, chacun pour un quart ou trois douzièmes, de M. Charles Dupont, leur fils légitime susnommé, décédé en état de minorité, célibataire et sans postérité, à la date indiquée ci-dessus, sans avoir fait de testament.

Les mineurs Jean-Désiré Dupont, Henriette-Madeleine Dupont, et l'enfant dont Mme Dupont est enceinte, s'il naît viable, habiles à se dire et porter héritiers, conjointement pour moitié ou six douzièmes et divisément chacun pour deux douzièmes dudit M. Charles Dupont, leur frère germain, décédé comme il vient d'être dit.

A la conservation des droits... (*V. formule 1674*).

FORM. 1833. — **Succession d'un enfant naturel.** — **Héritiers inconnus.** — **Administration provisoire.** — **Retour légal des frères et sœurs légitimes.** — **Notaire représentant un requérant éloigné.**

L'AN MIL NEUF CENT..., le jeudi... mars, à 9 heures...

A..., rue..., n°..., au domicile de M. Paul DURAND ci-après nommé, où M. Albert PETIT était domicilié, et où il est décédé le...

A la requête de :

1° M. Louis NARET, ancien notaire, demeurant à..., ici présent.

Agissant en qualité d'administrateur provisoire des biens autres que ceux soumis au droit de retour dont il va être parlé, dépendant de la succession de M. Albert Petit *de cujus*, nommé, etc... (*comme en la formule 1769*).

2° M. Paul DURAND, propriétaire, demeurant à..., ce présent.

3° Mme Marie DURAND, sans profession, épouse assistée et autorisée de M. Henri DUPONT, limonadier, demeurant à..., ici présents.

M. et Mme Dupont, mariés, etc... (*V. formule 1788*).

En présence de Me..., notaire, demeurant à...

Agissant au nom de M. Jean DURAND, négociant, demeurant au Caire, commis à l'effet de le représenter aux présentes opérations suivant ordonnance, etc... (*V. formule 1806*).

QUALITÉS. — M. Naret ès qualités, représentant la succession ordinaire de M. Albert Petit, *de cujus*, décédé intestat, comme il est indiqué ci-dessus, le... sans que depuis personne se soit présenté pour réclamer cette succession.

MM. Paul Durand et Jean Durand et Mme Dupont, frères et sœur germains entre eux, seuls enfants légitimes encore existants de M. Louis Durand et de Mme Léonie Valin, son épouse, tous deux décédés, savoir : le mari à... le..., et la femme à... le...

Et en cette qualité habile à recueillir chacun pour 1/3 dans la succession de M. Albert Petit, *de cujus*, en conformité de l'article 766 du Code civil, les biens qui existent encore en nature ou représentés par des prix dus ou des actions en reprises provenant à ce dernier de la succession de M. Louis Durand susnommé, duquel il était enfant naturel reconnu par lui suivant acte, etc... (*V. formule 1721*).

Observation faite que Mlle Élise Durand, quatrième enfant légitime des époux Durand-Valin, est décédée à... le...

A la conservation, etc... (*le surplus comme en la formule 1674*).

FORM. 1834. — **Succession d'un enfant légitime d'un enfant naturel.** — **Lignes paternelle et maternelle.** — **Parents les plus proches.** — **Enfants légitimes d'un frère naturel du père du « de cujus ».**

L'AN..., le...A... (*V. formule 1674*).

A la requête et en présence de :

1ent M. Robert CORTON, propriétaire, demeurant à...

2ent Mlle Louise CORTON, ingénieur, demeurant à...

3^{ent} Mme Albertine PETIT, propriétaire, demeurant à..., veuve de M. Léon HUREL, non remariée.

QUALITÉS. — I. — M. Robert Corton et Mlle Louise Corton, frère et sœur germains entre eux, seuls enfants issus du mariage célébré à la mairie de... le..., d'entre M. Gustave Corton, décédé à... le..., et Mme Sidonie Morin,

Lequel M. Gustave Corton était fils naturel reconnu suivant acte... (*V. formule 1721*) de Mlle Clémentine Corton, décédée à... le..., puis frère naturel de M. Edmond Corton, reconnu par Mlle Clémentine Corton suivant acte... (*V. formule 1721*), père légitime de M. Stanislas Corton, *de cujus*.

Et en cette qualité habiles à se dire et porter héritiers de M. Stanislas Corton, *de cujus*, leur cousin au 4e degré, conjointement pour la 1/2 dévolue à la ligne paternelle par application de l'article 766 du Code civil, soit divisément chacun pour 1/4, comme étant les plus proches parents du *de cujus* dans cette ligne.

II. — Et Mme Veuve Hurel, tante du *de cujus*, issue ainsi que Mme Joséphine Petit, mère du *de cujus*, du mariage célébré à la mairie de..., le..., d'entre M. Amédée Petit et Mme Laurence Brunet, tous deux décédés à..., le mari le..., et la femme le...

Et en cette qualité habile à se dire et porter héritière de M. Stanislas Corton, son neveu, pour la 1/2 dévolue à la ligne maternelle, comme étant sa parente la plus proche dans cette ligne.

Étant fait observer que M. Stanislas Corton *de cujus*, était le seul enfant issu du mariage célébré à la mairie de... le..., d'entre M. Edmond Corton et Mme Joséphine Petit susnommés, tous deux décédés à..., le mari le..., et la femme le...

A la conservation, etc... (*V. formule 1674*).

FORM. 1835. — **Successions de père et fils tués par les éclats d'un même obus. — Testament du fils mineur. — Collatéraux ordinaires.**

L'AN... (*V. formule 1674*).
PARDEVANT M^e..., notaire à...
ONT COMPARU :
1^{ent} M. Joseph DUPONT, demeurant à...

Habile à se dire et porter légataire et héritier pour partie de M. Jean Briolet, son neveu, décédé en état de minorité (1).

2^{ent} M. Henri BRIOLET, demeurant à...
3^{ent} M. Émile BRIOLET, demeurant à...

Habiles à se dire et porter héritiers de M. Jean Briolet, susnommé, leur cousin au septième degré dans la ligne paternelle.

Lesquels ont exposé ce qui suit :

M. Pierre Briolet, âgé de 55 ans, en son vivant rentier, demeurant à..., veuf en premières noces non remarié de Mme Marie Dupont;

et M. Jean Briolet, en son vivant employé de commerce, demeurant à..., célibataire, fils mineur de 20 ans de M. Pierre Briolet susnommé, comme étant né à... le...

Sont tous deux décédés « morts pour la France » à... le..., au même instant, ainsi que le constatent leurs actes de décès, dont extraits sont demeurés ci-annexés, alors qu'ils étaient soldats au... régiment d'infanterie.

Qu'il y a lieu, en conséquence, par application de l'article 722, § 2, du Code civil, de considérer que M. Jean Briolet, âgé de 20 ans, a survécu à son père, âgé de 55 ans, et que le premier est décédé, saisi de ses droits dans la succession du second (2).

Que M. Briolet père n'avait pas fait de testament,

Que M. Jean Briolet fils avait fait, à la date du 1er juillet 1916, un testament olographe instituant pour légataire universel M. Joseph Dupont, comparant, son oncle maternel; lequel testament a été déposé au rang des minutes de M^e..., notaire soussigné, en vertu d'une ordonnance de M. le Président du tribunal civil de... contenue en son procès-verbal d'ouverture et de description dudit testament en date du...

Que ce testament fait par un mineur de plus de seize ans ne peut porter, conformément à l'article 904 du Code civil, que sur la moitié des biens dudit mineur.

Ceci exposé, les comparants ont requis le notaire soussigné de dresser l'inventaire après les décès de MM. Briolet père et fils.

---

(1) Si le testament de Jean Briolet avait été fait postérieurement au 28 octobre 1916, sa succession pourrait être appréhendée en totalité par son légataire universel, la loi dudit jour (28 oct.1916) permettant au mineur appelé sous les drapeaux pour une campagne de guerre de disposer de la même quotité qu'un majeur.

(2) On pourrait annexer aussi les actes de naissance, l'âge des décédés ayant, en la circonstance, une grande importance.

En conséquence et à la requête de : 1^{ent} M. Joseph Dupont; 2^{ent} M. Henri Briolet; 3^{ent} M. Émile Briolet; tous trois ci-dessus nommés, qualifiés et domiciliés.

      Agissant, savoir :

      M. Dupont :

      en qualité d'habile à se dire et porter seul héritier dans la ligne maternelle de M. Jean Briolet, son neveu, décédé comme il a été dit ci-dessus, saisi de ses droits dans la succession de son père, et de légataire universel dudit M. Jean Briolet, en vertu du testament susénoncé, et, en ces qualités, ayant droit à 6/8 de la succession. . . . . | 6/8

      MM. Henri et Émile Briolet, en qualité de seuls héritiers dans la ligne paternelle de M. Jean Briolet, leur cousin au septième degré, soit ensemble à 2/8 représentant la part de la succession attribuée à la ligne paternelle, ou divisément pour chacun 1/8 × 2 = ... | 2/8

          Total égal à l'entier. . . . . | 8/8

A la conservation... (*V. formule 1674*).

FORM. 1836. — Successions de père et mère et fils morts dans le même naufrage. — Collatéraux ordinaires.

L'An... (*V. formule 1674*).

PARDEVANT M^e..., notaire à...

ONT COMPARU :

1^{ent} M. René MARTIN, rentier, demeurant à...

2^{ent} Mlle Anna MARTIN, sans profession, demeurant à...

      Habiles à se dire et porter seuls héritiers dans la ligne paternelle de M. Jean Martin, leur neveu, ci-après nommé, décédé saisi de ses droits dans la succession de M. Adolphe Martin, son père;

3^{ent} M. Jacques DUBOIS, industriel, demeurant à...

4^{ent} Mlle Adélaïde DUBOIS, sans profession, demeurant à...

      Habiles à se dire et porter seuls héritiers, chacun par moitié, de Mme Martin née Dubois, leur tante, décédée, saisie de ses droits dans la succession de M. Jean Martin, son fils susnommé.

Lesquels ont exposé ce qui suit :

I. — M. Adolphe Martin, en son vivant négociant, demeurant à..., et Mme Berthe Dubois, son épouse, demeurant avec lui, étaient soumis au régime de... aux termes de leur contrat de mariage reçu par M^e..., notaire à..., le...

De leur union est issu un seul enfant, Jean Martin, né à... le...

II. — M. et Mme Martin-Dubois, alors âgés respectivement, le mari de 62 ans, la femme de 45 ans, et leur fils Jean âgé de 10 ans, sont tous trois décédés intestat, au même instant, dans un naufrage, à..., le..., sans que l'on ait pu connaître l'ordre des décès.

Qu'il y a lieu, en conséquence, de faire application de l'article 721 du Code civil et de supposer :

Que M. Adolphe Martin est décédé le premier, laissant son fils Jean Martin comme seul successible.

Que M. Jean Martin fils est décédé le second, laissant pour seuls héritiers : Mme Martin, née Dubois, sa mère, pour la moitié dévolue à la ligne maternelle, et M. René Martin et Mlle Anna Martin, ses oncle et tante, pour l'autre moitié dévolue à la ligne paternelle (1).

Enfin, que Mme Martin, née Dubois, est décédée la dernière, laissant pour lui succéder M. Jacques Dubois et Mlle Adélaïde Dubois, ses neveu et nièce, chacun pour moitié.

Ceci exposé, les comparants en leurs qualités susexprimées ont requis le notaire soussigné de dresser l'inventaire après les décès de M. et Mme Martin-Dubois et du mineur Jean Martin.

En conséquence, et à la requête de : 1^{ent} M. René Martin; 2^{ent} Mlle Anna Martin; 3^{ent} M. Jacques Dubois; 4^{ent} et Mlle Adélaïde Dubois. Tous quatre ci-dessus nommés, qualifiés et domiciliés,

      Agissant, savoir :

      M. René Martin et Mlle Anna Martin :

      Comme habiles à se dire et porter seuls héritiers dans la ligne paternelle de M. Jean Martin, leur neveu, décédé comme il a été dit ci-dessus, saisi de ses droits dans la succession de M. Adolphe Martin, son père, et en cette qualité ayant droit à chacun un quart de la succession dudit M. Jean Martin fils, comprenant les biens personnels de ce dernier et la totalité de ceux qui dépendaient de la succession de son père.

---

(1) Il est inutile de faire mention des droits d'usufruit de la mère comme épouse survivante (art. 767 C. civ.) et comme héritière de son fils en présence de collatéraux (art. 754 C. civ.), puisque ces droits se trouvent éteints immédiatement.

*M. Jacques Dubois et M*ⁱˡᵉ *Adélaïde Dubois :*
Comme habiles à se dire et porter seuls héritiers de Mme Adolphe Martin, née Berthe Dubois, leur tante, décédée aux lieu et date indiqués ci-dessus, et, en cette qualité, ayant droit chacun à moitié de la succession de ladite dame Martin, comprenant, outre ses biens personnels, les droits par elle recueillis dans la succession de M. Jean Martin, son fils, duquel elle était héritière pour la moitié dévolue à la ligne maternelle.
A la conservation... (*V. formule 1674*).

FORM. 1837. — **Enfant renonçant** — **Enfant indigne.** — **Enfants naturels.**

L'An..., le... A... (*V. formule 1674*).
A la requête de :
1° M. Joseph Martin, employé de commerce, demeurant à..., à ce présent.
2° M. Pierre Martin, industriel, demeurant à..., à ce présent.
Agissant :
En son nom personnel comme ayant la jouissance légale, jusqu'à l'arrivée de l'un des cas prévus par la loi, des biens de ses deux plus jeunes enfants mineures ci-après nommées.
Et au nom et comme administrateur légal des biens de : 1° Joseph Martin, né à... le...; 2° Eugène Martin, né à... le...; 3° Madeleine Martin, née à... le...; 4° et Jeanne Martin, née à... le..., ses quatre enfants issus de son union avec Mme Blanche Noux, demeurant avec lui.
3° M. Émilien Martin, clerc de notaire, demeurant à..., à ce présent.
4° Et M. Simon Martin, dessinateur, demeurant à..., à ce présent.
Qualités. — M. Joseph Martin, fils naturel de M. Jean Martin, *de cujus*, reconnu par lui suivant acte... (*V. formule 1721*), et en cette qualité habile à se porter son héritier pour 1/2 ou 6/12, par suite de la renonciation de M. Pierre Martin, requérant, ci-après énoncé, et de l'indignité de M. Paul Martin, ci-après nommé, les seuls enfants légitimes du *de cujus* issus du mariage de ce dernier avec Mme Virginie Blanc, son épouse, prédécédée ci 6/12
Les mineurs Joseph, Eugène, Madeleine et Jeanne Martin, MM. Émilien et Simon Martin, habiles à se porter héritiers conjointement pour les 6/12 de surplus ou divisément chacun pour 1/12 de M. Jean Martin, *de cujus*, leur grand-père, tant par suite de la renonciation à la succession de celui-ci faite par M. Pierre Martin, requérant, père des quatre mineurs Martin, suivant acte passé au greffe du tribunal civil de..., le..., que par suite de l'indignité à ladite succession prononcée contre M. Paul Martin, demeurant à..., suivant jugement contradictoire rendu par le tribunal civil de..., le..., signifié et passé en force de chose jugée........................ 6/12
Lesquels MM. Pierre et Paul Martin étaient, ainsi qu'il est dit ci-dessus, les seuls enfants légitimes de M. Jean Martin, *de cujus*.

Total égal à l'entier.................................... 12/12

Une expédition de l'acte de renonciation de M. Pierre Martin, un extrait du jugement prononçant l'indignité de M. Paul Martin et les pièces constatant que cette décision est devenue définitive sont demeurés annexés à un acte en constatant le dépôt au rang des minutes de M^e..., notaire soussigné, le...
A la conservation, etc... (*V. formule 1674*).

§ 4. — Prisée du mobilier.

a) Officiers priseurs.

FORM. 1838. — **Commissaire-priseur.**

La prisée des objets mobiliers susceptibles d'estimation sera faite, par M. Léopold Billard, commissaire-priseur des ville et arrondissement de..., lequel, à ce présent, a promis de procéder en se conformant à la loi (*ou :* ... de faire cette prisée à sa juste valeur).

FORM. 1839. — **Greffier ou huissier.**

La prisée des objets mobiliers susceptibles d'estimation sera faite par Me Rolland Perrin, greffier de la justice de paix du canton de..., demeurant en cette ville (*ou :* par M. Arthur Simon, huissier près le tribunal civil de..., demeurant à...), officier priseur choisi par les parties, lequel ici présent a promis de faire cette prisée à sa juste valeur.

FORM. 1940. — Notaire.

La prisée des meubles meublants et objets mobiliers inventoriés sera faite par M^e..., notaire soussigné, à la réquisition expresse des parties.

FORM. 1841. — Expert. — Serment.

La prisée des objets mobiliers inventoriés sera faite par M..., demeurant à..., expert spécialement choisi à cet effet par les parties; lequel, à ce présent et ayant prêté serment le..., devant M. le juge de paix du canton de..., de s'acquitter fidèlement de cette mission, a promis de faire cette prisée à sa juste valeur.

FORM. 1842. — Expert choisi par le subrogé tuteur.

La prisée des objets susceptibles d'estimation sera faite par M..., désigné par M..., subrogé tuteur, conformément à l'article 453 du Code civil, et agréé par Mme Veuve...; lequel, à ce présent et ayant prêté serment, etc. (*V. formule 1841*), a promis de faire cette prisée à sa juste valeur.

En cas de prisée distincte : Étant expliqué que les bestiaux, l'attirail de culture, les récoltes et les objets mobiliers garnissant les bâtiments de la ferme exploitée par le réquérant ont été prisés par M..., greffier de la justice de paix du canton de..., expert spécialement choisi par le subrogé tuteur, conformément à l'article 453 du Code civil, assisté de MM..., ainsi que le constate un état dressé en minute au greffe le...

FORM. 1843. — Officier priseur assisté d'experts.

La prisée des objets mobiliers susceptibles d'estimation sera faite par M^e... (*commissaire-priseur, greffier, huissier ou notaire*) sur l'avis de M... et M..., experts choisis par les parties, lesquels, à ce présents, ont promis de faire cette prisée à sa juste valeur par serment prêté devant M^e..., notaire soussigné.

Ou : La prisée, etc..., sur l'avis :

En ce qui concerne la collection de tableaux, statues et œuvres d'art à invotorier de M...

En ce qui concerne le fonds de commerce exploité au décès, ainsi que le matériel et les marchandises en dépendant de M... et M...

En ce qui concerne l'attirail de culture, les bestiaux, labours, semences et récoltes faisant partie de la ferme exploitée par les époux lors du décès de M...

Experts choisis par les parties d'un commun accord (*ou :* le premier par Mme... et le second par M...); lesquels, à ce présents, ont à l'instant prêté serment devant M^e..., notaire soussigné, d'accomplir fidèlement la mission qui leur est confiée (*ou s'il y a lieu :* ... lesquels, à ce présents, ont déclaré avoir prêté serment le..., devant M. le juge de paix du canton de..., de s'acquitter fidèlement de cette mission.

FORM. 1844. — Intervention d'experts spéciaux au cours de la prisée.

```
26°..., 27°..., 28°..., etc.............................................  »  »
        Étant fait observer que la prisée des objets compris sous les
    n°s 26° à... a été faite par  M..., commissaire-priseur, avec l'assistance
    de M..., expert en..., demeurant à..., sur la réquisition des parties;
    lequel expert ici présent a déclaré avoir consciencieusement donné son
    avis, puis, sa mission étant terminée, a signé en cet endroit et s'est retiré
                                              (Signature.)
49°.................................................................  »  »
```

b) *Dires et observations.*

FORM. 1845. — Garde-robe des époux à reprendre en nature.

Préalablement à la prisée, les requérants font observer qu'aux termes de l'article 9 du contrat de mariage des époux..., la reprise des « linges, hardes et bijoux à l'usage personnel de chacun des époux doit se faire dans l'état où le tout se trouvera lors de la dissolution de la communauté » (*ou :* il a été stipulé que « chacun des époux reprendrait en nature les habits, linges et bijoux à son usage personnel au jour de la dissolution de la communauté comme étant la représentation de ceux de même nature qu'il possédait au jour du mariage »).

Comme conséquence, la garde-robe de Mme... ne sera ni décrite ni estimée, et celle du défunt sera prisée par distinction.

6*

FORM. 1846. — Objets prélevés à titre de préciput.

Préalablement à la prisée, Mme..., requérante, déclare :
Qu'aux termes de l'article... de son contrat de mariage susénoncé, elle a le droit de prélever à titre de préciput tels objets qu'il lui plaira de choisir jusqu'à concurrence de la somme de...
Qu'en conséquence elle a réuni les objets suivants dont elle demande la prisée par distinction, comme devant être prélevés par elle en vertu de la disposition précitée, savoir :
1°..., 2°..., 3°..., etc...

FORM. 1847. — Mobilier revendiqué par l'époux survivant.

Préalablement à la prisée, Mme Veuve... fait observer :
1° Qu'elle avait apporté en mariage divers habits, linges, bijoux, meubles meublants et objets mobiliers décrits sous l'article... de son contrat susénoncé et que depuis elle a recueilli divers meubles et objets mobiliers dans la succession de M..., son père, dont elle était seule héritière, et décrits dans l'inventaire dressé après le décès de ce dernier par M^e..., notaire à..., le...
2° Que ces meubles et objets mobiliers existent toujours et qu'elle désire les reprendre en nature.
MM... n'ayant fait aucune objection à cette revendication, les meubles et objets dont il s'agit ont été, comme suit, simplement mentionnés pour ordre.

FORM. 1848. — Revendications en cas de séparation de biens.

Préalablement à la prisée qui va suivre, les requérants font observer qu'aux termes de l'article... du contrat de mariage de M. et Mme... et susénoncé il a été stipulé :
1° Que tous les meubles meublants et objets mobiliers, linge et ustensiles de ménage qui garnissaient l'habitation commune lors de la dissolution du mariage, seraient de plein droit réputés appartenir à la femme comme représentant ceux de même nature possédés par elle, à moins que le mari ou ses héritiers justifient par titre et pièces réguliers d'un droit à la propriété de ces objets.
2° Et que chaque époux ou ses héritiers et représentants aurait le droit de reprendre les habits, linge et bijoux à son usage personnel comme étant la représentation des objets de même nature possédés par eux au jour de leur mariage.
Par suite, il demeure convenu que la prisée qui va suivre ne comprendra que les objets dépendant de la succession de Mme...

FORM. 1849. — Prisées par distinction. — Femme commune ayant exercé une profession distincte de celle de son mari.

Préalablement à la prisée qui va suivre, Mme Veuve... fait observer ce qui suit :
Au cours du mariage dissous la déclarante a exercé personnellement une profession distincte de celle de son mari, ainsi qu'il a été constaté par un acte de notoriété dressé par M^e..., notaire à..., le...
Avec les gains et économies provenant de son industrie personnelle, elle a notamment fait l'acquisition de divers objets mobiliers existant toujours en nature.
Et demande par suite que ces objets soient distingués du mobilier commun pour lui permettre d'en exercer la reprise en nature pour le cas où elle renoncerait à la communauté (ou : à la société d'acquêts) dissoute.
En conséquence, les parties conviennent et requièrent le notaire soussigné d'inventorier et priser par distinction les objets dont il s'agit, ce qui a eu lieu de la manière suivante.
Objets acquis par Mme...
1°..., 2°..., 3°..., etc...

FORM. 1850. — Mobilier propre aux époux.

Préalablement à la prisée ci-après, les requérants font observer :
1° Que sous l'article... du contrat de mariage de M. et Mme... susénoncé, il a été constitué en dot à Mme... par ses père et mère divers objets mobiliers qui y sont décrits et qui se retrouvent aujourd'hui en nature.
2° Que M... a de son côté recueilli dans la succession de ses père et mère divers meubles meublants et objets mobiliers décrits dans l'inventaire après le décès de son père dressé par M^e..., notaire à..., le..., et que ces objets existent également toujours en nature.
En conséquence, il a été convenu qu'il serait procédé sous un premier paragraphe à la prisée par distinction des objets mobiliers propres à la *de cujus* et ou un deuxième paragraphe à l'énonciation pure et simple de ceux revendiqués par M..., époux survivant.

FORM. 1851. — Effets des enfants.

Préalablement à la prisée, les parties requièrent le notaire soussigné et le commissaire-priseur d'exclure du présent inventaire les habits, linge, effets et meubles à l'usage personnel des enfants comme étant leur propriété particulière.

A l'ouverture de la tutelle mettre: Les habits, linge, effets et meubles à l'usage personnel des enfants, étant considérés comme leur propriété particulière, seront décrits et prisés par distinction.

FORM. 1852. — Mobilier revendiqué par un héritier.

Préalablement à la prisée, il a été fait observer que, suivant acte reçu par M[e]..., notaire à..., le..., M. et Mme... ont reconnu que divers meubles meublants et **objets mobiliers** y détaillés, se trouvant à leur domicile, par conséquent au lieu où il est actuellement procédé, appartenaient à titre privatif à leur fille..., requérante, qui habitait en commun avec eux.

Aucune objection n'étant faite à cette revendication, les objets désignés audit acte ne seront pas compris dans la prisée.

FORM. 1853. — Objets revendiqués par un tiers. — Décharge.

Au présent inventaire est à l'instant intervenu M...

Lequel a déclaré qu'il avait remis en garde à M..., *de cujus*, à titre de dépôt, les objets mobiliers suivants : 1º... (*Description sommaire*).

Par suite, il demande que remise lui soit faite de ces objets comme étant sa propriété personnelle.

Les parties, reconnaissant le bien fondé de cette revendication, consentent à ce que M... reprenne les objets lui appartenant.

En conséquence, M..., intervenant, mis en possession des objets dont il s'agit, le reconnaît, et en consent toute décharge utile;

Puis il a signé après lecture et s'est retiré.

(Signature.)

FORM. 1854. — Objets revendiqués. — Contestations.

Aux présentes est à l'instant intervenu M...

Lequel a déclaré qu'il avait remis en garde à M..., *de cujus*, à titre de dépôt, les objets suivants dont il revendique la propriété et demande que remise lui en soit faite, savoir : 1º... (*Désignation sommaire*).

Et il a signé après lecture.

(Signature.)

M... intervenant, n'apportant aucune justification à l'appui de sa revendication, les requérants font toutes protestations et réserves contre celle-ci (*ou :* Les requérants déclarent se réserver la faculté de se renseigner sur le bien fondé de la réclamation de M..., à l'appui de laquelle il n'est d'ailleurs apporté aucune justification).

Les requérants s'opposent donc à la remise sollicitée, mais, pour ne pas interrompre les présentes opérations, ils requièrent le notaire d'inventorier et de faire priser par distinction les objets revendiqués.

M... intervenant, déclarant adhérer à cette réquisition, sous réserve de ses droits il a été procédé comme suit à l'inventaire et à la prisée des objets dont il s'agit.

Objets revendiqués par M...

1º..., 2º... (*Description et prisée*).

FORM. 1855. — Objets possédés en usufruit seulement.

Avant de commencer la prisée qui va suivre, M[e]..., notaire soussigné, a représenté aux requérants l'original déposé au rang de ses minutes à la date du..., d'un acte sous seing privé en date à..., du..., aux termes duquel M..., *de cujus*, a vendu à M..., demeurant à..., la nue propriété de divers meubles et objets mobiliers décrits à cet acte et restés aux mains du *de cujus* à titre d'usufruitier.

Par suite, les requérants conviennent de grouper ces objets et d'en faire comme suit l'inventaire et la prisée par distinction.

FORM. 1856. — Fonds de commerce. — Marchandises.

Préalablement à la prisée à laquelle il va être procédé, les requérants ont fait observer :

Que lors du décès de M..., les époux exploitaient conjointement le fonds de commerce de mercerie dont il sera fait désignation ci-après.

Que Mme Veuve... a continué ce commerce depuis le décès de son mari et que les marchandises en magasin ne sont pas identiquement les mêmes que celles existant au décès, mais qu'elles peuvent être considérées comme représentant l'équivalent par suite du renouvellement périodique effectué.

(*Ou :* et que les marchandises se trouvant en magasin se renouvellent constamment par suite d'achats fréquents et de vente quotidienne, mais que l'approvisionnement est toujours à peu près identique, en sorte que l'on peut considérer les marchandises actuel. lement emmagasinées comme l'équivalent de celles existant lors du décès de M...)· (*Ces clauses ne doivent s'employer qu'en présence d'intéressés majeurs et capables.*)

FORM. 1857. — Inventaire commercial annexé.

Préalablement à la prisée qui va suivre, les requérants ont fait observer qu'en prévision du présent inventaire ils ont d'un commun accord fait procéder par M..., négociant à..., fournisseur habituel de la maison, à un inventaire commercial des marchandises en magasin dépendant du fonds de commerce de mercerie ci-après désigné; inventaire qui se trouve résumé en un état descriptif et estimatif dressé ce jour et dont l'original est ci-annexé (*Ce procédé ne doit être employé qu'entre intéressés majeurs et capables*).

FORM. 1858. — Objets légués.

Préalablement à la prisée du mobilier, les requérants ont expliqué qu'aux termes de son testament susénoncé, M..., *de cujus* a légué par préciput et hors part à M..., réquérant, divers objets mobiliers désignés au testament et qu'il convient par suite de procéder à l'inventaire et à la prisée par distinction de ces objets mobiliers, ce qui a eu lieu de la manière suivante :

Objets légués à M...

1º..., 2º..., etc...

FORM. 1859. — Objets étrangers à la succession.

Les requérants, préalablement à la prisée qui va suivre, déclarent: Que l'on trouvera dans les lieux où il est procédé divers objets mobiliers qui, d'après le testament du *de cujus*, dans lequel ils sont détaillés, sont la propriété de M..., demeurant à..., et qu'il n'y a pas lieu de les estimer au présent inventaire.

Par suite, ces objets ont seulement été décrits par distinction de la manière suivante:

FORM. 1860. — Mobilier enlevé, vendu ou disparu.

Mme..., épouse survivante, déclare :

Qu'indépendamment du mobilier ci-dessus inventorié, il existait au décès de son mari : 1º Deux cents bottes de foin qui ont servi à la nourriture des bestiaux; 2º... le tout représentant une valeur de...

Ou : Que depuis le décès de son mari elle a vendu, savoir : 1º Six lapins; 2º trois poules; 3º un veau, qui existaient au décès, et dont le produit, s'élevant à..., a été employé par elle au paiement du passif.

Ou : M... déclare qu'il a enlevé et transporté à son domicile particulier les objets mobiliers suivants qui appartenaient à la défunte, savoir : 1º Sa garde-robe composée de..., estimée..., etc...

FORM. 1861. — Transport au cours de la prisée.

M... déclare qu'au décès de son épouse il tenait et tient encore en la ville-où il est présentement procédé, rue..., nº..., un atelier de réparations et ressemelages de chaussures où se trouvent quelques objets mobiliers, feuilles de cuir, fournitures diverses et outils dépendant de la communauté ayant existé entre lui et la *de cujus*.

En conséquence, les parties requièrent M..., notaire soussigné, et le commissaire-priseur de se transporter immédiatement, sans interrompre la séance, rue..., nº..., pour y procéder à l'inventaire et à l'estimation des objets existant à l'atelier de cordonnerie précité.

Puis elles ont signé en cet endroit avec le notaire et le commissaire-priseur après lecture faite.

(*Signatures.*)

Le notaire, le commissaire-priseur et les parties s'étant transportés dans les lieux dont il est ci-dessus fait mention, sis à...,rue..., nº...,il a été procédé à la continuation des opérations par l'inventaire des objets suivants :

Dans un atelier sis à..., rue..., nº..., au rez-de-chaussée au fond de la cour de l'immeuble :

Un tabouret, deux chaises, etc...................................... | » »

Ensemble des estimations ci-dessus............................ | » »

En ce qui concerne l'exploitation proprement dite, les requérants et le commissaire-priseur considèrent qu'elle ne représente aucune valeur.

FORM. 1862. — Papiers étrangers à la succession.

Parmi les objets renfermés dans un des tiroirs de ce bureau, il a été trouvé une liasse de 25 pièces sous couverture portant cette suscription : « Ces papiers sont la propriété de M..., demeurant à..., qui me les a confiés. »

A la réquisition des parties, ces papiers, n'intéressant nullement les opérations, ont été confiés au notaire soussigné en vue d'être restitués à leur propriétaire (*ou :* ont été remis à M... (*propriétaire*), à ce intervenant, qui le reconnaît et donne décharge. Après lecture M... a signé).

FORM. 1863. — Lettres confidentielles.

Du même tiroir, il été retiré un paquet de lettres liassées avec étiquette ainsi conçue : Lettres de Mme..., demeurant à...

Les parties reconnaissant que ces lettres ont un caractère confidentiel et doivent rester secrètes, elles en ont fait à l'instant même la restitution à Mme...,à ce intervenante, qui le reconnaît, en donne décharge et a signé après lecture, (*Signature.*)

c) *Description et estimation du mobilier.*

FORM. 1864. — Prisée de mobilier de ville.

	PRISÉE
I. — *Dans la cuisine au rez-de-chaussée éclairée par une fenêtre sur la cour.*	
1° Une série de huit casseroles de diverses grandeurs en cuivre rouge, prisée..., francs..........................	» »
2° Une bassine et une écumoire en cuivre rouge, prisée	» »
3° Cinq casseroles, deux tourtières, un chauffoir, etc...,le tout en fer battu, prisé	
4° Un buffet et une table de cuisine en hêtre, prisés ensemble	» »
5° Une pelle, une pincette, un balai en crin, un plumeau, une éponge, un seau en zinc, le tout prisé..........................	» »
6° Trois chaises, deux tabourets, un escabeau, le tout prisé	» »
II. — *Dans l'antichambre à côté de la cuisine.*	
7° Un porte-manteau en bois noir avec glace, prisé	» »
8° Un vase en faïence, un lustre avec cristaux, le tout prisé..........	» »
III. — *Dans la salle à manger éclairée par deux fenêtres sur la rue.*	
9° Un buffet avec étagère, style...,en chêne, et une servante en bois blanc, prisés ensemble..........................	» »
10° Une table à quatre rallonges, prisée	» »
11° Six chaises en chêne, recouvertes en maroquin, prisées..........	» »
IV. — *Dans le salon éclairé par..., sur la rue.*	
12° Une galerie en bronze doré, pelle, pincettes, porte-pelle, garde-étincelle, le tout prisé	» »
13° Un meuble de salon, style..., couvert en satin, composé de deux canapés, deux bergères, six fauteuils, six chaises avec housses, prisé..........	» »
14° Quatre rideaux en satin avec baldaquins, prisés	» »
15° Une pendule et deux candélabres en bronze doré et deux flambeaux, prisés	» »
16° Une table à jeu en chêne, prisée..........	» »
17° Deux grands vases de Chine avec girandole, prisés..........	» »
V. — *Dans une chambre à coucher au premier étage, éclairée par..., sur la rue.*	
18° Un lit style..., en palissandre à deux faces, un sommier élastique, un matelas avec bourrelets, deux couvertures de laine, un couvre-pied, un édredon, un traversin plume, deux oreillers, le tout prisé..........	» »
19° Une table de nuit à deux pans, une commode avec cinq tiroirs et plaque de marbre, une armoire en chêne avec portes-glaces, prisés ensemble........	» »
20° Deux fauteuils et quatre chaises, prisés..........	» »
21° Quatre grands rideaux de croisée avec doubles rideaux et une portière, prisés ensemble..........................	» »
VI. — *Dans un cabinet de toilette attenant à la chambre à coucher et éclairé par une fenêtre sur la cour.*	
22° Une baignoire en zinc, prisée..........................	» »
23° Une table de toilette avec marbre, prisée	» »

VII. — *Dans la cave.*

24° Deux fûts de vins de Bourgogne rouge de 220 litres chacun, prisés ... » »
25° Cent cinquante bouteilles de vin de Bordeaux blanc, prisées .... » »
26° Cent cinquante bouteilles vides, prisées.................... » »
27° Un porte-bouteilles et deux chantiers, prisés................ » »

VIII. — *Tableaux, Bronzes, Objets d'art, Porcelaines.*

La prisée des objets ci-après compris sous la présente rubrique va être faite par M..., commissaire-priseur, avec l'assistance et sur l'avis de M..., expert en tableaux et objets de curiosité, demeurant à..., à ce intervenant (*V. formule 1841*).

28° Un tableau à l'huile, signé..., représentant..., estimé............. » »
29° Une statue en bronze (Jeanne d'Arc), prisée................. » »
30° Une statuette en marbre blanc signée (Aveugle), prisée .... » »
31° Deux flambeaux anciens, prisés.................... » »
32° Quatre plats ovales en porcelaine du Japon, estimés .... » »

M..., dont la mission est terminée, a signé après lecture et s'est retiré.

(Signature.)

IX. — *Bibliothèque.*

La prisée des volumes composant la bibliothèque va être faite par M..., commissaire-priseur, avec l'assistance et sur l'avis de M..., demeurant à..., expert en librairie, ici intervenant (*V. formule 1841*).

33° Une grande bibliothèque en acajou avec portes vitrées, prisée .... » »
34° Œuvres de Victor Hugo 70 volumes, reliés 1/2 chagrin, prisés....... » »

M..., dont la mission est terminée, a signé après lecture et s'est retiré.

(Signature.)

X. — *Garde-robe de M..., de cujus.*

35° Douze chemises de jour, toile blanche, douze chemises de nuit, le tout prisé .... » »
36° Six caleçons, douze paires de chaussettes, six gilets de flanelle, etc..., le tout prisé .... » »
37° Deux costumes en drap, un pardessus, deux chapeaux, etc..., le tout prisé..................................... » »

XI. — *Garde-robe de Mme Veuve...*

38° Vingt quatre chemises, etc...

Au cas de reprise en nature : Ces objets ont été seulement mentionnés pour ordre sans estimation, Mme... ayant la faculté d'en effectuer la reprise en nature en vertu de l'article..., de son contrat de mariage susénoncé et ci-après analysé (*V. formule 1899*).

XII. — *Argenterie.*

39° Dans un écrin, douze cuillers à café, douze fourchettes, douze cuillers à potage, le tout en argent, portant les initiales...,pesant ensemble 1.200 grammes, estimé à raison de... le gramme .... » »

XIII. — *Bijoux.*

40° Une montre d'homme avec sa chaîne en or pesant... grammes et estimée à raison de... le gramme......................... » »

XIV. — *Manuscrit.*

41° Un manuscrit sur papier quadrillé in-quarto, comportant 820 pages écrit en entier de la main de M..., *de cujus*, et portant le titre...

Mme... déclare que cet ouvrage est resté à l'état de manuscrit et que l'intention de son mari était de ne pas le faire éditer ; ce manuscrit attendu sa nature, n'a pas été estimé.

XV. — *Objets légués à M.*

42° Une armoire normande en..., etc..., prisée à............. » »
43° Un tableau à l'huile, signé,... représentant..., prisé .... » »

Ensemble pour la prisée des objets légués............... » »

Montant de la prisée du mobilier, non compris les objets à reprendre en nature par Mme..., et ceux prisés par distinction.................... » »

FORM. 1865. — Prisée de mobilier en campagne.

I. — *Dans une pièce au rez-de-chaussée à usage de salle à manger et de chambre à coucher.*

1º Un buffet à étagère, six chaises paille et une table ronde, le tout prisé... » »

2º Un lit complet comprenant : bois de lit en noyer, un sommier, un matelas, un lit de plumes, deux couvertures, un traversin, deux oreillers, le tout prisé... » »

3º Une armoire à linge normande avec sculpture en chêne, prisée... » »

4º Le linge se trouvant dans cette armoire, comprenant: douze draps, etc..., le tout prisé... » »

5º Une pelle, une pincette, des chenets, un soufflet, un balai, le tout prisé. » »

6º Une glace, une pendule, une lampe à pétrole, deux chandeliers, etc., le tout prisé... » »

II. — *Dans la cave.*

7º Un fût plein de cidre pur jus contenant 800 litres environ, le tout estimé

8º Un fût de 600 litres environ de cidre dit « boisson », estimés... » »

9º Six fûts vides, un lot de chantiers, un pressoir mécanique à volant, le tout prisé... » »

III. — *Dans le grenier.*

10º Trois cents bottes de paille estimées... » »

11º Deux cents bottes de foin estimées... » »

12º Cinq cents fagots de bois et un stère de bois à brûler, le tout prisé... » »

IV. — *Dans le clapier et le poulailler.*

13º Douze lapins âgés d'environ... mois, estimés... » »

14º Quatre poules, deux poulettes, un coq, six canards, le tout estimé... » »

V. — *Dans la cour.*

15º Un tas de fumier, un lot de tuiles, de briques et de pierres, le tout estimé... » »

16º Une brouette et une petite voiture à bras... » »

VI. — *Garde-robe de M...*

17º Six chemises, etc... (*V. formule 1864*)

Montant de la prisée ci-dessus... » »

FORM. 1866. — Prisée après le décès d'un commerçant.

I. — Mobilier personnel.

Dans la cuisine éclairée par une fenêtre sur la cour.

1º..., 2º..., etc... (*V. formule 1864*)... » »

Total de la prisée du mobilier personnel... » »

II. — Fonds de commerce.

M... déclare (*V. formule 1856*) :

Qu'il dépend de la communauté dissoute, notamment un fonds de commerce de mercerie exploité à..., rue..., nº...

Qu'aux termes de son contrat de mariage énoncé en tête des présentes et ci-après analysé, il a été stipulé qu'au cas arrivé d'exploitation de fonds de commerce à la dissolution du mariage par le décès de l'un des époux, le survivant aurait le droit de conserver celui-ci pour son compte personnel ensemble l'achanlandage, le matériel et les marchandises en dépendant, pour le montant de son estimation à dire d'experts, ainsi que le droit au bail des lieux où ce fonds serait exploité et où les époux auraient leur habitation à charge de rembourser à la communauté les loyers payés d'avance et d'exécuter les conditions de ce bail.

Que depuis le décès M..., a continué, etc... (*V. formule 1856*).

En conséquence, il y a donc lieu de comprendre au présent inventaire le fonds de commerce de mercerie susénoncé ainsi que le matériel et les marchandises en dépendant et de procéder à l'estimation de chacun de ces éléments, sous réserve pour M... d'opter dans le délai prescrit pour leur conservation, le tout dans les termes du contrat de mariage.

Cette estimation sera faite par Me..., commissaire-priseur, sur l'avis de : 1º.. M..., 2º M...

Experts choisis par les parties (*ou :* le premier par M... et le second par les autres requérants) ici présents et intervenants.

Lesquels ont prêté serment devant le notaire soussigné, de remplir consciencieusement leur mission.

Et ils ont signé en cet endroit, après lecture.   (*Signatures.*)

I. — MATÉRIEL.

Dans le magasin de vente sur la rue.

1º Un comptoir en bois de chêne avec bureau, prisés	»	»
2º Une banquette en chêne, et six chaises cannées, prisées	»	»
3º Etc............................		

Dans le magasin de réserve éclairé par une fenêtre sur la cour :

4º Des étagères en sapin mesurant... mètres sur... mètres, prisées ensemble.	»	»
5º Un lot de vingt-quatre boîtes en bois mesurant..., estimées ensemble...	»	»
6º Etc............................		
Total de la prisée du matériel........................	»	»

(*Si le matériel doit être compris dans l'estimation du fonds, il n'y a pas lieu d'en faire la prisée, l'on se contentera d'en faire seulement la description.*)

II. — MARCHANDISES.

Dans le magasin de vente se trouvant sur la rue.

7º Dix-huit douzaines de pelotes de fil de divers numéros et couleurs, estimées ensemble....................	»	»
8º Etc... (*Désignation et prisée de toutes les marchandises en les classant par nature*)	»	»
Total de la prisée des marchandises....................	»	»

III. — FONDS DE COMMERCE.

Après avoir pris connaissance du chiffre annuel d'affaires ainsi que du montant approximatif des bénéfices réalisés d'après les livres de comptabilité qui leur ont été présentés et eu égard au temps restant à courir du bail, MM. les experts et M. le commissaire-priseur se sont mis d'accord pour estimer à la somme de... la valeur du fonds de commerce de mercerie exploité à..., par M. et Mme..., comprenant l'achalandage ou clientèle et le droit au bail à l'exclusion du matériel, des marchandises et des loyers payés d'avance.

Récapitulation des prisées.

1º Mobilier personnel....................	»	»
2º Matériel........................	»	»
3º Marchandises....................	»	»
4º Fonds de commerce (achalandage et droit au bail)............	»	»
Total général....................	»	»

Leur mission étant terminée, MM. les experts et le commissaire-priseur ont signé en cet endroit et se sont retirés.   (*Signature.*)

(*Au cas de réquisition de référé pour autorisation de vendre sans attribution de qualités, voir formule 1979.*)

FORM. 1867. — Prisée après le décès d'un fermier.

§ 1er. MOBILIER DU MÉNAGE.

Dans la cuisine au rez-de-chaussée, etc:

1º..., 2º... (*Pour le mobilier de ménage, voir formules précédentes.*)

2. MATÉRIEL DE CULTURE ET BESTIAUX.

Dans l'écurie :

20º Un cheval sous poil blanc, âgé de 6 ans, estimé....................	»	»
21º Un autre cheval alezan, âgé de..., estimé....................	»	»
22º Une jument baie, âgée de 6 ans, pleine au jour du décès et estimée en cet état à....................	»	»
23º Un poulain bai, né depuis le décès, de la jument précitée, considéré par suite comme fruit et estimé par distinction à....................	»	»

Dans l'étable :

24° Trois vaches sous poil noir et blanc, âgées de 4 et 5 ans, estimées ensemble... » »
25° Une vache sous poil rouge, âgée de...; estimée.................... » »

Dans la bergerie à côté de l'étable :

26° Cent cinquante moutons, agés de... environ, prisés.............. » »
27° Trente agneaux de lait, estimés................................. » »
28° Une cabane de berger et un attirail de clôture pour parc à moutons et deux niches à chien, le tout prisé... » »
29° Deux chiens de berger, estimés................................... » »

Dans un toit à porcs :

30° Deux porcs âgés de dix-huit mois, pesant ensemble... kgs et estimés... » »
31° Une truie, âgée de..., estimée.................................. » »
32° Six cochons de lait, âgés de..., estimés......................... » »

Dans un hangar faisant suite au toit à porcs :

33° Une voiture de ville à deux roues, montée sur essieux en fer, estimée.. » »
34° Une voiture de transport à deux roues, estimée................... » »
35° Une charrue, une herse, un rouleau, etc..., le tout estimé........... » »

Dans une grange à la suite du bâtiment qui précède :

36° Une machine à battre avec ses accessoires, prisée.............. » »
37° Un moulin à vanner, deux fourches, une pelle en bois à grains et une pelle en fer, le tout prisé... » »
38° Six cents gerbes de blé..., etc..., estimées...................... » »

*Dans un petit bâtiment au fond de la cour servant de clapier,
poulailler et pigeonnier :*

39° Douze lapins, estimés... » »
40° Six poules, un coq, deux canards, le tout prisé................. » »
41° Six paires de pigeons, estimées ensemble........................ » »

Dans la cour :

42° Un tas de fumier, d'environ..., mètres, estimé.................. » »
43° Deux cents fagots de petit bois estimés........................ » »
44° Dix stères de bois racines à brûler, estimés................... » »

Dans le pressoir :

45° Un grand pressoir à roues avec ses accessoires comprenant deux fortes vis en bois, un tablier, un lot de planches, deux cuviers, deux pelles, etc..., le tout non estimé vu sa nature d'immeuble par destination.

Dans le jardin :

46° Deux cents jeunes pommiers et poiriers, récemment arrachés et destinés à la vente, prisés.. » »
47° Divers arbustes attachés au sol, non décrits ni estimés, attendu leur nature d'immeubles par destination.................................... » »

    Total de l'estimation des matériel de culture et bestiaux............. » »

§ 3. LABOURS, ENGRAIS ET SEMENCES.

1ᵉⁿᵗ *Terres propres de M.., sur la commune de...*
48° Les labours, engrais et semences en blé, faits et répandus sur :
a) Deux hectares lieu dit..., estimés.............................. » »
b) Six hectares, etc... » »
49° Les labours, engrais et semences en avoine sur :
a) Un hectare 16 ares, etc.. » »

Total des estimations de labours, engrais et semences sur les propres de M... » »

2ᵉⁿᵗ *Terres propres à Mᵐᵉ..., sur la commune de...*
50° Les labours, etc... (comme ci-dessus).
    Total, etc... » »

§ 4. RÉCOLTES NON DÉTACHÉES DU SOL.

Il sera fait mention sous ce paragraphe des récoltes sur pied, mais ne seront estimées que celles se trouvant sur le sol des terres tenues en location.
1ᵉⁿᵗ *Terres propres à M..., sur la commune de...*

51° *Récoltes en blé* :
Trois hectares seize ares, lieu dit..., section..., n°..., soixante-dix-huit centiares, lieu dit..., etc...

2ent *Terres propres à M*ᵐᵉ*..., sur la commune de...*

52° Récoltes en blé : Deux hectares, etc...

3ent *Terres dépendant de la communauté sur la commune de...*

53° *Récoltes en avoine : Un hectare, etc...*

4ent *Terres tenues en location sur la commune de...*

54° Récolte en orge sur pièce de terre contenant..., lieu dit..., section..., n°..., estimée .... | » | » |

55° Récolte en avoine sur, etc..., prisée.................................. | » | » |

Total de l'estimation des récoltes attachées au sol des terres tenues en location .... | » | » |

<h3 align="center">§ 5. Récoltes coupées.</h3>

56° La récolte en sainfoin provenant de la coupe faite avant le décès de M..., sur... hectares de terre, sis à..., lieu dit...; récolte formant environ... bottes de... kilogrammes chacune, et estimée.................................. | » | » |

57° La récolte en trèfle, etc.................................. | » | » |

Total de l'estimation des récoltes coupées.................. | » | » |

<h3 align="center">Récapitulation des prisées.</h3>

1° Prisée du mobilier personnel.................................. | » | » |

2° Prisée des matériel de culture et bestiaux.................................. | » | » |

3° Prisée des labours, engrais et semences :
    Sur les propres de M....................... | » | » |
    Sur les propres de Mᵐᵉ....................... | » | » |

4° Prisée des récoltes attachées au sol des terres tenues en location..... | » | » |

5° Prisée des récoltes coupées au décès.................. | » | » |

Total général.................................. | » | » |

<h3 align="center">d) Récolement.</h3>

<h3 align="center">FORM. 1868. — Mobilier de succession.</h3>

Les requérants font observer que M... *de cujus*, a recueilli à titre de légataire particulier dans la succession de M.., décédé à..., le..., divers objets mobiliers et meubles meublants qui ont été prisés par distinction dans l'inventaire dressé après le décès de ce dernier par Mᵉ..., notaire soussigné, le...; que la majeure partie de ces objets existe toujours en nature et que la valeur de ceux-ci est sensiblement la même que celle qui leur a été donnée à l'inventaire précité.

En conséquence, les parties estiment qu'il n'y a pas lieu de procéder à une nouvelle prisée de ce mobilier, mais seulement à son récolement sur l'inventaire susénoncé.

Cette opération faite, M..., commissaire-priseur, a constaté que les objets dont il s'agit, existent toujours en nature, sauf ceux prisés sous les articles ci-après, savoir :

11° Table ronde, estimée.................................. | » | » |

22°... Etc.................................. | » | » |

Ensemble de l'estimation des objets ne se retrouvant pas.................. | » | » |

L'estimation des objets existant se trouve fixée à celle portée à l'inventaire après le décès de M..., soit.................................. | » | » |

Déduction faite de celle des objets manquants.................. | » | » |

Soit à.................................. | » | » |

<h3 align="center">FORM. 1869. — Mobilier de communauté.</h3>

Avant de procéder à la prisée qui va suivre, les requérants font les déclarations suivantes :

M. Louis Morin, mari de la *de cujus*, est décédé le...dernier, et après son décès inventaire a été dressé par Mᵉ..., notaire soussigné, suivant procès-verbal, commencé le..., et clos le...

Les meubles et objets mobiliers se trouvant alors au domicile commun des époux ont été décrits dans cet inventaire et prisés par M..., commissaire-priseur, à la somme totale de...

Ces objets existant toujours en nature et le peu de temps écoulé depuis leur première estimation n'ayant pas modifié leur valeur, les parties estiment qu'il n'y a pas lieu de procéder à de nouvelles description et prisée de ce mobilier, mais seulement à son récolement.

M..., commissaire-priseur, déférant à ce désir, a procédé au récolement dont il s'agit et déclare que tous les objets inventoriés le... se retrouvent tous en nature sans aucune exception (*ou :* à l'exception de la garde-robe de M..., deux draps, cinq mouchoirs, etc..., qui ont disparu par usure ou vétusté et dont il n'y a pas lieu de faire état, attendu leur peu de valeur).

(*Ou :* M...,commissaire-priseur, a constaté que les objets inventoriés au décès de M... existent toujours en nature, à l'exception, etc... (*Comme en la formule précédente.*)

FORM. 1870. — Mobilier de communauté et de succession. — Objets manquants et objets nouveaux.

Avant de procéder à la prisée. les parties déclarent qu'après le décès de M. Louis Morin, leur père, inventaire a été dressé par Me..., notaire à..., le...

Que les meubles et objets mobiliers décrits et estimés dans cet inventaire sont restés en la possession de Mme Veuve Morin, épouse survivante, leur mère.

Et qu'il y a lieu de procéder au récolement de ces meubles et objets mobiliers.

Ce qui a été fait de la manière suivante sous les trois paragraphes qui vont suivre.

§ 1er *Objets retrouvés en nature.*

Tous les meubles et objets mobiliers décrits en l'inventaire après le décès de M. Morin se sont retrouvés en nature, sauf ceux désignés sous le paragraphe 2 ci-après.

L'estimation de ces objets est restée la même que celle fixée au dit inventaire, à l'exception toutefois des objets suivants :

1° Une pendule en bronze doré et une glace formant l'article 18 de la prisée, estimées aujourd'hui .... | 30 »

2° Un cheval..., formant l'article 32, prisé aujourd'hui................. | 80 »

3° De l'article 44 qui ne comprend plus aujourd'hui que 2 nappes, etc..., prisé.. | 30 »

4° Et de la garde-robe de Mme Morin, formant l'article 46, et qui comprend aujourd'hui 15 chemises de toile..., le tout prisé........................ | 80 »

Ensemble... | 220 »

La valeur des autres objets retrouvés en nature s'élève, d'après le premier inventaire, à.. | 1.963 »

Par suite, le total de la prisée des meubles et objets mobiliers se retrouvant en nature est de.. | 2.183 »

§ 2. *Objets manquants.*

1° Trois pièces de vin rouge contenant ensemble 400 litres, formant l'article 2 de l'inventaire précité, prisées ensemble................................... | 680 »

2° Etc.... | 1.075 »

Total de la prisée des objets manquants.............................. | 1.755 »

§ 3. *Objets nouveaux.*

1° 250 litres de vin rouge en deux fûts. prisés ensemble................. | 520 »

2° Etc.... | 2.240 »

Total de la prisée des meubles et objets mobiliers nouveaux compris au présent inventaire.. | 2.760 »

(*Pour le récolement des papiers, voir formule 1962.*)

§ 5. — Clotures de séances et ajournements.

FORM. 1871. — Inventaire sans scellés.

La présente séance terminée, la continuation de l'inventaire a été remise d'un commun accord à demain mardi 17 de ce mois, 9 heures du matin, heure légale, dans les lieux où il vient d'être procédé: jour, heure et lieux auxquels les parties conviennent de se trouver, consentant au besoin à ce qu'il soit procédé même en leur absence.

(*ou :* Ce fait, la vacation pour la continuation du présent inventaire a été renvoyée à des jour, heure et lieu qui seront ultérieurement fixés.)

Il a été vaqué aux opérations qui précèdent, depuis la diteheure de..., jusqu'à celle de..., par triple vacation.

Les objets ci-dessus inventoriés et ceux restant à l'être sont, du consentement des autres requérants, demeurés en la garde et possession de Mme Veuve..., qui le reconnaît et s'en charge pour les représenter quand et à qui il appartiendra.

(*Ajouter, s'il y a lieu :* En ce qui concerne les titres et papiers trouvés au cours des opérations, ils ont été confiés au notaire pour être analysés dans une séance ultérieure.)

Et sous toutes nouvelles réserves et protestations de droit les parties ont signé avec M..., commissaire-priseur, et le notaire après lecture faite.

FORM. 1872. — Inventaire avec scellés réapposés.

Ce fait, la continuation du présent inventaire a été remise, etc. (*comme en la formule précédente*).

M. le juge de paix a réapposé les scellés sur tous les meubles et objets restant à inventorier (*ou* : à tous les endroits où ils avaient été mis précédemment, sauf sur une commode se trouvant dans..., et dont le contenu a été retiré et inventorié).

Les objets ci-dessus inventoriés et ceux restant à l'être sont demeurés en la garde et possession de M..., gardien de scellés, qui le reconnaît et s'en charge pour en faire la représentation quand et à qui il appartiendra.

Il a été vaqué aux opérations qui précèdent depuis, etc...

Et sous toutes réserves, etc....

FORM. 1873. — Inventaire avec scellés non réapposés.

Ce fait, tous les objets mobiliers étant inventoriés et les titres et papiers triés et classés, M. le juge de paix, à la réquisition expresse des parties, n'a pas réapposé les scellés, et M..., gardien, a, à l'instant, prêté serment devant Me..., notaire soussigné, d'avoir dit, déclaré et représenté tout ce qui, à sa connaissance, dépend et grève la succession de M... (*ou* : la communauté ayant existé entre M. et Mme..., et la succession de cette dernière) sans avoir rien détourné, vu ni su qu'il ait été rien détourné directement ou indirectement.

Tous les objets mobiliers et meubles meublants ci-dessus inventoriés ont été, d'un commun accord, remis à M..., qui le reconnaît et s'en charge pour les représenter à toute réquisition.

En ce qui concerne les titres et papiers trouvés, au cours des opérations, ils ont été confiés au notaire soussigné pour être analysés dans une séance ultérieure qui se tiendra en l'étude de ce dernier à une date qui sera ultérieurement fixée (*ou* : que les requérants fixent au..., à... heures du matin en l'étude de ce dernier avec intimation pour ces jour et heure, consentant qu'il soit procédé même en leur absence).

Il a été vaqué aux opérations de la présente séance depuis la dite heure de..., etc...

Et sous toutes nouvelles réserves de droit, les parties ont signé avec M..., commissaire priseur, M..., gardien de scellés, et le notaire, après lecture faite.

FORM. 1874. — Inventaire avec scellés. — Retraite du gardien. — Remplacement.

Ce fait, la continuation, etc. (*V. formule 1871*).

M..., gardien de scellés, a fait observer que quittant la commune pour une période indéterminée, il se trouve dans l'impossibilité de conserver sa charge de gardien et demande son remplacement.

En conséquence, il a affirmé, sous serment prêté devant Me..., notaire soussigné, qu'il a fidèlement assuré la garde des scellés qui lui a été confiée et qu'il a représenté et fait comprendre au présent inventaire tout, etc... (*comme en la formule 1873*).

Mention de ce serment a été consignée au procès-verbal de levée de scellés, lequel constate en outre que M... a été déchargé de ses fonctions de gardien de scellés et qu'il a été remplacé dans sa garde par M..., demeurant à...

Les objets ci-dessus inventoriés et ceux restant à l'être sont demeurés en la garde et possession de ce dernier, lequel, ici présent, le reconnaît et s'en charge pour les représenter quand et à qui il appartiendra.

Il a été vaqué, etc...

Et sous toutes nouvelles réserves, etc...

FORM. 1875. — Ajournement pour continuer dans un autre lieu. — Réquisition de transport.

Tous les objets et effets mobiliers existants au lieu où il est actuellement procédé (*ou* : au domicile du *de cujus*), se trouvant inventoriés, la présente séance a été close à..., heures, et la continuation de l'inventaire dans la maison de campagne, sise à..., rue..., no..., dont le *de cujus* avait fait sa résidence d'été, a été remise d'un commun accord à.... etc... (*v. formule 1871*).

(*ou* : Tous les objets, etc..., les parties avant de clore la présente séance font observer : Que M..., *de cujus*, occupait, comme locataire, pendant la saison d'été, une maison de campagne sise à..., rue..., no..., appartenant à M... et qu'il y a lieu de comprendre au présent inventaire les meubles meublants, objets mobiliers, titres et papiers se trouvant à cette résidence.

Par suite, elles requièrent le notaire soussigné et l'officier priseur de se transporter en ce lieu le..., à dix heures du matin, heure légale, pour y procéder aux opérations dont il s'agit; jour, heure et lieu auxquels les parties conviennent de se trouver, consentant, en tant que de besoin à ce qu'il soit procédé en leur absence.

ou : En conséquence, elles requièrent le notaire soussigné et le commissaire-priseur de se transporter immédiatement sans interrompre la vacation à la résidence dont s'agit pour y continuer les opérations d'inventaire auxquelles il est procédé.

Les meubles et objets ci-dessus inventoriés et ceux restant à l'être, etc... (*comme en la formule 1871*).

Quant aux titres et papiers trouvés au cours des opérations qui précèdent, les parties les ont confiés au notaire soussigné, chargé d'en faire l'analyse dans une séance ultérieure.

Il a été vaqué, etc...

Et sous toutes réserves et protestations de droit, les parties ont signé avec le notaire et le commissaire-priseur.

FORM. 1876. — **Clôture de vacation à la résidence.** — **Renvoi au domicile ou à l'étude.**

Ne se trouvant plus rien à inventorier à la maison de campagne de M..., *de cujus*, où il vient d'être procédé, M... a affirmé par serment prêté aux mains du notaire soussigné, qu'il a fait comprendre au présent inventaire tout ce qui..., etc... (*comme en la formule 1873*).

Tous les objets inventoriés à cette résidence sont restés en la garde et possession de M..., qui le reconnaît et s'en charge pour les représenter quand et à qui il appartiendra.

A l'égard des titres et papiers, ils ont été liassés et remis à M..., pour être transportés à...,au domicile du *de cujus* (*ou :* en l'étude du notaire soussigné), pour être reunis à ceux qui s'y trouvent en vue de leur analyse ultérieure.

La continuation du présent inventaire est renvoyée par les parties au mercredi..., présent mois, neuf heures du matin, à..., rue..., no..., domicile mortuaire de M... (*ou :* à l'étude de Me..., notaire soussigné, où tous les titres et papiers seront transportés) promettant s'y trouver en consentant au besoin qu'il soit procédé en leur absence.

Il a été vaqué, etc...

Et sous toutes réserves les parties ont signé avec le commissaire-priseur et le notaire.

§ **FORM. 1877.** — **Ajournement avec renvoi à l'étude.**

Ce fait, tous les objets, meubles meublants et objets mobiliers existant au domicile de M..., *de cujus*, étant inventoriés, les titres et papiers triés et classés, la continuation du présent inventaire a été renvoyée d'un commun accord par les parties requérantes à une date qui sera ultérieurement fixée (*ou :* au...), en l'étude de Me..., notaire soussigné, où les titres et papiers seront transportés pour y être inventoriés et analysés.

Tous les objets inventoriés et ceux restant à l'être, à l'exception des titres et papiers confiés au notaire soussigné, sont demeurés en la garde et possession de M..., qui le reconnaît et s'en charge pour les représenter quand et à qui il appartiendra.

Il a été vaqué, etc...

Et sous toutes réserves et protestations de droit, etc...

¡ **FORM. 1878.** — **Ajournement pour prendre des renseignements.**

Les requérants déclarent que les titres et pièces relatifs à diverses créances, que M..., *de cujus* possédait sur M... et M... se trouvent entre les mains de Me...,avoué à..., qui avait reçu mission du défunt de poursuivre ces débiteurs et qu'il convient par suite de suspendre momentanément les opérations pour permettre aux requérants de se procurer les titres et papiers en question, en vue de leur analyse au présent inventaire.

En conséquence, la séance pour la continuation des opérations a été, d'un commun accord, remise au..., etc... (*V. formule 1871*).

Les objets inventoriés et ceux restant à l'être, etc...

Il a été vaqué, etc...

Et sous toutes réserves et protestations de droit, etc...

FORM. 1879. — **Ajournement en présence de créanciers opposants.**

Ce fait, la continuation du présent inventaire a été remise, etc... (*v. formule* 1873).

Observation faite que cette prochaine séance aura lieu en la présence de M..., seul créancier du défunt qui se soit présenté pour assister aux opérations et auquel intimation est donnée pour ces jour, heure et lieu, sans qu'il soit besoin d'y appeler de nouveau les défaillants.

(*ou :* A l'instant MM..., créanciers opposants, ont déclaré choisir d'un commun accord M..., l'un d'eux, pour les représenter aux séances ultérieures du présent inventaire et lui donner à cet effet les pouvoirs nécessaires pour faire et présenter au cours de ces opérations tous dires, déclarations, réquisitions, protestations et réserves, introduire tous référés et y défendre, produire tous titres et pièces, signer tous actes et procès-verbaux, substituer et généralement faire tout ce que l'intérêt commun des créanciers exigera.)

Les objets ci-dessus inventoriés... Il a été vaqué... Et sous toutes réserves, etc... (*comme en la formule 1871*).

(*Voir formules 1677 et 1784.*)

FORM. 1880. — **Ajournement par suite d'apposition de scellés au cours de l'inventaire.**

A l'instant et au cours de la présente séance s'est présenté M. le juge de paix du canton de..., assisté de son greffier, pour apposer au domicile de M..., *de cujus*, les scellés sur les meubles et objets mobiliers dépendant de sa succession.

Comme conséquence, les opérations d'inventaire ont été suspendues et remises par les requérants à une époque qui sera ultérieurement fixée.

Les objets ci-dessus inventoriés et ceux restant à l'être sont demeurés du consentement des parties en la garde et possession de M..., qui vient d'être constitué gardien des scellés présentement apposés, lequel ici présent le reconnaît et s'en charge pour en faire la représentation quand et à qui il appartiendra.

Il a été vaqué, etc...

Et sous toutes réserves et protestations de droit, les parties ont signé avec le gardien des scellés, le commissaire-priseur et le notaire, après lecture faite.

FORM. 1881. — **Ajournement par suite de l'intervention d'un héritier plus proche en degré.**

A l'instant s'est présenté M...

Lequel a déclaré être parent au... degré de M..., *de cujus*, dont il est par suite habile à se porter héritier pour..., et s'opposer en conséquence à ce qu'il soit procédé hors de lui à la continuation des présentes opérations d'inventaire.

A l'appui de ces déclarations et opposition, M... a représenté au notaire soussigné trois actes de l'état civil.

Puis il a signé après lecture. (*Signature.*)

Comme conséquence de l'intervention qui précède et des justifications fournies, qui paraissent être de nature à modifier la dévolution de la succession de M..., précédemment établie, les opérations d'inventaire ont été, d'accord entre toutes les parties, suspendues pour être reprises au jour qui sera ultérieurement fixé.

Les objets, etc... (*comme une clôture de séance ordinaire*).

FORM. 1882. — **Clôture de séance avec constitution de mandataire (achèvement de l'inventaire).**

Ce fait... Les objets ci-dessus inventoriés, etc... (*comme aux formules précédentes et ajouter*) :

M..., requérant, ne pouvant assister aux séances ultérieures du présent inventaire, déclare constituer ici pour mandataire, à l'effet de le représenter, M..., demeurant à..., auquel il confère notamment les pouvoirs suivants : requérir la levée des scellés avec ou sans description; faire et présenter tous dires, réquisitions, observations, protestations et réserves; demander toutes autorisations ou y consentir; introduire tous référés ou y défendre; accorder toute dispense, constituer tous gardiens et dépositaires d'objets mobiliers, titres, papiers et valeurs quelconques; passer et signer tous actes et procès verbaux, élire domicile, substituer, et en général faire tout ce qui sera utile et nécessaire.

FORM. 1883. — **Clôture de séance avec pouvoirs conférés par le subrogé tuteur pour la clôture de l'inventaire et la vente d'un fonds de commerce.**

Ce fait, etc...

Avant cette clôture, M..., subrogé tuteur des mineurs..., déclare par ces présentes constituer pour son mandataire spécial M..., auquel il donne pouvoir pour lui, en ses noms et qualités :

Le représenter à la continuation et à la clôture du présent inventaire; y faire tout dires, réquisitions, protestations et réserves; accorder toutes dispenses; introduire tous référés et y défendre; demander toutes autorisations et nominations ou les consentir; consentir à la désignation de tous gardiens et dépositaires.

Représenter également le constituant à la vente du fonds de commerce de..., susdécrit et prisé, ainsi qu'à la vente de tous meubles et objets mobiliers qui peuvent dépendre de ladite succession; prendre connaissance de tous cahiers de charges dressés à cet effet, y faire tous dires, déclarations et affirmations;

Aux effets ci-dessus passer et signer tous actes et procès-verbaux, élire domicile, substituer et généralement faire tout ce qui sera utile et nécessaire pour la sauvegarde des intérêts des mineurs...

FORM. 1884. — **Clôture de séance avec constitution de mandataire par l'un des requérants pour la continuation de l'inventaire et le règlement définitif de la succession.**

Ce fait, etc...

M..., l'un des requérants, déclare ici constituer pour son mandataire spécial M..., auquel il donne pouvoir de pour lui et en son nom :

Le représenter aux diverses séances ultérieures du présent inventaire, y compris la clôture; requérir la levée de tous scellés avec ou sans description ou s'y opposer; faire et présenter tous dires, réquisitions, observations, protestations et réserves ; demander toutes autorisations et nominations ou les consentir; introduire tous référés ou y défendre accorder toute dispense, constituer tous gardiens et dépositaires d'objets mobiliers, deniers comptants, titres, papiers et valeurs quelconques.

Poursuivre la vente des biens meubles et immeubles de la succession; désigner à cet effet tous officiers ministériels pour y procéder, faire dresser tous cahiers de charges, y opporter toutes déclarations, affirmations, modifications et additions nécessaires; recevoir toutes sommes et prix d'adjudication, arrêter et régler tous comptes; donner toutes quittances et décharges.

Procéder à tous comptes, liquidations et partage de la succession de M...dont il s'agit; approuver ou contester les opérations; faire et accepter toutes attributions; requérir tous transferts de valeurs, conversions du nominatif au porteur, et toucher tous remboursements de valeurs amorties ou qui le seront par la suite, donner toutes quittances et décharge de titres au porteur.

Poursuivre judiciairement, s'il y a lieu, la licitation des immeubles et le partage de la succession; constituer tous avoués; demander la commission d'un notaire pour procéder aux opérations, comparaître et intervenir au nom du constituant dans toute instance, à tous actes et procès-verbaux de lecture et d'approbation, faire toutes contestations; demander l'homologation pure et simple de tous états liquidatifs ou s'y opposer par les voies et moyens de droit.

Aux effets ci-dessus passer et signer tous actes et procès-verbaux, élire domicile, substituer et généralement faire ce qui sera utile et nécessaire pour la constatation des forces et charges de la succession et le règlement amiable ou judiciare des biens la composant.

FORM. 1885. — Découverte d'un testament au cours de la prisée. — Pli fermé.

Dans le tiroir de l'armoire qui vient d'être inventoriée, le notaire soussigné a trouvé au nombre des papiers s'y trouvant un pli cacheté, scellé à la cire rouge par cinq empreintes avec les initiales E. D. et portant la suscription suivante : « Ce pli renferme mon testament » suivie de la signature du *de cujus.*

En conséquence, cette enveloppe a été paraphée par les parties et le notaire, puis remise à ce dernier avec réquisition de se transporter demain... de ce mois à onze heures du matin au palais de Justice du tribunal civil de première instance de..., pour en faire la représentation à M. le président de ce tribunal, qui en fera l'ouverture et ordonnera ce qu'il appartiendra.

(ou au cas de scellés : En conséquence, M. le juge de paix s'est saisi de cette enveloppe, après l'avoir fait parapher aux parties et au notaire, pour la présenter à M. le président du Tribunal civil de première instance de..., qualifié pour en faire l'ouverture et ordonner ce qu'il appartiendra.)

Ce fait, la continuation du présent inventaire a été remise, d'un commun accord entre les parties, à un jour qui sera ultérieurement fixé.

Les objets mobiliers ci-dessus inventoriés et ceux restant à l'être ont été, etc... Il a été vaqué... Et sous toutes réserves, etc... (*V. formule 1871*).

FORM. 1886. — Découverte d'un testament sous enveloppe ouverte.

En procédant au dépouillement des papiers retirés du tiroir de la commode inventoriée sous l'article ... ci-dessus, le notaire soussigné a trouvé un pli non cacheté à l'intérieur duquel se trouve une feuille du timbre de 2 fr. 40 sur laquelle M..., *de cujus,* paraît avoir transcrit ces dernières volontés : la première page, qui contient 32 lignes, commence par ces mots... et se termine par ceux-ci... le verso contient 12 lignes écrites se terminant par les mots..., la 13e ligne comporte la signature : Eugène Drouin, et le surplus de la page est en blanc.

En conséquence, ce testament a été paraphé, etc... (*comme en la formule 1885*).

Lorsque le testament ne modifie pas les qualités, l'on peut ne pas suspendre les opérations et au lieu de clôturer la séance, ajouter : Mais attendu que ce testament ne contient aucune disposition susceptible de modifier les qualités des parties, celles-ci requièrent Me... de ne pas suspendre la présente séance et de continuer les opérations, ce qui a eu lieu de la manière suivante :

DEUXIÈME PARTIE. — Analyse des titres et papiers.

§ 1er. — Reprises de Séances.

FORM. 1887. — Inventaire sans scellés.

Et le mardi sept mars 192..., neuf heures du matin, heure légale (*ou :* Et l'an..., le mardi sept mars, à neuf heures du matin).

A..., rue..., n°..., du domicile où est décédé M...

En conséquence de la remise à ces jour, heure et lieu fixée par la clôture de la vacation qui précède.

(*ou :* En conséquence de l'indication donnée par les parties, d'un commun accord, à ces jour, heure et lieu, depuis la clôture de la séance qui précède.

ou : En conséquence de l'indication donnée par les parties, d'accord entre elles, à ces jour, heure et lieu, par modification de l'ajournement fixé lors de la clôture de la vacation qui précède.

ou : En conséquence de l'intimation prise pour ces jour, heure et lieu, lors de la clôture de la précédente séance.)

Aux mêmes requêtes, présences et qualités qu'en la séance du... (*ou :* qu'en la première séance du présent inventaire en date du...) dont la minute précède, à l'exception toutefois de M..., commissaire-priseur (*s'il y a lieu :* et MM. les experts), dont la mission est terminée.

(*ou :* Aux mêmes requêtes, etc..., à l'exception de M..., l'un des requérants, qui ne s'est pas présenté, mais qui a consenti, lors de la clôture de la dernière vacation, à ce qu'il soit procédé en son absence.

ou : A la requête de : 1° Mme Vve..., née...; 2° Et M..., tous deux présents et agissant dans les mêmes qualités qu'en la séance d'inventaire du... dernier, dont minute précède.

ou : Aux mêmes requêtes, présence et qualités qu'en la vacation du..., M..., l'un des requérants étant toutefois représenté par M..., demeurant à..., ici présent, son mandataire, en vertu des pouvoirs qu'il lui a conférés dans la clôture de la précédente vacation.)

Il va être par M^e...,notaire à...,soussigné (*ou :* M^{es}..., notaires à..., soussignés — *ou :* M^e..., notaire à..., assisté de MM..., témoins instrumentaires requis).

Procédé de la manière suivante à la continuation (*ou :* à la continuation et à la clôture) de l'inventaire après le décès de M...

FORM. 1888. — Inventaire avec scellés.

Et le... (*V. formule précédente*).

Aux mêmes requête, présences et qualités qu'en la séance du...

Il sera par M^e..., notaire à..., soussigné,

Procédé à la continuation de l'inventaire après le décès de M..., et ce, au fur et à mesure que les scellés réapposés lors de la clôture de la précédente séance par M. le juge de Paix du canton de..., auront été par lui reconnus sains et entiers et comme tels levés et ôtés :

FORM. 1889. — Reprise de séance dans un autre lieu.

Et le... Dans une maison sise à..., rue..., n°..., que M... occupait pendant la saison d'été, et où le notaire, l'officier priseur et les parties se sont transportés pour procéder à l'inventaire des meubles, objets mobiliers, titres, papiers, notes et documents quelconques qui peuvent s'y trouver comme dépendant de la succession (*ou :* des communauté et succession) dont il s'agit.

En conséquence de la remise... Il va être... (*comme en la formule 1887*),

Procédé à la continuation de l'inventaire après le décès de M...

S'il y a apposition de scellés ajouter : Sur la représentation et les déclarations de M..., gardien des scellés, dont il sera parlé ci-après, lequel, averti du serment qu'il aura à prêter à la clôture des présentes opérations a promis de tout présenter et déclarer tout ce qui est en sa possession et à sa connaissance intéressant la succession (*ou :* les communauté et succession) dont il s'agit.

Et ce au fur et à mesure que les scellés apposés par M. le juge de paix du canton de..., suivant procès-verbal en date du..., auront été reconnus sains et entiers et enlevés par ce magistrait.

FORM. 1890. — Reprise de séance à l'étude.

Et le...

A..., en l'étude de M^e..., notaire soussigné, sise rue..., n°..., où les titres et papiers à inventorier et analyser ont été transportés.

En conséquence de l'indication , etc. (*V. formule 1887*).

FORM. 1891. — Reprise de séance après la majorité d'un requérant.

Et à... A... En conséquence... (*V. formule 1887*).

Aux mêmes requêtes, présences et qualités qu'en la séance qui précède, hors la présence toutefois de M..., tuteur de M..., et de M..., son subrogé tuteur, dont les fonctions ont cessé depuis la clôture de la précédente séance.

(*ou :* hors la présence toutefois de M..., curateur à l'émancipation de M..., dont la fonction s'est terminée avec la majorité de ce dernier, arrivée le...)

Et en outre à la requête de M..., susnommé, devenu majeur depuis la dernière séance, étant né à..., le...

Il va être, etc...

FORM. 1892. — **Reprise de séance en présence d'héritiers précédemment représentés.**

Et le... A... En conséquence... (*V. formule 1887*).

Aux mêmes requêtes, présences et qualité qu'en la vacation du..., dont la minute précède, hors la présence toutefois de Mᵉ..., notaire à..., commis pour représenter M..., alors absent et dont la mission est terminée.

Et en outre à la requête de M..., représentant de commerce, demeurant à..., libéré du service militaire, depuis la clôture de la dernière séance.

Il va être, etc... (*comme en la formule 1887*).

FORM. 1893. — **Reprise de séance après constitution de mandataire par un requérant.**

Et le ...A... En conséquence (*V. formule 1887*).

Aux mêmes requêtes, présences et qualités qu'en la vacation du... (*ou : qu'en la précédente séance*) à l'exception de M..., aujourd'hui non présent mais représenté par M..., ici présent, son mandataire, en vertu des pouvoirs (*ou : de la procuration*) qu'il lui a conférés lors de la clôture de la séance qui précède (*ou : suivant acte passé devant Mᵉ..., notaire à..., dont le brevet original légalisé est demeuré ci-annexé après mention*).

Il va être, etc... (*V. formule 1887*).

[FORM. 1894. — **Reprise de séance après l'ouverture d'un testament.**

Et le... A... En conséquence de l'indication... (*V. formule 1887*).

Aux mêmes requête, présences et qualités, qu'en l'intitulé du présent inventaire dont la minute précède.

Et en outre en présence de M...

En qualité d'habile à recueillir le legs à titre particulier (*ou : à titre universel*) qui lui a été fait par M..., *de cujus*, aux termes de son testament olographe en date à..., du..., déposé aux minutes de Mᵉ..., etc...

Il va être par Mᵉ..., etc... (*V. formule 1887*).

FORM. 1895. — **Reprise de séance après changement de qualité.**

Et le... A... En conséquence, etc. (*V. formule 1887*).

Il va être par Mᶜ..., notaire soussigné, procédé à la continuation de l'inventaire après le décès de M...

Étant expliqué que les qualités des requérants établies dans l'intitulé du présent inventaire se trouvent modifiées par suite des dispositions consignées au testament olographe ci-après énoncé de M..., *de cujus*, découvert depuis lors du dépouillement des papiers du défunt, ainsi qu'il est relaté à la clôture de la précédente séance.

Par suite, la continuation du présent inventaire est reprise à la requête de :

1º M...; 2º...; 3º... (*énoncer les noms et qualités des requérants, de même qu'en un intitulé et mentionner le changement en marge du premier intitulé*).

§ 2ᵉ. — Aɴᴀʟʏsᴇ ᴅᴇs ᴛɪᴛʀᴇs ᴇᴛ ᴘᴀᴘɪᴇʀs.

FORM. 1896. — **Séance de classement.**

Et le... A..., rue..., nº...

En conséquence de la remise... Aux mêmes requêtes... Il va être... (*comme en la formule 1887*)

Procédé de la manière suivante à la continuation de l'inventaire après le décès de M...

Les titres, papiers, notes et registres trouvés au domicile mortuaire au cours de la séance qui précède ont été réunis, mis en ordre et classés par Mᵉ..., notaire soussigné, en vue de leur analyse ultérieure.

Il a été procédé à ces dépouillement, tri et classement depuis la dite heure de... jusqu'à celle de... par triple vacation.

Les objets, etc... (*la suite comme à la formule 1871*).

FORM. 1897 à 1955. — **Analyse des titres et papiers d'un inventaire après dissolution de mariage.**

Inventaire partiel.

1897. — Rᴇ́sɪᴅᴇɴᴄᴇ ᴅᴜ ᴅᴇ ᴄᴜᴊᴜs.

Cote...   *Une pièce.*

L'unique pièce de cette cote est l'expédition délivrée par Mᵉ..., notaire à..., de l'inventaire auquel il a procédé à la date des..., à..., rue..., où M. et Mᵐᵉ Blin avaient leur résidence d'été et duquel il résulte ce qui suit :

Cet inventaire a eu lieu à la requête de : 1º...; 2º..., ayant tous agi aux mêmes qualités qu'en l'intitulé du présent inventaire; en présence de...

La prisée du mobilier inventorié faite par M... s'est élevée à la somme totale de...

Ces objets sont restés en la garde et possession de M..., qui s'en est chargé.

Cette pièce a été cotée et paraphée par Mᵉ..., notaire soussigné, et inventoriée sous la cote...

Mariage des époux.

1898. — LIVRET DE FAMILLE DE M. ET Mᵐᵉ BLIN.

Cote...   *Une pièce.*

La pièce *unique* composant cette cote est un livret de famille délivré par l'officier de l'état civil de la commune de... à M. et Mᵐᵉ Blin, à la date du... et constatant :

1º Que M. Émile Blin est né à..., le...

2º Que Mᵐᵉ Blin est née à..., le...

3º Que l'union des époux a été célébrée à la mairie de la commune précitée, le...

4º Que de cette union sont nés en cette commune trois enfants, savoir : 1º Léon, le..., décédé à l'âge de..., le...; 2º Yvonne-Louise, le...; 3º et Albert-Eugène, le..., ces deux derniers requérants.

5º Et enfin que M. Blin (Émile) est décédé à..., le...

(En cas de communauté légale, il est utile d'analyser en outre sous cette cote une copie de l'acte de mariage :

La deuxième pièce est une copie délivrée par M. le maire de..., à la date du..., de l'acte de mariage de M. et Mᵐᵉ Blin, aux termes duquel les époux déclarèrent n'avoir pas fait de contrat de mariage.

ou à défaut, faire suivre l'analyse du livret de la déclaration suivante : Pour compléter l'analyse qui précède, Mᵐᵉ Vve Blin déclare : 1º Que son mariage avec son défunt mari n'a été précédé d'aucun contrat de mariage;

2º Qu'à cette époque, son défunt mari et elle ne possédaient ni l'un ni l'autre aucun immeuble ni droits immobiliers;

3º Et qu'ils n'ont recueilli ni l'un ni l'autre au cours de leur mariage de succession, dons ou legs de nature immobilière.)

Cette pièce a été cotée et paraphée par le notaire soussigné et inventoriée sous la cote première.

1899. — CONTRAT DE MARIAGE.

I. — *Communauté d'acquêts.*

Cote...   *Deux pièces.*

La *première* pièce est l'expédition délivrée par Mᵉ..., notaire à..., du contrat de mariage d'entre M. Blin, *de cujus*, et Mᵐᵉ Louise Meunier, sa veuve requérante, reçu par lui à la date du... (*ou :* la minute représentée par Mᵉ..., notaire soussigné, du contrat de mariage de M. et Mᵐᵉ Blin, reçu par son prédécesseur, Mᵉ..., le...).

Des termes de ce contrat il résulte ce qui suit :

I. — Par les articles *un* et *deux*, les futurs époux ont adopté pour base de leur union le régime de la communauté de biens réduite aux acquêts avec stipulations qu'il ne seraient pas tenus des dettes l'un de l'autre, antérieures ou postérieures au mariage.

II. — Sous l'article *trois*, le futur époux a apporté en mariage :

1º Les habits, linge, bijoux et autres objets à son usage personnel d'une valeur de .... | **2.000** »

(*ou :* Les habits, etc..., non estimés à cause de la reprise en nature stipulée.)

2º Une somme de 5.000 francs en deniers comptants................... | **5.000** »

3º Un titre de... rente 3 % sur l'État français, en une inscription au nom du futur époux, série..., nº..., jouissance courante et représentant au cours de la bourse du jour du mariage une valeur de...................... | **10.000** »

4º Dix obligations, etc. .... | **3.000** »

5º Une pièce de terre, etc..., d'une valeur estimative de.............. | **10.000** »

Ensemble pour l'apport du futur époux............................ | **30.000** »

Le tout déclaré franc et quitte de toutes dettes.

III. — Aux termes de l'article *quatre*, M. Alcide Blin et Mᵐᵉ Simone Laurent, père et mère du futur époux, ont constitué une dot à ce dernier par imputation d'abord sur les droits du futur dans la succession du premier mourant des donateurs et en cas d'insuffisance pour le surplus sur la succession du survivant :

1º Une somme de dix mille francs payable le jour du mariage dont la délébration vaudrait quittance.. | **10.000** »

2º Dix actions, etc... | **5.000** »

Montant des biens donnés... | **15.000** »

A l'égard desquels les donateurs se sont réservés sous l'article *cinq* un droit de retour pour le cas de prédécès du donataire sans postérité.

IV. — Sous l'article *six*, la future épouse a déclaré faire l'apport en mariage des biens suivants :

1^{ent} Vêtements, linge, bijoux, dentelles à son usage personnel d'une valeur estimative de (*ou* : non estimés comme devant être repris en nature) . . . . | 10.000 »

2^{ent} Les valeurs de bourse suivantes :

1° Dix obligations, etc..., portant jouissance courante et représentant au cours, etc. . . . . | 5.000 »

3^{ent} Une maison à usage d'habitation, sise à..., rue..., n°..., estimée. . . . . | 30.000 »

Total de l'apport de la future épouse, en outre de ses droits dans la succession de son père . . . . | 15.000 »

Déclaré franc et quitte de tout passif.

3^{ent} Les droits de la future épouse dans la succession de M. Antoine Meunier, son père, décédé à..., le..., et dont elle était seule héritière; droits constatés à l'inventaire dressé après le décès de ce dernier par M^e..., notaire à..., mais non liquidés, ni partagés, et qui ne furent évalués au contrat que pour la perception des droits d'enregistrement.

V. — Sous l'article *sept*, Mme Léonie Chauvin, veuve de M. Antoine Meunier, a constitué en dot à la future épouse, sa fille, en avancement d'hoirie sur sa succession future, savoir :

1° Un trousseau se composant de..., le tout d'une valeur de . . . . | 10.000 »

2° Une créance de 20.000 francs, sur M. Louis Chevalier, cultivateur, demeurant à..., souscrite par ce dernier au profit de la donatrice, suivant acte reçu par M^e..., ainsi que les intérêts courus au jour du mariage sur cette créance depuis le..., soit ensemble . . . . | 21.000 »

3° Cinq obligations de la Cie Générale des eaux 3 % au porteur, n°..., jouissance courante d'une valeur au cours de la bourse du . . . . | 1.500 »

Ensemble des biens donnés . . . . | 32.500 »

Sur lesquels la donatrice a réservé à son profit, sous l'article *huit*, le droit de retour pour le cas de décès de la donataire, sans postérité.

VI. — Sous l'article *neuf*, il a été dit que les apports et dots des époux, de même que les autres biens leur appartenant ou qui leur écherraient pendant le mariage, étaient réservés propres à chacun d'eux, en sorte que la communauté comprendrait seulement les bénéfices et économies réalisés pendant le mariage.

(*s'il y a lieu :* Mais que néanmoins, les estimations données aux objets compris sous l'article... de l'apport du futur époux et de l'article... de l'apport de la future épouse, en vaudraient vente à la communauté, de sorte que les reprises que chacun des époux ou ses représentants pourrait réclamer à la dissolution de cette communauté seraient fixées au montant de ces estimations.)

Le même article stipule la reprise en nature des objets personnels composant la garde-robe de chacun des époux à la dissolution du mariage comme représentant ceux de même nature par eux apportés en mariage.

VII. — Sous l'article *neuf*, il a été convenu que le survivant des époux prendrait et prélèverait à titre de préciput, avant tout partage des biens de la communauté, tels des objets et effets mobiliers en dépendant qu'il lui plaira de choisir, jusqu'à concurrence d'une somme de cinq mille francs d'après la prisée de l'inventaire qui serait fait alors, ou cette somme en deniers comptants, ou encore partie en objets mobiliers et partie en deniers comptants, le tout à son choix.

VIII. — L'article *dix* contient une clause de remploi des propres des époux dans les termes du droit commun.

IX. — Sous l'article *onze*, il a été stipulé qu'à la dissolution de la communauté, chacun des époux ou ses représentants reprendraient tout ce qu'ils ont apporté en mariage et le montant des donations qui leur ont été faites, ensemble tous les biens meubles et immeubles qui leur adviendraient et écherraient pendant le mariage, par succession, donation, legs ou à tout autre titre personnel, ou les biens et valeurs qui auraient été acquis en remploi.

X. — L'article *douze* accorde à l'époux survivant, pour le cas où un fonds de commerce aurait été exploité au décès du premier mourant, la faculté de la conserver pour son compte personnel.

(*En cas d'existence de fonds de commerce, voir formule 1956.*)

XI. — *S'il y a lieu :* Enfin, par l'article *treize*, les futurs époux se sont fait réciproquement donation en faveur du survivant, ce accepté, de l'usufruit pendant sa vie, de tous les biens meubles et immeubles composant la succession du premier mourant, sans exception ni réserve, avec stipulation qu'au cas où les enfants du défunt refuseraient d'excuter intégralement cette donation, le survivant bénéficierait de la quotité disponible la plus étendue tant en toute propriété qu'en usufruit.

La deuxième et dernière pièce de cette cote est une copie de l'acte de mariage de M. et Mme Blin, délivrée le..., par M. le Maire de la commune de..., et constant la célébration de cette union à la date du...

Ces deux pièces ont été cotées et paraphées par le notaire soussigné et inventoriée sous la cote... (*ou :* De ces deux pièces inventoriées sous le cote..., le contrat de mariage a été reclassé au rang des minutes de M^e..., qui a coté et paraphé seulement la copie d'acte de mariage).

Déclarations. — Pour compléter les énonciations qui précèdent, Mme Veuve Blin, les fait suivre des déclarations suivantes :

I. — *Sur l'apport de M. Blin.* — Les effets personnels du *de cujus* dont sa succession a droit d'exercer la reprise en nature comme étant la représentation de ceux de même nature apportés en mariage ont été décrits et estimés par distinction sous l'article... de la prisée qui précède.

La somme de 5.000 francs, montant des deniers comptants, a été encaissée par la communauté dissoute.

Les... de rente française 3 % ont été vendus au cours du mariage à la Bourse de Paris du.., moyennant un prix net de..., encaissé par la communauté.

L'obligation n°..., faisant partie de l'article 4 de l'apport du futur, est sortie au tirage d'amortissement du..., et la communauté a encaissé de ce chef une somme nette de 497 fr. 50.

Les neuf autres obligations figurant au même article 4 existent toujours en nature et sont aujourd'hui comprises en un certificat au nom du défunt portant le n°... (*Voir cote... ci-après*).

La maison d'habitation sise à... existe toujours et était louée au jour du décès, ainsi que le tout sera relaté ci-après (*Cote...*).

II. — *Sur la dot constituée à M. Blin :* La somme de 10.000 francs a été payée lors de la célébration du mariage et l'encaissement effectué par la communauté.

Les dix actions... existent toujours en nature et font aujourd'hui l'objet d'un certificat n°..., au nom du *de cujus* (*Voir cote...*).

Enfin M. Blin a fait le rapport de la somme de 1.500 francs, montant de cette dot, à la succession de son père, ainsi qu'il sera énoncé sous la cote...

III. — *Sur l'apport de Mme Blin :* La garde-robe de la future épouse, article 1er de son apport, est aujourd'hui représentée par ceux de même nature décrits article... de la prisée ci-dessus et dont ladite dame a exercé la reprise en nature conformément à l'article *neuf* du contrat.

Les dix obligations de... (art.... de l'apport), ont été vendues pendant le mariage au cours de la bourse du..., et le produit net encaissé de ce chef par la communauté dissoute s'est élevé à...

Les autres valeurs de bourse (art...) existent toujours en nature (*Voir cote...*).

La pièce de terre comprise sous l'article... du même apport a fait l'objet d'un échange avec une autre pièce de terre, ainsi qu'il sera relaté ci-après (*Cote...*).

Quant aux droits relatés sous l'article... du même apport, ils ont été, au cours du mariage, liquidés et partagés ainsi qu'il sera relaté sous la cote.

IV. — *Sur la dot constituée à Mme Blin :* Le trousseau, article 1er de cette constitution de dot, est entré en communauté, conformément à l'article 9 du contrat susanalysé pour la somme de 10.000 francs, dont elle est restée comptable.

La créance de 20.000 francs sur M. Chevalier a été remboursée suivant quittance reçue par M^e..., notaire à..., le..., et la communauté qui en a fait l'encaissement en est demeurée comptable ainsi que du prorata d'intérêts courus au jour du mariage, soit ensemble .... 21.000 »

Les cinq obligations de la Compagnie générale des eaux ont été immatriculées au nom de la future en un certificat n°..., qui existe toujours en nature.

V. — *Sur le préciput de l'époux survivant :* Mme Veuve Blin, usant de la faculté qui lui est accordée par l'article 9 du contrat susanalysé, entend exercer le prélèvement par préciput stipulé en sa faveur pour la totalité en objets mobiliers de la communauté; objets dont elle a d'ailleurs fait choix et suivant la description et l'estimation par distinction qu'elle a requise à cet effet sous les articles... à..., de la prisée qui précède.

VI. — *Sur les frais du contrat de mariage :* Les frais du contrat de mariage, s'élevant à..., ont été acquittés par M. Blin avec des deniers de la communauté.

Dans ces frais, les droits d'enregistrement et honoraires du notaire relatifs aux apports et dots sont compris pour une somme de... en ce qui concerne ceux de M. Blin, et pour une somme de... en ce qui concerne ceux de la déclarante.

VII. — *Sur les biens propres advenus aux époux au cours du mariage :* 1^ent M. Blin, *de cujus*, a recueilli pendant le mariage, ainsi qu'on le verra ci-après :

1° La succession de M. Alcide Blin, son père (*Cote...*);

2° Le legs particulier qui lui a été fait par son oncle, M. Léonard Blin (Cote...)

2^ent De son côté, Mme Blin, au cours de la même période, a recueilli la succession de sa mère, Mme Veuve Meunier, ainsi qu'il sera relaté ci-après.

Les époux n'ont recueilli aucune autre succession ni bénéficié d'aucun autre don ni legs pendant leur mariage.

* II. — *Séparation de biens.*

Cote...   *Une pièce.*

La pièce unique de cette cote est l'expédition délivrée par le notaire soussigné du contrat de mariage de M. et Mme **Blin-Meunier**, reçu par lui le...

Des dispositions de ce contrat, il résulte :

I. — Que les futurs époux ont adopté pour base de leur union, le régime de la séparation de biens conformément aux dispositions des articles 1536 et suivants du Code civil, c'est-à-dire que chacun d'eux conservant la propriété tant des biens meubles et immeubles lui appartenant que de ceux qui lui adviendraient au cours du mariage par succession, donation, legs ou autrement.

II. — Que chacun des époux serait réputé de droit et sans justification propriétaire des vêtements, linge et bijoux à son usage personnel, et que tous autres meubles et effets mobiliers seront censés appartenir au mari; exception faite toutefois pour ceux dont la femme revendiquerait la propriété en vertu de son contrat de mariage, quittances de fournisseurs ou autres titres.

III. — Que les biens possédés par la future épouse et énumérés sous l'article... consistaient en :

1º...; 2º...; 3º..., etc. — Le tout déclaré net de tout passif.

IV. — Que la contribution des époux aux charges du ménage serait proportionnée à leurs revenus, sans être assujettis à tenir compte entre eux ni à retirer mutuellement quittances l'un de l'autre, chacun étant présumé avoir fourni sa juste part jour par jour.

V. — Que le futur époux ne serait responsable vis-à-vis de la future épouse des prix de vente et des capitaux touchés qu'autant que ces opérations auraient été réalisées avec son autorisation et que dans tous les cas les tiers n'auraient pas à se préoccuper de ces remplois ni à s'y immiscer.

VI. — Que la future épouse ou ses héritiers seraient garantis et indemnisés par le futur époux ou ses représentants de toutes les dettes et engagements qu'elle aurait pu contracter pour lui pendant le mariage, mais que tous engagements souscrits dans un intérêt commun seraient supportés par chacun des époux, proportionnellement au bénéfice par lui retiré.

Cette pièce a été cotée et paraphée, etc...

DÉCLARATIONS. — Pour faire suite à cette cote et la compléter, Mme Veuve Blin a déclaré ce qui suit :

I. — *Sur l'apport de Mme Blin :* La presque totalité des objets mobiliers possédés par elle au jour de son mariage existent encore en nature et ont fait l'objet d'une description par distinction au cours de la séance qui précède.

Tous ses autres biens ont été aliénés au cours du mariage, mais elle en a personnellement encaissé le produit.

II. — *Sur la contribution aux charges :* Chacun des époux a personnellement contribué aux charges du ménage, dans la proportion de ses revenus et par suite sans répétition de part ni d'autre, conformément aux dispositions de leur contrat de mariage rappelées sous le chiffre IV de l'analyse qui précède.

III. — *Sur les engagements et les dettes.* — Pendant le mariage, Mme Blin n'a contracté envers les tiers aucun engagement solidaire avec son mari, et les époux n'ont ni l'un ni l'autre de répétition à se faire au sujet d'engagements souscrits ou de dettes contractées par chacun d'eux.

IV. — *Sur les propres recueillis.* — Enfin, au cours de leur mariage, aucun des époux n'a recueilli de succession ni bénéficié de legs ou don.

Séparation de biens judiciaire.

Cote deuxième.   *Deux pièces.*

La *première* est l'expédition d'un acte passé devant M^e..., notaire à..., le..., contenant les clauses et conditions civiles alors projetées entre M. et Mme Blin-Meunier susnommés et aux termes duquel les époux ont adopté pour base de leur union le régime de la communauté réduite aux acquêts avec réserve de propres de tous leurs biens présents et à venir à un titre quelconque et se sont fait réciproquement donation d'une rente annuelle et viagère de 3.000 francs, laquelle serait payable de six mois en six mois par les héritiers et représentants de l'époux donateur, à partir du jour de son décès et assurée sur les plus clairs et apparents biens de la succession.

La *deuxième* pièce est l'expédition délivrée par M^e..., notaire à..., de la liquidation des reprises de Mme Blin, dressée par lui le..., à la suite d'un procès-verbal d'ouverture en date du... même mois.

Il résulte des énonciations de cet acte :

Que la séparation de biens entre les époux Blin a été prononcée à la requête de la femme aux termes d'un jugement rendu par le Tribunal civil de... signifié et exécuté et passé en force de chose jugée.

Que Mme Blin a renoncé à la communauté qui existait entre elle et son mari suivant déclaration passée au greffe du Tribunal précité le...

Que les reprises en deniers de Mme Blin ont été liquidées à la somme de 20.000 francs, à laquelle a été ajoutée celle de 1.000 francs pour frais d'instance en séparation et coût de la liquidation.

Qu'en paiement de cette créance de 21.000 francs, M. Blin a cédé et abandonné à son épouse, qui a accepté, divers meubles meublants et objets mobiliers dont l'estimation totale s'est élevée 16.000 francs, en sorte que M. Blin s'est trouvé redevable de 5.000 francs.

Ces deux pièces ont été cotées, etc...

M. Blin requérant déclare :

Que la somme de 5.000 francs formant le reliquat des reprises de sa défunte épouse est toujours due par lui.

Et que son épouse n'a, depuis cette séparation de biens, recueilli que la succession de M... dont il sera question ci-après, cote...

III. — *Régime dotal.*

Cote...   *Une pièce.*

Cette pièce est la minute représentée par Me..., notaire soussigné, du contrat de mariage de M. et Mme Blin, reçu par lui le... et aux termes duquel :

1ent Les futurs époux ont adopté pour base de leur union le régime dotal, sans société d'acquêts; la future se constituant en dot tous ses biens présents et se réservant comme paraphernaux tous les biens mobiliers et immobiliers qui pourront lui advenir à un titre quelconque au cours du mariage.

2ent La future épouse a fait l'apport en mariage :

1º Des vêtements, linge et bijoux à son usage personnel, non décrits ni évalués par suite de la stipulation ci-après rapportée d'une reprise en nature de mêmes objets en représentation.

2º Dix obligations de la Compagnie... en un certificat au nom de la future épouse, nº...

3º Une somme de 800 francs représentant les intérêts courus jusqu'au jour du contrat de mariage sur les coupons des obligations susénoncées.

4º Et une maison sise à..., élevée sur caves, etc...

3ent Il a été, en outre, notamment stipulé :

Que tous les effets et objets à l'usage personnel de chacun des époux au jour de la dissolution du mariage seraient réputés de plein droit leur appartenir, comme étant la représentation des objets de même nature possédés par eux lors de leur union, et que la reprise en serait exercée par eux ou leurs représentants à quelque somme que leur valeur puisse s'élever.

Que tous les meubles meublants et autres objets mobiliers à l'égard desquels la future épouse ne pourrait justifier de sa propriété par tout titre susceptible de faire preuve, seraient censés appartenir au futur époux.

Que nonobstant la dotalité les biens présents de la future épouse pourraient être aliénés par celle-ci, avec l'autorisation de son mari, sans aucune formalité judiciaire, par vente, cession, transfert ou échange contre des immeubles de même nature; mais que les prix de vente et les soultes d'échanges devraient être employés au profit de la future épouse soit en rentes sur l'État français, soit en actions de la Banque de France, soit en obligations de la Ville de Paris, du Crédit Foncier de France ou des principales Compagnies de Chemins de fer français, ou autres valeurs garanties par l'État, soit en placement sur particuliers par privilège ou hypothèque sur des immeubles situés en France, soit enfin en acquisitions d'immeubles également situés en France.

Que les frais des actes d'emplois ou de remplois seraient prélevés sur les sommes à employer ou à remployer.

Et enfin que le futur époux, en cas de prédécès de la future avec ou sans enfant, aurait pour se libérer de toutes les sommes dont il serait comptable ou débiteur envers la succession de cette dernière un délai de deux années, avec intérêts à 5 % l'an pendant la seconde année seulement et payables avec le capital.

Cette pièce a été de suite retirée par Me..., notaire soussigné, pour être reclassée au rang de ses minutes, mais son analyse tiendra lieu de la cote..........*deuxième.*

DÉCLARATIONS. — À l'effet de compléter les énonciations qui précèdent, M. Blin déclare :

Que son mariage avec Mme Louise Meunier, *de cujus*, a été célébré à la mairie de..., le...

Que les objets à l'usage personnel de Mme Blin et représentant ceux par elle possédés au jour de la célébration du mariage se trouvent compris dans la prisée relatée à la séance qui précède.

Que cinq des obligations de la Compagnie formant l'article... de l'apport de Mme Blin sont sorties au tirage d'amortissement du..., et que le montant de leur remboursement a été employé en l'achat de sept obligations de même nature, réunies à celles subsistantes en un seul titre, ainsi qu'il sera relaté ci-après, cote...

Que les 800 francs figurant sous l'art... des mêmes apports n'ont pas été employés et que par suite le déclarant s'en trouve comptable envers la succession de son épouse.

Que la maison sise à..., formant l'art... de l'apport précité, a été vendue au cours du mariage et le prix intégralement remployé, ainsi qu'il sera énoncé plus loin (cote...).

Et enfin, qu'au cours du mariage, sa défunte épouse n'a recueilli que la succession de M... son père, dont le partage sera analysé cote... ci-après, et qu'elle n'a bénéficié d'aucun don ni d'aucun legs.

Libéralités entre époux. — Testament.

1900. — DONATION ENTRE ÉPOUX.

Cote...   *Une pièce.*

La pièce *unique* de cette cote est l'expédition délivrée par le notaire soussigné d'un acte reçu par lui, le..., enregistré à..., le... dernier, aux termes duquel M. Blin, *de cujus*, a fait donation entre vifs à Mme Blin, son épouse, qui a accepté, pour le cas de survie, de l'usufruit de tous les biens meubles et immeubles qui composeraient sa succession, sans exception ni réserve, pour la donataire, jouir de cet usufruit sa vie durant, à compter du jour du décès du donateur, sans être tenu de fournir caution ni de faire emploi des valeurs mobilières, mais à charge de faire inventaire.

Cet acte stipule qu'au cas d'existence d'enfants du mariage, la donation serait réduite à la moitié en usufruit des mêmes biens et qu'en cas de convol en deuxièmes noces, l'usufruit donné cesserait de plein droit à partir du jour de cet évènement.

(*ou :* M. Blin a exprimé le désir dans cet acte qu'en présence d'enfants du mariage, la donation soit néanmoins intégralement exécutée, mais que, pour le cas où les enfants en demanderaient la réduction, elle s'étendrait alors à la quotité disponible la plus étendue de sa succession, tant en pleine propriété qu'en usufruit.)

Cette expédition a été cotée et paraphée...

Il est fait observer que, par suite de l'existence d'enfants issus du mariage, la donation précitée se trouve réduite à l'usufruit de la moitié des biens de la succession (*ou :* qu'aucune demande de réduction de la donation ci-dessus n'a été formulée par l'un quelconque des enfants, lesquels ont, au contraire, exprimé leur intention de consentir à l'exécution intégrale de la donation universelle en usufruit.

1901. — TESTAMENT DU DE CUJUS.

Cote...   *Une pièce.*

Qui est l'expédition délivrée par M^e..., notaire à..., du testament de M. Blin, *de cujus*, fait en la forme olographe à..., le... et de l'acte en constatant le dépôt aux minutes de ce notaire en date du..., en exécution d'une ordonnance de M. le président du tribunal civil de..., contenu en son procès-verbal de description du même jour.

ou : Qui est l'original représenté par M^e... notaire soussigné, du testament de M. Blin, *de cujus*, fait en la forme olographe à..., le..., et déposé le... au rang de ses minutes en vertu d'une ordonnance, etc...

Lequel testament est ainsi conçu : «... (*Copie intégrale*) ».

Cette pièce a été cotée et paraphée... (*ou :* Cette pièce, attendu sa nature de minute, a été retirée par M^e... pour être reclassée, mais son analyse tiendra lieu de la cote...).

DÉCLARATIONS. — Pour faire suite à cette cote et la compléter, Mme Veuve Blin déclare :

Que Mme Thomas, ainsi dénommée au testament ci-dessus comme bénéficiaire d'un legs de 5.000 francs, est Mme Louise Provost, veuve de M. Antoine Thomas, propriétaire, actuellement domiciliée à..., rue..., n°...

Et que le legs de 10.000 francs fait à Mlle Yvonne Delarue est caduc, cette dernière étant décédée en son domicile à..., le...

Propres de M..., de cujus.

1902. — ACQUISITION ANTÉRIEURE AU MARIAGE.

Cote...   *Une pièce.*

La pièce unique de cette cote est l'extrait délivré par M^e..., notaire à..., d'un procès-verbal dressé par lui le..., à la requête de M..., demeurant à..., constatant l'adjudication au profit de M. Blin, *de cujus*, moyennant le prix de 10.000 francs, d'une pièce de terre dite..., sise commune de..., d'une contenance de...

Cet extrait porte deux mentions, desquelles il résulte que le procès-verbal d'adjudication dont il s'agit a été transcrit au bureau des hypothèques de..., le..., v°..., n°..., et que M. Blin s'est libéré de son prix d'acquisition aux termes d'une quittance reçue par M^e..., notaire susnommé, le...

Cet extrait a été coté et paraphé par le notaire soussigné et inventorié sous la cote.....................................   *Cinquième.*

DÉCLARATIONS. — Pour compléter l'analyse qui précède, Mme Veuve Blin déclare :

Que la pièce de terre objet de l'adjudication précitée a figuré sous l'article... de l'apport en mariage de M. Blin.

Et qu'elle a été depuis échangée contre une autre pièce de terre, ainsi qu'il sera relaté ci-après, cote...

1903. — SUCCESSION DE M. ALCIDE BLIN.

Cote...   *Deux pièces.*

La *première pièce* de cette cote est l'expédition d'un acte de notoriété dressé par M^e..., notaire à..., le..., après le décès de M. Alcide Blin, propriétaire, demeurant à..., arrivé en son domicile le..., et duquel il résulte que ce dernier a laissé pour seuls héritiers, chacun pour un tiers, ses trois enfants, au nombre desquels M. Émile Blin, *de cujus*, sauf les droits de Mme Simone Laurent, épouse survivante.

La *deuxième pièce* est l'extrait délivré par M^e..., notaire susnommé, d'un acte reçu par lui le..., contenant le partage tant de la communauté ayant existé entre M. Alcide Blin et Mme Simone Laurent susnommés que de la succession du mari, et duquel extrait il résulte ce qui suit :

I. — Le partage dont il s'agit a eu lieu entre : 1° Mme Veuve Blin, née Laurent, tant comme commune en biens avec son défunt mari en vertu de leur contrat de mariage reçu..., qu'usufruitière de la moitié des biens de la succession de ce dernier, suivant acte de donation reçu...; 2° Et les trois enfants nés du mariage : M..., demeurant à...; Mme..., demeurant à..., et M. Émile Blin, *de cujus*, en qualité d'héritiers chacun pour un tiers de leur père.

II. — Pour fournir à M. Émile Blin le montant de ses droits s'élevant à 25.000 francs en toute propriété et à 12.500 francs en une propriété, il lui a été attribué, savoir :

En toute propriété :

1° Le montant de son rapport de dot s'élevant à 15.000 ci . . . . | 15.000 | »

2° Le montant de son rétablissement à la masse pour la part à sa charge dans les droits de mutation acquittés au décès de M. Blin, soit. . . . . . | 1.000 | »

3° Une somme de 4.000 francs à prendre dans le montant d'une créance sur M. Joseph Lévy, cultivateur, demeurant à..., résultant d'un acte d'obligation reçu par M^e..., notaire à..., le..., ci | 4.000 | »

4° Dix obligations de la Compagnie des Chemins de fer de l'Est n^os..., comprises en un certificat n°... de 30 obligations au nom du défunt pour leur valeur de. . . . . | 4.000 | »

5° Une pièce de terre, sise à..., lieu dit..., d'une contenance de..., pour son estimation de. . . . . | 1.000 | »

Total égal à ses droits en toute propriété. . . . . | 25.000 | »

En nue propriété, l'usufruit à Mme Veuve Blin :

1° Trente obligations de la Compagnie générale des eaux, n^os..., et comprises en un certificat au nom du défunt portant le n°..., pour leur valeur de 12.000 francs | 12.000 | »

2° La somme de 500 francs à prendre dans le montant des deniers comptants existant au décès et se trouvant aux mains de l'usufruitière . . . . . | 500 | »

Ensemble égal à ses droits en nue propriété. . . . . | 12.500 | »

III. — Le partage a eu lieu sans soulte ni retour à la charge ou au profit du *de cujus*. Ces deux pièces ont été cotées et paraphées, etc...

DÉCLARATIONS. — Pour faire suite à cette cote et la compléter, Mme Veuve Blin a fait les déclarations suivantes :

Les attributions faites en toute propriété à M. Blin, *de cujus*, sous les articles 1 et 2 ont eu pour résultat de libérer ce dernier par confusion du montant de la dot à lui constituée en mariage par ses père et mère par imputation sur ses droits dans la succession du premier mourant de ceux-ci et de la part lui incombant dans le montant des droits de mutation dus en raison de cette succession et prélevés sur l'actif.

La créance Lévy attribuée pour partie en toute propriété au *de cujus* sous l'article 3, a été remboursée aux ayants droit suivant quittance reçue par M^e..., notaire à..., le..., et la communauté dissoute qui a effectué l'encaissement de la part revenant au *de cujus* se trouve par suite comptable envers la succession de ce dernier de la somme de 4.000 francs.

Les dix obligations de la Compagnie des Chemins de fer de l'Est ont été transférées en un certificat n°..., au nom du *de cujus*; cinq d'entre elles, celles portant les n^os..., ont été amorties par tirage du..., et la communauté a encaissé de ce chef la somme nette de 2.480 francs; les cinq autres obligations existent toujours en nature et sont comprises aujourd'hui en un certificat n°..., au nom du *de cujus*, qui sera analysé ci-après sous la cote...

La pièce de terre, article 5 des attributions en toute propriété ci-dessus, a été vendue au cours du mariage à M..., suivant acte reçu par M^e..., notaire à..., moyennant le prix de 1.200 francs payé comptant et encaissé par la communauté dissoute.

Les biens et valeurs composant les attributions en nue propriété de M. Blin sont toujours aux mains de l'usufruitière, Mme Veuve Blin, propriétaire, demeurant actuellement à..., et âgée de..., étant née à..., le...

Les obligations n^os..., de la Compagnie générale des eaux ont été remboursées au cours du mariage, mais le montant de ce remboursement a été intégralement remployé (sauf un reliquat de 15 francs resté aux mains de l'usufruitière), en l'achat de 5 obligations de même nature qui ont été réunies à celles subsistantes avec lesquelles elles sont comprises en un certificat n°...; qui sera analysé ci-après sous la cote...

Les frais du partage susanalysé pour l'acquit desquels une somme de 2.000 francs avait été mise en réserve sous l'art... de la masse passive, se sont élevés à la somme de 1.800 francs, et la communauté qui en a effectué l'encaissement se trouve comptable de la part du *de cujus* dans la restitution de la différence, soit de .... 66 fr. 65

1904. — Legs de M. Léonard Blin.

Cote...   *Déclarations.*

Pour tenir lieu de cette cote, Mme Veuve Blin déclare ce qui suit :

M. Blin, *de cujus*, a recueilli au cours du mariage le legs d'un terrain de 1.200 mètres carrés sis commune de..., en façade sur la rue..., que lui a fait M. Léonard Blin, son oncle, décédé en son domicile à..., le..., aux termes de son testament authentique dicté à M^e..., notaire à..., le..., en la présence de témoins.

Ce legs a pu recevoir son exécution et a été délivré au *de cujus* suivant acte reçu par M^e..., notaire à..., le...

Les frais et droits de mutation occasionnés par ce legs se sont élevés à la somme de 2.000 francs payée par la communauté.

Le terrain dont s'agit existe toujours en nature, et au cours du mariage les époux y ont fait édifier la maison qui leur servait d'habitation commune et où M. Blin est décédé; construction dont l'ensemble des mémoires s'est élevé à la somme de 15.000 francs acquittée avec des deniers communs.

A l'appui de ces déclarations, Mme Blin a représenté douze pièces qui , reçu de frais et mémoires de travaux acquittés, ont été cotées et paraphées par le notaire soussigné sous la présente cote...

1905. — Valeurs de bourse propres a M. Blin, de cujus.

I. — *Rente sur l'État.*

Cote...   *Une pièce.*

Qui est un certificat d'inscription de 300 francs de rente 3 % sur l'État français, au nom de Blin (Émile), portant le n°... de la série... Une estampille au verso constate que les arrérages ont été touchés jusques et y compris le trimestre échu le...

Cette pièce a été cotée et paraphée...

Mme Blin déclare que cette inscription de rente appartenait en propre à son mari comme ayant fait partie de son apport en mariage et (*pour le cas où des arrérages auraient été touchés depuis le décès*) qu'au décès de celui-ci les arrérages de cette rente étaient au courant.

II. — *Obligations du Midi.*

Cote...   *Vingt pièces.*

Qui sont vingt obligations au porteur de la Compagnie des Chemins de fer du Midi portant les n°s..., produisant chacun un intérêt annuel de 15 francs payables semestriellement les 1er janvier et 1er juillet de chaque année.

A chacune de ces obligations sont adhérents des coupons dont le premier à détacher est celui du semestre à échéance du...

Ces pièces n'ont été ni cotées, ni paraphées, attendu leur nature de valeurs au porteur mais leur analyse tiendra lieu de la cote...

Mme Veuve Blin déclare que ces obligations appartenaient en propre à M. Blin pour les avoir recueillies dans la succession de M..., son père, ainsi qu'il est relaté ci-dessus, cote..., et qu'au décès les titres dont il s'agit portaient jouissance des intérêts de la dernière échéance.

1906. — Rente pour la vieillesse.

La pièce unique de cette cote est un extrait d'inscription de rente viagère pour la vieillesse au nom de feu M. Blin, inscrit sous le n°...,pour une rente annuelle de 200 francs; titre portant au verso des estampilles indiquant la date du paiement des arrérages.

Cette pièce a été cotée et paraphée...

Mme Blin déclare qu'au jour du décès de son mari le trimestre d'arrérages à échéance du..., était encaissé.

1907. — Pensions.

I. — *Pension civile.*

La *pièce unique* de cette cote est un titre de pension civile sur le Trésor public, (ministère de l'Intérieur), portant le n°...,et la date du...,constatant que M. Blin, *de cujus*, était inscrit pour une somme annuelle de 3.000 francs payable par trimestre les...; titre revêtu au verso d'estampilles constatant le paiement des arrérages et dont la dernière, apposée le..., relate le paiement du trimestre à échéance du...

Ce titre a été coté et paraphé...

7

II. — *Pension militaire.*

La *pièce unique* de cette cote est un certificat de pension militaire d'invalidité délivré le..., sous le n°..., au nom de M. Blin (Émile), *de cujus*, pour une somme annuelle de 1.500 francs avec jouissance du... et payable par trimestres le... de chaque année.

Cette pièce a été cotée et paraphée...

Mᵐᵉ Blin déclare que lors du décès de son mari il n'était dû que le prorata de pension du trimestre en cours.

Propres de **Mᵐᵉ Blin.**

1908. — Succession de M. Antoine Meunier. — Donation par Mᵐᵉ Veuve Meunier. Partage.

Cote...   *Trois pièces.*

La *première pièce* de cette cote est la minute, représentée par le notaire soussigné de l'inventaire dressé par Mᵉ..., son prédécesseur, suivant procès-verbal commencé le... et clos le... après le décès arrivé à..., le..., de M. Antoine Meunier, père de Mᵐᵉ Blin.

A la requête de : 1ᵉⁿᵗ Mᵐᵉ Léonie Chauvin, épouse survivante, comme commune en biens avec son mari défunt aux termes de leur contrat de mariage reçu par Mᵉ..., notaire à..., le..., et habile à recueillir en vertu de l'article 767 du Code civil l'usufruit du quart des biens de la succession; 2ᵉⁿᵗ Mᵐᵉ Blin, réquérante au présent inventaire, et M. Léon Meunier, propriétaire, demeurant à..., son frère, tous deux en leurs qualités d'héritiers chacun pour 1/2 de M. Blin, leur père.

La *deuxième pièce* est l'expédition d'un acte passé devant Mᵉ..., notaire susnommé, le..., aux termes duquel Mᵐᵉ Veuve Meunier a renoncé purement et simplement à l'usufruit que lui avait conféré l'article 767 du Code civil sur le quart des biens de la succession de son mari.

La *troisième pièce* est l'expédition d'un acte passé devant Mᵉ..., notaire à..., le... contenant : 1ᵉⁿᵗ Entre Mᵐᵉ Veuve Meunier d'une part et Mᵐᵉ Blin et M. Léon Meunier, ses enfants, d'autre part, la liquidation et le partage de la communauté ayant existé entre M. et Mᵐᵉ Meunier; 2ᵉⁿᵗ Donation à titre de partge anticipé par Mᵐᵉ Veuve Meunier à ses enfants; 3ᵉⁿᵗ Partage entre Mᵐᵉ Blin et M. Meunier son frère, tant des biens donnés que de ceux dépendant de la succession de M. Antoin Meunier.

De l'analyse de cet acte il résulte ce qui suit :

I. — Les reprises de Mᵐᵉ Meunier mère comprenaient, savoir :

En nature : Une maison et ses dépendances sises à..., rue..., n°...

En deniers : Déduction faite de diverses récompenses dues par elle, une somme totale de 50.000 francs.

Les reprises de la succession de M. Meunier sont liquidées à la somme de 20.000 francs après balance faite de diverses récompenses dues.

Pas de reprises en nature.

La masse active de la communauté s'élevait à la somme totale de..... 200.000 »

Et celle passive y compris les reprises des époux à la somme de........ 100.000 »

D'où un actif réel de.. 100.000 »

Dont la moitié revenant à chacun de Mᵐᵉ Meunier et de la succession de son mari.. 1/2

Était de... 50.000 »

Les droits de Mᵐᵉ Meunier et de la succession de son mari formés de leurs reprises en deniers et de leur part de bénéfices de communauté se sont par suite élevés :

Ceux de Mᵐᵉ Meunier à la somme de 100.000 francs................ 100.000 »

Et ceux de la succession à la somme de 70.000 francs............... 70.000 »

II. — Cette liquidation ainsi établie, Mᵐᵉ Veuve Meunier a ensuite fait donation entre vifs à titre de partage anticipé à Mᵐᵉ Blin et à M. Léon Blin, ses deux enfants, et seuls présomptifs héritiers, qui ont accepté chacun pour 1/2, de la pleine propriété :

De la maison et ses dépendances sises à..., rue..., n°..., et reprises par elle en nature ainsi qu'il est relaté plus haut.

Et de la somme de 100.000 francs à laquelle avaient été fixés ses droits en toute propriété dans la liquidation de la communauté d'entre elle et son défunt mari.

Cette donation a eu lieu notamment à la charge par les donataires de servir et payer chacun par 1/2 mais solidairement entre eux à la donatrice, pendant sa vie à compter du..., une pension annuelle et viagère de 6.000 francs exigible par trimestre et d'avance.

III. — Enfin Mᵐᵉ Blin dûment autorisée de son mari et M. Léon Blin, son frère, ont procédé entre eux, en présence de Mᵐᵉ Veuve Meunier, à la liquidation de la succession de M. Meunier, leur père, et au partage des biens leur appartenant indivisément comme leur provenant tant de la succession dont il s'agit que de la donation à titre de partage anticipé susrelatée.

La masse des biens à partager composée de la maison comprise dans la donation faite par Mme Veuve Meunier et de tous les biens de communauté et de succession s'est élevée à la somme totale de..|600.000   »

Et celle passive y compris les frais de l'acte présentement analysé à.... | 20.000   »

En sorte qu'il restait à partager une valeur de.....................|580.000   »
Dont la 1/2 revenant à chacun des enfants.........................| 1/2

Était de..|290.000   »

Pour fournir à Mme Blin le montant de ses droits il lui a été attribué ce qu'elle a accepté, savoir :

1° Par confusion sur elle-même la somme de 32.500 francs, montant de son rapport de dot ci..| 32.500   »
2° La maison sise à..., rue..., n°..., susdésignée pour son estimation de|300.000   »

Ensemble..|332.500   »

A charge de payer à M. Blin son frère pour égaliser le partage une somme de 42.500 francs qui a été effectivement payée comptant à ce dernier aux termes mêmes de l'acte présentement analysé qui en contient quittance.

Ces trois pièces ont été inventoriées sous la cote...; les deux expéditions ont seules été cotées et paraphées par le notaire soussigné, la première pièce, attendu sa nature de minute, n'a pas été soumise à cette formalité.

DÉCLARATIONS. — Pour compléter cette cote, Mme Veuve Blin fait les déclarations suivantes :

I. — L'immeuble attribué à Mme Blin existe toujours en nature; il n'a fait l'objet pendant le mariage d'aucune amélioration ou reconstruction susceptible de donner lieu à récompense envers la communauté dissoute.

Cette propriété était louée au décès à M. Lanquest, ainsi qu'il sera relaté plus loin cote...

La soulte de 42.500 francs à la charge de la déclarante a été acquittée avec des deniers communs.

Les frais d'inventaire, de donation et de partage ainsi que les droits de mutation après le décès de M. Meunier ont été compris à la masse passive de partage, en sorte que la communauté n'a rien déboursé de ce chef pour le compte de la déclarante.

La rente viagère a toujours été régulièrement payée à Mme Veuve Meunier par chacun des débiteurs dans la proportion qui lui incombait, et au jour du décès le trimestre en cours était intégralement payé.

1909. — SUCCESSION. — LICITATION. — PARTAGE.

Cote...   *pièces.*

La *première pièce* est une expédition de l'inventaire dressé par M^e..., notaire à.., à..., après le décès arrivé à..., le..., de M. Antoine Meunier, époux de Mme Léonie Chauvin.

Cet inventaire a eu lieu à la requête de : 1° Mme Veuve Meunier, épouse survivante, comme commune en biens légalement à défaut de contrat, etc..., et comme habile à se dire et porter donataire d'un quart en toute propriété et d'un quart en usufruit des biens composant la succession de son mari aux termes d'un acte...; 2° Mme Blin, requérante; 3° et M. Léon Blin, propriétaire, demeurant à... ces deux derniers comme habiles à se porter seuls héritiers chacun pour moitié de M. Meunier, leur père.

La *deuxième pièce* de cette cote est un extrait littéral d'un procès-verbal d'adjudication amiable dressé par M^e..., notaire à..., le..., à la requête de Mme Veuve Meunier, susnommée, Mme Blin, requérante et M. Léon Blin, susnommé, aux termes duquel procès-verbal, Mme Blin s'est rendue adjudicataire à titre de licitation d'une maison sise à..., rue..., n°...

L'adjudication de cet immeuble — qui dépendait de la communauté de biens ayant existé entre M. et Mme Meunier-Chauvin et qui appartenait conjointement et indivisément aux vendeurs dans les qualités indiquées ci-dessus — a été prononcée au profit de Mme Blin moyennant le prix principal de 220.000 francs stipulé payable soit comptant, soit à terme, et productif d'intérêt dans ce dernier cas au taux de 5 % l'an à compter de entrée en jouissance.

La *troisième pièce* est une expédition d'un acte reçu par M^e..., notaire à..., le..., aux termes duquel Mme Veuve Meunier née Chauvin, Mme Blin, requérante, et M. Léon Blin — ayant agi en les mêmes qualités qu'en l'inventaire susinventorié — ont procédé aux opérations de compte liquidation et partage de la communauté qui avait existé entre M. Antoine Meunier et Mme Léonie Chauvin et de la succession du mari.

Ces opérations ont été précédées de diverses observations destinées à en faciliter l'intelligence.

Sous la 8e observation il a été rendu compte de l'adjudication des immeubles qui dépendaient de la communauté Meunier-Chauvin; adjudication résultant du procès-verbal analysé ci-dessus (pièce deuxième).

Ces immeubles comprenaient notamment : La maison d'habitation sise à..., rue...

n°..., adjugée à titre de licitation à Mme Blin, moyennant le prix principal de 220.000 francs.

Il a été expliqué que cette propriété était grevée de deux inscriptions hypothécaires prises au bureau des hypothèques de..., savoir :

La première le..., v^e..., n°..., au profit du Crédit Foncier de France pour sureté d'une somme de 20.000 francs, montant en principal d'un prêt fait par cet établissement à M. Meunier aux termes d'un contrat conditionnel passé devant M^e..., le..., réalisé par acte du même notaire en date du... suivant, ladite somme stipulée remboursable en 75 années à compter du..., par autant d'annuités de 1.082 francs chacune, payables par semestre, moitié le... et moitié le... de chaque année.

Et la seconde le..., v^e..., n°..., au profit de M. Durand, propriétaire, demeurant à..., pour sûreté d'une somme de 10.000 francs, montant en principal d'une obligation souscrite par les époux Meunier au profit de M. Durand suivant acte reçu...; laquelle somme avait été stipulée productive d'intérêts au taux de... par an payables par semestre les...

Il a été convenu entre les copartageants qu'en raison des délégations au profit des créanciers inscrits contenues au cahier des charges préalable à l'adjudication, Mme Blin conserverait sur le montant en principal de son prix d'adjudication s'élevant à.. 220.000,00

Somme suffisante pour le remboursement des prêts hypothécaires précités, dont elle est restée seule chargée, à compter du... jour où elle est entrée en jouissance de la propriété dont elle s'est rendue adjudicataire.

Le capital ainsi mis à la charge de Mme Blin se composait donc :

De celui resté dû au Crédit Foncier à la date du... soit..... | 9.903,05
Et du montant du prêt fait par M. Durand.............. | 10.000   »

Ensemble .... | 19.903,05 | 19.903,05

En sorte que Mme Blin est restée débitrice envers la communauté Meunier-Chauvin du solde en capital de son prix d'adjudication, soit de 200.096 fr. 95 et des intérêts de cette somme depuis le................... 200.096,95

La 10e observation contient le compte des recettes et des dépenses effectuées par M^e..., notaire, pour la communauté Meunier-Chauvin; le reliquat de ce compte s'est élevé à.. 3.902,15

Dans les dépenses de ce compte a figuré une somme de 8.640 francs, montant des droits de mutation à la charge de Mme Blin et pour laquelle cette dernière devait le rétablissement à la masse active de communauté.

La jouissance divise des biens partagés a été fixée au...

La masse active de la communauté, déduction faite du passif la grevant, s'est élevée à.. 400.000   »

Celle de succession, déduction faite du passif lui incombant, à .... 180.000   »

Les droits de Mme Blin dans la masse des biens à partager ont été fixés, savoir :
En toute propriété à.. 450.000   »
Et en nue propriété à....................................... 222.500   »

Pour lui fournir ces droits, il lui a été attribué, savoir :

En toute propriété :

1° Le montant de son rétablissement pour droits de mutation effectué sous l'article.. de la masse de communauté.. 8.640

2° La somme de 200.096 fr. 95 formant le solde de son prix d'adjudication restant disponible après les délégations faites au Crédit Foncier et à M. Durand.. 200.096,95

3° Dix actions, etc...; 4°...; 5°...

Total égal à ses droits en toute propriété...................... 450.000

En usufruit :

Les valeurs suivantes attribuées en usufruit à Mme Veuve Meunier, savoir :

1° 25 obligations, etc... (*Désignation des biens attribués*).

Les *trois pièces* suivantes sont les titres de l'acquisition que M. Meunier a faite de M.. de la propriété sise à..., adjugée à Mme Blin et consistant en une expédition d'un contrat reçu par M^e..., notaire à..., le..., et les états et certificats délivrés sur la transcription de cet acte.

Toutes ces pièces ont été cotées et paraphées, etc...

DÉCLARATIONS. — A l'effet de compléter cette cote, Mme Veuve Blin déclare :

Que les frais de l'adjudication prononcée à son profit et acquittés par sa communauté se sont élevés à la somme de.................... 15.698,50

Que par suite des attributions qui lui en ont été faites Mme Blin s'est trouvée libérée par confusion de la part lui incombant, dans le montant des droits de mutation acquittés après le décès de son père et de son prix d'adjudication jusqu'à concurrence de 200.096 fr. 95.

Que les prêts du Crédit Foncier et de M. Durand, grevant hypothécaire-ment la propriété par elle acquise et dont le montant formait alors le solde de son prix, sont toujours dus, ainsi qu'on le verra ci-après sous la cote...

Que les frais du partage du... susanalysé ont été compris à la masse passive de celui-ci et que la communauté dissoute n'a par suite rien déboursé à ce sujet.

Que la propriété sise à... existe toujours en nature; qu'elle a été l'objet au cours du mariage de certaines améliorations et constructions annexes qui ont entraîné une dépense de 20.000 francs, suivant les mémoires de travaux acquittés par la communauté dissoute.

Que cet immeuble était loué au décès en totalité à M... aux termes du bail qui sera analysé ci-après, cote...

Que les valeurs de bourse attribuées en toute propriété à la déclarante existent toujours en nature.

Qu'il en est de même de toutes les valeurs qui lui ont été attribuées en nue propriété; lesquelles se trouvent aux mains de Mme Veuve Meunier, sa mère, qui en possède l'usufruit.

1910. — Biens provenant a Mme Blin de son libre salaire.

Cote...   *...pièce.*

La *première pièce* de cette cote est l'expédition d'un acte de notoriété dressé en con-formité de la loi du 13 juillet 1907 par M^e..., notaire à..., le..., établissant que Mme Blin réquérante, exerçait depuis le... la profession de..., distinctement de celle de son mari, négociant en grains.

La *deuxième pièce* est une expédition d'un acte reçu par M^e..., notaire à..., le..., duquel il résulte que Mme Blin a acquis personnellement de M..., demeurant à..., un terrain sis à..., rue..., n°..., contenant... environ.

Cette acquisition a eu lieu moyennant le prix principal de... que Mme Blin a payé comptant avec des deniers qu'elle a déclaré provenir des gains et économies réalisés par elle dans son commerce de...

Une mention mise en suite de cette expédition constate que celle-ci a été transcrite au bureau des hypothèques de..., le..., v°..., n°...

Les *troisième et quatrième pièces* sont deux certificats négatifs délivrés sur la trans-cription précitée.

Les *trois pièces* suivantes et dernières sont les anciens titres de propriété aux mains de M... du terrain susdésignés.

Ces sept pièces ont été cotées, etc...

Pour compléter cette cote, Mme Veuve Blin déclare :

Que le terrain ci-dessus désigné existe toujours en nature; qu'il a été apporté à cet immeuble diverses améliorations au cours du mariage, notam-ment par la construction de murs de clôture, mais que le coût de ces amélio-rations et constructions a été réglé par Mme Blin avec des deniers provenant de son libre salaire.

Et que ce terrain était libre de location au décès de M. Blin.

1911. — Acquisition d'immeubles en remploi.

Cote...   *Cinq pièces.*

La *première pièce* est l'expédition d'un contrat reçu par M^e..., notaire à..., le... aux termes duquel Mme Blin, requérante, dûment autorisée à cet effet de son mari, a acquis en remploi de deniers à elle propres de M..., demeurant à..., une propriété sise à..., rue..., n°..., consistant en...

Cette acquisition a eu lieu moyennant le prix principal de 20.000 francs, qui a été payé comptant aux termes du contrat qui en porte quittance avec des deniers qui ont été déclarés provenir de l'aliénation de... rente 3 % sur l'État français compris en une inscription n°..., série..., au nom de Mme Blin, et faisant partie de son patrimoine dotal.

D'une mention en marge de cette expédition il résulte que celle-ci a été transcrite au bureau des hypothèques de..., le..., v°..., n°...

Les *deux pièces suivantes* sont deux états négatifs délivrés à la date du... sur cette transcription.

La *quatrième pièce* est l'expédition d'un acte reçu par M^e..., notaire à..., le..., aux termes duquel il est constaté que les... rente 3 % sur l'État français, objet de l'inscription n°... susénoncée, ont été vendus au cours de la Bourse de Paris du... moyennant un prix net de tout courtage de 22.620 francs, et que cette somme a été employée à due concur-rence au paiement de la somme de 20.000 francs, montant du prix de l'acquisition sus-énoncée. Remploi formellement accepté par Mme Blin avec l'autorisation de son mari.

La *cinquième et dernière pièce* est une note contenant l'état s'élevant à la somme de 3.216 fr. 20, des frais de l'acquisition et de l'acceptation de remploi susanalysés.

... ... ées et paraphées, etc...

DÉCLARATIONS. — Pour compléter l'analyse qui précède, Mme Blin fait les déclarations suivantes :

I. — Le produit de l'aliénation du titre de rente précité s'étant élevé à...| 22.620 »

Et les sommes déboursées comprenant :
Celle de 20.000 francs pour le prix d'acquisition . | 20.000 »
Et celle de 3.216 fr. 20 pour les frais du contrat de vente et de l'acte de constatation d'emploi.......... | 3.216,20

Soit ensemble........................| 23.216,20 | 23.216,20

Il en résulte un excédent d'emploi de..., qui a été avancé par la communauté................................| 596,20

II. — Au décès de M. Blin, l'immeuble acquis en remploi dont s'agit existait toujours en nature et était loué à M..., ainsi qu'il sera énoncé ci-après sous la cote...; il n'a été apporté à cette propriété pendant le mariage aucune amélioration susceptible de donner lieu à une récompense quelconque envers la communauté dissoute.

1912. — ACQUISITION DE VALEURS EN REMPLOI.

Cote...   *...pièces.*

La *première pièce* de cette cote est l'expédition délivrée par M^e..., notaire à..., d'un acte de déclaration et d'acceptation d'emploi reçu par lui le... et duquel il résulte :

Que suivant acte reçu par le même notaire le..., Mme Blin, requérante, assistée et autorisée de son mari, a vendu à M..., demeurant à..., une propriété, sise à..., consistant en..., lui appartenant en propre, moyennant le prix principal de 20.000 francs, qui a été payé comptant à charge d'en effectuer le remploi en conformité des dispositions de son contrat de mariage.

Qu'en vertu de cette obligation Mme Blin a acquis le... par le ministère de M^e..., agent de change près la Bourse de Paris, 42 obligations de... pour la somme de 19.620 francs, y compris frais de courtage.

Que cette somme de 19.620 francs a été fournie avec les deniers du prix de l'aliénation susénoncée dont elle forme le remploi à due concurrence; remploi formellement accepté par Mme Blin.

La *deuxième pièce* est le reçu de frais de l'acte d'emploi susanalysé et qui constate que ceux-ci se sont élevés à la somme de 225 fr. 00.

Ces deux pièces ont été cotées, etc..

Pour compléter cette analyse, Mme Blin déclare ce qui suit :
Le prix de l'aliénation précitée étant de................| 20.000 »
Le montant des valeurs acquises en remploi et des frais de l'acte de constatation d'emploi s'élevant seulement à ....| 19.845 »

Il est resté non employé...............................| 155 »

Qui ont été encaissés par la communauté qui en est demeurée comptable.

Les valeurs ci-dessus existent toujours en nature et sont comprises en un certificat au nom de la déclarante qui sera analysé ci-après sous la cote...

1913. — ÉCHANGE DE PROPRES.

Cote...   *Six pièces.*

La *première pièce* est l'expédition d'un acte reçu par M^e..., notaire à..., le..., aux termes duquel Mme Blin, requérante, assistée et autorisée de son mari, a cédé à titre d'échange à M. Louis Durand, cultivateur, demeurant à..., une pièce de terre sise à..., lieu dit..., d'une contenance de..., lui appartenant en propre comme l'ayant recueillie dans la succession de M... son père, ainsi qu'il est relaté ci-dessus, cote...

En contre-échange, M. Durand a cédé à Mme Blin une pièce de terre en labour, sise terroir de..., au lieu dit..., contenant environ...

Cet échange a eu lieu moyennant une soulte de 2.000 francs à la charge de Mme Blin et payée comptant aux termes de l'acte qui en contient quittance.

D'une mention en marge de cette expédition, il résulte qu'elle a été transcrite au bureau des hypothèques de..., le..., v°..., n°...

Les *deux pièces suivantes* sont des certificats négatifs délivrés à la date du... sur cette transcription.

Les *trois autres pièces* sont les anciens titres de propriété de l'immeuble cédé à Mme Blin, savoir : l'expédition transcrite d'un contrat reçu par M^e..., notaire à..., le..., contenant vente par les époux Leroux à M. Durand et les certificats négatifs délivrés sur la transcription de cette vente.

Ces six pièces ont été cotées, etc...

Pour faire suite à cette cote et la compléter, Mme Veuve Blin, requérante, déclare :

Que la soulte d'échange de 2.000 francs mise à sa charge a été acquittée avec des deniers appartenant à la communauté dissoute.

Que les frais d'échange à sa charge payés avec les mêmes deniers se sont élevés à la somme de 1.220 francs.

Et que la pièce de terre reçue en échange existe toujours et était louée au décès de M. Blin à M..., aux termes du bail qui sera analysé ci-après sous la cote...

1914. — Impenses aux propres.

Les pièces de cette cote sont autant de plans et mémoires d'architectes, d'entrepreneur et de fournisseurs relatifs à des travaux de construction et de reconstruction exécutés à la propriété sise à..., appartenant en propre à Mme Veuve Blin, et desquelles il résulte qu'il a été déboursé de ce chef une somme totale de 16.385 fr. 60.

Ces pièces ont été cotées et paraphées, etc.

Mme veuve Blin déclare que cette somme de 16.385 fr. 60 a été payée avec des deniers de la communauté.

1915. — Valeurs de bourse propres a Mme Blin.

I. — *Actions de la Compagnie générale des eaux.*

Cote...   ...pièce.

La pièce unique de cette cote est un certificat de la Compagnie générale des eaux, société anonyme ayant son siège à Paris, rue..., en date du..., portant le n°..., et immatriculé comme suit : Meunier (Louise), épouse de M. Émile Blin, demeurant à...; certificat comprenant 42 actions de 500 francs portant les nos... et dont les dividendes sont payables semestriellement les 1er janvier et 1er juillet de chaque année.

Une estampille au verso de ce certificat constate que les dividendes ont été touchés jusques et y compris l'échéance du 1er janvier dernier.

Cette pièce a été cotée et paraphée...

Mme Veuve Blin, déclare, que ces 42 actions lui appartiennent en propre pour lui avoir été attribuées dans le partage de la succession de M..., son père, analysé ci-dessus sous la cote..., et qu'au décès de son mari les dividendes de la dernière échéance à cette époque étaient encaissés.

II. — *Obligations de la Compagnie du Nord.*

Cote...   ...pièce.

Cette pièce est un certificat de la Compagnie des chemins de fer du Nord portant le n°... et immatriculé comme suit : Meunier (Louise), épouse de M. Émile Blin, demeurant à... et avec lequel elle est mariée sous le régime dotal suivant contrat reçu par Me..., notaire à..., le...; les présentes obligations provenant du prix d'immeubles vendus à M. Durand suivant contrat devant Me..., notaire à..., du..., ne pourront être aliénées qu'aux conditions de remploi stipulées au contrat de mariage susénoncé. »

De ce certificat, il résulte que Mme Blin est titulaire de 25 obligations de ladite Compagnie au capital nominal de 500 francs portant les nos... et rapportant un intérêt annuel de 15 francs payable les...

Les estampilles apposées au verso du certificat constatent que les intérêts ont été touchés jusques et y compris le semestre échu le...

Cette pièce a été cotée et paraphée...

Mme veuve Blin, requérante, déclare que les obligations présentement analysées lui appartiennent en propre comme ayant été acquise avec le prix de la vente des immeubles faite à M. Durand aux termes du contrat analysé ci-dessus, cote...

Qu'au décès de son mari le certificat dont il s'agit portait jouissance courante et qu'elle a par suite encaissé depuis le semestre d'intérêts à l'échéance du...

Biens et valeurs de communauté.

1916. — Immeubles (1).

I. — *Maison meublée à...*

Cote...   *Six pièces.*

La première pièce de cette cote est l'expédition délivrée par Me..., notaire à..., d'un acte reçu par lui le..., et aux termes duquel Mme Blin, *de cujus*, a acquis au cours et pour le compte de sa communauté de M. Albert Gouin, propriétaire, et de Mme..., son épouse, demeurant alors ensemble à..., savoir :

1° Une maison à usage d'habitation sise à..., élevée sur caves, etc...

2° Et divers meubles meublants et objets mobiliers garnissant cette propriété, décrits et estimés dans un état qui est demeuré annexé à la minute du contrat de vente.

---

(1) Les titres de propriété s'analysent généralement dans la forme adoptée pour les « établissements de propriété ». V. par suite, *supra : Formules 1177 et suiv.*

Cette acquisition eut lieu moyennant le prix de 30.000 francs s'appliquant pour 5.000 francs au mobilier et pour 25.000 francs à l'immeuble; prix payé comptant ainsi qu'il est constaté au contrat.

Une mention se trouvant en fin de cette expédition constate qu'elle a été transcrite au bureau des hypothèques de... le..., vᵉ..., nᵒ..., sans charge d'inscription.

Les *deux pièces suivantes* sont des certificats négatifs délivrés lors de cette transcription.

Les *trois dernières pièces* sont les titres de propriété de l'immeuble précité aux mains des époux Gouin et consistant en l'expédition transcrite... et deux certificats négatifs délivrés sur cette transcription.

Ces six pièces ont été cotées et paraphées...

DÉCLARATIONS. — Pour compléter cette cote Mᵐᵉ Veuve Blin déclare :

Que le mobilier compris dans la vente susénoncée existait encore pour la majeure partie au décès de son mari et se trouve confondu avec celui décrit et prisé en la première séance du présent inventaire.

Que la maison d'habitation et ses dépendances existent toujours en nature et sont actuellement louées à M..., aux termes du bail qui sera analysé plus loin sous la cote...

II. — *Maison à...*

Cote...   *Dix pièces.*

La *première pièce* de cette cote est l'expédition d'un procès-verbal d'adjudication dressé par Mᵉ..., notaire à..., le..., précédé d'un cahier de charges rédigé par le même notaire le... à la requête de 1ᵒ M. Léon Ory, propriétaire, demeurant à...; 2ᵒ Mˡˡᵉ Yvonne Ory, etc... en leur qualité de seuls héritiers et représentants de M..., décédé en son domicile à..., le...

Il résulte de cette expédition :

Que M. Blin, *de cujus*, s'est rendu adjudicataire d'une maison sise à..., rue..., nᵒ..., consistant en... (*Désignation succincte*).

Que cette adjudication a été prononcée moyennant, outre les charges, le prix principal de 20.000 francs stipulé payable aussitôt après l'accomplissement des formalités hypothécaires et au plus tard dans les 4 mois de l'adjudication avec intérêts au taux de 5 % payables en même temps que le principal.

Et qu'elle a été transcrite au bureau des hypothèques de..., le..., vᵒ..., nᵒ..., avec inscription d'office du même jour vᵉ..., nᵒ...

La *deuxième pièce* est l'expédition délivrée par Mᵉ..., notaire susnommé, d'un acte reçu par lui le... contenant quittance par les consorts Ory à M. Blin de la somme de 21.650 francs formant le prix en principal et intérêts de l'adjudication qui vient d'être énoncée.

Les *trois pièces suivantes* sont deux certificats négatifs délivrés sur la transcription précitée et le certificat de radiation de l'inscription prise d'office lors de cette transcription.

Les *cinq autres pièces* sont des titres de propriété de l'immeuble susdésignés aux mains des anciens détenteurs.

Ces pièces ont été cotées et paraphées, etc...

Mᵐᵉ Veuve Blin déclare que la propriété objet de l'acquisition qui vient d'être énoncée existe toujours en nature et qu'elle est louée à M..., aux termes d'un bail qui sera analysé sous la cote... ci-après.

III. — *Terrain à...*

Cote...   *...pièces.*

La *première pièce* de cette cote est la grosse d'un jugement rendu par le tribunal civil de première instance de..., le..., aux termes duquel M. Blin, *de cujus*, s'est rendu adjudicataire sous le nom de Mᵉ..., avoué, qui lui en a passé déclaration le lendemain, d'un terrain sis à... (*Désignation sommaire*).

Des énonciations de cette grosse et des mentions s'y trouvant apposées il résulte ce qui suit :

a) L'adjudication dont s'agit, a été poursuivie, savoir :

1ᵒ En exécution d'un jugement rendu, etc... (*V. formule* 1219);

2ᵒ Sur le cahier d'enchères dressé le... par Mᵉ..., avoué, et déposé le même jour au greffe du tribunal précité;

3ᵒ Et après l'accomplissement des formalités voulues par la loi.

Le tout à la requête de 1ᵒ...; etc... (*noms et qualités*).

b) Elle a été prononcée moyennant un prix principal de 10.000 francs stipulé payable après l'accomplissement des formalités hypothécaires avec intérêt à 5 % à compter du... et à la charge de payer en sus du prix les frais de poursuites de vente taxés à la somme de...

c) Et elle a été transcrite au bureau des hypothèques de... le..., vᵉ..., nᵒ..., avec inscription d'office du même jour vᵉ..., nᵒ...

d) M. Blin s'est libéré des frais de poursuites de vente entre les mains de Mᵉ..., avoué, ainsi que le constate un reçu sous seing privé annexé à la minute du jugement d'adjudication dont il s'agit.

Les *deux pièces suivantes* sont les originaux des significations à avoué et à parties de la grosse susanalysée.

Les *deux pièces suivantes* sont états et certificats délivrés lors de la transcription susénoncée.

La *sixième pièce* est l'expédition délivrée par Me..., notaire à..., d'un acte reçu par lui le..., contenant quittance par les consorts... susnommés à M. Blin de la somme de..., montant en principal et intérêts du prix de son adjudication susrelatée et mainlevée par les mêmes de l'inscription prise d'office lors de la transcription de la grosse.

La *septième pièce* est un certificat délivré par M. le conservateur du bureau des hypothèques de... et attestant la radiation à la date du... de l'inscription prise d'office sur la transcription de l'adjudication dont s'agit et susénoncée.

Les *cinq pièces suivantes et dernières* sont des anciens titres de propriété — du terrain susdésigné comprenant : 1° expédition, etc...

Mme Veuve Blin déclare que le terrain objet de l'acquisition susrelatée existe toujours en nature et qu'au décès de son mari il était loué à M..., aux termes du bail qui sera analysé sous la cote... ci-après.

1917. — Valeurs de bourse.

I. — *Rente française au porteur.*

La pièce unique de cette cote est une coupure au porteur de 100 francs de rente française 3 % portant le n°... et munie de coupons trimestriels d'arrérages dont le premier à détacher est celui à échéance du...

Attendu sa nature, cette pièce n'a été ni cotée ni paraphée, mais son analyse tiendra lieu de cote...

Mme Blin déclare qu'au décès de son mari la rente susinventoriée portait également jouissance d'arrérages à compter du... (*ou :* portait jouissance d'arrérages à compter du 1er avril précédent).

II. — *Obligations Ville de Paris au porteur.*

Ces *quinze pièces* sont autant d'obligations au porteur de la Ville de Paris, emprunt de 1871 n°s... au capital nominal de 500 francs, rapportant chacune 15 francs d'intérêts payables par semestres les 1er janvier et juillet de chaque année. A chacun de ces titres sont adhérents des coupons dont le premier à détacher est celui à l'échéance du...

Ces pièces, attendu leur nature de valeurs au porteur, n'ont été ni cotées, etc...

Mme Blin déclare qu'au décès de son mari les coupons de l'échéance qui précédait étaient détachés et encaissés et que les échéances postérieures ont été encaissées par elle.

III. — *Actions Nord nominatives.*

Les *deux pièces* de cette cote sont deux certificats d'actions de la Compagnie des Chemins de fer du Nord, tous deux immatriculés comme suit : Blin (Émile), demeurant à... et comprenant :

Le premier n°... en date du... quinze actions de capital de 500 francs de ladite Compagnie n°s... produisant des dividendes payables semestriellement les 1er janvier et 1er juillet de chaque année.

Et le second n°... en date du..., dix actions de même nature n°s...

Ces deux certificats sont revêtus au verso d'estampilles de paiement de dividendes dont la dernière s'applique au semestre à l'échéance du...

Ces pièces ont été cotées, etc...

Mme Blin déclare qu'au décès de son mari les dividendes des 25 actions susdésignées à échéance du... étaient encaissées.

IV. — *Obligations en dépôt.*

Cette pièce est un récépissé n°... au nom de Blin (Émile), demeurant à... en date du..., constatant le dépôt à la Société... dont le siège est à... de 14 obligations du Crédit Foncier de France, emprunt communal de 1899 au capital nominal de 500 francs rapportant chacune 15 francs d'intérêts payables par semestre, les 1er juin et 1er décembre de chaque année, portant les n°s...

Elle a été cotée et paraphée, etc...

Mme Blin déclare que les intérêts de ces obligations sont régulièrement encaissés au compte courant à chaque échéance par la société dépositaire et qu'au décès de son mari l'encaissement du semestre alors exigible était effectué.

V. — *Valeurs étrangères.*

I. — *Rente Russe.* — Les deux premières pièces de cette cote sont deux titres au porteur de chacun 20 francs de rente Russe 4 % emprunt 1894, 6e émission, le premier n°... portant l'empreinte d'un cachet circulaire avec cette mention : « Fonds d'État étrangers 1 % plein tarif, 20 Paris 4-1899 », le deuxième n°... portant cette mention manuscrite « Visé pour timbre à 2 %. Paris, le 6 mars 1913 » (*ou : ne portant aucune mention de timbre*).

II. — *Rente Italienne.* — Les *cinq pièces* suivantes sont autant de titres de rente au porteur 5 % de la dette du royaume d'Italie, de 500 lires chacun, portant les n°s... et dont les arrérages sont payables par semestre les 1er janvier et 1er juillet. Chacun de ces titres est revêtu d'une mention de timbre sous forme de cachet circulaire (*ou : manuscrite*) ainsi conçue : etc. (*comme ci-dessus*).

III. — *Récépissé de dépôt.* — La huitième pièce est un récépissé délivré le... sous le n°..., par la société..., ayant son siège à..., constatant le dépôt à cette banque de 18 obligations au porteur de la dette unifiée ottomane, 4 % n°s..., au capital de 500 francs chacune, produisant 20 francs d'intérêts payables les... (*ne pas s'inquiéter si les titres sont ou non timbrés*).

De toutes ces pièces seule la huitième a été cotée et paraphée, les autres ne devant pas l'être en raison de leur nature de valeurs au porteur. Mais le tout demeure analysé sous la présente cote...

Mme Veuve Blin déclare qu'au décès de son mari il n'était dû comme intérêts ou dividendes sur toutes ces valeurs que le prorata du terme en cours à cette époque (*ou : Qu'aucun paiement d'intérêts ou dividende n'a été effectué sur les valeurs précitées depuis le...*).

VI. — Valeurs à la Caisse des dépôts et consignations.

Cette pièce est un récépissé délivré par le caissier de la Caisse des dépôts et consignations en date du... constatant le dépôt à ladite Caisse des valeurs suivantes : 1° Dix actions, etc... (*ou : constatant qu'en vertu de la réquisition formulée dans la vacation du... il a été fait le dépôt à cette caisse des valeurs suivantes : 1°...; 2°...*).

Ce récépissé a été coté et paraphé, etc...

Mme Blin déclare qu'au décès de son mari les intérêts et dividendes de toutes ces valeurs étaient au courant.

Réquisition de dépôt.

Mme Veuve Blin (*ou : M..., requérant*) requiert M^e..., notaire soussigné, de faire, conformément à l'article 1er de la loi du 27 juillet 1875, le dépôt des titres, valeurs au porteur et nominatives ci-dessus analysés à la Caisse des dépôts et consignations et d'en retirer récépissé.

Sur l'adhésion à cette demande des autres parties, M^e... déclare qu'il se transportera demain (*ou : le...*) à l'hôtel de la Caisse des dépôts et consignations (*ou : à la trésorerie générale de... ou : au bureau de la recette particulière des finances de...*) pour effectuer le dépôt requis.

1918. — COMPTE COURANT EN BANQUE.

La *première pièce* de cette cote est un carnet sur lequel sont reproduites toutes les écritures du compte courant ouvert par le Crédit foncier de France à M. Blin, *de cujus*, sous le n°...

Ce compte, qui remonte au..., présentait à la date du 30 juin dernier un solde créditeur de.. 3.225,90

La *deuxième pièce* est un carnet de 20 chèques sur cette société, dont les dix premiers ont été détachés.

La *troisième pièce* est un relevé du compte courant susénoncé émanant du Crédit Foncier et constatant que ce compte se soldait au..., jour du décès, par un reliquat actif de...

Les *trois dernières pièces* sont d'anciens relevés intéressant le même compte.

Les chèques adhérents à la souche ont été biffés et les pièces ont été cotées et paraphées par le notaire soussigné et inventoriées sous la cote...

1919. — CRÉANCES.

I. — Créance hypothécaire.

La *première pièce* de cette cote est la grosse délivrée par M^e.., notaire à..., d'un acte reçu par lui le... aux termes duquel M. Louis Chevalier, cultivateur, et Mme Lucie Maury, son épouse, demeurant ensemble à..., ont reconnu devoir, solidairement entre eux, à M. Blin, *de cujus*, une somme de 10.000 francs pour prêt, stipulée remboursable le..., avec intérêts au taux de 6 % payables par semestre les...

A la garantie de cette créance M. et Mme Chevalier ont affecté et hypothéqué au profit du prêteur une maison sise à..., rue..., n°..., avec toutes ses dépendances; le prêteur en outre subrogé dans l'effet de l'hypothèque légale de Mme Chevalier limitativement à cet immeuble.

Dans cet acte M. et Mme ont déclaré, etc... (*rapporter les déclarations faites sur l'état civil et la situation hypothécaire*).

La *pièce suivante* est le bordereau constatant l'inscription d'hypothèque conventionnelle et légale, résultant du prêt susénoncé, au bureau des hypothèques de... le...,
vᵉ..., nº...

Les *deux pièces suivantes* sont états de transcriptions et d'inscriptions sur l'immeuble
hypothéqué et révélant une situation conforme à celle déclarée par les emprunteurs.

Ces quatre pièces ont été cotées et paraphées, etc...

Pour compléter cette cote, les requérants déclarent que la créance susénoncée est toujours due et que lors du décès de M. Blin il n'était dû par les
débiteurs sur les intérêts que le prorata du terme en cours.

II. — *Ouverture de crédit.*

La *première pièce* de cette cote est la grosse délivrée par Mᵉ..., notaire à..., d'un
acte reçu par lui le..., contenant ouverture de crédit de la somme de 50.000 francs par
M. Blin, *de cujus*, au profit de M... et Mᵐᵉ..., avec affectation hypothécaire par ces derniers d'une maison sise... et avec subrogation par Mᵐᵉ..., dans l'effet de son hypothèque
légale contre son mari, sur cet immeuble.

Cet acte stipule notamment (*rappeler succinctement les principales conditions de
l'ouverture de crédit*).

La *deuxième pièce* est le bordereau de l'inscription prise pour sûreté des sommes
qui pourraient être dues en vertu de l'ouverture de crédit dont il s'agit, au bureau des
hypothèques de..., le..., vᵉ..., nº...

La *troisième pièce* est un certificat négatif d'inscription délivré sur l'immeuble
hypothéqué lors de la prise de l'inscription susénoncée.

Ces trois pièces ont été cotées et paraphées, etc...

Mᵐᵉ Blin déclare que le crédit ouvert à M. et Mᵐᵉ... a été réalisé à concurrence de la somme de 20.000 francs dont ces derniers se trouvent par suite débiteurs et que les intérêts courus sur cette somme au taux de... étaient également
dus lors du décès de son mari depuis le...

III. — *Commandite.*

La *pièce unique* de cette cote est une expédition délivrée par Mᵉ..., notaire à...,
d'un acte reçu par lui le..., contenant les statuts d'une société en nom collectif et en com-
mandite simple constituée sous la raison sociale « Moulin et Cⁱᵉ » au capital de
500.000 francs fourni par M. Moulin, *de cujus*, en qualité de commanditaire pour une
somme de 200.000 francs donnant droit à un intérêt annuel de 8 % payable..., et en outre
à une part de bénéfices.

Cette pièce a été cotée et paraphée, etc.

Mᵐᵉ Blin déclare que la société « Moulin et Cⁱᵉ » est toujours en activité;
que lors du décès de son mari il était dû le prorata d'intérêts acquis sur le trimestre en cours, et que la part de bénéfices applicable à l'exercice 192... a été
encaissée avant le décès.

IV. — *Prix de vente.*

La *pièce unique* de cette cote est la grosse délivrée par Mᵉ..., notaire à..., d'un acte
reçu par lui le..., contenant vente par M. Blin, *de cujus*, et son épouse requérante, à M. Léon
Chappe, cultivateur, demeurant à..., d'une pièce de terre dépendant de leur communauté, sise à..., lieu dit..., d'une contenance de.... moyennant le prix de 10.000 francs, sur
lequel 5.000 francs ont été payés comptants; le surplus stipulé payable en cinq années
par fractions de 1.000 francs chacune le... de chaque année et productif d'intérêts au
taux de 6 % l'an exigible avec chaque fraction de principal.

D'une mention apposée en suite de cette grosse il résulte que la vente dont il s'agit
a été transcrite au bureau des hypothèques de... le..., vᵉ..., nº..., et que le solde du
prix est garanti par une inscription prise d'office sur cette transcription le même jour
vᵉ..., nº...

Cette grosse a été cotée et paraphée, etc...

Les requérants déclarent que lors du décès de M. Blin la fraction de prix
exigible le... précédent était due ainsi que les intérêts courus depuis le... sur un
capital de...

V. — *Créance chirographaire.*

L'unique pièce de cette cote est une reconnaissance sous signature privée en date
du... aux termes de laquelle M. Louis Chevalier a reconnu devoir à M. Blin, *de cujus*, une
somme de 500 francs qu'il s'est obligé à lui rembourser le... sans stipulation d'intérêts.

Elle a été cotée et paraphée, etc...

Mᵐᵉ Blin déclare que cette somme n'a jamais été remboursée.

VI. — *Billet à ordre.*

La pièce unique de cette cote est un billet à ordre sur timbre proportionnel en date
à... du..., souscrit par M. Louis Chevalier et Mᵐᵉ..., son épouse, demeurant ensemble à...,
au profit de M. Blin, *de cujus*, de la somme de 1.000 francs, valeur reçue par eux en

espèces (*ou :* en marchandises) et qu'ils se sont solidairement obligés à payer à M. Blin, ou à son ordre, le..., et à en servir, jusqu'au remboursement, les intérêts au taux de... par an exigibles les...

Cette pièce, attendu sa nature de valeur au porteur, n'a été cotée ni paraphée à la réquisition des parties; l'analyse qui vient d'en être faite tiendra lieu de la cote...

Mme Blin déclare que ce billet n'a jamais été remboursé et que lors du décès de son mari les intérêts étaient dus depuis le...

1920. — Caisse de retraites pour la vieillesse.

L'unique pièce de cette cote est un livret de la caisse des retraites pour la vieillesse portant le n°..., délivré à la date du... au profit de M. Blin, *de cujus,* né à... le..., et de son épouse, requérante, née à..., le..., donnant droit pour chacun d'eux à la jouissance, à l'âge de 55 ans, d'une rente viagère à capital réservé, et constatant un actif en capital, au compte de chacun d'eux, d'une somme de...

Cette pièce a été cotée et paraphée, etc...

(*Si la rente viagère est en cours, analyser le titre comme formule 1922.*)

1921. — Caisses d'épargne.

I. — *Caisse d'épargne ordinaire.*

Les deux pièces de cette cote sont deux livrets de la Caisse d'épargne et de prévoyance de la ville de... (Orne), savoir :

Le premier, délivré le... sous le n°..., au nom de M. Blin (Émile), constatant au... jour du décès un reliquat créditeur de...

Le second n°..., délivré le... au nom de Mme Meunier (Louise), épouse de M. Émile Blin, avec compte également arrêté au jour du décès de M. Blin et constatant à cette date un reliquat créditeur de...

Ces deux livrets ont été cotés et paraphés, etc...

(*Si les livrets n'ont pas été arrêtés au jour du décès, ajouter à l'analyse*) : Mme Blin déclare que lors du décès de son mari le compte de ce dernier présentait un reliquat créditeur de.... et le sien personnel un solde créditeur de...

II. — *Caisse nationale d'épargne.*

Les *deux pièces* comprises sous cette cote sont deux livrets de la Caisse nationale d'épargne sous la garantie de l'État.

Le premier, délivré le... au nom de M. Blin, *de cujus,* par la direction de..., accuse au... jour du décès de celui-ci un avoir de...

Le second, délivré à Mme Blin, requérante, le..., par la direction de..., sous les n^os..., présente un solde créditeur à la même époque de...

Ces deux livrets ont été cotés et paraphés, etc.

1922. — Rentes viagères réversibles.

L'unique pièce de cette cote est l'un des originaux d'un contrat intervenu à la date du... sous le n°... entre M. et Mme Blin et la Compagnie d'assurances..., dont le siège est à..., et aux termes duquel cette dernière s'est obligée, moyennant une prime unique qui a été versée le..., à servir aux époux Blin pendant leur vie et jusqu'au décès du survivant d'eux, sans réduction au premier décès, une rente viagère de 2.000 francs par an payable semestriellement les... de chaque année à terme échu.

Cette pièce a été cotée et paraphée, etc...

Mme Veuve Blin déclare :

Qu'au décès de son mari il n'était dû sur cette rente que le prorata d'arrérages du semestre en cours.

Et que la fraction de capital applicable à la réversibilité, et pour laquelle elle doit récompense à la communauté, s'élève à...

1923. — Assurance sur la vie.

La première pièce de cette cote est une police portant le n°... et la date du..., aux termes de laquelle la Compagnie..., dont le siège social est à..., s'est engagée à payer, lors du décès de M. Blin, la somme de 10.000 francs à Mme Blin, son épouse, requérante (*ou :* à ses héritiers et représentants), et ce moyennant le paiement d'une prime annuelle de... payable d'avance le... de chaque année.

Les *dix pièces suivantes et dernières* sont autant de reçus de primes annuelles relatives à cette assurance et desquels il résulte qu'il a été versé de ce chef à la Compagnie une somme totale de...

Ces pièces ont été cotées et paraphées...

Mme Blin déclare que les primes de cette assurance ont été prélevées sur les revenus de la communauté dissoute, et la dernière exigible, c'est-à-dire celle à échéance du..., a été acquittée avant le décès de son mari.

1924. — Allocations d'ascendants.

L'unique pièce est un certificat d'inscription délivré le... sous le n°... au nom de M. et Mme Blin-Meunier pour une allocation annuelle de 500 francs, avec jouissance du... payable à terme échu les... de chaque année.

Cette pièce a été cotée et paraphée...

Mme Blin déclare qu'au décès de son mari il n'était dû de cette allocation que le prorata du terme en cours.

Baux et locations.

1925. — Immeubles propres a M. Blin.

L'*unique pièce* de cette cote est la grosse délivrée par M^e..., notaire à..., d'un acte reçu par lui, le..., aux termes duquel M. Blin, *de cujus*, a loué à M... et à Mme..., son épouse, demeurant ensemble à..., une maison sise à..., rue..., n°..., propre au bailleur et dont il a été question sous la cote... ci-dessus.

Ce bail a été consenti pour une durée de 3, 6, 9 ou 12 années consécutives à partir du.. à la volonté de l'une ou l'autre des parties à charge de prévenir son co contractant trois mois à l'avance et sous diverses charges et conditions, notamment moyennant un loyer annuel de 1.500 francs stipulé payable à terme échu par semestre les... de chaque année, et celle d'acquitter lors de l'entrée en jouissance une somme de 750 francs représentant six mois de loyer d'avance imputable sur les six derniers mois de jouissance du bail.

Cette pièce a été cotée et paraphée, etc...

Mme Blin déclare que le bail susanalysé est toujours en cours d'exécution; que les 750 francs de loyers d'avance ont été encaissés par la communauté, et qu'au décès de son mari il n'était dû comme loyers que le prorata du terme en cours.

1926. — Immeubles propres a Mme Blin.

La pièce unique de cette cote est un des originaux d'un acte fait en triple exemplaires à... le..., aux termes duquel M. et Mme Blin-Meunier ont loué pour neuf années consécutives à compter du..., à M. Léon Jarry, propriétaire, demeurant à..., les immeubles dont la désignation suit et appartenant en propre à Mme Blin, savoir :

1° Une maison, etc...; 2° Une pièce de terre, etc... (*désignation des biens loués*).

Ce bail a été consenti moyennant un loyer annuel de 2.500 francs payable en deux termes égaux les... de chaque année et à terme échu.

Cette pièce, revêtue de la mention suivante : enregistré à..., etc..., a été cotée et paraphée, etc...

Mme Blin déclare que ce bail est toujours en cours d'exécution et qu'au décès de son mari M. Jarry devait le semestre de loyers à échéance du... ainsi que le prorata du semestre en cours à cette époque.

1927. — Immeubles dépendant de la communauté.

La *première pièce* de cette cote est la minute représentée par le notaire soussigné, d'un acte reçu par M^e..., son prédécesseur, le..., aux termes duquel M. et Mme Blin ont loué à M... et Mme..., son épouse, demeurant ensemble à..., une maison sise à..., dépendant de la communauté dissoute, ainsi qu'il est relaté ci-dessus, cote...

Ce bail a eu lieu pour une durée ayant expiré le... moyennant diverses charges et conditions, et un loyer annuel de 2.000 francs qui a été stipulé payable par quart et à terme échu les... de chaque année.

Cet acte constate en outre le paiement par les preneurs d'une somme de 1.000 francs à titre de loyers d'avance à imputer sur les six derniers mois de jouissance du bail.

La *deuxième pièce* est la grosse délivrée par le notaire soussigné d'un acte reçu par lui le..., aux termes duquel M. et Mme Blin, d'une part, et M. et Mme..., d'autre part, ont convenu de proroger pour une durée de 3, 6 ou 9 années consécutives au choix exclusif des preneurs, à partir du..., le bail ci-dessus analysé.

Cette prorogation de bail a été consentie et acceptée sous les mêmes charges et conditions et moyennant le même loyer annuel que le bail primitif, avec stipulation que les loyers versés d'avance aux termes de ce premier bail s'imputeraient sur les dix derniers mois de jouissance résultant de la prolongation de bail présentement analysée.

La première pièce a été retirée pour être reclassée, et la deuxième a été cotée et paraphée par le notaire soussigné qui inventorie le tout sous la présente cote...

Mme Veuve Blin déclare que le bail prorogé susanalysé est toujours en cours et que lors du décès de son mari il n'était dû que le prorata du terme en cours.

1928. — Immeubles propres aux époux et dépendant de la communauté.

Sous cette cote les requérants font les déclarations suivantes :

I. — Aux termes d'un acte reçu par Me..., notaire à..., le..., M. et Mme Blin ont donné à bail à M. Raoul Perrot, cultivateur, demeurant à..., divers immeubles appartenant en propre à chacun des époux pour une partie et dépendant de leur communauté pour le surplus, savoir :

Immeubles propres à M. Blin.

1° Une pièce de terre en labour, sise commune de..., lieu dit..., d'une contenance de 2 ares 20 centiares.. 2 a. 20

2°...; 3°...; etc.. 2 h. 20 a. 16

    Ensemble des contenances.................................... 2 h. 22 a. 36

Immeubles propres à Mme Blin.

6° Une pièce de terre en labour, etc............................ 1 h. 06 a. 15

Immeubles de communauté.

12° Une pièce de terre, etc.................................... 2 h. 15 a. 20

    Total des contenances .... 5 h. 43 a. 71

Ce bail a été consenti et accepté, savoir :

Pour une durée de 3, 6 ou 9 années entières et consécutives au choix exclusif du preneur à compter du...

Moyennant un loyer annuel global de 5.000 francs payable en deux termes égaux les 1er avril et 1er octobre de chaque année à terme échu, et le versement le jour de l'entrée en jouissance d'une somme de 2.500 francs représentant six mois de loyers d'avance imputable sur les six derniers mois de jouissance du bail.

II. — Le bail précité est toujours en cours; les 2.500 francs de loyers d'avance ont été encaissés par la communauté dissoute et lors du décès de M. Blin il n'était dû pour loyers que le prorata du semestre en cours.

III. — Enfin, compte tenu des contenances et de la valeur locative des terres, les requérants estiment que le montant annuel du loyer peut être appliqué pour 2.000 francs aux immeubles propres à M. Blin, pour 1.000 francs à ceux propres à Mme Blin et pour les 2.000 francs de surplus aux immeubles dépendant de la communauté.

Ces déclarations tiendront lieu de la présente cote...

1929. — Appartement tenu en location.

Pour tenir lieu de cette cote, les requérants déclarent :

Que l'appartement servant d'habitation commune à M. et Mme Blin et dépendant d'une maison sise à..., rue..., n°..., était tenu en location par eux de M... par convention verbale et suivant l'usage des lieux moyennant un loyer annuel de 2.000 francs payable par trimestre et d'avance les... de chaque année.

Et que lors du décès de M. Blin, le trimestre de loyers en cours était acquitté.

Charge des biens.

1930. — Assurance contre l'incendie.

I. — *Immeubles propres à M. Blin.*

La *première pièce* de cette cote est une police n°... en date à... du..., aux termes de laquelle M. Blin a assuré contre les risques de l'incendie à la Compagnie... dont le siège est à..., la maison sise à... lui appartenant en propre, y compris les risques locatifs et le recours des voisins; assurance contractée pour une durée de 10 ans à compter du..., pour un capital garanti de 30.000 francs et moyennant une prime annuelle de... payable d'avance le...

La *deuxième pièce* est une quittance constatant le paiement à la date du... de la prime de cette assurance applicable à l'année à courir du..., au...

Les *deux autres pièces* sont les quittances des primes de la même assurance afférentes aux années précédentes.

Ces pièces ont été cotées et paraphées, etc...

II. — *Mobilier et maison propre à Mme Blin.*

La *première pièce* de cette cote est l'un des originaux d'une police d'assurance contre l'incendie en date à... du... portant le n°... de l'agence de... et aux termes de laquelle M. Blin a assuré contre l'incendie, risques locatifs et recours des voisins la maison sise à..., rue..., n°..., propre à Mme Blin, ainsi que le mobilier la garnissant, pour un capital de 40.000 francs s'appliquant aux constructions pour 30.000 francs et au mobilier pour les 10.000 francs de surplus.

Cette assurance a été contractée pour la durée de la société à compter du..., avec faculté pour chaque partie de la faire cesser à la fin de chaque période de cinq ans, en prévenant l'autre au moins six mois à l'avance, et moyennant une cotisation annuelle payable d'avance le premier janvier de chaque année.

La *deuxième pièce* est une quittance en date du... constatant le paiement de la cotisation de l'année commencée le 1er janvier 1925.

Ces pièces ont été cotées et paraphées, etc...

Mme Veuve Blin déclare que la cotisation de l'année courante payée avant le décès de son mari et s'élevant à... peut être considérée comme s'appliquant à l'immeuble pour une somme de...

1931. — Contributions et taxes.

Les *cinq premières pièces* de cette cote sont autant d'avertissements émanant de l'administration des contributions directes et constatant que M. Blin était imposé pour l'année 192..., savoir :

1° Au titre de la contribution personnelle et mobilière pour	80,60
2° Au titre de la contribution des patentes pour	200,20
3° Pour taxe vicinale à	15,80
4° Pour contribution sur chevaux et voiture	70,50
5° Au titre de la contribution des portes et fenêtres pour	60 »
6° Pour contribution foncière sur propriétés bâties applicables aux immeubles propres à M. Blin	115,20
7° Pour contribution foncière des propriétés non bâties propres au même	67,80
8° Pour contribution foncière, etc... (*continuer en distinguant les immeubles propres et dépendant de la communauté*)	620,40
Ensemble des contributions de l'année	1.230,50

Les cinq pièces suivantes et dernières sont avertissement et quittances relatifs aux impositions de l'année précédente.

Ces pièces ont été cotées et paraphées, etc.

Mme Blin déclare que lors du décès de son mari les contributions dont le détail est donné ci-dessus étaient encore intégralement dues.

1932. — Assurance contre le bris des glaces.

La pièce unique de cette cote est une police de la Compagnie d'assurance contre le bris des glaces, ayant son siège à..., portant le n°... et la date du..., aux termes de laquelle M. Blin a assuré pour 10 ans à compter du..., les glaces de la devanture de sa boutique sise à..., moyennant une prime annuelle de... payable d'avance le...

Cette pièce a été cotée et paraphée, etc...

Mme Veuve Blin déclare que la prime de cette assurance applicable à l'année commencée le... était acquittée lors du décès de son mari.

1933. — Abonnements pour l'ascenseur.

La *première pièce* de cette cote est l'un des originaux d'une police en date du... portant le n°..., aux termes de laquelle la société... ayant son siège à Paris, rue..., s'est engagée à fournir à M. Blin pour sa maison à lui propre sise à..., la force motrice nécessaire pour actionner un ascenseur sous tension de... volts moyennant le prix de... par hectowatt-heure, plus une rétribution mensuelle de 5 francs pour location de branchement et de 3 francs pour location de compteur.

La *deuxième pièce* est l'un des originaux d'un contrat en date du..., aux termes duquel M..., ingénieur, demeurant à..., s'est engagé à nettoyer et graisser l'ascenseur susénoncé moyennant un abonnement forfaitaire annuel de 200 francs payable par trimestre à terme échu les...

Ces deux pièces ont été cotées et paraphées, etc...

Mme Veuve Blin déclare que lors du décès de son mari la consommation de force motrice était due depuis le... précédent, et qu'à la même époque les paiements des différents abonnements d'entretien d'ascenseur et locations de branchement et de compteur étaient au courant.

1934. — Abonnement a l'eau.

La *première pièce* de cette cote est l'un des originaux d'une police d'abonnement annuel portant le n°... et la date du..., souscrite par M. Blin à la Compagnie générale des eaux, dont le siège est à..., pour le service d'eau de source dans la maison sise à..., propre à Mme Blin.

Cet abonnement a été contracté moyennant : 1° Le prix de 0 fr. 35 par mètre cube d'eau constaté au compteur, payable par trimestre les...; 2° une redevance annuelle de 6 francs pour prise d'eau, payable d'avance le 1er janvier; 3° et une somme annuelle de 20 francs pour location de compteur payable d'avance et par moitié les 1er janvier et 1er juillet.

La *deuxième pièce* est une quittance en date du... constatant le paiement de la consomation d'eau relevée au compteur jusqu'au 30 mars dernier.

La *troisième pièce* est une autre quittance constatant le paiement de la redevance de 6 francs pour prise d'eau applicable à l'année courante et celui de la somme de 10 francs pour location du compteur à eau pendant le premier semestre de 192...

Ces pièces ont été cotées et paraphées, etc.

Mme Blin déclare que lors du décès de M. Blin, son mari, il était dû pour consommation d'eau une somme de...

1935. — Abonnement au gaz.

La *première pièce* de cette cote est l'un des originaux d'un contrat intervenu à la date du..., sous le n°..., entre M. Blin et la Compagnie parisienne d'éclairage et de chauffage par le gaz pour abonnement au gaz sur conduite montante dans la maison sise à..., propre à M. Blin.

La *deuxième pièce* est un des originaux d'un autre contrat intervenu le... sous le n°... entre M. Blin et la même Compagnie pour la fourniture de gaz au compteur dans le même immeuble.

La *troisième pièce* est un reçu délivré le... par la Compagnie du Gaz et constatant le versement en dépôt aux mains de celle-ci d'une somme de 35 francs à titre de garantie.

Ces pièces ont été cotées et paraphées, etc...

Mme Blin déclare qu'au décès de son mari il n'était dû à la Compagnie du Gaz en raison de ces abonnements que le prix de la consommation faite depuis le... précédent et qu'elle évalue à la somme de...

1936. — Abonnement a l'électricité.

La *première pièce* de cette cote est un des originaux d'un contrat d'abonnement intervenu le..., à la date du..., sous le n°..., entre M. Blin, *de cujus*, et la Compagnie..., ayant son siège à..., pour la fourniture de l'éclairage dans la maison sise à... dépendant de la communauté dissoute.

La *deuxième pièce* est un reçu délivré par cette Compagnie et constatant le dépôt entre ses mains à la date du... d'une somme de 100 francs à titre de cautionnement.

La *troisième pièce* est un autre reçu de la même Compagnie constatant le paiement à la date du... de la consommation relevée au compteur jusqu'au 30 mars 192...

Ces pièces ont été cotées et paraphées, etc...

Mme Veuve Blin déclare qu'au décès de son mari il n'était dû relativement à cet abonnement que le prix de l'électricité consommée depuis le 1er avril précédent et qu'elle évalue à la somme de...

Dettes de communauté.

1937. — Emprunt au Crédit Foncier de France.

La *première pièce* de cette cote est la minute représentée par M^e..., notaire soussigné, d'un contrat conditionnel de prêt reçu par M^e..., son prédécesseur, le..., et constatant que le Crédit Foncier de France, dont le siège est à Paris, 19, rue des Capucines, a consenti à M. et Mme Blin un prêt de 40.000 francs remboursable en 75 années par autant d'annuités de 2.164 francs chacune payable moitié le 31 janvier et moitié le 31 juillet de chaque année.

Aux termes de ce contrat, M. et Mme Blin ont affecté et hypothéqué à garantie du prêt, au profit du Crédit Foncier, la maison sise à..., propre à M. Blin, et la maison sise à..., dépendant de la communauté.

La *deuxième pièce* est la minute également représentée par le notaire soussigné d'un acte reçu par lui le..., contenant la réalisation du prêt de 40.000 francs susénoncé et constatant que l'hypothèque constituée en garantie a été inscrite au bureau des hypothèques de... le..., v°..., n°...

La *troisième pièce* est une quittance émanant du Crédit Foncier et constatant le paiement à cette société à la date du... d'une somme de 1.082 francs pour le semestre d'annuité échu le 31 janvier 192...

La *quatrième pièce* est une note délivrée par le Crédit Foncier le... et faisant connaître qu'à la date du..., jour du décès de M. Blin, il restait dû sur le prêt, objet de la présente cote, une somme de...

Les troisième et quatrième pièces ont été seules cotées et paraphées par le notaire soussigné, les deux précédentes ayant de suite été retirées par lui pour être reclassées, mais elles ont toutes été inventoriées sous la cote...

1938. — Emprunt d'un particulier.

L'*unique pièce* de cette cote est la minute représentée par M^e..., notaire soussigné, d'un acte reçu par lui le..., aux termes duquel M. et Mme Blin se sont reconnus débiteurs solidaires envers M. Octave Leprince, propriétaire, demeurant à..., d'une somme de 20.000 francs pour prêt; laquelle somme a été stipulée remboursable le... et productive d'intérêts au taux de 7 % par an, payables par semestre les 15 janvier et 15 juillet de chaque année.

A la sûreté du remboursement de cette somme de 20.000 francs et du paiement des intérêts et des accessoires, M. et Mme Blin ont affecté et hypothéqué la propriété sise..., appartenant en propre à Mme Blin, ainsi que la maison sise à..., dépendant de leur communauté.

Cette pièce, attendu sa nature de minute, a été retirée par le notaire soussigné, mais son analyse tiendra lieu de la cote...

Mme Blin déclare : 1° qu'en vertu de la constitution d'hypothèque résultant du contrat susanalysé, inscription en garantie du prêt a été prise sur les deux immeubles, affectés au bureau des hypothèques de... au profit de M. Leprince, le..., v^e..., n°...; 2° que le capital prêté est encore entièrement dû aux héritiers et représentants de M. Leprince; 3° et que lors du décès de son mari il n'était dû sur les intérêts que le prorata couru du 15 janvier précédent.

1939. — Dette chirographaire.

Pour tenir lieu de cette cote, Mme Vve Blin déclare que son mari et elle sont débiteurs envers M. Louis Chauvin, propriétaire, demeurant à..., d'une somme de 1.000 fr. qu'ils se sont solidairement obligés à lui rembourser le... avec intérêts au taux de 8 % payables chaque année le... ainsi que le tout résulte d'une reconnaissance de dette par eux souscrite sur timbre proportionnel et portant la date du..., et qu'au jour du décès, il n'était dû sur les intérêts que le prorata de l'année en cours.

1940. — Dette remboursée.

L'*unique pièce* de cette cote est une reconnaissance écrite sur timbre proportionnel à..., le..., et aux termes de laquelle M. Blin, *de cujus*, a reconnu devoir à M. Léon Plot, propriétaire, demeurant à..., la somme de 500 francs pour prêt et productive d'intérêts au taux de 5 % l'an.

Cette pièce a été cotée et paraphée, etc...

Mme Veuve Blin déclare :

Qu'au décès de son mari le montant du prêt susénoncé était toujours dû, ainsi que les intérêts courus depuis la dernière échéance, c'est-à-dire depuis le...

Et que la dette étant devenue exigible le..., elle en effectue à cette date le remboursement avec les intérêts alors dus.

Libéralités envers les enfants.

1941. — Dots constituées aux enfants.

La *première pièce* de cette cote est la minute représentée par M^e..., notaire soussigné, d'un acte reçu par lui, le..., contenant les clauses et conditions du mariage de M... et de Mme..., requérante, et aux termes duquel il a été constitué en dot à cette dernière par M. Blin, *de cujus*, et son épouse survivante, ses père et mère, en avancement d'hoirie et par imputation d'abord sur ses droits dans la succession du prémourant des donateurs et subsidiairement, s'il y avait lieu, sur ses droits dans celle du survivant, savoir :

1° Un trousseau décrit et estimé au contrat à la somme de..........	10.000 »
2° Une somme de 10.000 francs en espèces.......................	10.000 »
Ensemble	20.000 »

Le tout stipulé livrable et payable le jour du mariage, avec déclaration que la célébration civile en vaudrait quittance et décharge aux donateurs.

La *deuxième pièce* est l'expédition représentée par M. Albert Blin, l'un des requérants, de son contrat de mariage avec Mme..., reçu par M^e..., notaire à..., le..., aux termes duquel M. et Mme Blin, ses père et mère, lui ont constitué en dot en avancement d'hoirie et par imputation et à concurrence de moitié sur la succession de chacun d'eux :

Une somme de 20.000 francs en espèces payable en cinq ans à compter du mariage par fractions annuelles de 4.000 francs exigibles d'avance avec intérêts au taux de 5 % payables avec chaque fraction de capital.

Ces deux pièces ont été de suite retirées : la première par M^e..., pour être reclassée au rang de ses minutes, et la seconde par M. Albert Blin; elles n'ont, par suite, été ni cotées, ni paraphées, mais elles ont été inventoriées sous la cote...

Pour compléter cette cote, Mme... et M. Albert Blin déclarent :

La première, que le montant intégral de sa dot lui a bien été livré et payé le jour de la célébration de son mariage.

Et le second, qu'il n'a encaissé sur le montant de sa constitution de dot que les deux premières fractions, soit 8.000 francs, la première le jour de la célébration de son mariage, et la seconde le..., et que lors du décès de son père, il lui restait par conséquent dû un capital de 12.000 francs et les intérêts de cette somme courus depuis le...

1942. — Établissement de M..., requérant.

Pour tenir lieu de cette cote, Mme Veuve Blin, requérante, déclare :

Qu'elle a personnellement constitué en dot par imputation sur sa succession future, conformément aux articles 1555 et 1556 du Code civil, à M. son fils, l'un des requérants, aux termes de son contrat de mariage avec Mme... passé devant M^e..., notaire à..., le..., une somme de 50.000 francs payée le jour de la célébration du mariage.

Et que ses autres enfants n'ont bénéficié d'aucune dot ou avantage quelconque sujet à rapport.

1943. — Don manuel a M...

M..., requérant, reconnaît que M. Blin, *de cujus*, lui a fait la remise, à titre de don manuel, à la date du..., d'une somme de... (*ou :* des diverses valeurs suivantes) :

Cette déclaration tiendra lieu de cote...

(*En cas de non-consignation, mettre*) : Avant de clore la séance, M^e..., notaire soussigné, fait observer que l'un des requérants a fait certaines révélations intéressant les présentes opérations; qu'il a été requis d'en faire mention au présent inventaire, mais qu'il n'a pas cru devoir y obtempérer, aucune des parties n'ayant accepté de consigner somme suffisante pour l'acquit des droits particuliers d'enregistrement auxquels ces déclarations devaient donner ouverture.

Déclarations générales.

Sous ce titre, Mme Veuve Blin, requérante, fait les déclarations générales suivantes :

1944. — Sur les deniers comptants.

Au jour du décès de M. Blin, il existait au domicile commun une somme de 3.245 fr., qui a été employée par elle à l'acquit à due concurrence des frais funéraires et autres ci-après relatés.

1945. — Sur l'actif.

I. — Depuis le décès, Mme Veuve Blin a encaissé :

1° De M..., pour un semestre de loyers à échéance du..., en vertu du bail analysé ci-dessus cote..., une somme de.. 350 »
2° De M...; 3° De M..., etc.. 3.625 »

Ensemble des sommes encaissées .... 3.975 »

II. — Il est encore actuellement dû et exigible en dehors des créances déjà comprises au présent inventaire, savoir :

1° Par M..., pour prix d'un cheval à lui vendu par le *de cujus*, la somme de .... 4.000 »
2° Par M..., etc... 12.000 »

Ensemble des sommes encore dues........................... 16.000 »

La déclarante ajoute ici qu'il n'est pas à sa connaissance qu'il dépende soit de la communauté ayant existé entre elle et M. Blin *de cujus*, soit de la succession de ce dernier, aucun actif ou élément d'actif autres que ceux résultant des pièces ci-dessus analysées et des déclarations complémentaires faites au cours du présent inventaire.

1946. — Sur le passif.

Au décès de M. Blin, il était réclamé les sommes suivantes encore actuellement dues :

1° Par M..., pour fournitures d'avoine....................... 620 »
2° Par M..., etc... 2.630 »

Ensemble des sommes réclamées au décès et dues............ 3.250 »

En outre, la déclarante a payé depuis cette époque les sommes ci-après dues au décès, savoir :

1° 325 francs à M..., pour travaux de maçonnerie...................	325 »
2°...; 3°..., etc.....................	1.843,50
Ensemble des sommes dues au décès et payées depuis..........	2.168,50

1947. — Sur les frais de dernière maladie.

La déclarante a, en outre, payé depuis le décès pour frais de dernière maladie de M. Blin, savoir :

1° A M. le Docteur..., pour soins et visites.................	600 »
2° A M..., pharmacien, pour médicaments....................	280 »
3° A Mlle..., infirmière, pour soins.................	300 »
Ensemble............................	1.180 »

1948. — Sur les frais funéraires.

Mme Blin a également acquitté tous les frais d'inhumation et autres suivants, classés dans la catégorie des frais funéraires, savoir :

1° 1.200 francs aux Pompes funèbres........................	1.200 »
2° 500 francs à l'église pour le service religieux...............	500 »
3° 2.000 francs à la ville de... pour concession de terrain au cimetière...........................	2.000 »
4° 1.000 francs à M..., marbrier, pour fourniture d'un monument funéraire...........................	1.000 »
Ensemble...........................	4.700 »

Enfin, il n'est pas à la connaissance de la déclarante qu'indépendamment de celui résultant des pièces susanalysées et déclarations faites, il existe aucun autre passif à la charge tant de la communauté dissoute que de la succession de son mari.

A l'appui des déclarations qui précèdent, Mme Veuve Blin a représenté... pièces, qui sont notes, factures et reçus acquittés, qui ont été cotées et paraphées par le notaire soussigné et inventoriées sous la cote...

1949. — Récapitulation générale.

(Nota : L'analyse des papiers et déclarations peut être suivie d'une récapitulation générale destinée à grouper tous les éléments intéressant la liquidation et le partage des biens inventoriés. Cette récapitulation est purement facultative et n'est généralement établie que dans des cas exceptionnels relatés supra n° 22046.

En cas d'application, il convient de la diviser en 3 paragraphes contenant la relation : le 1er des reprises et récompenses des époux; le 2e des éléments d'actif et de passif de la communauté, et le 3e ceux intéressant la succession.

Cette récapitulation doit être purement énonciative, très succincte, avec renvoi aux différentes cotes de l'inventaire.)

Interpellations. — Réserves.

1950. — Interpellation au tuteur.

Sur l'interpellation qui lui en a été faite par M^e..., notaire soussigné, Mme Veuve Blin a déclaré que ses enfants mineurs lui doivent seulement le coût de la délibération du conseil de famille leur ayant nommé M... pour subrogétuteur et s'élevant à ...

ou : Qu'ils lui doivent, indépendamment du coût de la délibération du conseil de famille qui a nommé M...leur subrogé tuteur, une somme de 10.000 francs payée par elle en leur acquit à M... pour *(énoncer la créance, exigibilité, intérêts et titre).*

ou encore : Qu'ils lui doivent le coût de la délibération du conseil de famille nommant M... subrogé tuteur, et qu'il y a en outre compte à établir entre elle et ses enfants mineurs relativement à..., sans que la déclarante puisse préciser, en ce moment, si ce compte présentera un reliquat actif ou passif.

1951. — Avertissements aux tuteur et subrogé-tuteur.

A l'instant, M^e..., notaire soussigné, a donné connaissance à MM... *(tuteur et subrog tuteur)* qui le reconnaissent, des prescriptions de la loi du 27 février 1880 sur l'emploi des biens mobiliers et des valeurs appartenant aux mineurs et des responsabilités encourues par les tuteurs et subrogés tuteurs en cas d'inobservation de ces prescriptions.

1952. — Avertissement aux époux dotaux.

A l'instant, le notaire soussigné a rappelé à M. et Mme..., qui le reconnaissent, les prescriptions leur imposant l'emploi, dans les termes de leur contrat de mariage, de tous les biens mobiliers et valeurs au porteur recueillis par Mme... au cours de son mariage, en fixant spécialement leur attention sur les dangers et les responsabilités pouvant résulter de l'inobservation de cette formalité.

1953. — Protestations et réserves.

Contre les déclarations faites par Mme Veuve Blin, au cours du présent inventaire en ce qu'elles pourraient nuire aux droits et intérêts des héritiers, MM... (*les autres requérants et le subrogé tuteur*) font toutes réserves et protestations utiles.

(*S'il y a lieu*) : Spécialement, M... déclare formellement protester contre la réclamation injustifiée, faite par M..., sous la cote...

1954. — Option de l'époux survivant.

Fonds de commerce. — M..., usant de la faculté qui lui est accordée sous l'article... de son contrat de mariage analysé sous la cote... ci-dessus, déclare par ces présentes opter pour la conservation pour son compte personnel du fonds de commerce de..., exploité à..., dépendant de la communauté dissoute, et ce aux charges et conditions stipulées au contrat de mariage et avec entrée en jouissance à compter du jour du décès de sa défunte épouse.

Objets mobiliers. — M..., usant, etc..., déclare opter pour la conservation à son compte personnel des objets mobiliers, meubles meublants, bestiaux et instruments agricoles dépendant de la communauté ayant existé entre lui et sa défunte épouse décrits et prisés en la première séance du présent inventaire, sauf à tenir compte de leur valeur estimative fixée à cette prisée à 12.228 francs.

Bail et matériel agricole. — M..., usant, etc... (*comme ci-dessus*), déclare vouloir continuer à son profit exclusif l'exploitation de la ferme de... tenue à bail par lui et sa défunte épouse aux termes de l'acte analysé ci-dessus sous la cote..., et comme conséquence opte également pour la conservation du matériel d'exploitation et de tous les objets mobiliers garnissant la ferme sur le taux de la prisée faite en la première séance du présent inventaire s'élevant à...

Exploitation agricole. — M..., usant, etc..., a déclaré opter pour la conservation à son compte personnel de l'établissement agricole du..., exploité à..., décrit en la première séance du présent inventaire ensemble les objets et marchandises en dépendant, soit tout le matériel et les animaux prisés audit inventaire en tenant compte à la communauté du montant de cette prisée, soit...

Office ministériel. — M..., époux survivant, usant de la faculté que lui confère l'art... de son contrat de mariage (*ou à défaut* : M..., par suite de l'investissement de ses fonctions de...), déclare opter (*ou : conserver*) pour la conservation pour son compte personnel de l'office ministériel de... (notaire, avoué, huissier...) désigné en la première séance du présent inventaire, ensemble : l'office, le droit au bail des lieux où il s'exerce, le matériel de bureau, livres, archives et tous objets quelconques en dépendant, et ce à compter du jour du décès de Mme... (*si l'office dépend de la communauté, ajouter*) : le tout à charge de tenir compte à la communauté dissoute de la valeur desdits offices, matériel et objets d'après l'estimation qui en a été faite ci-dessus par distinction au présent inventaire à la somme totale de... M... entend en outre faire son affaire personnelle des recouvrements qui restaient à opérer au jour du décès de son épouse et signalés ci-dessus sous la cote... en indemnisant de leur montant la communauté dissoute.

Pharmacie. — M..., époux survivant, usant de la faculté que lui confère l'art... de son contrat de mariage (*ou à défaut* : M..., en raison des diplômes de pharmacien dont il est titulaire), déclare ici conserver pour son compte personnel, avec effet à compter du décès de son épouse, l'officine de pharmacie exploitée par lui à..., rue..., et décrite en la séance du... du présent inventaire, ensemble l'officine, le matériel de laboratoire et autres servant à son exploitation et les marchandises en dépendant (*si l'officine dépend de la communauté, ajouter*) : le tout à la charge de tenir compte à la communauté dissoute de ces officine, matériel et marchandises d'après la prisée qui en a été faite au présent inventaire et s'élevant à la somme totale de... M... entend en outre faire son affaire personnelle des recouvrements, etc... (*comme pour l'office ministériel*).

1955. — Conservation du mobilier.

Conformément à la faculté qui lui est accordée par la loi, Mme Veuve... déclare qu'elle entend conserver les meubles appartenant à ses enfants mineurs pour leur en faire la restitution en nature quand il appartiendra.

FORM. 1956 à 1961. — Analyse des papiers et déclarations d'un inventaire après le décès d'un commerçant.

Mariage des époux.

LIVRET DE FAMILLE (*Voir formule 1898*).

1956. — Contrat de mariage.

L'*unique pièce* de cette cote est l'expédition délivrée par M^e..., notaire à..., d'un contrat passé devant lui le... et aux termes duquel M. Blin, *de cujus*, et Mme Louise Menier, son épouse survivante, ont arrêté les clauses et conditions civiles de leur mariage.

De ce contrat, il résulte ce qui suit (*V. formule 1899*) :

1ᵉⁿ, Les futurs époux ont adopté le régime de la communauté de biens avec réserve de propre de leurs biens présents et à venir et séparation de leurs dettes actuelles et futures.

2ᵉⁿᵗ Le futur époux a fait l'apport en mariage de :

1º Les vêtements, etc...; 2º...; 3º... (*Voir formule 1899*).

3ᵉⁿᵗ De son côté, la future épouse a fait l'apport en mariage des biens suivants (*Voir formule 1899*).

4ᵉⁿᵗ Il a été stipulé sous l'article... que le survivant des époux prendrait et prélèverait à titre de préciput et avant tout partage des biens de la communauté, tels des objets et effets mobiliers en dépendant qu'il lui plaira choisir, jusqu'à concurrence d'une somme de 5.000 francs, d'après la prisée de l'inventaire qui serait alors fait, **ou** cette somme en deniers comptants ou partie en deniers et partie en objets mobiliers, le tout à sa convenance.

5ᵉⁿᵗ Sous l'article... on a inséré une clause de reprise des propres des époux dans les termes de droit.

6ᵉⁿᵗ Sous l'article..., il a été stipulé (*Rapporter la clause*) :

Que le survivant des époux aurait le droit de conserver pour son compte personnel le fonds de commerce qui serait exploité par eux au jour du décès du prémourant, ensemble les ustensiles et marchandises en dépendant, le tout au prix de l'estimation qui en serait alors faite à l'inventaire ou par deux experts choisis à l'amiable ou désignés sur simple requête de la partie la plus diligente, par M. le président du tribunal de première instance du domicile des époux, lesquels experts, en cas de désaccord, pourront s'en adjoindre un troisième pour les départager ;

Que le survivant imputerait alors la valeur du fonds de commerce, du matériel et des marchandises sur les sommes qui lui reviendraient en propriété ou en usufruit dans la communauté ou dans la succession, et que le surplus, s'il y a lieu, serait payable dans les... années du décès, sans intérêts pendant la première année, et ensuite avec intérêts au taux de 5 % ;

Qu'en usant de la faculté dont il s'agit, le survivant aurait seul droit au bail des lieux où serait exploité l'établissement conservé, sous la charge du paiement des loyers et de l'exécution des clauses et conditions du bail;

Que si le fonds de commerce était exploité dans une maison dépendant de la communauté ou de la succession du prédécédé, les héritiers et représentants de celui-ci seraient tenus, si le survivant le demandait, de lui passer bail des lieux nécessaires à cette exploitation et à l'habitation personnelle du survivant pour... années aux prix, charges et conditions fixés par experts, avec faculté audit survivant de transporter ce bail en demeurant seulement garant de son exécution.

Et qu'enfin le survivant devrait faire son option dans les trois mois du décès du premier mourant, à peine d'être déchu de cette faculté.

Cette pièce a été cotée et paraphée, etc...

DÉCLARATIONS. — Pour compléter cette cote, Mᵐᵉ Blin fait les déclarations suivantes :

I. — *Sur les apports en mariage de M. Blin* : Les effets, etc... (*comme en la formule 1899*).

II. — *Sur le fonds de commerce* : Enfin, Mᵐᵉ Veuve Blin, usant de la faculté que lui confère l'article... de son contrat de mariage susénoncé, déclare formellement, par ces présentes, qu'elle entend conserver, pour son compte personnel, le fonds de commerce d'épicerie-mercerie exploité par son mari et elle lors du décès à..., rue...; nº..., susénoncé, ainsi que les marchandises et ustensiles en dépendant, à charge de tenir compte, dans les termes de la convention, de l'estimation qui a été faite du tout par experts dans la séance du... du présent inventaire.

Comme conséquence, elle profitera seule du bail des lieux où s'exploite le fonds de commerce dont il s'agit et où elle a son habitation, à la charge de tenir compte des loyers payés d'avance de supporter personnellement les loyers à compter du décès de son mari et d'exécuter toutes les clauses et conditions de ce bail qui sera analysé ci-après sous la cote...

Propres des époux.

(*Pour l'analyse des titres et papiers concernant les propres des époux, voir*, supra, *formules 1902 à 1915.*)

Biens et valeurs de communauté.

1957. — ACQUISITION DE FONDS DE COMMERCE.

La *première pièce* de cette cote est l'expédition délivrée par Mᵉ..., notaire à..., d'un acte reçu par lui le... (*ou* : l'un des originaux d'un acte sous signatures privée fait en triple à..., le..., portant cette mention : Enregistré, etc...), aux termes duquel M. Blin, *de cujus*, et Mme Louise Meunier, son épouse, ont conjointement acquis de M. Henri Leclerc, négociant, demeurant à..., le fonds de commerce d'épicerie-mercerie que les époux exploitaient encore au décès du mari à..., rue..., n°..., comprenant la clientèle ou achalandage, le mobilier industriel, les marchandises en magasin et le droit pour le temps qui en restait alors à courir du bail des lieux où s'exploitait le fonds et où les acquéreurs avaient leur habitation.

Cette acquisition eut lieu moyennant y compris la restitution de la somme de 1.500 francs, montant des loyers qui avaient été payés d'avance, le prix total de 60.000 fr., sur lequel 20.000 francs furent payés comptant aux termes de l'acte qui en contient quittance; le surplus fut stipulé payable en quatre fractions de 10.000 francs exigibles chaque année le... avec intérêts à 6 % l'an payables avec chaque fraction de principal.

Les *quatre pièces suivantes* sont les reçus des quatre fractions de principal restant dus sur le prix d'acquisition ci-dessus augmenté des intérêts courus.

La *cinquième pièce* est le certificat de radiation de l'inscription de privilège de vendeur qui avait été prise au greffe du tribunal de commerce de... en garantie du solde du prix de l'acquisition susanalysée.

La *sixième pièce* est l'un des originaux d'un acte sous signatures privées fait en triple à..., le..., portant cette mention : enregistré, etc..., contenant bail par M. René Durand, propriétaire, demeurant à..., à M. Henri Leclerc, susnommé, des locaux où s'exploitait le fonds de commerce d'épicerie-mercerie à..., rue..., n°..., acquis avec le droit au bail dont s'agit par M. et Mme Blin, aux termes de l'acte analysé comme pièce première de la présente cote.

Ce bail fut consenti et accepté pour une durée de 3, 6, 9 ou 12 ans à compter du... à la volonté du preneur seul, avec faculté pour ce dernier de le transporter à un successeur dans son commerce et moyennant un loyer annuel de 3.000 francs payable par semestre à terme échu les..., avec paiement constaté d'une somme de 1.500 francs pour six mois de loyers d'avance imputables sur les six derniers mois de jouissance du bail.

La *septième pièce* est un reçu délivré par M. Durand à M. Blin, *de cujus*, à la date du... et constatant le paiement de la somme de 1.500 francs représentant le terme du loyer précité à échéance du...

Les *cinq dernières pièces* sont autant de quittances du même loyer afférentes aux termes antérieurs.

Toutes ces pièces ont été cotées, etc...

Pour compléter cette cote, Mme Veuve Blin déclare :

Que le fonds de commerce d'épicerie-mercerie acquis de M. Leclerc par l'acte susanalysé est celui qu'elle exploitait avec son mari lors du décès de celui-ci; fonds qui a été estimé dans la première séance du présent inventaire, et qu'elle a déclaré conserver pour son compte personnel en vertu de l'article... de son contrat de mariage analysé ci-dessus, cote...

Que le bail susanalysé est toujours en cours et se trouve compris dans l'option précitée.

Qu'enfin, au décès de son mari, le prix d'acquisition du fonds dont il s'agit était entièrement réglé et qu'il n'était dû sur les loyers que le prorata du terme en cours.

1958 — LIVRES ET REGISTRES DE COMMERCE.

La *première pièce* de cette cote est un registre relié en basane noire avec bas et haut du dos et les coins en cuivre, intitulé « *Livre-journal* », et sur lequel M. Blin inscrivait jour par jour les opérations de ventes et achats relatives à son commerce.

Ce registre contient... feuillets numérotés et paraphés par M. le président du tribunal de commerce de..., à la date du..., ainsi que le constate le visa de la première page.

Les pages, jusques et y compris le verso du... feuillet, sont entièrement remplies sans intervalle ni lacune; les autres pages sont en blanc et ont été bâtonnées.

Les opérations journalières consignées sur ce registre sont celles effectuées du... au... inclus et se trouvent reportées au Grand-Livre ci-après inventorié.

La *deuxième pièce* est un registre cartonné et couvert en basane verte intitulé « *Grand-Livre* » également avec le haut et le bas du dos et les coins en cuivre, lequel contient, d'après le relevé du « Livre-journal » susanalysé, le compte par doit et avoir de chaque débiteur ou créancier de M. Blin, ainsi que les divers autres comptes nécessités par ses opérations commerciales.

Ce registre contient... feuillets numérotés; les deux pages en regard l'une de l'autre portent le même numéro et sont destinées l'une au *crédit* et l'autre au *débit*; il est employé jusques et y compris le feuillet n°..., le surplus est en blanc. Les pages employées étant destinées à des reports successifs ne sont que partiellement écrites. Les parties en blanc ont été bâtonnées, et chaque feuillet écrit a été paraphé par M^e..., notaire soussigné.

La *troisième pièce* est un petit registre cartonné contenant la table alphabétique des noms portés au Grand-Livre avec l'indication des folios des différents comptes;

La *quatrième pièce* est un registre cartonné couvert en toile contenant la copie des inventaires faits chaque année par M. Blin de la situation de ses affaires commerciales; le premier inventaire rapporté est celui de l'année..., et le dernier celui de l'année...

Ce registre a... pages foliotées et paraphées par M. le président du tribunal de commerce de...; les... premières pages sont écrites en entier; le reste est en blanc.

La *cinquième pièce* est un registre cartonné avec dos et coins en parchemin, contenant... feuillets numérotés et destinés à recevoir la copie des lettres écrites par M. Blin pour les affaires de son commerce. Ce registre est employé jusques et y compris le feuillet...

La *sixième pièce* est un petit registre cartonné contenant le relevé pour chaque mois des effets de commerce arrivés à échéance pour l'encaissement et l'acquit. Il contient... feuillets employés jusques et y compris celui portant le n°...

La *septième pièce* est un registre petit format contenant le détail, jour par jour, des entrées et sorties de fonds dans la caisse et la balance de compte à la fin de chaque mois; il comporte... feuillets écrits jusques et y compris la moitié de celui n°...

Les *quatre pièces suivantes* sont des anciens registres entièrement écrits et s'appliquant aux opérations antérieures au... reportées aux registres ci-dessus analysés.

La *douzième pièce et dernière* est une liasse de... lettres et télégrammes reçus par M. Blin et relatives à ses affaires commerciales.

Toutes ces pièces ont été cotées et paraphées, etc...

1959. — Situation commerciale au décès.

L'*unique pièce* de cette cote est une note sur la situation commerciale de M. Blin arrêtée au jour de son décès d'après le dépouillement des registres analysées sous la cote qui précède.

Cette note, établie par les requérants, a été divisée d'un commun accord entre eux en deux parties; la première partie relative à l'actif commercial avec distinction entre les créances d'un recouvrement certain, d'un recouvrement douteux et d'un recouvrement désespéré, et la deuxième relative au passif commercial.

Il en résulte ce qui suit :

1ent Actif commercial.

Au décès de M. Blin il lui était dû pour fournitures, savoir :

I. — *Créances d'un recouvrement certain.*

1° Par M. Lange, cultivateur, demeurant à..., une somme de	248,75
2° Par M..., etc...	1.987,20
Ensemble des créances considérées bonnes	2.235,95

II. — *Créances douteuses*

1° Par M. Simon, négociant, demeurant à..., une somme de	623,80
2° Par M..., etc...	448,60
Ensemble des créances douteuses	1.072,40

III. — *Créances d'un recouvrement désespéré.*

1° Par M. Renard, ancien négociant, demeurant à..., différentes sommes s'élevant au total à	1.268,60
2° Par M..., etc...	4.375,10
Ensemble des créances irrécouvrables	5.643,70

2ent Passif commercial.

A la même époque il était dû par le *de cujus* en raison de son commerce, savoir :

1° A M. Laurent, épicier en gros, demeurant à..., diverses factures s'élevant à	2.321,10
2° A M..., etc...	3.429,85
Ensemble du passif commercial	5.750,95

Cette pièce a été cotée et paraphée, etc...

1960. — Société entre M... et M... Blin, de cujus.

La *première pièce* de cette cote est l'un des originaux d'un acte sous signatures privées, en date à..., du..., portant cette mention : Enregistré, etc...

Aux termes de cet acte, M. Blin, *de cujus*, et M. Léon Garot, négociant, demeurant à..., et M. André Lemaire, industriel, demeurant à..., ont formé entre eux une société en nom collectif sous la raison sociale... ayant son siège à... pour une durée de... années à compter du... et dont l'objet était la fabrication et la mise en vente de... et le capital composé de...

Cet acte de société stipule notamment :

Qu'il serait fait chaque année, au mois de..., un inventaire de l'actif et du passif social et que les bénéfices, ainsi que les pertes, le cas échéant, seraient partagés par tiers entre les associés.

Qu'en cas de décès de l'un d'eux, au cours de la société, celle-ci continuerait de plein droit entre les survivants sans que les héritiers et représentants du décédé puissent exiger qu'il soit procédé à un inventaire social, même en la forme commerciale; les droits de ces derniers devant être fixés par le dernier inventaire social précédant le décès et payables en espèces dans le délai de... avec intérêts au taux de... exigibles les...

La *deuxième pièce* est relevée de l'inventaire commercial dressé entre les associés à la date du... et constatant que la part nette revenant alors à M. Blin s'élevait à 11.245 fr. 70

Ces deux pièces ont été cotées et paraphées, etc.

Mᵐᵉ Veuve Blin déclare que lors du décès de son mari le montant de la part nette de celui-ci constatée à l'inventaire commercial précité était encaissé.

1961. — BILLETS A ORDRE.

Les quinze pièces de cette cote sont autant de billets souscrits sur timbre proportionnel à l'ordre de M. Blin, *de cujus*, pour valeurs reçues en marchandises, savoir :

Le premier par M..., demeurant à..., pour une somme de 643 fr. 80 exigible le..., avec intérêts au taux de..., payables en même temps que le capital.

Le deuxième, etc...

Ces pièces n'ont été ni cotées ni paraphées à la réquisition des parties, attendu leur nature de valeurs négociables, mais elles demeurent inventoriées sous la présente cote...

Déclarations générales.

(*Pour les déclarations générales, interpellations, protestations, voir supra formules 1944 et suiv.*)

FORM. 1962 à 1968. — Analyse et déclarations d'un inventaire après décès d'un conjoint survivant. — Récolement. — Compte d'administration.

(*Pour la prisée, voir formule 1870.*)

1962. — INVENTAIRE APRÈS LE DÉCÈS DE M. MORIN.

La *première pièce* de cette cote est une expédition de l'inventaire dressé par Mᵉ...; notaire à..., suivant procès-verbal en date au commencement du..., après le décès arrivé à..., le..., de M. Louis Morin, propriétaire, demeurant à..., rue..., n°..., époux de Mᵐᵉ Eugénie Caron.

Cet inventaire eut lieu à la requête de : 1ᵉⁿᵗ Mᵐᵉ Veuve Morin, née Eugénie Caron, aujourd'hui *de cujus* ayant agi, etc... (*Rappeler les noms et qualités des requérants*).

La prisée du mobilier garnissant l'habitation de M. et Mᵐᵉ Morin et dépendant de la communauté qui avait existé entre eux s'est élevée à................5.626 »

On a vu dans la première séance du présent inventaire que la majeure partie de ce mobilier se retrouve en nature, les objets manquants relatés sous paragraphe spécial.

Les titres et papiers inventoriés ont été analysés sous 70 cotes dont le récolement est fait ici de la manière suivante :

Cotes	Pièces	*Contrat de mariage.*
1	18	La *première pièce* de la cote première est la minute représentée par Mᵉ... du contrat de mariage de M. et Mᵐᵉ Morin reçu par Mᵉ..., prédécesseur de ce dernier, le...

Il résulte de ce contrat :

a) Que M. et Mᵐᵉ Morin avaient adopté pour base de leur union le régime de la communauté réduite aux acquêts, conformément aux articles 1498 et 1499 du Code civil.

b) Que M. Morin avait apporté en mariage les effets et objets à son usage personnel et divers outils et matériaux dont l'estimation fixée à 5.000 francs en a valu vente à la communauté.....5.000　»

c) Que M. Jean Morin et Mᵐᵉ Louise Parent, père et mère du futur époux, avaient donné et constitué en dot à ce dernier les biens suivants :

Une créance de 1.000 francs sur, etc..., remboursée au cours de la communauté.

Une action de la Compagnie générale des eaux, etc..., laquelle existait encore en nature à la dissolution de la communauté.

Cotes	Pièces	

Divers immeubles urbains et ruraux composés de maisons d'habitations sises à..., et de parcelles de terre situées terroir de...

d) Que cette donation avait été faite à charge par le donataire :

D'acquitter diverses dettes dues par ses père et mère, et s'élevant ensemble en capital à 15.000 francs, lesquelles dettes ont été payées au cours de la communauté.

Et de servir aux donateurs une pension annuelle et viagère de 3.000 francs qui s'est éteinte au décès du survivant d'eux survenu au cours du mariage des époux Morin.

e) Que Mlle Eugénie Caron, future épouse, avait apporté en mariage les effets, objets et bijoux à son usage personnel estimés 10.000 francs et vendus pour cette estimation à la communauté........10.000   »

f) Que M. Fernand Caron et Mme... avaient donné et constitué en dot à la future épouse, leur fille :

Un trousseau d'une valeur de 2.500 francs et une somme de 10.000 francs en espèces, le tout entré en communauté sauf la reprise en résultant au profit de la future épouse.   .

Et diverses parcelles de terre sises à...

h) Et enfin que le survivant des époux aurait droit à un préciput de 10.000 francs à prendre soit en deniers comptants soit en objets mobiliers de la communauté, à son choix.

Les *2e et 3e pièces* sont des extraits du même contrat de mariage concernant spécialement les immeubles constitués en dot à chacun des futurs époux et transcrits au bureau des hypothèques de...

Toutes les *autres pièces* sont des titres de propriété des mêmes immeubles, états et certificats hypothécaires les concernant.

Ces pièces se retrouvent.

En suite de cette cote première Mme Veuve Morin a déclaré :

Sur les immeubles constituées en dot à M. Morin.

Qu'une partie de ces immeubles a été vendue au cours du mariage moyennant différents prix s'élevant ensemble à la somme totale de 30.000 francs qui a été encaissée par la communauté.

Que le surplus des mêmes immeubles auxquels il avait été fait à plusieurs d'entre eux diverses augmentations et améliorations existait encore en nature au décès de M. Blin et comprenait : 1° Une maison, etc..

Sur les immeubles constitués en dot à Mme Blin.

Que la parcelle de terre de..., sise..., avait été vendue au cours du mariage moyennant le prix de...; celle de... moyennant le prix de..., etc..., le tout encaissé par la communauté.

Et que le surplus de ces immeubles existait encore en nature au décès de M. Blin.

Pour compléter ces déclarations, les requérants ajoutent ici :

Que tous les immeubles désignés ci-dessus comme existant au décès de M. Blin existent encore aujourd'hui en nature, à l'exception toutefois de la pièce de terre de... propre à Mme Blin; laquelle a été échangée aux termes d'un acte qui sera analysé sous la cote... ci-après.

Qu'une partie des mêmes immeubles est actuellement louée à diverses personnes, ainsi qu'on le verra ci-après sous la cote 15 de l'inventaire après le décès de M. Blin et sous la cote... du présent inventaire.

Que le surplus de ces immeubles est libre de location.

Successions échues à M. Blin.

Les pièces de la cote 2e concernent les successions de M. Octave Blin, décédé à..., le..., et de Mme..., son épouse, décédée au même lieu le..., père et mère de M. Blin, mari de la *de cujus*, laissant pour héritiers chacun pour 1/3 ce dernier et ses deux frères M... et M...

Au nombre de ces pièces figure notamment une expédition d'un acte reçu par M^e..., notaire à..., le..., aux termes duquel les susnommés ont procédé à la liquidation et au partage des communauté et successions dont il s'agit.

Il résulte de cet acte et des déclarations complétant son analyse que, pour fournir à M. Blin le montant de ses droits dans l'actif partagé, il lui a été attribué en pleine propriété :

1° 16 ares 15 de terre à...; 2°..., etc...

10° Diverses valeurs mobilières qui ont été spécialement décrites

Cotes	Pièces	
		sous les cotes 53 à 59 de l'inventaire présentement analysé et qui existaient en nature au décès de M. Blin. Toutes les pièces de cette cote se retrouvent. Les requérants déclarent ici : Que les immeubles faisant l'objet des articles 8 et 9 de la désignation qui précède ont été échangés depuis le décès de M. Blin par sa veuve et eux-mêmes aux termes d'un acte qui sera analysé sous la cote... du présent inventaire. Qu'une partie de l'article 7 a été expropriée au profit de la commune de..., comme on le verra sous la cote... ci-après. Que les autres immeubles existent toujours en nature et que plusieurs d'entre eux sont loués à diverses personnes ainsi qu'il sera expliqué sous les cotes 26 à 32 de l'inventaire après le décès de M. Blin et sous la cote... du présent inventaire.
		Successions échues à Mme Blin.
3	7	Les pièces de la cote 3e concernent les successions de : M. Albert Meunier, menuisier, demeurant à..., où il est décédé le..., laissant, etc...; 2o Mme... Il résulte de ces pièces et des déclarations faisant suite à leur analyse : Qu'il a été attribué à Mme Blin pour lui fournir ses droits, savoir : 1o...; 2o... Qu'au cours du mariage, l'immeuble compris sous le no... a été vendu moyennant le prix de 10.000 francs encaissé par la communauté et que le surplus de ces immeubles existait encore en nature au décès de M. Blin. Toutes les pièces de cette cote se retrouvent. Les requérants ajoutent que ces immeuble se xistent encore actuellement en nature, que quelques uns d'entre eux sont loués ainsi qu'on le verra ci-après sous la cote... et le surplus libre de location.
4	28	Les pièces de la cote 4e sont les titres de propriétés des immeubles attribués à M. Blin par le partage analysé sous la cote 2e... Toutes ces pièces se retrouvent.
		Immeubles de communauté.
5	6	Titres et pièces concernant l'acquisition d'un terrain de 600 mètres environ sis à... et sur lequel M. Blin a fait édifier, au cours de son mariage, une maison d'habitation, portant le no... de la rue..., élevée sur cave d'un rez-de-chaussée, etc... Ces pièces se retrouvent. Les requérants déclarent que les immeubles dont il s'agit existent toujours et sont loués actuellement à M..., ainsi qu'on le verra sous la cote... du présent inventaire.
6	20	Titres et pièces relatives à l'acquisition d'une maison, etc...
		Location des immeubles propres à M. Blin.
15	15	Titres et pièces concernant la location de la maison sise à Paris, rue..., no..., appartenant en propre à M. Blin, ainsi qu'il est relaté cote 2e ci-dessus et constatant que cet immeuble loué au décès à diverses personnes moyennant un prix total annuel de 16.500 francs avec déclaration en suite de leur analyse, qu'au décès de M. Blin il n'était dû sur ces loyers que le prorata des termes en cours. Toutes ces pièces se retrouvent. Les requérants déclarent que depuis la dissolution de la communauté il est survenu dans les locations de cet immeuble divers changements qui seront relatés plus loin sous la cote... du présent inventaire.
		Location des immeubles propres à Mme Blin.
26		Déclarations constatant qu'au décès de M. Blin, la maison sise..., propre à Mme Blin, ainsi qu'il est relaté cote 3e, était louée verbalement et à l'année à M..., moyennant 1.200 francs par an, payables aux quatre termes ordinaires de l'année et qu'il n'était dû alors que le prorata du trimestre en cours. Les requérants ajoutent à cette déclaration que la location verbale dont il s'agit existe toujours aux mêmes conditions et qu'au décès de Mme Blin il n'était dû par M... que le prorata du terme en cours.

Cotes	Pièces

Location des immeubles de communauté.

32 — **2** — Qui constatent que la maison d'habitation sise à... était louée à la dissolution de la communauté pour une durée ayant pris fin le..., à M..., moyennant un loyer de 1.800 francs par an.

Ces pièces se retrouvent à l'exception de la quittance du dernier terme de loyers.

Les requérants déclarent que depuis le..., cette maison est louée à M... aux termes du bail qui sera analysé ci-après sous la cote... du présent inventaire.

Valeurs de bourse propres à M. Blin.

36 — **6** — Qui sont six obligations au porteur de la Ville de Paris, emprunt 1871, nos..., dont les intérêts sont payables par semestre les 1er janvier et 1er juillet de chaque année, appartenant en propre à Mme Blin pour avoir été recueillies par elle dans la succession de son père (cote 2e).

Cinq de ces obligations se retrouvent.

Les requérants déclarent : que les cinq obligations précitées portaient jouissance courante au décès de Mme Blin; que l'obligation no... a été remboursée depuis le décès de M. Blin et que le produit du remboursement a été encaissé par Mme Veuve Blin, au compte de laquelle il figurera en recettes, ainsi qu'on le verra plus loin sous une des cotes du présent inventaire.

Valeurs de bourse propres à Mme Blin.

41 — **1** — Qui est un récépissé au nom de M. Blin constatant le dépôt fait par lui au Crédit Foncier de France sous le no... de 12 obligations communales au porteur, nos..., emprunt 1879, produisant des intérêts payables... appartenant en propre à Mme Blin pour les avoir recueillies dans la succession de son père (cote 3e) Suivant déclaration faite à la suite de l'analyse de ce récépissé, il résulte que les intérêts de ces titres étaient au courant au décès de M. Blin.

Ce récépissé ne se retrouve pas.

Les requérants déclarent que lesdites obligations existent toujours en nature; qu'elles font aujourd'hui l'objet d'un certificat de dépôt délivré par le Crédit Foncier sous le no..., au nom de Mme Vve Blin, et qu'il n'était dû au décès de Mme Blin que le prorata d'intérêts du semestre en cours encaissé depuis par le Crédit foncier et porté par cet établissement au crédit du compte courant de Mme Blin, dont il sera question ci-après sous la cote... du présent inventaire.

Valeurs de bourse dépendant de la communauté.

56 — **1** — Qui est un titre au porteur de 200 francs de rente française perpétuel no... au courant des arrérages au décès de M. Blin.

Cette pièce existe toujours.

Les requérants déclarent que les arrérages de cette rente postérieurs au décès de M. Blin ont été encaissés par Mme Vve Blin aux recettes du compte de laquelle ils figureront ainsi qu'il sera relaté ci-après cote..., et qu'au décès de Mme Blin, il était dû seulement les arrérages depuis le 1er juillet précédent.

Compte courant au Crédit Foncier.

60 — **2** — De ces pièces et des déclarations faisant suite à leur analyse, il résulte que feu M. Blin avait un compte courant ouvert au Crédit Foncier de France sous le no..., qui présentait à la dissolution de la communauté un solde créditeur de 625 fr. 95.

Ces pièces ne se retrouvent pas...

Les requérants déclarent que le solde du compte précité a été porté au crédit du nouveau compte courant ouvert par le Crédit Foncier, après le décès de M. Blin, au nom de Mme Veuve Blin, ainsi qu'il sera relaté ci-après cote...

Assurances contre l'incendie.

62 — **6** — Pièces et déclarations constatant que les constructions de la propriété sise à..., appartenant en propre à M. Blin, ainsi qu'il est relaté cote 2e, étaient assurées contre les risques de l'incendie à la Compagnie..., suivant police no..., moyennant une prime annuelle de 60 fr.

Cotes	Pièces	
		payée au décès de M. Blin pour l'année courante commencée le... Ces pièces se retrouvent.

payée au décès de M. Blin pour l'année courante commencée le... Ces pièces se retrouvent.

Les requérants déclarent que cette assurance existe toujours sans modification, que depuis le décès de M. Blin, les primes échues, y compris celle applicable à l'année en cours au décès de Mme Veuve Blin, ont été acquittées par cette dernière, qui en a porté le montant aux dépenses du compte d'administration qui sera transcrit ci-après sous la cote...

Contributions.

65 15

Pièces et déclarations constatant que les immeubles de M. et Mme Blin étaient assujettis aux contributions diverses pour l'année..., savoir : Ceux propres à M. Blin pour une somme totale de..., ceux propres à Mme Blin pour..., et ceux dépendant de la communauté pour... dues en totalité au décès de M. Blin.

Ces pièces se retrouvent.

Les requérants déclarent que ces contributions et celles des années postérieures jusques et y compris l'année... ont été acquittées par Mme Veuve Blin et figurent aux dépenses du compte d'administration qui sera analysé ci-après sous la cote...

Dot aux enfants.

67 2

Qui sont les minutes des contrats de mariage de Mmes..., requérantes, constatant au profit de chacune d'elles une constitution de dot rapportable par moitié aux successions de leurs père et mère.

Les requérants déclarent que M... et Mme..., alors mineure, qui n'avaient pas été dotés par leurs père et mère, n'ont reçu depuis le décès de leur père aucun avantage sujet à rapport.

Pièces diverses.

69 20

Reçus, notes et papiers divers aujourd'hui sans intérêt.

Déclarations générales.

70 18

Sous ce titre, Mme Veuve Blin avait déclaré :

Sur les deniers comptants : qu'au décès de son mari, il existait en deniers comptants une somme de 2.000 francs.

Sur l'actif : Qu'à sa connaissance il n'existait aucun autre élément d'actif de communauté et de succession que ceux constatés en l'inventaire présentement analysé.

Sur le passif : Qu'elle avait payé depuis le décès de son mari :

1° Différentes sommes réclamées à la communauté pour travaux et fournitures antérieurs à la dissolution s'élevant ensemble à 3.647,50

2° La somme totale de 1.849 fr. 80 pour soins donnés à M. Blin et médicaments fournis pendant sa dernière maladie...... 1.849,80

3° Et celle de 1.200 francs pour frais funéraires...... 1.200 »

Et qu'il était encore réclamé à la communauté par divers pour fournitures antérieures au décès une somme de 728,70

A l'appui de ces déclarations, il fut représenté 18 pièces qui formèrent la cote 10e et dernière de l'inventaire et qui se retrouvent.

Mme Blin déclara ensuite qu'il ne lui était dû par Mlle..., sa fille mineure, que le coût de la délibération du conseil de famille qui avait nommé un subrogé tuteur à cette dernière.

Puis l'inventaire a été clos après prestation du serment exigé par la loi.

Les requérants déclarent que les deniers comptants existant au décès de M. Blin sont restés en la possession de Mme Veuve Blin, qui a d'ailleurs acquitté le passif existant au décès de son mari et celui postérieur, ainsi que le tout résulte du compte d'administration qui fera l'objet de la cote... ci-après.

La *deuxième pièce* de la cote première est l'expédition délivrée par M^e..., notaire à..., d'un acte reçu par lui le..., aux termes duquel Mme Veuve Blin a renoncé purement et simplement à l'usufruit auquel elle avait droit sur la succession de son mari en sa qualité d'épouse survivante et en vertu de l'article 767 du Code civil.

La *troisième pièce* et dernière est un reçu délivré par l'Administration de l'Enregistrement constatant que les droits de mutation payés après le décès de M. Blin se sont élevés pour Mme Vve Blin à..., et pour les héritiers à..., soit ensemble... 12.648,50

Ces trois pièces ont été cotées et paraphées par le notaire soussigné et inventoriées comme pièces de la cote première.

DÉCLARATIONS. — Pour faire suite à cette cote et la compléter, les requérants déclarent ce qui suit :

Les frais de l'inventaire dont l'analyse précède se sont élevés à	1.280 »
Ceux de la prisée du même inventaire à..................	50 »
Ceux de la déclaration de succession à...................	130 »
Ceux de la renonciation à usufruit faite par Mme Veuve Blin à . .	48,20
Ensemble.............................	1.508,20

Ces frais, ainsi que le montant des droits de mutation susénoncés, ont été acquittés par Mme Veuve Blin avec des deniers qui appartenaient à la communauté dissoute, ainsi qu'il est relaté au compte d'administration qui sera analysé sous la cote... ci-après.

La communauté ayant existé entre M. et Mme Blin et la succession de M. Blin n'ont jamais été liquidées ni partagées, et l'administration des biens et valeurs en dépendant a été confiée à Mme Veuve Blin, épouse survivante, qui a tenu compte des opérations effectuées sur un carnet qui sera inventorié ci-après.

1963. — ÉCHANGES D'IMMEUBLES PROPRES A M. BLIN.

La *première pièce* de cette cote est un extrait littéral délivré par M^e..., notaire à..., d'un acte reçu par lui le..., portant cette mention : transcrit, etc...

Aux termes de cet acte, Mme Veuve Blin, MM... et Mme..., requérants, ont cédé à titre d'échange à M... une parcelle de terre sise..., qui appartenait en propre à M. Blin pour l'avoir recueillie dans la succession de ses père et mère, ainsi qu'il est relaté sous la cote 2e de l'inventaire analysé ci-dessus cote première.

En contre-échange, il a été cédé deux parcelles de terre sises..., l'une contenant... au lieu dit..., l'autre, etc...

Cet échange a été fait sans soulte de part ni d'autre.

La *deuxième pièce* est un certificat négatif d'inscription délivré sur la transcription susénoncée.

Ces pièces ont été cotées et paraphées, etc...

Les requérants déclarent que les deux parcelles de terre reçues en échange existent toujours en nature et qu'elles étaient libres de location au décès de Mme Veuve Blin.

1964. — EXPROPRIATION AU PROFIT DE LA COMMUNE DE...

Sous cette cote, les requérants font les déclarations suivantes :

Aux termes d'un jugement rendu   le..., après l'accomplissement des formalités prescrites par la loi du 3 mai 1841,   le tribunal civil de... a prononcé l'expropriation au profit de la commune de... de divers terrains situés à..., destinés à l'ouverture d'une rue entre la ligne du chemin de fer de Paris au Havre et la rue..., parmi lesquels figure un terrain d'une superficie de... qui appartenait en propre à M. Blin, ainsi qu'il est relaté sous la cote 2e de l'inventaire après son décès et susanalysé (cote 1re).

L'indemnité due à la succession de M. Blin, par suite de cette expropriation, a été fixée à 4.000 francs par décision du jury en date du..., notifiée aux intéressés suivant exploit de M^e..., en date du...

Cette indemnité n'a pas encore été payée, et il est dû une somme de 225 francs pour frais d'expropriation à la charge du terrain dont s'agit.

Ces déclarations tiendront lieu de cote...

BAUX ET LOCATIONS.

La *première pièce* de cette cote est l'un des originaux, etc... (*analyser les baux et locations des immeubles comme aux formules 1925 et suiv. en distinguant les biens propres à chacun des époux et ceux de communauté*).

1965. — VALEURS DE BOURSE.

L'*unique pièce* de cette cote est un récépissé n°... au nom de Mme Veuve Blin, née Meunier, constatant le dépôt effectué par cette dernière au Crédit Foncier de France à la date du..., de 15 obligations foncières 1885 au porteur de cette société, au capital nominal de 500 francs rapportant 12 fr. 50 d'intérêts payables les..., portant les n°s...

Ladite pièce a été cotée et paraphée, etc...

Les requérants déclarent que ces valeurs appartenaient personnellement à Mme Veuve Blin, leur mère, qui en avait fait l'acquisition depuis le décès de son mari et que les intérêts de ces valeurs au courant au jour du décès de la *de cujus* étaient régulièrement encaissés à leur échéance par le Crédit Foncier, qui en portait le montant au crédit du compte courant de la titulaire et analysé sous la cote suivante.

1966. — Compte courant au Crédit Foncier.

L'unique pièce de cette cote est un carnet sur lequel sont reproduites toutes les écritures du compte courant ouvert par le Crédit Foncier de France à Mme Veuve Blin, sous le n°...

Ce compte, qui remonte au..., présentait à la date du 30 juin dernier un solde créditeur de.. 1.523,60

Les recettes se composent des intérêts échus depuis l'ouverture du compte des obligations communales et foncières en dépôt au Crédit Foncier et faisant l'objet de la cote 41 de l'inventaire après le décès de M. Blin et de la cote... du présent inventaire, d'un versement de 5.000 francs effectué par la titulaire à différentes époques et des intérêts dont ce compte a été bonifié, le tout s'élevant à..................... 9.142,70

Les dépenses se composent des frais d'ouverture du compte, du timbre des chèques tirés par Mme Veuve Blin et des récépissés de dépôt qui lui ont été délivrés et des sommes dont elle a effectué le retrait pendant la durée du compte, le tout s'élevant à.   7.619,10

Ladite pièce a été cotée et paraphée, etc...

Les requérants déclarent :

Que le compte courant dont il s'agit est la continuation de celui qui avait été ouvert par le Crédit Foncier à feu M. Blin sous le n°... et qui a fait l'objet de la cote 60 de l'inventaire après le décès de ce dernier.

Assurances. — Abonnements. — Contributions.

(Analyser les pièces relatives aux assurances, abonnements au gaz, à l'eau, etc..., et aux contributions applicables à l'année en cours au décès de Mme Veuve Blin en distinguant les biens propres à chacun des époux et les biens de leur communauté comme aux formules 1930 à 1936.)

1967. — Tutelle de Mme..., requérante.

Pour tenir lieu de la présente cote, les requérants déclarent ce qui suit :

Mme Vve Blin, *de cujus*, a été tutrice légale depuis le décès de son mari jusqu'au..., de Mme..., sa fille, à laquelle elle a rendu compte suivant acte reçu par M^e..., notaire à..., le..., approuvé suivant autre acte du même notaire en date du... suivant.

Ce compte présentait un reliquat actif en faveur de la pupille encaissé par celle-ci et quittance à l'acte d'approbation dernier énoncé.

1968. — Administration de Mme Veuve Blin.

La *première pièce* de cette cote est un carnet relié toile noire sur lequel Mme Veuve Blin, *de cujus*, transcrivait jour par jour les opérations réalisées par elle au cours de l'administration des biens indivis entre elle et ses enfants depuis le décès de son mari.

La *deuxième pièce* est une note dressée par les requérants contenant le relevé récapitulatif des opérations portées au carnet précité, mais en y distinguant les recettes et les dépenses effectuées pour le compte de la communauté de celles concernant spécialement la succession de M. Blin.

Cette note est d'ailleurs ainsi conçue :

Compte d'administration de Mme Blin.

Recettes :	Communauté	Succession
Les recettes comprennent :		
1° 2.000 francs, montant des deniers comptants existant au décès de M. Blin..........................	2.000 »	
2° 12.250 francs, montant des loyers de la maison sise à..., rue..., n°..., dépendant de la communauté, courus du... au 1er avril dernier.............................	12.250 »	
3° 6.250 francs, montant des loyers de la maison sise à..., rue..., appartenant en propre à M. Blin, courus du... au.........	720 »	5.530 »
4° 600 francs, montant du prorata dû au décès de M. Blin des loyers de la maison sise à..., propre à Mme Blin...........	600 »	
5° 850 francs, montant d'arrérages de 200 francs de rente et d'intérêts de... obligations... dépendant de la communauté, courus du... au......................................	850 »	
A reporter......	99.999 »	9.999

	Communauté		Succession	
Reports	99.999	»	9.999	»
6° 1.200 francs, montant d'intérêts courus du... au... sur... obligations de...; ... actions de... appartenant en propre à M. Blin...................................	100	»	1.100	»
8° 60 francs, montant du prorata d'intérêts courus au décès de M. Blin sur... obligations du... appartenant en propre à Mᵐᵉ Blin...................................	60	»		
9°...; 10°..., etc...................................	2.425	»	3.685	»
Total des recettes effectuées :				
Pour le compte de la communauté...............	19.005	»		
Pour le compte de la succession de M. Blin.........			10.315	»
Soit en réunion........................	29.320	»		

Dépenses :	Communauté		Succession	
Les dépenses comprennent, savoir :				
1° 3.647 fr. 50 dus au décès de M. Blin pour fournitures...	3.647,50			
2° 1.849 fr. 80, montant des frais de dernière maladie de M. Blin...........................	1.849,80			
3° 728 fr. 70, montant de fournitures antérieures au décès.	728,70			
4° 1.200 francs, montant des frais funéraires de M. Blin...			1.200	»
5°...; 6°...; 7°..., etc........................	1.240	»	2.420	»
Total des dépenses effectuées :				
Pour le compte de la communauté...............	7.466	»		
Pour le compte de la succession................			3.620	»
Soit en réunion........................	11.086	»		

Récapitulation.	Communauté		Succession	
Les recettes effectuées par Mᵐᵉ Veuve Blin s'élevant à....	19.005	»	10.315	»
Les dépenses à...........................	7.466	»	3.620	»
Balance faite, ladite dame est restée comptable de.......	11.539	»	6.695	»
Soit en réunion........................	18.234	»		

Mais de laquelle somme il y a lieu de déduire celles ci-après également portées aux dépenses du compte de Mᵐᵉ Veuve Blin :

1° 7.260 francs, montant des droits de mutation payés après le décès de M. Blin à la charge des enfants... 7.260 »

2° 1.500 francs, montant des frais d'entretien et de nourriture de Mˡˡᵉ..., de sa 18ᵉ année à son mariage avec M................................... 1.500 »

Ensemble .... 8.760 »   8.760 »

En sorte que le reliquat du compte d'administration de Mᵐᵉ Veuve Blin s'élève à............................... 9.474 »

Les *vingt-cinq dernières pièces* sont des notes, mémoires et factures acquittés venant à l'appui des dépenses effectuées par Mᵐᵉ Veuve Blin durant sa gestion.

Toutes ces pièces ont été cotées et paraphées, etc...

Déclarations générales.

Les requérants font ici les déclarations suivantes :

Sur les deniers comptants : Il existait au domicile de Mᵐᵉ Veuve Blin en deniers comptants, lors de son décès, une somme de..., etc. (*Voir pour la suite formules 1944 à 1949*).

§ 3. Incidents et référés.

FORM. 1969. — Lettres confidentielles.

Dans un des tiroirs du bureau décrit sous le n°... de la prisée qui précède, il a été trouvé une liasse de lettres ficelées (*ou :* sous couverture) portant cette suscription : « Lettres de M..., demeurant à..., et confidentielles. »

Les parties, reconnaissant que ces lettres sont réellement confidentielles et ne présentent aucun intérêt pour les opérations d'inventaire, elles en ont fait la remise à Mᵉ..., notaire soussigné, en vue d'en effectuer la restitution à M... contre décharge.

(*ou :* Dans un des tiroirs, etc... (*comme ci-dessus*).

M..., prévenu de ce dépôt et intervenant, déclare que ces lettres sont, comme la suscription l'indique, essentiellement confidentielles et ne sauraient en aucune façon intéresser activement ou passivement la succession de M. Blin, *de cujus*, et réclame par suite la restitution de ces lettres.

Les requérants ne partageant nullement cette appréciation et s'opposant par suite à la restitution sollicitée, le notaire soussigné, vu ce désaccord, a délaissé les parties à se pourvoir en référé pour qu'il soit ordonné ce qu'il appartiendra.

Cette liasse de lettres a été, du consentement de toutes les parties, laissée en dépôt au notaire soussigné, jusqu'à l'issue de la décision à intervenir.

Si la restitution est admise : Déférant à cette demande de restitution, les requérants ont, à l'instant, remis les lettres dont il s'agit à M..., qui le reconnaît, et en donne décharge. Puis ce dernier a signé après lecture.

FORM. 1970. — Papiers étrangers à la succession.

Dans l'un des tiroirs de la commode décrite sous le n°..., de la prisée ci-dessus, il a été trouvé une liasse de papiers placés sous une couverture portant cette suscription : « Papiers confiés en dépôt par M. X..., demeurant à..., et qui sont sa propriété. »

Ces papiers étant étrangers à la succession, les parties requièrent Me..., notaire soussigné, d'en prendre possession à l'effet de les restituer, contre décharge, à leur véritable propriétaire.

(*ou :* M. X..., prévenu de cette découverte, et à ce intervenant, a reconnu que ces papiers étaient bien sa propriété; par suite, restitution lui en a été immédiatement faite par les requérants, auxquels il en consent décharge. Et lecture faite, il a signé en cet endroit.   (*Signature.*)

FORM. 1971. — Compte de mandat par un tiers intervenant.

Sur l'invitation des parties requérantes, est à l'instant intervenu M..., demeurant à...

Lequel a déclaré :

Que, suivant acte sous seing privé en date à..., du..., enregistré, etc..., M. Blin, *de cujus*, lui a conféré tous pouvoirs à l'effet de gérer et administrer tous les biens immeubles qu'il possédait sur la commune de..., notamment passer tous baux, encaisser tous loyers, faire faire toutes réparations et acquitter tous impôts et autres charges des immeubles dont il s'agit.

Qu'en vertu de ce mandat, il a effectué diverses recettes et dépenses dont il présente le compte de la manière suivante (*établir le compte*).

A l'appui de ces déclarations, M... a représenté au notaire soussigné l'original de la procuration susénoncée et... pièces qui sont autant de lettres missives, notes et mémoires acquittés qui ont été cotés et paraphés par le notaire soussigné et inventoriés sous la présente cote...

Et lecture faite, M... a signé et s'est retiré.

FORM. 1972. — Intervention d'un tiers dépositaire de valeurs.

A l'instant est intervenu M..., demeurant à...

Lequel a déclaré que le..., date de départ de son voyage à..., le *de cujus* lui a confié en dépôt les valeurs ci-après désignées en vue d'en assurer la garde et d'en encaisser les intérêts.

Par suite, M... a remis aux requérants qui le reconnaissent et lui en consentent décharge :

1ent Les valeurs de bourse suivantes (*Désignation*).

2ent La somme de..., représentant les intérêts de ces valeurs courus du... au...

Puis il a signé, après lecture faite, et s'est retiré.

FORM. 1973. — Pouvoirs d'administration conférés à l'un des requérants.

Avant la clôture du présent inventaire, les parties requérantes déclarent confier d'un commun accord la gestion et l'administration des biens et affaires de la succession (*ou :* du fonds de commerce de..., exploité à...), à M..., l'un d'eux, qui accepte, et auquel les autres requérants confèrent tous pouvoirs nécessaires à l'effet de... (*énumération des pouvoirs*).

FORM. 1974. — Demande de nomination d'un administrateur.

Mme Veuve..., requérante, fait observer qu'en attendant la liquidation et le partage des biens de la communauté et de la succession dont il s'agit, il est de l'intérêt de toutes les parties que la gestion et l'administration de ses biens soient assurées par une seule personne et consent par suite à prendre cette charge si ses cointéressés veulent bien lui accorder toutes autorisations et lui conférer tous pouvoirs nécessaires à cet effet.

Puis elle a signé après lecture.   (*Signature.*)

Les autres parties interpellées à ce sujet par le notaire soussigné, estiment que la nomination d'administrateur demandée par Mme Veuve... ne présente aucun caractère d'urgence (*ou : ne leur paraît pas nécessaire*), et déclarent réserver leur consentement pour une date ultérieure, si elles le jugent à propos.

Et après lecture, ils ont signé.   (*Signatures.*)

Mme Veuve..., ayant persisté dans sa demande, et les parties n'ayant pu se mettre d'accord, le notaire les a délaissées à se pourvoir en référé devant M. le président du tribunal civil de..., à l'effet d'être ordonné par ce magistrat ce qu'il appartiendra.

Si le notaire est requis de présenter lui-même l'ordonnance, l'indiquer en ces termes : Les parties n'ayant pu se mettre d'accord, elles ont requis M^e..., notaire soussigné, de se transporter au jour le plus prochain où se tiendra l'audience des référés, devant M. le président du tribunal civil de première instance de..., pour être ordonné par ce magistrat ce qu'il appartiendra.

Ce fait, etc... (*ajournement, voir formules 1871 et suiv.*).

O_{RDONNANCE}. — Nous, président du tribunal civil de première instance de...

Vu les observations et réquisitions consignées en la séance qui précède de l'inventaire après le décès de M..., et dont la minute nous a été représentée par M^e..., notaire...

Vu également les contestations soulevées par les opposants.

Renvoyons les parties à se pourvoir au principal devant la juridiction compétente.

Mais, vu l'urgence, autorisons néanmoins Mme Veuve... à gérer et administrer pendant trois mois les biens et affaires de la communauté ayant existé entre elle et son défunt mari et de la succession de ce dernier; en conséquence, faire toutes locations pour la durée ordinaire des baux sans écrit; donner et accepter tous congés; recevoir tous loyers, fermages et revenus échus et à échoir; signer tous états de lieux; donner toutes quittances et décharges; exercer au besoin toutes poursuites, contraintes et diligences; aux effets ci-dessus, passer et signer tous actes et pièces, le tout sans attribution de qualités et à la charge par Mme... de rendre compte quand et à qui il appartiendra.

Fait à..., au palais de justice, le...   (*Signature.*)

FORM. 1975. — Référé à fin d'autorisation de vendre sans attribution de qualité.

Mme Veuve X..., requérante, fait observer qu'il est de l'intérêt de toutes les parties, ainsi que des créanciers, de faire procéder dans le plus bref délai à la vente du mobilier ci-dessus inventorié comme étant susceptible de dépréciation et dispendieux à conserver et de lui confier la gestion et l'administration des biens communs jusqu'à leur liquidation et partage (*en ce qui concerne un fonds de commerce, voir formule 1979*).

En conséquence, elle requiert M^e..., notaire soussigné, de se transporter devant M. le président du tribunal civil de première instance de... au jour le plus prochain des audiences de référés (*ou : aux jour et heure qu'il lui conviendra; ou : le..., à... heures*), à l'effet de solliciter de ce magistrat toutes autorisations utiles à l'effet de :

1° Faire procéder, en observant les formalités légales, à la vente du mobilier compris au présent inventaire; et ce par le ministère de M^e..., et à la requête de la requérante, en présence des autres parties intéressées ou elles dûment appelées;

2° Conférer à la requérante tous pouvoirs nécessaires pour gérer et administrer les biens communs, tant qu'ils demeureront dans l'indivision.

Le tout sans attribution de qualité.

Après lecture, Mme Veuve... a signé.   (*Signature.*)

Les autres parties interpellées à ce sujet déclarent consentir, sous toutes réserves, aux demandes d'autorisation de vente et de nomination d'administrateur formulées ci-dessus par Mme Veuve... et s'y associer.

Puis elles ont signé après lecture (*Signatures et ajournement*)

O_{RDONNANCE}. — Nous, président du tribunal civil de première instance de...

Vu les observations et réquisitions contenues en la séance qui précède de l'inventaire après le décès de M... et dont la minute nous a été présentée par M^e..., notaire à...

Attendu que les parties intéressées sont toutes d'accord pour reconnaître la nécessité de faire procéder d'urgence à la vente des meubles et objets mobiliers compris à l'inventaire susénoncé, et sont unanimes à consentir à cette opération, comme aussi à désigner Mme Veuve... en qualité d'administratrice des biens communs, tant que durera l'indivision.

Autorisons par la présente Mme Veuve..., savoir :

A faire procéder à sa requête en présence des héritiers de son mari ou eux dûment appelés, par le ministère de M^e..., que nous commettons à ce sujet, à la vente publique des effets et objets mobiliers compris à l'inventaire susénoncé à charge d'observer les formalités prescrites par la loi.

A gérer et administrer tant qu'ils seront dans l'indivision (*ou : pendant... mois*) les biens et affaires de la communauté ayant existé entre elle et son défunt mari et de la succession de celui-ci; avec les pouvoirs de toucher et recevoir le prix de la vente

mobilière précitée, ainsi que toutes sommes qui peuvent être dues aux communauté e
succession dont s'agit, payer les dettes exigibles; arrêter tous comptes, donner et accep
ter tous congés; consentir toutes locations verbales suivant l'usage des lieux; exerce
toutes poursuites, contraintes et diligences; donner toutes quittances et décharge
signer tous actes et pièces, substituer et généralement faire tout ce qui est nécessair
pour l'administration conférée.

Le tout sans qu'il puisse en résulter, tant pour Mme Veuve... que pour les héritiers d
son mari, aucune attribution de qualité.

Fait à..., au palais de justice, le...   (*Signature.*)

§ 4. Clôture d'inventaire.

FORM. 1976. — Clôture d'inventaire sans scellés.

Ne se trouvant plus rien à comprendre ni déclarer au présent inventaire, il e
demeuré clos à la réquisition des parties (*s'il y a une veuve requérante*) après avoir ét
affirmé sincère et véritable par Mme Veuve..., requérante.

Puis M... (*ou : Mme...*) a affirmé par serment prêté devant le notaire soussign
qu'il (*ou : qu'elle*) a représenté, déclaré et fait comprendre au présent inventaire to
ce qui, à sa connaissance, peut dépendre activement ou passivement de la succession d
M... (*ou : tant de la communauté ayant existé entre elle et son défunt mari que de
succession de ce dernier — ou : entre lui et sa défunte épouse que de la succession d
cette dernière*), sans en avoir rien pris, caché ni détourné et sans avoir vu ni savoir qu
en ait été rien pris, caché ni détourné par qui que ce soit, directement ou indirectemen

En outre, M^e..., notaire soussigné, se conformant aux dispositions de l'art. 48 d
la loi du 13 juillet 1925, affirme qu'au cours des opérations de l'inventaire qui précèd
il n'a constaté l'existence d'aucune valeur ou créance ni d'aucun compte de banqu
étrangère et qu'il n'a découvert aucune trace de l'existence à l'étranger, soit d'u
compte individuel de dépôt de fonds ou de titres, soit d'un compte indivis ou collect
avec solidarité (*ou s'il y a lieu : autres que ce qui est constaté par le procès-verbal d'i
ventaire qui précède*).

Tout le contenu au présent inventaire est demeuré en la garde et possession
M... (*ou : de Mme...*), qui le reconnaît et s'en charge pour en faire la représentation quan
et à qui il appartiendra.

(*ou : Les meubles, objets mobiliers, argent comptant, titres et papiers ci-dessus inventoriés o
été, du consentement des parties, confiés, pour en assurer la garde, à M..., qui le reconnaît et s'
charge, pour les représenter quand et à qui il appartiendra.*

*ou : Du consentement unanime des parties, les meubles et objets mobiliers ci-dessus inventor
ont été laissés en la garde et possession (ou : confiés à la garde) de M..., et les titres et papiers ai
que les deniers comptants remis à M..., lesquels dépositaires, chacun en ce qui le concerne, le reco
naissent et s'en chargent pour en faire la représentation quand et à qui il appartiendra.*)

En outre, M^e..., notaire soussigné, se conformant aux dispositions de l'article 48 de la loi
13 juillet 1925, affirme qu'au cours des opérations de l'inventaire qui précède, il n'a constaté l'ex
tence d'aucune valeur ou créance ni d'aucun compte de banque étrangère et qu'il n'a découv
aucune trace de l'existence à l'étranger, soit d'un compte individuel de dépôt de fonds ou de titr
soit d'un compte indivis ou collectif avec solidarité (*ou s'il y a lieu : autres que ce qui est const*
par le procès-verbal d'inventaire qui précède).

Il a été vaqué à tout ce que dessus depuis ladite heure de... jusqu'à celle de... p
(*simple, double* ou *triple*) vacation.

(*ou si l'analyse des papiers a eu lieu dans une seule séance :* Il a été vaqué à la lecture de tout
qui précède depuis ladite heure de... jusqu'à celle de... par (*simple, double* ou *triple*) vacation, et
été employé par le notaire soussigné, en dehors des parties, qui le reconnaissent... (*nombre*), va
tions tant à la rédaction de la présente séance qu'au tri et au classement des papiers.

ou au cas de vacations de quatre heures : Il a été employé, en dehors des parties, de
vacations de quatre heures à la préparation de la présente séance et à sa rédaction, et u
autre vacation de quatre heures a été prise avec le concours des parties pour la lecture et la mise
point.)

Et sous toutes réserves et protestations de droit, les parties ont signé avec le notai
après lecture faite.

FORM. 1977. — Clôture d'inventaire avec scellés.

Ne se trouvant plus rien à comprendre ni déclarer au présent inventaire, il
demeuré clos à la réquisition des parties (*s'il y a une veuve, ajouter :*) après avoir été c
tifié sincère et véritable par Mme Veuve..., requérante.

Puis M... (*comme les 2e et 3e alinéa de la formule 1976*).

M..., gardien des scellés, a également affirmé par serment prêté devant le nota
soussigné, qu'il n'a détourné, vu détourner ni su qu'il ait été détourné aucun des obj
devant être compris au présent inventaire.

(*ou : Puis Mme..., requérante, et M..., gardien de scellés, ont affirmé, chacun en ce qui le c
cerne et par serment séparément prêté par eux devant le notaire soussigné, d'avoir représenté
fait comprendre tout ce qui, à leur connaissance, etc...*)

Les scellés ont été définitivement levés et ôtés.

Tous les meubles meublants, etc... (*terminer comme en la formule 1976*).

FORM. 1978. — Intervention des domestiques. — Serment.

Ne se trouvant plus rien, etc... (*comme aux formules précédentes jusqu'à la remise en garde des objets inventoriés*).

A cet instant sont intervenus : 1° M...; 2° M..., tous deux au service de M...; lesquels ont prêté serment, chacun séparément, devant le notaire soussigné, de n'avoir pris, caché ni détourné aucun des objets devant être compris au présent inventaire, vu ni su qu'il en ait été pris, caché ni détourné par qui que ce soit, et après lecture de ce serment, ils ont signé et se sont retirés.   (*Signatures.*)

3ᵉ Partie. — Formules spéciales diverses.

FORM. 1979. — Inventaire de communauté. — Conjoint survivant. — Enfants mineurs. — Fonds de commerce. — Vente sans attribution de qualités. — Requête. — Ordonnance.

L'An..., le... A... (*V. formule 1674*).

A la requête de :

Mᵐᵉ Louise NORY, sans profession, demeurant à..., veuve de M. Alexis BRUNET.

Ici présente et agissante :

I. — *En son nom personnel :* 1° A cause de la communauté...; 2° A cause des droits...; 3° Comme habile à se porter légataire d'un quart en toute propriété et d'un quart en usufruit...; 4° Comme ayant droit en vertu de l'article 767 à l'usufruit du quart...; 5° Et comme ayant la jouissance légale... (*V. formules 1692 et 1706*).

II. — Et au nom et comme tutrice légale de : 1° Louis Brunet, né à..., le...; 2° Yvonne Brunet, née à..., le...; 3° et Marie Brunet, née à..., le..., ses trois enfants mineurs nés de son mariage avec M. Brunet.

En présence de M..., agissant en qualité de subrogé tuteur, etc... (*V. formule 1706*).

QUALITÉS. — Les trois mineurs Brunet, frères, germains, etc... (*V. formules précédentes*).

A la conservation, etc... (*Comme en la formule 1674*).

Après la prisée du mobilier, du fonds de commerce, marchandises et matériel, comme il est procédé à la formule 1866, continuer ainsi :

RÉQUISITION DE RÉFÉRÉ.

Avant de clore la présente séance, Mᵐᵉ Veuve Brunet fait observer qu'elle a continué jusqu'à ce jour l'exploitation du fonds de commerce de... ci-dessus décrit et estimé, mais que la valeur de cet établissement et de ses éléments ne peut manquer de subir une notable dépréciation s'il n'est procédé à son aliénation dans un très bref délai; qu'il est donc de l'intérêt de toutes les parties de demander, vu l'urgence, à M. le président du tribunal civil de première instance de..., l'autorisation nécessaire pour, sans qu'il en résulte attribution de qualité, poursuivre à sa requête, et en présence du subrogé tuteur, la vente par adjudication du fonds de commerce dont il s'agit et de ses accessoires.

En conséquence, elle requiert Mᵉ..., notaire soussigné, de se transporter devant M. le président du tribunal civil de..., audience des référés, à l'effet d'obtenir les autorisations nécessaires pour elle de faire procéder, sans attribution de qualités, à la vente dont il s'agit, sur la mise à prix qu'il lui plaira d'indiquer et à pourvoir jusqu'à la réalisation de celle-ci à l'administration provisoire de cet établissement.

M..., subrogé tuteur, interpellé à cet égard, a déclaré ne s'opposer nullement aux référés et autorisations sollicitées, les requérant même en tant que de besoin.

Puis ils ont signé tous deux après lecture.   (*Signatures.*)

ORDONNANCE.

Nous, Président du tribunal civil de première instance de...

Après avoir pris communication de la requête qui précède dont la minute nous a été représentée et avoir entendu Mᵉ..., notaire à..., en ses observations.

Et attendu la nature du fonds de commerce exploité par feu M. Brunet, et la nécessité à ce qu'il soit procédé d'urgence à son aliénation.

Autorisons Mᵐᵉ Veuve Brunet à faire procéder, en l'étude et par le ministère de Mᵉ..., notaire susnommé, que nous commettons à cet effet, et en présence de M..., subrogé tuteur, ou lui dûment appelé, à la vente par adjudication et aux enchères publiques du fonds de commerce de..., qui était exploité par M. Brunet à..., rue..., n°..., ensemble l'achalandage, le mobilier industriel et le droit au bail des lieux où il est exercé, ainsi que les marchandises qui se trouveront en dépendre le jour qui sera fixé pour l'entrée en jouissance.

Ordonnons que cette adjudication aura lieu sur la mise de 10.000 francs s'appliquant au matériel pour 2.000 francs et aux éléments incorporels pour le surplus, et en outre à charge par l'acquéreur de prendre les marchandises pour le prix qui en sera fixé par expert lors de son entrée en jouissance.

Autorisons également Mme Veuve Brunet, jusqu'à la réalisation de cette vente, à continuer l'exploitation du fonds et à pourvoir à son administration avec le pouvoir d'acheter et vendre toutes marchandises, de toucher et payer toutes sommes, en donner ou retirer quittances, signer tous actes et pièces.

Le tout sans qu'il puisse en résulter attribution de qualité pour aucune des parties.

Disons que la présente ordonnance sera exécutoire par provision, nonobstant appel et sans y préjudicier.

Fait au palais de justice, en notre cabinet, le...

FORM. 1980. — Procès-verbal d'affirmation et de prestation de serment de la veuve.

Et le..., 192..., à... heures.

A..., en l'étude et pardevant M^e..., notaire à..., soussigné.

A comparu :

Mme Rose Durand, rentière, demeurant à..., veuve en premières noces de M. Émile Dugué.

Laquelle a d'abord exposé ce qui suit :

M. Émile Dugué, son mari, est décédé en son domicile susindiqué le...

Après ce décès, inventaire des forces et charges tant de la communauté de biens réduite aux acquêts qui a existé entre elle et son défunt mari, que de la succession de ce dernier, a été dressé par M^e..., notaire soussigné, aux termes du procès-verbal dont minute précède en date au commencement du... et clos le...

Cet inventaire a eu lieu :

1^ent A la requête de la comparante non présente, mais représentée par M. Émile Thibault, principal clerc de notaire, demeurant à..., son mandataire par procuration reçue en minute par M^e..., notaire soussigné, le..., et ce, dans les qualités énoncées en ce dernier acte, savoir :

I. — *En son nom personnel* : 1° comme commune en biens acquêts...; 2° à raison des reprises...; 3° à cause du préciput...; 4° comme habile à recueillir l'usufruit du 1/4... (*V. formule 1692*).

> Étant observé que réserve fut faite au nom de la comparante par M. Thibault, qui en avait reçu le mandat, du droit d'accepter ou de répudier, selon qu'elle aviserait, les communauté, avantages et usufruit précités.

4° Comme ayant la jouissance légale des biens de son enfant mineure ci-après nommée.

II. — *Et au nom et comme tutrice* naturelle et légale de Jeanne Dugué, sa fille mineure, née à..., le..., de son union avec son défunt mari, seule enfant de celui-ci et son unique héritière.

En présence de M..., ayant agi en qualité de subrogé tuteur, etc... (*V. formule 1706*).

Ceci exposé, Mme Dugué, comparante, déclare, par ces présentes, avoir une connaissance parfaite, tant par la lecture qu'elle en a faite elle-même qu'en vertu des explications que lui a fournies le notaire soussigné, de l'inventaire précité.

Elle ajoute qu'à sa connaissance à elle-même, M. Thibault, son mandataire, a bien déclaré et fait comprendre à cet inventaire tout ce qui peut dépendre activement tant de la communauté ayant existé entre elle et son défunt mari que de la succession de ce dernier et tout ce qui peut les grever.

Par suite, la comparante déclare : affirmer sincère et véritable l'inventaire dont il s'agit et prêter serment aux mains de M^e..., notaire soussigné, de n'avoir rien pris, caché ni détourné; vu ni su qu'il ait été pris, caché ni détourné par qui que ce soit des biens de ces communauté et succession.

Puis, interpellée par M^e..., Mme Dugué a déclaré ici, ainsi que son mandataire l'a déjà fait dans l'inventaire, qu'il ne lui est rien dû par son enfant mineure en dehors des frais nécessités par la réunion de son conseil de famille susénoncée.

De tout ce que dessus, il a été dressé le présent procès-verbal arrêté au lieu susindiqué, les jour, mois et an précités à..., heures de relevée.

Et sous toutes réserves et protestations de droit, Mme Dugué a signé avec le notaire après lecture faite.

FORM. 1981. — Inventaire inachevé. — Continuation à la requête d'un créancier autorisé par justice. — Sommations.

Et le..., à..., en l'étude et pardevant M^e..., notaire à..., soussigné.

A comparu :

M. Louis Durand, propriétaire, demeurant à...

Agissant en qualité de créancier de M. Blin, ci-après nommé, et spécialement autorisé à faire procéder à la continuation de l'inventaire après le décès de celui-ci par jugement du tribunal civil de..., en date du..., et énoncé ci-après.

Lequel a d'abord expliqué ce qui suit :

I. — Suivant procès-verbal dressé par M^e..., notaire à..., le..., dont la minute précède, il a été procédé à l'inventaire après le décès de M. Léon Blin, cultivateur, arrivé en son domicile à..., le...

Cet inventaire a eu lieu à la requête de :

1° M...; 2° M...(*noms et qualités*).

En présence du comparant, créancier opposant, suivant exploit de M^e..., huissier à..., en date du...

Ce procès-verbal ne contient que l'intitulé de l'inventaire et la prisée des meubles meublants et objets mobiliers dépendant de la succession de M. Blin, les requérants ayant alors ajourné les opérations d'un commun accord, à une date qui devait être ultérieurement fixée.

II. — Aucune des parties ne requérant la continuation de l'inventaire dont il s'agit, M. Durand, comparant, en sa qualité de créancier du *de cujus*, a, suivant exploit de M^e..., huissier à..., en date du..., fait assigner tous les héritiers et représentants susnommés de son débiteur devant le tribunal civil de... pour voir, dire et ordonner qu'il sera procédé à sa requête par le ministère de M^e..., notaire soussigné : 1° à la continuation et la clôture de l'inventaire après le décès de M. Blin commencé le...; 2° à la licitation des immeubles de la succession de ce dernier; 3° et enfin à la liquidation et au partage des biens en dépendant.

III. — Sur cette assignation, le tribunal civil de... a rendu, à la date du..., un jugement ordonnant qu'aux requête, poursuites et diligences de M. Durand comparant, et en présence des défendeurs ou eux dûment appelés, il serait, par le ministère de M^e..., notaire à..., soussigné, procédé à la continuation et à l'achèvement de l'inventaire des biens meubles et immeubles, forces et charges de la succession de M. Léon Blin, à la licitation des immeubles et aux opérations de partage de la même succession.

Ce jugement a été signifié à avoué et à parties suivant exploit de M^e..., huissier à..., en date du..., et n'a pas été frappé d'appel ainsi que le constate un certificat délivré par M. le greffier du tribunal civil de... à la date du...

IV. — Par suite et suivant exploit de M..., huissier à..., en date du..., M. Durand, comparant, a fait sommation à : 1°...; 2°...; 3°..., etc...

De se trouver aujourd'hui au lieu où il est procédé à neuf heures du matin et jours suivants s'il y a lieu, à la même heure, pour concourir, assister et être présents ou représentés, si bon leur semblait, à la reprise et à la continuation jusqu'à son achèvement de l'inventaire des forces et charges de la succession de M. Blin commencé aux termes du procès-verbal susénoncé et dont minute précède, leur déclarant que, faute de comparaître, il serait donné défaut contre eux et procédé en leur absence.

A l'appui de ces déclarations, M. Durand a représenté : 1° la grosse du jugement du...; 2° l'original de sa signification à parties; 3° le certificat de non-opposition ni appel; 4° et l'original des sommations d'assister aux présentes, le tout susénoncé et demeuré ci-annexé après mention.

Cet exposé terminé, M. Durand, comparant, requiert le notaire soussigné de lui donner acte de ses comparution et dires, de prononcer défaut contre les sommés s'ils ne comparaissent pas et de passer outre à la continuation de l'inventaire après le décès de M. Léon Blin.

Et M. Durand a signé en cet endroit, après lecture.

(*Signature.*)

A l'instant sont intervenus :

1° M...; 2° et M...

Lesquels ont dit comparaître au désir de la sommation qui leur a été faite et vouloir assister à la continuation de l'inventaire dont il s'agit et la requérir au besoin.

Puis ils ont signé en cet endroit après lecture.

(*Signatures.*)

Attendu qu'il est neuf heures et demie et que M... ne s'est pas présenté ni personne pour lui, il est prononcé défaut contre lui.

En conséquence, à la requête de :

1° M. Louis Durand, comparant, propriétaire, demeurant à...

Agissant en qualité de créancier de la succession de M. Léon Blin et spécialement autorisé à l'effet des présentes par le jugement du tribunal civil de..., en date du... susénoncé.

2° M...; 3° et M...

Agissant en qualité d'héritiers pour chacun 1/3 de M. Léon Blin, ainsi qu'il est constaté en l'intitulé de l'inventaire dont la minute précède.

Il va être, par M^e..., notaire à..., soussigné, procédé de la manière suivante à la continuation de l'inventaire après le décès de M. Léon Blin.

ANALYSE DES TITRES ET PAPIERS.

FORM. 1982. — **Inventaire partiel à une résidence en dehors du ressort du notaire chargé de l'inventaire principal.**

L'An..., le..., à... heures.

Dans une villa sise à..., rue..., n°..., servant de résidence d'été à M... en son vivant, propriétaire, demeurant à..., où il est décédé le...

A la requête de : 1° M...; 2° M...

Tous ici présents et agissant, etc... (*formule ordinaire*).

Ainsi que ces qualités sont constatées par l'intitulé de l'inventaire commencé après le décès de M..., suivant procès-verbal dressé le..., par M⁰..., notaire à..., et dont un extrait est demeuré ci-annexé après mention.

A la conservation... — Il va être... — Procédé à l'inventaire fidèle et exact de tout ce qui peut se trouver dans la villa où il est procédé comme dépendant activement ou passivement de la succession de M... — Sur les représentations... — La prisée... — Et sous toutes réserves... (*comme en la formule 1674*).

(Signatures.)

PRISÉE DU MOBILIER.

Dans une pièce au rez-de-chaussée servant de salle à manger, etc... (*V. formules 1864 et suiv.*).

TITRES ET PAPIERS.

Au cours de la prisée qui précède, il a été trouvé les titres et papiers dont l'énumération suit :

1° Expédition d'un acte, etc... (*description sommaire*).

Ces pièces ont été cotées et paraphées par le notaire soussigné, puis elles ont été confiées à ce dernier, qui devra les transmettre à M⁰..., son confrère, notaire à..., chargé de l'inventaire principal de la succession dont il s'agit, dans lequel ces pièces seront plus amplement analysées.

CLOTURE. — Ne se trouvant plus rien, etc... (*Voir formule 1976*).

FORM. 1983. — **Inventaire complémentaire en dehors du ressort du notaire rédacteur de l'inventaire principal.**

L'An... — A... dans une villa... (*comme en la formule précédente*). A la requête de : 1°....; 2°... (*noms et qualités des requérants suivant la formule ordinaire*).

Ainsi que ces qualités sont constatées par l'intitulé de l'inventaire dressé au domicile légal de M... par M⁰..., notaire à..., suivant procès-verbal en date au commencement du... et clos le... dont un extrait est demeuré ci-annexé après mention.

A la conservation... Il va être... (*Voir formule 1674*).

Procédé à l'inventaire fidèle et description exacte des meubles meublants, objets mobiliers, titres, papiers, deniers comptants et documents de toute nature pouvant dépendre activement et passivement de la succession de M...

Le tout se trouvant dans les locaux où il est présentement procédé servant de maison de campagne au *de cujus* pendant la saison d'été, comme il est indiqué ci-dessus.

Cet inventaire, destiné à compléter celui dressé au domicile du *de cujus* et susénoncé, aura lieu sur la représentation, etc... (*La suite comme en la formule 1674*).

(*Procéder à la prisée du mobilier et à l'analyse complète des titres et papiers comme à l'inventaire ordinaire.*)

(*Voir formule 1897.*)

FORM. 1984. — **Supplément d'inventaire après découverte de nouvelles valeurs.**

Et le..., à... heures. — PARDEVANT M⁰... — ONT COMPARU :

1° M...; 2° M...; 3° M...; 4° M...

Agissant tous dans les mêmes qualités que celles énoncées en l'intitulé de l'inventaire ci-après énoncé et sous les mêmes réserves.

Lesquels ont déclaré que, depuis la clôture de l'inventaire dressé après le décès de M... par M⁰..., notaire soussigné, suivant procès-verbal en date au commencement du... et dont la minute précède l'existence de diverses valeurs appartenant au *de cujus* leur a été revélée et ils requièrent en conséquence le notaire soussigné d'en faire l'inventaire.

Déférant à cette réquisition, M⁰... a procédé comme suit :

(*Analyse dans les termes ordinaires.*)

Les objets et papiers ci-dessus analysés ont été, d'un commun accord, remis à M..., qui le reconnaît et s'en charge pour en faire la représentation quand et à qui il appartiendra.

Ce fait, M... a réitéré le serment par lui prêté entre les mains de M⁰..., notaire, en fin de la séance d'inventaire précitée, ajoutant qu'à sa connaissance il n'existe pas d'autre omission.

Il a été vaqué, etc...

FORM. 1985. — **Complément d'inventaire pour estimation de récoltes.**

L'An..., le... A... (*Voir formule 1674*).
A la requête et en présence de : 1°...; 2°...; 3°...
    Agissant dans les mêmes qualités que celles énoncées en l'intitulé de l'inventaire dressé après le décès de M... par M°..., notaire soussigné, suivant procès-verbal commencé le... et clos le..., dont la minute précède.
    Il va être, par M°..., notaire soussigné, procédé à l'estimation des récoltes de grains à faire cette année sur les terres ci-après désignées dépendant tant de la communauté ayant existé entre M... et Mᵐᵉ... que de la succession de M..., et ce afin de compléter l'inventaire précité.

I. — Récoltes sur des terres de la communauté.

Blé.

1° Soixante-dix-huit ares quinze centiares, terroir de..., au lieu dit..., devant produire seize hectolitres, ci .... 16 »
2°...; 3°...; 4°... 84 »

    Ensemble .... 100 »

Avoine, orge, etc... (*continuer comme ci-dessus pour les autres récoltes*).

Estimation.

Le blé est estimé à raison de... francs l'hectolitre, soit pour cent hectolitres... .... »   »
    L'avoine, etc.. »   »

    Total des estimations ci-dessus .... »   »

Sur lequel il convient de déduire :
1° Pour frais de fauchage et de rentrée : du blé, de l'avoine, de l'orge, à raison de.. »   »
2° Pour frais de battage de ces mêmes grains, à raison de.. »   »

    Total.................................... »   »   »   »

    Reste net .... »   »

II. — Récoltes sur des terres de la succession de M...

(*Procéder comme à l'égard des terres de la communauté.*)
Il a été vaqué, etc.
De tout ce que dessus a été dressé le présent procès-verbal.

FORM. 1986. — **Procès-verbal rectificatif d'intitulé d'inventaire.** — **Découverte d'héritiers nouveaux postérieurement à l'inventaire.**

Et le... A...
Pardevant M°..., notaire à...
Ont comparu :
1° M. Paul Martin, épicier, demeurant à...;
2° Mˡˡᵉ Marie Dupont, rentière, demeurant à...;
3° M. Charles Durand, cultivateur, demeurant à...;
4° Et M. Pierre Vannier, jardinier, et Mᵐᵉ Ernestine Magnan, sa femme, qu'il autorise, demeurant ensemble à...
Mariés, etc... (*V. formule 1788*).
Lesquels ont exposé ce qui suit :
M. Ernest Dupont, rentier, demeurant à..., est décédé en son domicile le...
    Après ce décès, inventaire a été dressé par le notaire soussigné, suivant procès-verbal dont minute précède, en date au commencement du..., et clos le...
    Cet inventaire a eu lieu à la requête de M. Martin et Mˡˡᵉ Dupont susnommés en leur qualité d'héritiers pour la 1/2 dévolue à la ligne paternelle et en présence de M°..., notaire à..., commis pour représenter les héritiers alors inconnus de la ligne maternelle.
    Mais depuis la clôture de cet inventaire, M. Durand et Mᵐᵉ Vannier ont pu établir leur droit d'héritiers au 6ᵉ degré de M. Dupont conjointement pour la 1 2 non appréhendée dévolue à la ligne paternelle.
    A l'appui de leurs prétentions, ces derniers ont représenté au notaire soussigné et à leurs cohéritiers les actes de l'état civil suivants qui leur ont été à l'instant rendus, savoir : (*Énoncer les actes de l'état civil avec la relation des filiations y contenues*).
    En conséquence, les comparants requièrent le notaire soussigné de constater par le présent procès-verbal que la succession de M. Dupont est définitivement dévolue :
    A M. Martin et à Mˡˡᵉ Dupont conjointement pour la moitié dévolue à la ligne

paternelle et séparément chacun pour moitié de cette ligne ou un quart du total, en leur qualité de cousin germain du *de cujus*, comme étant issu, etc...

Et à M. Durand et Mme Vannier, conjointement pour la moitié dévolue à la ligne maternelle, soit chacun pour moitié de cette ligne ou le quart du total en leur qualité de cousin au 6ᵉ degré, comme étant issu, etc...

De tout ce que dessus a été dressé le présent procès-verbal dont mention est requise partout où besoin sera et notamment en marge de l'intitulé de l'inventaire susénoncé et dont la minute précède.

Il a été vaqué à ce qui précède depuis ladite heure de... jusqu'à celle de... par simple vacation.

Et lecture faite, les comparants ont signé avec le notaire.

FORM. 1987. — Procès-verbal rectificatif d'inventaire avec sommations. Contestations. — Défaut.

Et le..., à...

Et par devant M^e..., notaire à...

Ont Comparu :

1º M. Charles Durand, cultivateur, demeurant à...

2º Et M. Pierre-Marie Vannier, jardinier, et Mme Ernestine Magnan, son épouse, qu'il autorise, demeurant ensemble à... Mariés, etc... (*V. formule 1788*).

Lesquels ont déclaré ce qui suit :

M. Ernest Dupont, etc... (*comme en la formule précédente jusques et y compris les pièces d'état civil communiquées*).

En conséquence, suivant exploit de... huissier à..., en date du..., dont l'original est demeuré ci-annexé après mention, les comparants ont fait sommation à M. Paul Martin et à Mlle Marie Dupont de se trouver à ces jour, heure et lieu pour prendre connaissance des pièces justificatives de la qualité d'héritiers des comparants dans la succession de M. Dupont, reconnaître cette qualité et par suite requérir du notaire soussigné l'établissement d'un procès-verbal rectificatif de l'intitulé de l'inventaire sus énoncé.

Ceci exposé, les comparants ont requis le notaire soussigné de leur donner acte de leurs comparution et dires et de la comparution des sommés s'ils se présentent ou de prononcer défaut contre eux s'ils ne se présentent pas, et dans tous les cas de procéder à la rectification de l'intitulé de l'inventaire après le décès de M. Dupont.

Et lecture ils ont signé à cet endroit.

(*Signatures.*)

A l'instant sont intervenus :

1º M. Paul Martin, épicier, demeurant à...;

2º Mlle Marie Dupont, rentière, demeurant à...

Lesquels ont dit qu'ils se présentaient pour obéir à la sommation à eux faite par les comparants ainsi qu'il est relaté ci-dessus.

Et après avoir pris communication de l'exposé qui précède et des pièces justificatives, fournies à l'appui, ils ont déclaré être d'accord pour qu'il soit procédé à la rectification de l'intitulé de l'inventaire après le décès de M. Dupont susnommé.

En conséquence, les parties requérantes et intervenantes requièrent le notaire soussigné de constater par le présent procès-verbal que la succession de M. Dupont se trouve bien légalement dévolue, savoir.

A M. Martin et à Mlle Dupont conjointement, etc... (*continuer et terminer comme en la formule précédente*).

(*S'il y a contestation : A l'instant sont intervenus : 1º..., 2º..., etc...*).

Lesquels ont dit qu'ils se présentaient pour obéir à la sommation à eux faite par les comparants, mais qu'ils prétendent ne pas avoir à se rendre juges des prétentions de M. Durand et de Mme Vannier, et qu'ils s'opposent à ce que l'intitulé d'inventaire après le décès de M. Dupont soit rectifié sur les seules justifications sus énoncées.

Et lecture faite, les intervenants ont signé en cet endroit.

(*Signatures.*)

Étant donné que les parties n'ont pu se mettre d'accord, M^e..., notaire soussigné leur a donné acte de leur comparutions, dires et protestations, et les a délaissé à se pourvoir tel que de droit.

De tout ce que dessus a été dressé le présent procès-verbal dont mention est requise, partout où besoin sera, aux lieu, jour, mois et an sus indiqué.

Il a été vaqué, etc...

Et lecture faite, les parties ont signé avec le notaire.

Si les sommes font défaut : Et attendu qu'il est... heures du... et que M. Martin et Mlle Dupont ne sont pas présentés ni personne pour eux, M^e... a prononcé défaut contre eux et a délaissé les comparants à se pourvoir tel que de droit.

De tout ce que dessus, etc... (*comme ci-dessus.*)

FORM. 1988. — Procès-verbal rectificatif d'intitulé d'inventaire après la naissance d'un enfant posthume.

Et le... A...

Par devant M^e..., notaire à..., soussigné.

ONT COMPARU :

1° Mme Sidonie LEMOL, cultivatrice, demeurant à..., veuve de M. Fernand DANOIS.

2° M. Raoul PEIGNEY, propriétaire, demeurant à...

Lesquels ont exposé les faits suivants :

I. — M. Danois, susnommé, cultivateur, demeurant à..., est décédé en son domicile le...

Après ce décès inventaire a été dressé par Me..., notaire soussigné, aux termes du procès-verbal dont la minute précède portant la première vacation, la date du... et la dernière celle du...

Cet inventaire a eu lieu à la requête de :

Mme veuve Danois, comparante, ayant agi tant en son nom personnel qu'au nom et comme tutrice naturelle et légale du mineur Léon Danois, né à..., le..., de son mariage avec le *de cujus*.

Et en présence de M. Raoul Peigney, également comparant en sa qualité de subrogé-tuteur du mineur Danois.

Cet inventaire porte que le mineur Léon Danois était habile à se porter seul héritier du *de cujus*, son père, sauf les droits de toute nature pouvant appartenir à la comparante en sa qualité d'épouse survivant.

II. — Or, depuis la clôture de cet inventaire, Mme Danois, comparante, ayant constaté qu'elle était enceinte, a convoqué le conseil de famille, sous la présidence de M. le juge de paix du canton de... lequel par délibération en date du... a nommé pour curateur au ventre conformément à l'article 393 du Code civil, M. Raoul Peigney susnommé déjà subrogé-tuteur du mineur Léon Danois.

Et le..., par conséquent moins de 300 jours après le décès de M. Danois, la comparante est accouchée d'un garçon qui a été inscrit sur les registres de l'état civil de la commune de... sous les prénoms de Édouard-Émile.

A l'appui de ces déclarations Mme Danois a représenté une expédition de la délibération du conseil de famille du mineur Danois du... précitée et une copie de l'acte de naissance de Édouard Émile Danois; pièces qui sont demeurées ci-annexées après mention.

Ces faits exposés les comparants requièrent le notaire soussigné de vouloir bien constater au présent procès-verbal les modifications survenues dans la dévolution de la succession de M. Fernand Danois par suite de la naissance de cet enfa t posthume.

Il demeure donc établi que la succession dont il s'agit se trouve dévolue à :

1° Léon Danois; 2° Édouard-Émile Danois, frères germains conjointement pour le tout ou séparément chacun pour moitié, sauf les droits de Mme veuve Danois énoncés en l'intitulé de l'inventaire dont la minute précède.

Les dits mineurs ayant :

Mme veuve Danois, leur mère, pour tutrice naturelle et légale;

Et M. Raoul Peigney, pour subrogé-tuteur en vertu de la délibération du conseil de famille relatée en l'intitulé de l'inventaire dont la minute précède en ce qui concerne le mineur Léon Danois et de plein droit à l'égard du mineur Édouard-Émile Danois, conformément au paragraphe 2 de l'article 393 du Code civil.

De tout ce que dessus a été dressé le présent procès-verbal dont mention est requise partout où besoin sera notamment en marge de l'intitulé de l'inventaire, dont minute précède.

Il a été vaqué, etc.

Et lecture faite, les comparants ont signé avec le notaire.

FORM. 1989. — **Procès-verbal rectificatif d'inventaire.** — **Erreurs dans les déclarations.**

Et le...

PAR DEVANT Me..., notaire à..., soussigné. — ONT COMPARU :

1° M...; 2° M...; 3° Mme... (*mêmes comparution et qualités qu'en l'inventaire à rectifier*).

Lesquels ont expliqué ce qui suit :

Suivant procès-verbal dressé par Me..., notaire soussigné, commencé le..., clos le.. et dont la minute précède, il a été procédé à leur requête en leurs qualités sus exprimées à l'inventaire des forces et charges de la communauté ayant existé entre M... et Mme... et de la succession de cette dernière, décédée en son domicile à..., le...

Dans le cours de ces opérations, quelques erreurs se sont glissées dans les déclarations des parties.

Aussi, les comparants, convaincus aujourd'hui de l'inexactitude de certaines déclarations, requièrent Me..., notaire à..., de procéder sur leurs déclarations à la rectification de ces erreurs, ce qui a eu lieu de la manière suivante.

RECTIFICATION.

Cote 12e.   *Six pièces.*

A la suite de l'analyse des six obligations au porteur de..., constituant la cote 12e de l'inventaire précité, il a été notamment déclaré que les valeurs existaient encore en nature alors que trois d'entre elles celles, portant les nos... sont sorties au tirage d'amorlissement du... et remboursées par un capital de..., qui a été encaissé par la communauté dissoute.

(*Continuer ainsi pour les autres rectifications s'il y a lieu.*)

Ce fait, M... a réitéré le serment par lui prêté devant Me..., notaire soussigné, lors de la clôture de l'inventaire présentement rectifié ajoutant qu'à sa connaissance il n'existe pas d'autres omissions et rectifications.

Il a été vaqué, etc...

FORM. 1990. — Procès-verbal de carence.

L'An..., le...

A la requête de : 1° M...; 2° M... ici présents, agissant, etc... (*qualités dans les termes ordinaires*).

Sans que les qualités ci-dessus exprimées puissent nuire ni préjudicier à qui que ce soit mais au contraire sous toutes réserves.

Me..., notaire soussigné, s'est transporté à... dans un logement de deux pièces sis au 6° étage d'une maison appartenant à M..., où le *de cujus* avait son habitation et où il est décédé le..., à l'effet de procéder s'il y a lieu à l'inventaire des biens et objets susceptibles de l'être.

Après avoir visité successivement les deux pièces du local, le notaire et les requérants n'ont constaté l'existence d'aucun meuble, effet mobilier, titre ni papier quelconque, susceptible d'êtres prisés et utilement inventoriés; les seuls objets trouvés consistant en effet en lambeaux de vêtement et de linge de corps et un bois de lit et une paillasse en voie de pourriture, le tout ne présentant par suite aucune valeur.

En conséquence, Me..., notaire soussigné a dressé ces présentes pour servir de procès-verbal de carence.

MM... requérants ont affirmé par serment séparément prêté devant le notaire soussigné qu'ils n'ont rien pris, caché ni détourné, vu ni su directement ou indirectement qu'il ait rien pris, caché ni détourné et se sont chargés des objets sus mentionnés pour les représenter quand et à qui il appartiendra.

Il a été vaqué à ce que dessus depuis la dite heure de... jusqu'à celle de... par simple vacation.

Et sous toutes réserves, MM... ont signé avec le notaire après lecture.

FORM. 1991. — Attestation du créancier pour déduction de passif.

Déclarations passives.

M... déclare qu'il était dû par la communauté (*ou :* par la succession), savoir :

A M. A... une somme de... en principal et intérêts résultant d'un prêt constaté par un billet souscrit le...

Et à l'instant est intervenu M. A..., lequel a déclaré qu'au jour de l'ouverture de la succession, la somme ci-dessus lui était encore due, en principal et intérêts courus depuis le...

La présente attestation est consentie pour valoir ce que de droit, notamment pour être produite, s'il y a lieu, à M. le Receveur de l'Enregistrement dans le but de justifier la déduction de ce passif de l'actif déclaré.

M. A... affirme en outre avoir connaissance de l'article 9 de la loi du 25 février 1901 relatif aux peines encourues pour fausse attestation.

FORM. 1992. — Majorat. — Notification au garde des Sceaux.

Monsieur le Garde des Sceaux,

J'ai l'honneur de vous informer que je suis chargé de procéder à l'inventaire après le décès de M... rentier, demeurant à..., où il est décédé le..., titulaire d'un majorat et qu'à cet effet je vous adresse ci-incluse la copie de son acte de décès afin de suppléer à la notification prescrite par l'article 12 de la loi du 4 mai 1809.

Je vous prie, Monsieur le Garde des Sceaux, de vouloir bien m'accuser réception de cette lettre pour tenir lieu du certificat de notification prescrit par la loi.

Veuillez agréer, etc...

FORM. 1993. — État supplétif d'inventaire.

Par devant Me..., notaire à..., Ont Comparu

1ent Mme Louise Morin, sans profession, demeurant à..., veuve de M. César Ledoux, décédé à.., le...

Agissant : 1° A cause de la communauté légale...; 2° A cause des reprises...; 3° Comme ayant droit à l'usufruit du 1/4 des biens... (*V. formule 1692*).

2ent M. Ludovic Naret, propriétaire, et Mme Aimée Ledoux, son épouse, qu'il autorise, demeurant ensemble à...

Mme Naret, habile à se porter seule héritière de M César. Ledoux, son père, sus-nommé, ainsi que le constate un acte de notoriété dressé par le notaire soussigné le...

Lesquels ont dit se présenter devant le notaire soussigné pour faire dresser l'état des forces et charges de la communauté légale de biens ayant existé entre M. et Mme Ledoux et de la succession de M. Ledoux et ce, afin de suppléer à l'inventaire qu'il ne juge pas utile de requérir.

Auquel état, il a été procédé comme suit, sur les renseignements fournis par les comparants.

§ 1er. PROPRES DE Mme LEDOUX.

Lors de son mariage, Mme Ledoux ne possédait pas d'immeuble.

Pendant le cours de son union, elle a recueilli les successions de M. Jean Morin et dame Joséphine Bernard, ses père et mère, tous deux décédés en leur domicile à..., le mari le... et la femme le..., desquels elle était unique héritière, ainsi que le constate un acte de notoriété dressé par M^e..., notaire à..., le...

Il lui est advenu de ces successions divers objets mobiliers entrés en communauté et une maison avec un jardin y attenant sis à...

La communauté a déboursé diverses sommes pour l'acquit, après ces décès : des frais funéraires, des droits de mutation, coût d'actes de décès, de notoriété, etc..., dont la part contributive incombant aux immeubles recueillis est évalué à 1.000 francs, dont il est dû récompense par Mme veuve Ledoux.

Aucune impense n'a été faite, pendant le mariage, à ces immeubles lesquels se retrouvent en nature et libres de location au décès de M. Ledoux.

§ 2e. PROPRES DE FEU M. LEDOUX.

Lors de son mariage, feu M. Ledoux, comme son épouse, ne possédait aucun immeuble.

Pendant le cours de son union il a recueilli pour 1/5 la succession de M. Marius Ledoux, son père, décédé à..., le..., duquel il était héritier pour cette quotité, ainsi que le constate l'intitulé de l'inventaire dressé après son décès par M^e..., notaire à..., le...

Le seul actif immobilier de cette succession comprenait une pièce de terre sise à..., vendue à M..., suivant acte passé devant M^e..., notaire à..., le..., moyennant le prix de 5.000 francs payé comptant et quittancé au contrat.

M. Ledoux a encaissé de ce chef la somme de 1.000 francs formant le 1/5 lui revenant dans ce prix et pour laquelle sa succession a droit à reprise de même somme sur la communauté dissoute.

D'autre part, la succession doit récompense de 150 francs formant le 1/5 des frais d'inventaire, droits de mutation et autres applicables à la succession immobilière recueil-lie dont il s'agit et acquittés avec des deniers de la communauté dissoute.

§ 3e. ACTIF DE LA COMMUNAUTÉ.

Lors du décès de M. Ledoux, l'actif dépendant de la communauté légale de biens existant entre lui et son épouse comprenait en outre de la récompense due par cette dernière comme il est dit § 1er :

1º Les objets mobiliers suivants, garnissant l'habitation commune des époux Ledoux et dont l'estimation a été faite le... par M. et M... experts choisis par les compa-rants, savoir :

(Copier la désignation des objets mobiliers avec l'estimation.)

Observation est faite que ces divers objets mobiliers sont assurés contre les risques d'incendie pour une somme de... à la Compagnie... ayant son siège à... ainsi qu'il résulte d'une police datée du... et portant le nº... de l'agence de...

2º La somme de... formant le reliquat créditeur, en principal et intérêts du compte dont M. Ledoux est créditaire à la Caisse d'épargne et de prévoyance de... ainsi que le constate le livret nº...

3º La somme de... formant le montant en principal et intérêts d'une créance sur M..., etc...;

4º Les valeurs suivantes, etc..., 5º..., etc...

§ 4e. PASSIF DE COMMUNAUTÉ.

Il était dû par la communauté d'entre les époux Ledoux, lors du décès du mari :

La somme de..., à M... pour..., etc...

Celle de... à M..., docteur-médecin à..., pour soins donnés au défunt pendant sa dernière maladie.

En dehors de ces sommes, le passif de la communauté comprend : l'indemnité de nourriture allouée à la veuve et la reprise du défunt relatée § 2e.

§ 5e. ACTIF DE LA SUCCESSION.

L'actif particulier dépendant de la succession de M. Ledoux comprend seulement sa reprise en deniers § 3e et la 1/2 du reliquat d'actif net de communauté.

§ 6e. Passif de la succession.

M. Ledoux ne devait personnellement aucune somme.

En conséquence, le passif grevant sa succession se compose exclusivement des frais funéraires qui se sont élevés à... et auxquels il y a lieu d'ajouter l'indemnité de deuil allouée à la veuve par l'article 1481 du Code civil.

Dont acte. — Fait et passé, etc...

Enregistrement : Droit fixe, 6 francs, décimes en plus. — Honoraires : 5 francs par rôle de minute.

FORM. 1994. — **Inventaire après le décès d'un Anglais résidant en France. — Testament. Exécuteur testamentaire.**

L'An..., le..., à..., etc... A la requête de M...

Agissant en qualité d'exécuteur testamentaire d'après la loi anglaise de M... susnommé, sujet anglais, domicilié légalement à..., comté de... (Angleterre), résidant à Paris, rue..., où il est décédé, comme il est indiqué ci-dessus le...

Nommé à cette fonction d'exécuteur testamentaire aux termes du testament du *de cujus*, fait dans la forme anglaise à..., le..., homologué et enregistré le... au greffe, principal de la Cour de probate de Sa Majesté britannique qui a accordé au requérant en sa sus dite qualité, l'administration des biens et effets mobiliers généralement quelconques de la succession de M...

Étant expliqué que, d'après la législation anglaise, qui régit la succession mobilière de tout sujet anglais ayant conservé son domicile légal en Angleterre quoique ayant une résidence à l'étranger, l'exécuteur testamentaire auquel le probate a été accordé, a les droits les plus étendus pour prendre possession de toute la succession mobilière du testateur et notamment en faire dresser inventaire, ainsi que le constate un certificat de coutume délivré le... par M..., sollicitor près la Haute-Cour de Chancellerie d'Angleterre, demeurant à Paris et revêtu d'une mention en date du... par laquelle M. le consul général de Sa Majesté britannique à Paris atteste la qualité de sollicitor de M... susnommé et sa capaciété pour la délivrance du Certificat de coutume dont il s'agit.

Une copie en langue anglaise des testaments et lettres d'administration précités dûment certifiée et légalisée, la traduction de cette copie faite en langue française le... par M..., traducteur assermenté près la Cour d'appel de..., l'original en langue anglaise du certificat de coutume sus énoncé et sa traduction en langue française faite le... par M..., susnommé, sont demeurés ci-annexés après avoir été certifiés véritables par M... réquérant et revêtues de la mention d'annexes d'usage; les dites pièces devant être timbrées et enregistrées pour celles qui y sont sujettes lors de l'enregistrement du présent procès-verbal.

A la conservation, etc...

FORM. 1995. — **Inventaire après le décès d'un Anglais résidant en France. — Succession « ab intestat ». — Administrateur.**

L'An..., le..., à... A la requête de M...

Ici présent et agissant en qualité d'administrateur, d'après la loi anglaise de la succession de M... susnommé, son frère, sujet anglais, domicilié légalement à..., comté de... (Angleterre), résidant à Paris, rue..., où il est décédé, comme il est indiqué ci-dessus le...

Nommé à cette fonction d'administrateur aux termes des lettres d'administration qui lui ont été accordées par la Cour de probate de Sa Majesté britannique à la date du...

Étant expliqué que, d'après la législation anglaise, qui régit la succession mobilière de tout sujet anglais ayant conservé son domicile légal en Angleterre, l'administrateur auquel des lettres d'administration ont été accordées par la Cour de probate a les pouvoirs les plus étendus pour appréhender les biens mobiliers de la succession et notamment en faire dresser inventaire ainsi qu'il est attesté au certificat de coutume, etc... (*comme en la formule 1994*).

Une copie en langue anglaise des lettres d'administration sus énoncées certifiées, etc... (*le surplus comme en la formule 1994*).

4e Partie. — Procès-verbal d'ouverture de coffre-fort, pli ou cassette.

FORM. 1996. — **Intitulé d'inventaire et d'ouverture de coffre-fort par le même acte. Délégué de l'Enregistrement présent.**

L'An..., le..., à... heures.

A..., rue..., n°..., au siège de..., dans l'une des salles des coffres-forts de cet établissement au sous-sol.

(ou : A..., rue..., n°..., dans la salle des coffres-forts de la succursale de la Banque..., dont le siège social est à...

ou : A..., rue..., n°..., dans les sous-sols des locaux occupés par l'agence L de la Société..., dont le siège est à..., rue..., n°..., dans laquelle agence, M. J.-Marie Jouy ci-après nommé, avait en location un compartiment de coffre-fort ainsi qu'il sera ci-après énoncé.)

A la requête de :

1^{ent} Mme Louise Danois, propriétaire, demeurant à..., veuve de M. Marie Jouy, ici présente.

Agissant en son nom personnel : 1°...; 2°... (*V. formule 1692*).

2^{ent} 1° M. Jean Jouy...; 2° M. Louis Jouy, ici présents, agissant en leur nom personnel.

Seuls enfants issus du mariage de M... et Mme... et en cette qualité habiles à se porter seuls héritiers chacun pour 1/2 de M. Marie Jouy, *de cujus*, leur père.

A la conservation, etc... (*V. formule 1674*).

Il va être par M^e..., notaire à..., soussigné.

Procédé à l'inventaire fidèle, etc... (*comme en la formule 1674*).

Le tout étant et trouvé aux endroits ci-après indiqués.

Cet inventaire aura lieu sur la représentation, etc... (*comme en la formule 1674*).

La prisée sera faite par, etc... (*V. même formule*).

Et sous toutes réserves de droit les réquérants ont signé avec le commissaire-priseur et le notaire, après lecture faite.

(Signatures.)

A l'instant les réquérants ont déclaré que M. Marie Jouy avait pris en location, à la Banque..., où il est actuellement procédé, dans le coffre-fort n°..., un compartiment portant le n°..., dont les clefs sont en la possession de Mme veuve Jouy qui en connaît la combinaison.

En conséquence, ils requièrent M^e..., notaire soussigné, de procéder préalablement à toutes les opérations de l'inventaire et conformément à la loi du 18 avril 1918 à l'ouverture du compartiment de coffre-fort précité et de dresser l'énumération complète et détaillée de tous les objets, titres, sommes et valeurs quelconques qui peuvent s'y trouver, requérant en outre M..., commissaire-priseur, de faire l'estimation des objets qui, contenus dans ce compartiment de coffre, en sont susceptibles.

Déférant à cette réquisition, M^e..., notaire soussigné.

En présence :

1° De Mme veuve Jouy et de MM. Jean et Louis Jouy requérants susnommés.

2° De M... receveur de l'Enregistrement, demeurant à...

Délégué par M. le Directeur de l'Enregistrement du département de..., à l'effet d'assister aux présentes opérations en conséquence de l'avis adressé à ce dernier par M^e..., notaire soussigné, par lettre recommandée du...

A procédé à l'ouverture du compartiment de coffre-fort dont il s'agit et en a retiré les deniers comptants, valeurs, titres et papiers ci-après décrits et détaillés savoir :

1er Argent comptant. — La somme de 12.000 francs composée de :

4 billets de banque de 1.000 francs...............................	4.000	»
5 billets, etc...	»	
Total égal..	12.000	»

2^{ent} Valeurs au porteur. — 1° Titre de 300 francs de rente norvégienne emprunt 3 %, 1896, portant le n°... muni de coupons d'arrérages payables les... de chaque année et dont le premier à détacher est celui à échéance du...

Ce titre ne porte aucune empreinte ou mention de timbre français.

2° Dix bons de la défense nationale de chacun 1.000 francs, n^{os}..., série..., souscrits le... et remboursable le...

3° Cinq obligations de la Ville de Paris, emprunt, etc...

3^{ent} Compte Courant au... — 1° Carnet de 25 chèques sur le..., série..., n^{os}..., à..., s'appliquant à un compte courant ouvert à cet établissement au nom du *de cujus* sous le n°... — Dix-huit chèques seulement sont adhérents à la souche, les autres ont été détachés.

2° Avis du... en date du... et duquel il résulte qu'au 30 juin 192... le compte courant précité présentait un solde créditeur de...

3^{ent} Bijoux. — Les bijoux ci-après contenus dans une petite cassette non fermée.

(*ou :* fermée et ouverte par le notaire soussigné du consentement et en présence de toutes les parties) :

1° Une montre d'homme en or avec sa chaîne également en or, le tout prisé par M... à la somme de...

2° Une bague en or avec diamant, etc...

3° Enfin la cassette renfermant ces bijoux, prisée elle-même à la somme de...

4^{ent} Argenterie. — Les articles d'argenterie suivants :

4° Un plat long en argent marqué des lettres M. J. entrelacées prisé...

2°...; 3°..., etc...

(Si l'officier priseur n'est pas présent, il y a lieu d'ajouter après la désignation des objets : L'esti-mation des bijoux, argenterie et autres objets ci-dessus sera faite dans une prochaine séance par M...,* commissaire-priseur, au domicile du *de cujus*, où ces objets seront transportés, à la réquisition for-*melle des parties.)*

5ᵉⁿᵗ TITRES ET PAPIERS. — Les titres et papiers suivants :

1° Expédition transcrite d'un acte reçu par Mᵉ..., notaire à..., le..., contenant, vente par M... à M... d'une maison sise à... à laquelle expédition se trouvent joints deux états sur transcription.

2°...; 3°... *(continuer à décrire ainsi les titres et papiers présentant un intérêt particu-lier).*

4° Une liasse d'anciens titres de propriété comprenant : Expédition, etc... (Désigna-tion sommaire).

Les titres de propriété et papiers ci-dessus énumérés feront l'objet d'une analyse plus complète dans une prochaine séance à l'étude du notaire soussi-gné ou ils vont être transportés à la réquisition formelle des parties.

Le compartiment de coffre ne contenant aucun autre objet et ne se trouvant plus rien à inventorier, les deniers, valeurs, titres, papiers et objets ci-dessus inventoriés ont été, du consentement de toutes les parties, remis à Mᵐᵉ veuve Jouy qui s'en charge pour en faire la représentation quand et à qui il appartiendra.

La vacation pour la continuation du présent inventaire a été renvoyée aux jour, heure et lieu qui seront ultérieurement indiqués par les parties.

(ou si l'inventaire du coffre n'est pas terminé : Attendu que l'heure de fermeture de la banque est arrivée *(ou : qu'il est... heures),* la présente vacation a été close, mais le coffre renfermant encore divers papiers et objets qui n'ont pu être inventoriés), la vacation pour la continuation du présent inventaire a été, d'un commun accord entre toutes les parties requérantes et présentes, remise et indiquée au jeudi 27 de ce mois, à 9 heures du matin au présent lieu, les parties promettant de s'y trouver et consentant, en tant que de besoin, à ce qu'il soit procédé en leur absence comme en leur présence;

Les objets et valeurs ci-dessus inventoriés ont été, par suite, replacés dans le coffre-fort qui a été refermé et dont la clef a été, du consentement des parties, remise à Mᵐᵉ Vve Jouy qui le reconnaît et s'en charge pour en faire la représentation quand et à qui il appartiendra.)

Il a été vaqué à tout ce que dessus de... heures à... heures par triple vacation.

Et sous toutes réserves et protestations de droit les parties requérantes ont signé avec le commissaire-priseur et le notaire, après lecture faite.

ENREGISTREMENT. — Faisant corps avec l'inventaire, le procès-verbal doit être dressé sur timbre et soumis à l'enregistrement.

FORM. 1997. — **Réquisition d'ouverture de coffre-fort au cours de l'inventaire.** — **Clôture de séance.**

CLOTURE. — Ce fait, tous les objets ci-dessus inventoriés et ceux restant à l'être dans les lieux où il est actuellement procédé, sont, du consentement des parties, demeu-rés en la garde et possession de M... qui le reconnaît et s'en charge pour en faire la repré-sentation quand et à qui il appartiendra.

Et attendu qu'il résulte des papiers trouvés au domicile du défunt, que celui-ci était locataire à la Banque..., société anonyme dont le siège est à..., d'un compartiment de coffre-fort, les parties requièrent le notaire soussigné, en conformité de la loi du 18 avril 1918, de procéder à l'ouverture de ce coffre et à l'inventaire de son contenu, après l'accomplissement de la formalité prescrite par l'article 16 de la loi du 30 juin 1923.

En conséquence, la séance pour la continuation du présent inventaire par l'opé-ration qui vient d'être requise, a été remise, d'un commun accord, au samedi... présent mois, à neuf heures du matin, au siège susindiqué de la banque..., salle des coffres-forts, les parties consentant à ce qu'il soit procédé tant en leur absence que présence.

Il a été vaqué, etc...

Lorsque le coffre se trouve dans un lieu hors du ressort du notaire instrumentant, la séance est terminée en ces termes :

Les requérants ayant appris que M..., *de cujus,* tenait en location à la Banque..., ayant son siège à..., un compartiment de coffre-fort, requièrent le notaire soussigné de surseoir aux présentes opérations d'inventaire jusqu'à ce qu'il ait été procédé à l'ou-verture de ce coffre et à la description des objets y contenus en conformité de la loi du 18 avril 1918.

En conséquence, la séance pour la continuation du présent inventaire a été remise à un jour qui sera ultérieurement fixé.

Tous les objets ci-dessus inventoriés, etc... *(clôture ordinaire).*

FORM. 1998. — **Ouverture de coffre-fort au cours de l'inventaire.** — **Séance spéciale.**

Et le..., à... heures.

A..., rue..., n°..., dans les sous-sols, etc... *(V. formule 1996).*

En conséquence de l'indication donnée par les parties, à ces jour, heure et lieu, lors de la clôture de la séance du... qui précède.

Aux mêmes requêtes, présences et qualités qu'en cette séance.

Il va être, par Mᵉ..., notaire à..., soussigné.

Procédé de la manière suivante à la continuation de l'inventaire après le décès de M. Jouy.

Étant au préalable expliqué :

Que M. Jouy, *de cujus*, tenait en location de la Banque..., à la succursale où il est actuellement procédé, un compartiment portant le n°..., dans un coffre-fort portant lui-même le n°..., dont la clef est aux mains de Mᵐᵉ Vve Jouy qui en connaît la combinaison.

Qu'en conformité des prescriptions de la loi du 18 avril 1918, les parties ont requis, le notaire soussigné, lors de la clôture de la séance qui précède, de se transporter au présent lieu pour procéder aux opérations d'ouverture du coffre dont il s'agit, à l'inventaire des objets, titres et papiers y contenus avec l'assistance de M..., commissaire-priseur, ici présent, pour l'estimation des objets susceptibles de l'être.

Qu'en prévision de cette opération, et en conformité de l'article 16 de la loi du 30 juin 1923, le notaire soussigné a, par lettre du..., recommandée à la poste le même jour, avisé M. le Directeur de l'Enregistrement du département de..., qu'il serait au jour, lieu et heure susindiqués, procédé aux opérations d'ouverture de coffre et d'inventaire dont il s'agit, ainsi qu'il est d'ailleurs constaté par l'accusé de réception de cette lettre délivré par l'Administration des Postes à la date du... et demeuré annexé après mention.

Qu'en conséquence de cet avis, M. le Directeur de l'Enregistrement a délégué pour le représenter aux présentes opérations, M..., receveur de l'Enregistrement, demeurant à..., ici présent.

(*Si l'agent ne se présente pas, l'indiquer comme en la formule 1999.*)

Ces faits énoncés :

Mᵉ..., notaire soussigné, s'est d'abord assuré par l'examen du carnet spécial prévu par l'article 4 de la loi du 18 avril 1918 que, depuis le décès de M. Jouy, aucune personne n'a eu accès au compartiment de coffre de ce dernier.

Puis, avec la clef que lui a remise Mᵐᵉ Vve Jouy et d'après les explications de cette dernière, il a procédé à l'ouverture du coffre dont il s'agit et en a retiré, savoir :

1ᵉⁿᵗ ARGENT COMPTANT. — La somme de, etc... (*V. formule 1996*).

CLOTURE. — Tout le contenu du coffre de M. Jouy ayant été inventorié, la présente séance a été close et arrêtée et la vacation pour la continuation de l'inventaire remise à des jour, heure et lieu qui seront ultérieurement fixés.

Les deniers, valeurs, titres, papiers et objets ci-dessus inventoriés, ont été, du consentement de toutes les parties, remis à Mᵐᵉ Vve Jouy, qui le reconnaît et consent à en demeurer chargée pour en faire la représentation quand et à qui il appartiendra.

Il a été vaqué à tout ce que dessus depuis l'heure susindiquée jusqu'à... heures par... vacation.

Et sous toutes réserves et protestations de fait et de droit, les parties ont signé avec M..., commissaire-priseur, et le notaire après lecture faite.

FORM. 1999. — Procès-verbal d'ouverture de coffre-fort en brevet. — Administration de l'Enregistrement non représentée.

L'AN..., le... A... (*comme en la formule 1998*).

A la requête et en présence de :

1ᵉⁿᵗ Mᵐᵉ...; 2ᵉⁿᵗ 1°...; 2°... (*noms et qualités comme en la formule précédente*).

Il va être, par Mᵉ..., notaire à..., soussigné.

Procédé, conformément aux prescriptions de la loi du 18 avril 1918, à l'ouverture du compartiment de coffre-fort portant le n°..., que M. Jouy, *de cujus*, tenait en location à l'établissement où il est actuellement procédé, dans un coffre-fort portant le n°..., ainsi qu'à l'énumération complète et détaillée de tout ce qui peut s'y trouver.

Étant fait ici observer qu'en exécution de l'article 16 de la loi du 30 juin 1923, Mᵉ..., notaire soussigné, a, par lettre en date du..., recommandée à la poste le..., informé M. le Directeur de l'Enregistrement du département de..., qu'il serait procédé aujourd'hui, à... heures, au présent lieu, à l'ouverture de coffre et inventaire dont il s'agit, ainsi que le constate l'accusé de réception de cette lettre délivré par l'Administration des Postes à la date du..., et ci-annexé après mention.

En conséquence, et attendu qu'il est... heures et qu'aucun agent de l'Administration n'intervient pour représenter celle-ci, Mᵉ..., notaire soussigné, avec la clef qui lui a été remise à cet effet par Mᵐᵉ Vve Jouy, a ouvert le compartiment de coffre précité et en a retiré, savoir :

1° Deux obligations, etc... (*V. formule 1996*).

(*Lorsque l'ouverture du coffre est faite par un notaire autre que celui chargé du règlement de la succession, il y a lieu d'énumérer et de décrire simplement les objets trouvés dans le coffre, sans analyse ni prisée et d'ajouter : Ne se trouvant plus rien à comprendre ni mentionner au présent procès-verbal, le coffre entièrement vidé a été refermé et les deniers, valeurs, titres, papiers et autres objets ci-dessus* décrits ont été du consentement de toutes les parties remis à Mme... qui le reconnaît, à charge par elle d'en effectuer le dépôt, aux mains de M^e..., notaire à..., désigné pour procéder à l'inventaire et au règlement de la succession de M. Jouy.

ou : Déposé à M^e..., notaire soussigné, à l'effet d'en effectuer la remise avec le brevet original du présent procès-verbal à M^e..., notaire à..., chargé par la famille de liquider la succession de M...).

De tout ce que dessus, auquel il a été vaqué depuis ladite heure de... jusqu'à celle de... par... vacations, M^e..., notaire soussigné, a dressé le présent procès-verbal qui sera délivré en brevet et transmis à M^e..., notaire à..., chargé comme il est indiqué ci-dessus, de régler la succession de M. Jouy.

Et sous toutes réserves et protestations de droit, les requérants ont signé avec M^e..., notaire, après lecture faite.

Enregistrement : Dispensé du timbre et enregistré gratis.

FORM. 2000. — **Procès-verbal d'ouverture de coffre-fort. — Réquisition et ouverture. — Intervention de l'agent de l'Enregistrement. — Combinaison d'ouverture inconnue des parties.**

L'An..., le..., à..., heures.

A..., rue..., n°..., en l'étude et par devant M^e..., notaire soussigné.

Ont Comparu :

1° M. Arsène Laurent, propriétaire, demeurant à...; 2° M. Jean Laurent, cultivateur, demeurant à...

Habiles à se porter seuls héritiers, etc... (*comme à l'inventaire ordinaire*), ainsi qu'il est constaté par un acte de notoriété dressé par M^e..., notaire soussigné, le... (*ou :* par M^e..., notaire à..., le..., dont une expédition est demeurée ci-annexée après mention).

(*ou :* Ainsi que les qualités sus énoncées sont constatées par l'intitulé de l'inventaire dressé après le décès de M. Laurent susnommé suivant procès-verbal en date au commencement du... et dont un extrait est demeuré ci-annexé après mention.)

Lesquels ont déclaré :

Que M. Abel Laurent, *de cujus*, tenait en location de la Banque... (*établissement*), société anonyme dont le siège social est à..., rue..., n°..., le compartiment n°..., d'un coffre-fort portant lui-même le n°....

Et qu'ils désirent faire procéder tant à l'ouverture de ce coffre qu'à l'inventaire descriptif et estimatif des objets, titres et papiers qu'il peut contenir.

Ajoutant que M. Arsène Laurent est bien en possession de la clef du compartiment de coffre dont il s'agit, mais qu'il ignore la combinaison permettant d'en faire l'ouverture, que, de plus, il est à présumer que des objets susceptibles d'estimation, notamment des bijoux et autres articles d'or ou d'argent se trouvent renfermés dans ce coffre, le tout nécessitant, par suite, le concours d'un ouvrier spécialiste et d'un officier priseur.

En conséquence, les comparants ès qualités, étant donné les dispositions de la loi du 18 avril 1918, requièrent M^e..., notaire soussigné, de se transporter au siège de l'établissement précité pour procéder aux opérations d'ouverture et d'inventaire dont il s'agit, après avis par lui donné à l'Administration de l'Enregistrement, en conformité de l'article 16 de la loi du 30 juin 1923 et après s'être assuré du concours d'un serrurier spécialiste pour l'ouverture du coffre et d'un officier priseur pour l'estimation des objets susceptibles de l'être.

A cet effet, les parties fixent l'accomplissement de cette formalité au jeudi..., présent mois, à 9 heures du matin, au siège précité du... (*établissement*), salle des coffres-forts de cet établissement, s'engageant à s'y trouver et consentant au besoin qu'il soit procédé en leur absence comme en leur présence.

De ce qui précède a été dressé le présent procès-verbal clos à... heures.

Et sous toutes réserves, les comparants ont signé avec le notaire, après lecture faite.

(*Signatures.*)

Et le jeudi... novembre 192..., à 9 heures du matin, à..., rue..., n°..., au siège social de..., dans l'une des salles des coffres-forts de cet établissement, 2e sous-sol.

En conséquence de l'indication donnée par les parties, d'un commun accord, à ces lieu, jour et heure.

Aux mêmes requêtes présences et qualités qu'en la vacation du... dont procès-verbal précède.

Il va être, par M^e..., notaire à..., soussigné.

Procédé, conformément aux prescriptions de la loi du 18 avril 1918, à l'ouverture du compartiment n°... du coffre-fort n°..., que M. Laurent, *de cujus*, tenait en location de l'établissement où il est actuellement procédé, ainsi qu'à l'énumération complète et détaillée de tout ce qui peut s'y trouver renfermé.

Préalablement à cette opération, le notaire soussigné, déférant à la réquisition contenue en la vacation qui précède, explique :

Qu'en exécution de l'article 16 de la loi du 30 juin 1923 et par lettre en date du..., recommandée à la poste le..., il a avisé M. le Directeur de l'Enregistrement du département de..., qu'il serait aujourd'hui, à 9 heures du matin, présent lieu, procédé à l'ouverture de coffre et à l'inventaire dont il s'agit présentement, ainsi que le constate l'accusé de réception de cette lettre qui lui a été délivré par l'Administration des Postes le... et qui demeure ci-annexé après mention.

Et qu'en outre, pour l'accomplissement de la mission qui lui a été confiée, il s'est assuré le concours de :

1° M..., serrurier spécialiste, demeurant à..., chargé du fonctionnement de la serrure du coffre, les parties ignorant la combinaison permettant l'ouverture de celui-ci.

2° Et de M..., commissaire-priseur, demeurant à..., à l'effet de procéder, à l'égard des objets à retirer du coffre, à la prisée de ceux susceptibles de l'être.

Tous deux ici présents et agréés par les comparants, ont promis de s'acquitter fidèlement de leur mission.

A l'instant est aussi intervenu M..., receveur de l'Enregistrement, demeurant à..., lequel déclare se présenter à l'effet d'assister aux présentes opérations en conséquence de l'avis précité adressé à M. le Directeur de l'Enregistrement par les soins du notaire soussigné.

Par suite, à la requête des comparants ès qualités, en présence de M..., receveur d'Enregistrement, et avec le concours de M..., serrurier, et de M..., commissaire-priseur, il a été procédé comme suit :

Le notaire s'est d'abord assuré, par l'examen du carnet spécial du défunt prévu à l'article 4 de la loi du 18 avril 1918, et qu'il s'est fait représenter, que, depuis le décès, aucune personne n'a eu accès au compartiment du coffre à inventorier.

Puis la serrure mise en mouvement par l'ouvrier spécialiste qui s'est ensuite retiré, sa mission étant terminée, le notaire soussigné a ouvert le coffre dont il s'agit, et en a retiré, savoir :

1° Une inscription de 300 francs de rente française, etc...;

2° Une montre en or avec chaîne également or, prisée par M..., à la somme de...;

3°...; 4°...; 5°... (*V. formule 1996*).

Le compartiment de coffre complètement vidé de son contenu, la porte en a été refermée et la clef du coffre, ainsi que les objets, titres et papiers ci-dessus inventoriés ont été, du consentement de toutes les parties, confiés à la garde de M..., qui le reconnaît et s'en charge, pour en faire la représentation quand et à qui il appartiendra.

Il a été vaqué à tout ce que dessus, depuis ladite heure de... jusqu'à celle de..., par... vacation.

Et après lecture faite, M... (*agent de l'Enregistrement*) s'est retiré sans signer, puis les requérants, M..., commissaire-priseur, et le notaire ont signé le présent-procès-verbal qui sera délivré en brevet, afin d'être transmis à Me..., notaire à..., chargé par les parties du règlement de la succession de M. Laurent.

ENREGISTREMENT : Dispensé de timbre et enregistré gratis.

FORM. 2001. — Procès-verbal d'ouverture de coffre-fort. — Notaire commis. Sommations. — Difficultés. — Référé.

L'An..., le..., à... heures.

A..., rue..., n°..., au siège social de la Banque..., salle des coffres-forts.

Devant nous..., notaire à..., s'est présenté :

M. Léon BLIN, industriel, demeurant à...

Lequel nous a exposé ce qui suit :

I. — M. Albert Blin, rentier, demeurant à..., est décédé en son domicile le..., veuf non remarié de Mme Eugénie Couchenet.

Il a laissé pour seuls héritiers conjointement pour le tout ou divisément chacun pour un tiers, ses trois enfants issus de son union avec ladite dame Eugénie Couchenet, savoir : 1° M. Blin, comparant; 2° M. Louis Blin, limonadier, demeurant à...; 3° et Mlle Clémentine Blin, couturière, majeure, demeurant à...

Ainsi que le tout est constaté dans un acte de notoriété dressé, à défaut d'inventaire, après ce décès, par Me..., notaire à..., le...

II. — M. Blin, *de cujus*, était locataire d'un compartiment de coffre-fort dans les locaux à ce destinés de la Banque..., dont le siège est à..., rue..., n°..., et pour satisfaire aux prescriptions de la loi du 18 avril 1918, le comparant avait proposé à ses cohéritiers de requérir un notaire à l'effet de procéder, à un jour déterminé, à l'ouverture du coffre loué; mais l'accord n'ayant pu se faire entre eux sur le choix de cet officier mini tériel, requête a dû être présentée par le comparant au président du Tribunal civil de..., lequel, par ordonnance du..., a commis Me..., notaire soussigné, pour procéder ou être présent à l'ouverture du coffre dont il s'agit et dresser l'inventaire du contenu de celui-ci.

III. — Par suite, suivant exploit de Me..., huissier à..., en date du..., le comparant a fait sommation à M. Louis Blin et à Mlle Clémentine Blin, ses frère et sœur, de se trouver à ces jour, heure et lieu pour assister à l'ouverture du compartiment de coffre-fort dont il s'agit avec déclaration qu'il y sera procédé en leur absence comme en leur présence.

De plus, et en conformité de l'article 16 de la loi du 30 juin 1923, le notaire soussigné a avisé de la même opération M. le Directeur de l'Enregistrement du département de..., et ce, par lettre en date du..., recommandée à la poste le même jour et dont la réception en est constatée par un accusé de l'Administration des Postes portant la date du...

A l'appui de ces déclarations qui précèdent, sont demeurés ci-annexés après mention, savoir :

1° Copie de l'acte de décès de M. Albert Blin;

2° Expédition de l'acte de notoriété dressé après ce décès par Me..., à la date du...;

3° L'original de l'ordonnance de M. le président du Tribunal civil de..., du...;

4° L'original des sommations adressées à M. Louis Blin et à Mlle Blin;

5° Et l'accusé de réception de la lettre recommandée adressée à M. le Directeur de l'Enregistrement.

Ceci exposé, le comparant requiert le notaire soussigné de lui donner acte de sa comparution et de ses dires, de prononcer s'il y a lieu défaut contre les parties sommées et de procéder aux opérations dont il s'agit.

Puis il a signé, après lecture.

(Signature.)

A l'instant est intervenu Mlle Clémentine Blin susnommée.

Laquelle a déclaré comparaître au désir de la sommation qui lui a été faite, à l'effet d'être présente à l'ouverture du coffre-fort de M. Blin, son père, et d'inventaire de son contenu auxquelles opérations elle a déclaré consentir et les requérir même en tant que de besoin.

Et elle a signé, après lecture.

(Signature.)

Attendu qu'il est... heures et que M. Louis Blin ne s'est pas présenté ni personne pour lui, il a été prononcé défaut contre lui.

De même, attendu qu'aucun agent de l'Enregistrement n'est présent, bien que M. le Directeur départemental ait été régulièrement avisé, il est passé outre.

En conséquence, Me..., notaire soussigné, à qui M. Léon Blin a remis la clef du coffre et fait connaître la combinaison permettant l'ouverture de celui-ci, a procédé, en présence de M. Léon Blin et de Mlle Clémentine Blin, à l'ouverture du coffre-fort dont il s'agit et il en a retiré les objets suivants :

1ent ARGENT COMPTANT. — La somme de... (*V. formule 1996*).

4ent PLI CACHETÉ. — Une enveloppe scellée et cachetée en cinq endroits, à la cire rouge avec les initiales A. B. en lettres anglaises et portant cette inscription manuscrite : « à remettre à M. Léon Blin, mon fils ».

M. Léon Blin déclare ici que ce pli est sa propriété comme constituant un dépôt par lui effectué aux mains de son père et qu'il en revendique la restitution.

Mais Mlle Clémentine Blin déclare formellement s'opposer à cette remise.

Devant ce désaccord, il convient d'en référer à justice et, sur la réquisition de Mlle Blin, il a été sursis aux présentes opérations, dont la continuation aura lieu ultérieurement à la requête et en présence de telles personnes qu'il appartiendra.

Par suite, tous les objets ci-dessus inventoriés à l'exception du pli litigieux, ont été réintégrés dans le coffre-fort qui a été refermé et dont la clef a été, du consentement de Mlle Blin, confiée à M. Blin, son frère, qui le reconnaît et en prend la charge.

Quant à l'enveloppe cachetée, elle a été paraphée par M. et Mlle Blin et le notaire et remise à ce dernier pour en faire la présentation au président du Tribunal, à l'effet d'être ordonné ce qu'il appartiendra; référé que les parties conviennent de fixer à demain onze heures, au Palais de justice de..., cabinet de M. le président (*ou : au jour le plus prochain où se tiendra l'audience des référés*).

Il a été vaqué à tout ce que dessus, etc... (*V. formule 1996*).

Et lecture faite, M. Blin et Mlle Blin ont signé avec le notaire commis.

(Signature.)

Et le..., à... heures. A...., rue..., n°..., au siège de la banque..., salle des coffres-forts, et devant nous..., notaire à..., soussigné, se sont présentés sur convocations amiables :

1° M. Léon Blin; 2° M. Louis Blin; 3° et Mlle Clémentine Blin, tous trois qualifiés et domiciliés au procès-verbal du... dont la minute précède.

Lesquels ont dit que, suivant ordonnance de référé rendue par M. le président du Tribunal civil de..., le..., sur la minute du procès-verbal qui précède (*ou : dont une expédition représentée est demeurée ci-annexée après mention*), ce magistrat, après avoir ouvert le pli cacheté trouvé dans le coffre-fort de M. Blin père et examiné le contenu, a reconnu que le pli dont il s'agit est bien la propriété exclusive de M. Léon Blin, et en ordonne la restitution à ce dernier. En conséquence, M. Louis Blin et Mlle Clémentine Blin ont autorisé le notaire soussigné, à remettre le pli en question et son contenu, à leur frère, sur simple quittance.

L'incident étant clos, rien ne s'oppose à la continuation de l'inventaire et description détaillée commencés dans la présente séance des biens et valeurs renfermés dans le coffre-fort de M. Albert Blin.

En conséquence, à la réquisition des parties, il a été procédé à la réouverture du coffre dont il s'agit, duquel, en outre des objets déjà inventoriés, le notaire soussigné en a retiré les objets, titres, papiers et valeurs suivants :

1°...; 2°... (continuer la désignation).

Tout le contenu du coffre-fort de M. Blin ayant été, tant dans la présente séance que dans la précédente, exactement relevés et détaillés, le présent procès-verbal a été clos à la réquisition des parties.

Il a été vaqué, etc...

Les deniers comptants et tous les titres, valeurs et papiers inventoriés ont été, du consentement de toutes les parties, déposés aux mains du notaire soussigné, à l'effet d'en faire la remise avec le brevet original du présent procès-verbal à M^e..., notaire à..., chargé par la famille de liquider la succession de M. Blin.

Et après lecture faite, toutes les parties ont signé le présent avec le notaire commis.

FORM. 2002. — **Procès-verbal d'ouverture d'une cassette fermée.** — **Découverte d'un testament.**

L'An..., le..., à... heures.

A..., rue..., n°..., au siège de la banque Lemoine et Cie, dans un bureau se trouvant au premier étage de cet établissement.

Devant nous..., notaire à..., soussigné.

Ont Comparu :

1° M. Léon Blin, propriétaire, demeurant à...; 2° M. Louis Blin...; 3° Mlle Clémentine Blin...

Agissant comme habiles à se porter seuls héritiers de M. Albert Blin, leur père, rentier, demeurant à..., où il est décédé le..., veuf en premières noces non remarié, de Mme..., ainsi que le constate, etc... (V. formule 2001).

Lesquels ont expliqué :

Que M. Blin, leur père, susnommé, avait remis en dépôt le..., à la Banque Lemoine et Cie une cassette fermée, dont M. Léon Blin a la clef, et contenant divers objets et papiers.

Qu'ils ont invité amiablement M. le Directeur de la Banque précitée de se trouver, les jour et heure présents, en son cabinet, pour remettre à M^e..., notaire soussigné, la cassette dont il s'agit, pour qu'il soit procédé à son ouverture et à l'inventaire du contenu, conformément aux prescriptions de la loi du 18 avril 1918.

Qu'en outre, et sur l'invitation que leur en a faite les comparants, le notaire soussigné, par application de l'article 16 de la loi du 30 juin 1923, a avisé des présentes opérations M. le Directeur de l'Enregistrement du département de..., et ce, par lettre en date du..., recommandée à la poste le... (Si l'agent de l'Administration ne se présente pas, ajouter : et dont M^e... a été avisé de la réception par l'accusé en date du..., demeuré ci-joint et annexé après mention).

Ces explications préalables fournies, les comparants, en leurs qualités sus exprimées, ont requis le notaire soussigné de procéder aux opérations d'ouverture et d'inventaire dont il s'agit.

Puis ils ont signé après lecture.

(Signatures.)

A l'instant sont intervenus :

1° M..., receveur de l'Enregistrement, demeurant à...

Lequel a dit se présenter, pour assister aux présentes opérations étant délégué à cet effet par M. le Directeur de l'Enregistrement du département de..., en conséquence de l'avis que lui a adressé M^e..., notaire.

2° M..., banquier, demeurant à..., agissant au nom de la Banque Lemoine et Cie.

Lequel, sur l'invitation qui lui en a été faite, a représenté la cassette confiée à sa banque par M. Blin, à la date du..., laquelle est fermée à clef et entourée de bandelettes de toile blanche et scellée en cinq endroits par des cachets de cire rouge avec les initiales A. B. et une étiquette portant, savoir : en caractères imprimés : « Banque Lemoine et Cie, siège social à..., Service des dépôts autres que les dépôts de sommes et valeurs » et, en caractères manuscrits : Cassette remise en dépôt le..., par M. Albert Blin, rentier, demeurant à..., le tout suivi de la signature du de cujus.

Par suite, M^e..., notaire soussigné, déférant à la réquisition qui précède, a ouvert la cassette dont il s'agit et en a retiré, savoir :

1º..., etc... (*V. formule 1996*).

5º Une enveloppe scellée par cinq cachets de cire rouge aux initiales A. B. et portant cette suscription : Ceci est mon testament, signé A. Blin.

En conséquence de cette découverte, les parties requérantes et le notaire ont paraphé l'enveloppe et ce dernier a été requis :

De surseoir aux présentes opérations.

Et de se transporter demain... présent mois, à 11 heures du matin, au Palais de justice du Tribunal civil de première instance de... pour présenter le pli cacheté dont il s'agit à M. le Président de ce Tribunal qui en fera l'ouverture et décidera ce que de droit.

Tous les titres et papiers ci-dessus énumérés, à l'exception du pli cacheté, ont été replacés dans la cassette qui a été refermée, et la clef confiée à M. Léon Blin, qui le reconnaît.

La cassette a été ensuite laissée, du consentement des parties, en la garde de la Banque Lemoine et Cⁱᵉ, ainsi que M... ès qualité, le reconnaît et s'en charge pour en faire la représentation quand et à qui il y aura lieu.

La vacation pour la continuation des présentes opérations a été remise et indiquée du consentement des parties requérantes et présentes à jeudi... présent mois à neuf heures du matin, heure légale, au lieu où il est présentement procédé, promettant tous de s'y trouver et consentant au besoin qu'il y soit procédé en leur absence comme en leur présence.

(*Au cas de testament ouvert et ne contenant pas de dispositions modifiant les qualités des ayants droit, il n'y a pas lieu de surseoir aux opérations : procéder alors comme en la formule 1886*).

Il a été vaqué à tout ce que dessus, etc... (*V. formule 1996*).

Et lecture faite, les requérants et M... ont signé avec le notaire.

(Signatures.)

(*Pour la reprise de séance, s'inspirer de la formule 2004.*)

FORM. 2003. — Procès-verbal d'ouverture d'un coffre commun avec un tiers. Requête du colocataire du défunt. — Sommations.

L'An..., le..., à... heures.

A..., rue..., nº..., au siège social de la Banque Lemoine et Cⁱᵉ, dans l'une des salles des coffres-forts au sous-sol.

Devant nous..., notaire à..., soussigné.

S'est présenté :

M. Octave Chappe, propriétaire, demeurant à :

Lequel a exposé ce qui suit :

I. — M. Chappe, comparant, et M. Raoul BLIN, rentier, demeurant à..., étaient locataires conjointement du compartiment nº... d'un coffre-fort portant le nº..., se trouvant dans la salle où il est actuellement procédé.

II. — M. Raoul Blin est décédé en son domicile sus indiqué le... laissant :

1º M. Léon Blin...; 2º M. Albert Blin...; 3º Et Mˡˡᵉ Clémentine Blin..., ses trois enfants issus de son union avec Mᵐᵉ Léontine Renault prédécédée, et en cette qualité, habiles à se porter ses seuls héritiers chacun pour un tiers.

III. — Par suite du décès de son colocataire, le comparant qui n'a plus accès au coffre a tenté d'obtenir des héritiers de ce dernier leur concours pour son ouverture dans les termes de la loi du 18 avril 1918.

Cette tentative étant restée vaine, le comparant en a référé à M. le président du Tribunal civil de première instance de..., lequel, par ordonnance en date du..., a ordonné l'ouverture du coffre dont il s'agit, en présence des héritiers de M. Blin ou eux dûment appelés et a commis Mᵉ..., notaire soussigné, pour procéder à ces opérations.

IV. — En vertu de cette ordonnance :

Sommation de se trouver à ces jour, heure et lieu pour assister aux opérations dont il s'agit, a été faite à MM. Blin et Mˡˡᵉ Blin susnommés, suivant exploit de Mᵉ..., huissier à..., en date du...

Avis des mêmes opérations à ces jour, heure et lieu a également été donné par le notaire soussigné à M. le Directeur de l'Enregistrement du département de..., par lettre en date du..., recommandée à la poste le même jour et de laquelle un accusé de réception a été délivré à la date du...

A l'appui de cet exposé, l'original de l'ordonnance de M. le Président du..., l'original des sommations adressées aux héritiers de M. Blin et l'accusé de réception de la lettre recommandée adressée à M. le Directeur de l'Enregistrement sont demeurées ci-annexées après mention.

Puis M. Chappe, comparant, a requis le notaire soussigné de lui donner acte de sa comparution, de ses dires, de prononcer défaut contre les parties sommées et avisées dans le cas où elles ne se présenteraient pas ni personnes pour elles et de procéder aux opérations dont il s'agit.

Et après lecture faite, il a signé.   (*Signature.*)

A l'instant sont intervenus MM. Léon et Albert Blin et Mlle Blin susnommés.

Lesquels ont déclaré comparaître au désir de la sommation à eux faite d'assister aux présentes opérations; opérations qu'ils requièrent d'ailleurs en tant que de besoin en leur qualité de seuls héritiers chacun pour 1/3 de M. Raoul Blin, leur père.

A l'appui de leurs qualités héréditaires, les intervenants ont représenté au notaire soussigné une expédition de l'acte de notoriété dressé après le décès de M. Blin par M^e..., notaire à..., le..., laquelle est demeurée ci-annexée après mention.

Puis ils ont signé après lecture.

(Signatures.)

Attendu qu'il est... heures et qu'aucun agent de l'Enregistrement ne se présente.

M^e..., notaire soussigné, déférant à la réquisition qui précède, a procédé, avec la clef que lui a remise M. Chappe, à l'ouverture du coffre dont il s'agit et en a retiré les objets suivants énumérés par distinction.

§ 1er. Objets revendiqués par M. Chappe.

1°...; 2°..., etc.

M. Chappe ayant justifié que les objets ci-dessus énumérés lui appartenaient, ceux-ci lui ont été remis du consentement de MM. Blin et de Mlle Blin.

§ 2e. Objets dépendant de la succession.

1°...; 2°..., etc...

Tout le contenu du coffre-fort ayant été exactement relevé, le présent procès-verbal a été clos à la réquisition des parties.

Il a été vaqué, etc...

Tous les titres, valeurs, papiers, ci-dessus détaillés sous le paragraphe 2 ont été, du consentement des héritiers de M. Blin, déposés aux mains du notaire soussigné, à l'effet d'en faire la remise avec l'original du présent procès-verbal à M^e..., notaire à..., chargé par ces derniers de liquider la succession de M. Blin père.

Et après lecture faite, M. Chappe et les consorts Blin ont signé le présent avec le notaire.

FORM. 2004. — Reprise de séance d'ouverture de coffre-fort.

Et le..., rue..., n°..., au siège de..., etc... (V. formule 1996).

En conséquence de l'indication à ces jour, heure et lieu donnée par les parties lors de la clôture de la vacation qui précède.

Aux mêmes requêtes, présences et qualités qu'en ladite séance (s'il y a lieu : à l'exception de M..., commissaire-priseur, dont la mission est terminée).

Il va être, par M^e..., notaire à..., soussigné.

En présence de M..., receveur de l'Enregistrement, demeurant à..., délégué par M. le Directeur de l'Enregistrement du département de..., à l'effet d'assister aux présentes opérations, ainsi qu'il est relaté à la précédente séance.

(ou : En l'absence de représentant de l'Administration de l'Enregistrement, bien que régulièrement avisée, ainsi qu'il est relaté à la vacation qui précède.)

Procédé à la continuation de l'inventaire, après le décès de M... par l'énumération non encore faite des objets, titres et papiers se trouvant dans le compartiment de coffre-fort que M..., de cujus, tenait en location au lieu où il est actuellement procédé; compartiment n°... du coffre-fort n°..., qui a fait déjà l'objet d'une première ouverture, ainsi qu'il est relaté à la séance qui précède.

En conséquence, le compartiment dont il s'agit a été à nouveau ouvert par M^e..., notaire soussigné, qui en a retiré les objets, titres et papiers suivants non compris dans l'inventorié de la précédente séance, savoir :

1°..., 2°...; 3°..., etc... (V. formule 1996).

4° Les titres et papiers suivants (les décrire sans les analyser).

Tout le contenu du coffre ayant été exactement relevé tant à la séance qui précède qu'à la présente vacation, le présent procès-verbal a été clos à la réquisition des parties.

Les objets mobiliers ont été, du consentement des parties, remis à M... qui le reconnaît et s'en charge pour en faire la représentation quand et à qui il appartiendra.

Quant aux titres, valeurs et papiers ci-dessus détaillés sous les paragraphes..., ils ont été, d'un commun accord, déposés aux mains de M^e..., notaire soussigné, qui se charge d'en faire la remise en même temps que le brevet original du présent procès-verbal, à M^e..., notaire à..., désigné par les parties pour procéder au règlement de la succession de M...

Il a été vaqué, etc...

Et sous toutes réserves, les parties ont signé avec le commissaire-priseur et le notaire après lecture faite.

(ou : Ce fait la vacation, etc... (terminer comme en la formule 1871).

Timbre et Enregistrement.

I. — Scellés.

22314. Timbre. — Timbre au comptant. — En principe et sauf les exceptions ci-après indiquées (*nos 22316 et 22321*), les procès-verbaux d'apposition et de levée de scellés doivent, à peine d'amende contre le greffier, être rédigés sur papier au timbre de dimension.

22315. Actes à la suite. — La réquisition d'apposition, l'ordonnance du juge de paix et le procès-verbal d'apposition peuvent être écrits à la suite les uns des autres et sur le même timbre. De plus, la réquisition de levée de scellés, l'ordonnance rendue à la suite par le juge de paix et le procès-verbal de levée peuvent être rédigés à la suite du procès-verbal d'apposition et ur le même timbre (L. 13 brum. an VII, art. 23; Déc. fin. 20 avr. 1813).

22316. Timbre en débet. — Peuvent être rédigés sur papier libre, à viser pour timbre en débet lors de l'enregistrement des actes, savoir :

22317. Scellés d'office. — 1° Les procès-verbaux d'apposition de scellés, faite d'office dans un intérêt autre que celui de l'État (Inst. 3 fruct. an XIII, n° 290; Déc. fin. 22 oct. 1817).

22318. Mention de pièces. — ans le cas où le juge de paix a été prévenu du décès par lettre ou par télégramme, il peut mentionner ces pièces dans son procès-verbal sans encourir d'amende (L. 16 juin 1824, art. 13; L. 22 avr. 1905, art. 10). Ces pièces seront d'ailleurs visées pour timbre et enregistrées en débet lors de la présentation du procès-verbal à la formalité.

22319. Procès-verbal de carence. — 2° Le procès-verbal de carence dressé d'office par le juge de paix.

22320. Scellés après faillite. — 3° Les procès-verbaux de scellés après faillite, et, en outre, si le syndic n'a pas d'argent comptant en mains. les procès-verbaux de levée de ces scellés.

22321. Timbre gratis. — Enfin, les procès-verbaux d'apposition et de levée de scellés dressés dans l'intérêt *exclusif* de l'État après le décès d'un dépositaire public peuvent être rédigés sur papier libre qui sera visé pour timbre gratis lors de l'enregistrement de l'acte (Inst. 30 nov. 1846; Déc. Fin. 24 juillet 1867).

22322. Enregistrement. — Délai. — Les procès-verbaux d'apposition et de levée des scellés doivent être enregistrés dans 'es 20 jours de leur date (L. 22 frim. an VII, art. 20-4). Ce délai court de la date de chaque séance; plusieurs procès-verbaux de séance peuvent être présentés simultanément à la formalité dès lors que l'on est toujours dans le délai (Vignalou-Perer, 780).

22323. Procès-verbal de levée. — Toutefois, d'après l'Administration, le procès-verbal de levée ne peut être rédigé qu'après enregistrement du procès-verbal d'apposition (Inst. 28 avr. 1813, n° 634; Garnier, *Scellés*, 34 et 39; — *Contra* : Carpentier, *Scellés*, 542; Maguéro, *Scellés*, 22; L. 28 avr. 1816, art. 56).

22324. Délégation du greffier. — La délégation donnée au greffier par le juge de paix pour les opérations de scellés est exempte d'enregis-

trement (Pr. 907), mais elle doit être établie sur timbre si le procès-verbal de scellés y est lui-même soumis (V. n° 22342).

22325. Tarif. — Les procès-verbaux d'apposition et de levée de scellés sont soumis au droit fixe de 7 fr. 20, décimes compris (LL. 28 avr. 1893, art. 24, 25 juin 1920, art. 28, 22 mars 1924, art. 3) par vacation de trois heures.

22326. Faillite. — En matière de faillite, il n'est dû qu'un seul droit fixe de 7 fr. 20, décimes compris par chacun des procès-verbaux d'apposition et de levée, quel que soit le nombre de vacations pour chacun d'eux (LL. 24 mai 1834, art. 11; 25 juin 1920, art. 28; 22 mars 1924, art. 3 (V. n° 22345).

22327. Ordonnance. — L'ordonnance mise en tête du procès-verbal de levée de scellés est sujette au droit fixe de 3 francs en principal, *si elle forme un acte distinct* (Sol., 13 janv. 1857, J. E. 16447).

22328. Référé. — L'ordonnance, en cas de difficultés, dressée par le juge de paix, ne donne ouverture à aucun droit, mais celle rendue par le président en référé, est passible du droit de 10 fr. 80, décimes compris (LL. 28 avr. 1816, art. 44, n° 10; 28 fév. 1872, art. 4; 25 juin 1920, art. 28; 22 mars 1924, art. 3).

22329. Ordonnance d'apposition. — Le même droit est exigible sur l'ordonnance rendue en dehors de tout référé, par laquelle le président du tribunal civil autorise sur requête une apposition de scellés (*Dict. des Red. de l'Enr.* V° *Scellés*, 58).

22330. Procès-verbaux divers. — Ne donnent lieu qu'à un seul droit fixe de 3 francs, augmenté de deux décimes, quel que soit le nombre de vacations : 1° le procès-verbal de carence proprement dit, sans apposition de scellés; ° le procès-verbal de description sommaire; 3° le procès-verbal de non-apposition de scellés.

22331. Opposition. — Donne également ouverture au même droit fixe de 3 francs, plus décimes. l'opposition à scellés formée sur le procès-verbal de scellés; il est dû un droit spécial par chaque opposant distin t.

22332. Décharge au gardien. — La décharge au gardien donnée par un tiers ou les ayants droit donne ouverture au droit fixe de 6 francs, deux décimes en plus (Sol., 30 juin 1849) (*V. n° 22343*).

22333. Prestation de serment. — La prestation de serment devant le juge de paix par l'expert chargé de donner son avis sur la prisée est passible du droit fixe de 6 francs, plus deux décimes (Déc. fin. 25 juill. 1810; Sol., 3 août 1852).

22334. Dispositions dépendantes. — Sont considérées comme disposit o s dépendantes du procès-verbal de s e' és et ne donnant par suite, lieu à auci n roit particulier d'enregistrement, savoir :

22335. Réquisitions. — 1° La réquisition d'apposition ou de levée de scellés (Vignalou-Perer, 983);

322 6. Ordonnance. — 2° L'ordonnance du juge de paix indicative des lieux, jour et heure des opérations lorsque le juge de paix procède auxdites opérations immédiatement et sans divertir à d'autres actes (*Dict. Red.* V. Scellés, 48 et 338); dans le cas contraire, l'ordonnance est passible du droit fixe de 3 francs en principal (V. n° 22327). L'ordonnance du juge de paix qui statue provisoirement, au cours des opérations, sur un incident, n'est passible d'aucun droit (Vignalou-Perer, 783);

22337. Nomination des notaires, officiers priseurs. — 3° La nomination par les parties des notaires, commissaires-priseurs et experts (Sol., 2 fruct. an IX);

22338. Nomination du gardien de scellés. — 4° La nomination du gardien des scellés (Inst. 4 juill. 1809, n° 436; Garnier, *scellés* n° 42);

22339. Remise des sommes. — 5° La mention de la remise à un parent ou à un tiers (serviteur ou ami du défunt) d'une somme dépendant de la succession et destinées à faire face à des dépenses urgentes (Sol., 16 janv. 1857);

22340. Remise d'objets. — 6° La mention de remise d'objets revendiqués lorsque le procès-verbal n'en contient pas décharge signée; autrement le droit de 6 francs en principal serait dû (*V. n° 22313*).

22341. Prestation de serment. — 7° La prestation de serment, par les personnes présentes, qu'elles n'ont rien pris ni détourné vu ni su qu'il ait été rien pris ou détourné;

22342. Délégation au greffier. — 8° La délégation donnée par le juge de paix au greffier pour les opérations de scellés (*V. n° 22324*);

22343 Décharges. — 9 La décharge donnée au gardien de scellés lors de la levée des scellés (*Revue des just. de paix*, 1898, 369) (par acte distinct, voir *supra*, n° 22332), ainsi que la décharge des clefs donnée au greffier.

22344. Enregistrement en débet. — Sont enregistrés en débet : 1° les procès-verbaux d'apposition de scellés ou de description sommaire ou de carence dressés d'*office* dans un intérêt autre que celui de l'État (Déc. Fin. 1er prair. an XIII; Inst. 290-3).

22345. Faillite ou liquidation judiciaire. — L'on a prétendu qu'en matière de faillite et de liquidation judiciaire, les procès-verbaux d'apposition de scellés (et même de levée si le syndic n'a pas en mains de deniers comptants) pouvaient être rédigés sur papier libre visé pour timbre et enregistrés en débet (Vignalou-Perer, 782 et 787), mais l'Administration soutient que le Trésor n'a pas à faire l'avance de ces droits (Circ. 20 juin 1908, *J. E.* 27533).

22346. Enregistrement gratis. — Enfin, les procès-verbaux d'apposition et de levée de scellés, lorsqu'ils ont été apposés d'office dans l'intérêt de l'État *exclusivement*, sont enregistrés gratis.

II. — Inventaire.

§ 1er. — *Timbre.*

22347. Procès-verbaux. — Timbre de dimension. — Les procès-verbaux d'inventaire doivent en tout état de cause être écrits sur timbre de dimension (*V. nos suivants*).

22348. Procès-verbal d'ouverture de coffre-fort. — Le procès-verbal d'ouverture de coffre-fort, de pli cacheté ou de cassette fermée, dressé en exécution de la loi du 18 avril 1918, fait toutefois exception à cette règle; il peut être dressé sur papier libre lorsqu'il résulte d'un procès-verbal spécial isolé de l'inventaire (*V. nos 22262, 22289 et suiv.*).

22349. Expédition et usage. — Toutefois, il ne peut être délivré expédition de ce procès-verbal et il ne peut en être fait usage en justice, par acte public ou devant toute autorité constituée, sans que les droits de timbre et d'enregistrement aient été acquittés (L. 18 avr. 1918, art. 1-4° et 6).

22350. Réfugiés et rapatriés. — Est également exempt des formalités de timbre et d'enregistrement l'inventaire descriptif et estimatif des objets mobiliers garnissant les locaux réquisitionnés pour l'installation ou le logement des réfugiés et rapatriés (L. 19 avril 1918, Inst. 3540).

22351. Actes à la suite. — Séances d'inventaire. — Les diverses séances ou vacations d'un inventaire, quoique clôturées distinctement, peuvent être écrites à la suite les unes des autres sur la même feuille de timbre (L. 13 brum. an VII, art. 23 (*V. n° 22124*).

22352. Inventaire après faillite. — En matière de faillite, le procès-verbal d'inventaire et celui de la levée des scellés peuvent être écrits sur la même feuille de papier timbré (Déc. fin., 27 oct. 1812; Garnier, V° *Acte à la suite*, 70; — *Contra* : *J. E.* 4146; Maguéro, *Traité alph.* eod. V° n° 66)

22353. Inventaire rectificatif ou complémentaire. — L'inventaire complémentaire ou rectificatif d'omissions ou d'erreurs peut être rédigé à la suite de l'inventaire et sur le même timbre.

22354. Déclaration de naissance. — Spécialement lorsque, dans un inventaire après décès, la veuve du défunt s'est déclarée enceinte, l'acte notarié qui constate la naissance et les prénoms de l'enfant posthume peut, sans contravention, être rédigé à la suite de l'inventaire, dont il fait essentiellement partie, comme étant destiné à faire connaître tous les héritiers (Maguero, *Traité alph.* V° *Acte écrit à la suite d'un autre*, n° 28; *J. Not.* 15348), mais seulement suivant une autre opinion, tant que l'inventaire n'est pas clos; — *Contra* : Garnier eod. V° n° 202).

22355. Inventaire clos. — Mais dès qu'un inventaire est clôturé, tout acte ou procès-verbal subséquent doit, quoique se rapportant à la même succession, être établi sur feuille séparée; décidé en ce sens qu'une protestation qui se produit après la clôture d'un inventaire ne peut être rédigée, sans contravention, à la suite de cet acte (Chambéry, 10 août 1895, *J. E.* 24783).

22356. Ordonnances. — De même, on ne peut rédiger les ordonnances de référé prises à la requête du notaire rédacteur de l'inventaire, ou du juge de paix pr cédant à la levée des scellés, à la suite de l'inventaire que tout autant que ce dernier n'est pas clos (Garnier, V° *Acte écrit à la suite d'un autre*, n° 85).

22357. Faut au juge. — Toutefois, si l'inscription après la clôture de l'inventaire était le fait du juge qui a rendu l'ordonnance, on devrait s'abstenir de relever la contravention et se borner à réclamer aux parties le paiement du timbre de l'ordonnance (Sol., 30 mars 1901; *J. E.* 26322; *R. E.* 3132).

22358. Inventaire et vente de meubles. — Décidé qu'un notaire peut, sans contravention, rédiger l'inventaire d'une succession à la suite de la vente publique de meubles qui en dépendent, en ayant soin de constater, dans le préambule de son procès-verbal, l'intention des parties de ne faire qu'un seul acte (Langres,

17 janv. 1832; Dél. Régie, 4 déc. 1832,
J. E. 10519).

22359. INVENTAIRE ET PARTAGE. —
L'on admet également que le partage
d'une succession peut être écrit à la suite
de l'inventaire des objets dépendant de
cette succession (Déc. Fin., 14 sept. 1831);
comp. Grenoble, 3 janv. 1895, *R. P.*
8579; — *Contra :* Garnier, *V. Acte écrit
à la suite d'un autre*, 208).

**22360. Énonciation d'actes non tim-
brés.** — TITRES ET PAPIERS. — Les notaires peuvent, sans contravention, mentionner et décrire dans un inventaire les
titres, papiers et billets non timbrés (Sol.,
15 mars 1807, 17 juin 1822), et le notaire
n'encourt aucune amende à ne pas mentionner si les pièces en question sont ou
ne sont pas établies sur papier timbré
(Vannes, 18 déc. 1851; Mortagne, 5 mars
1852; Inst. 16 fév. 1853).

22361. Énonciation. — Décidé que l'énonciation que certaines pièces ne sont pas rédigées sur
papier timbré ne saurait autoriser l'Administration de l'Enregistrement à poursuivre contre les
parties le droit de timbre et l'amende (Cass.,
26 fév. 1835; Déc. fin. 21 nov. 1850, 2 fév. 1852;
Inst. 16 fév. 1853, n° 1054).

22362. VALEURS MOBILIÈRES FRANÇAI-
SES. — La mention prescrite par l'article 49 de la loi du 5 juin 1850 (déclaration que les titres sont ou non revêtus
de timbre) n'est pas exigée pour l'énonciation des actions ou obligations françaises qui acquittent le droit de timbre
par abonnement.

22363. Valeurs timbrées au comptant. — Mais
nous estimons qu'il n'en est plus de même à
l'égard des actions et obligations françaises timbrées au comptant (Guilhot, n° 158-4).

22364. VALEURS MOBILIÈRES ÉTRAN-
GÈRES. — A l'égard des valeurs étrangères, le notaire est tenu d'énoncer le
timbre ou en constater l'absence (L.
31 déc. 1907, art. 7 ; voir sur ce point les
règles énoncées *supra*, n°s *21980 et suivants*).

22365. PROCÈS-VERBAL D'OUVERTURE
DE COFFRE. — Les règles que nous venons
d'exposer en matière d'énonciation de
titres, pièces et valeurs dans un inventaire sont entièrement applicables aux
titres ou pièces trouvés dans le coffre, le
pli ou la cassette et énumérés au procès-
verbal. Spécialement l'énonciation, dans
le procès-verbal, de titres étrangers non
abonnés au timbre, rentre dans les pré-
visions de l'art. 7 l. 31 déc. 1907 (*V.
n° 22289*).

§ 2. — *Enregistrement.*

22366. Formalité. — BUREAU COMPÉ-
TENT. — L'inventaire doit, comme en
général tout acte notarié, être présenté
à la formalité au bureau du lieu de la
résidence du notaire (*V. n°s 13003 et
suiv.*).

22367. Cour d'appel. — Toutefois, les notaires
qui résident au siège d'une Cour d'appel peuvent
faire enregistrer les vacations des inventaires
(sauf la dernière) aux bureaux des localités où
ils ont instrumenté; quant à la dernière vacation, elle doit être enregistrée à leur propre
bureau (Déc. 12 therm. an XII; Inst. 3 fruct.
an XIII, 290-2) (V. n°s 70 et 13005).

22368. Ordonnance de référé. — L'ordonnance
de référé même apposée sur le procès-verbal
d'inventaire doit être enregistrée au bureau des
actes judiciaires dans les villes en possédant un
spécial (Mortagne, 20 janv. 1843).

22369. DÉLAI. — Le procès-verbal de
chaque vacation ou séance considéré
comme un acte distinct doit être enregistré dans le délai de dix ou quinze jours
dont le notaire jouit pour l'enregistrement de ses actes, suivant qu'il habite
ou non la même ville que le receveur de
l'Enregistrement (*V. n°s 12878 et suiv.*).

22370. Pluralité. — Bien entendu, l'on peut
faire enregistrer en même temps plusieurs
séances, dès lors que la date de chacune d'elles
se trouve dans le délai légal (Décr. 10 brum.
an XIV, art. 3; Cass., 11 sept. 1811).

22371. Pénalités. — Une amende de 10 francs
en principal est due pour chacune des séances
non soumise à la formalité dans le délai prescrit
(Circ. 1737; Cass., 13 mess. an VIII; J. E. 2086).

22372. Tarif. — PROCÈS-VERBAUX. —
Les inventaires de meubles, objets mobiliers, titres et papiers, sont passibles du
droit fixe de 7 fr. 20, décimes compris,
par vacation (LL. 22 frim. an VII, art. 68,
§ 2, n° 1; 28 fév. 1872, art. 4; 25 juin 1920,
art. 28; 22 mars 1924, art. 3).

22373. Procès-verbal de carence — Le procès-verbal de carence dressé par le notaire est
assimilé à l'inventaire et donne ouverture aux
mêmes droits d'enregistrement (Sol., 10 fév.
1831).

22374. Absence d'objets. — On doit considérer comme un
inventaire, et non comme un simple procès-verbal, l'acte
constatant l'absence d'objets à décrire (Garnier, *Inv.* 37; Sol.,
10 fév. 1831).

22375. Faillite. — Les inventaires après faillite ne sont passibles que d'un seul droit fixe de
7 fr. 20, décimes compris, quel que soit le nombre
des vacations (LL. 24 mai 1834, art. 11; 28 fév.
1872, art. 4); par conséquent, si toutes les vacations ne sont pas présentées en même temps à la
formalité, les dernières vacations sont enregistrées gratis (Sol., 22 janv. 1836; Inst. 24 déc.
1836; Sol., 16 oct. 1846; L. 28 fév. 1872, art. 2).
— La levée de scellés contenue dans l'inventaire
ne donne ouverture à aucun droit (Déc. fin.,
27 oct. 1812, J. E. 4340).

22376. Liquidation judiciaire. — Les règles
énoncées au numéro précédent concernant l'inventaire après faillite sont entièrement applicables en matière de liquidation judiciaire (Déc.
fin., 24 avr. 1889; Inst. 2774).

22377. Procès-verbal d'ouverture de coffre. — Ex-
ceptionnellement, les procès-verbaux d'ouverture des coffres-forts tenus en location, des
plis cachetés et des cassettes fermées remis
en dépôt, qui sont dressés en exécution des dispositions de la loi du 18 avril 1918, sont exempts
de timbre et enregistrés gratis, mais il ne peut en
être délivré expédition et il ne peut en être fait
usage en justice par acte public ou devant toute

autorité constituée, sans que les droits de timbre et d'enregistrement aient été acquittés (L. 18 avr. 1918, art. 1, 4, et art. 6; Inst. 3547).

22378. Inventaire sous seing privé. — Le tarif par vacation précité ne s'applique pas. bien entendu, à l'inventaire fait par acte sous seings privés qui ne constitue pas un inventaire au sens du mot. mais plutôt un état ou prisée de meubles passible du droit fixe de 7 fr. 20, décimes compris. sans égard à la durée du travail accompli pour sa confection.

22379. Référé. — La réquisition de référé et la déclaration par le notaire qu'il va se transporter devant le tribunal ne donne ouverture à aucun droit particulier. Mais l'ordonnance de référé mise par le président sur la minute de l'inventaire forme un acte distinct soumis au droit fixe de 10 fr. 80, décimes compris (LL. 28 avr. 1816, art. 44; 28 fév. 1872. art. 4; 25 juin 1920, art. 28; 22 mars 1924, art. 3; Bagnères-de-Bigorre, 21 fév. 1896, *J. E.* 25089) (*V. n° 22368*).

22380. Durée des vacations. — En règle générale, la durée de la vacation est de 3 heures, et toute fraction d'une ou de deux heures est comptée pour une vacation entière (L. 27 mars 1791, art. 8; Déc. 16 fév. 1807) (*V. n° 21648*).

22381. Vacations de quatre heures. — Un décret du 10 brum. an XIV stipule que le droit d'enregistrement est exigible par vacation, dont aucune ne peut excéder *quatre heures;* l'on en tire cette conclusion que pour la perception des droits d'enregistrement les vacations peuvent être de quatre heures, mais il convient en ce cas de l mentionner au procès-verbal (Dél., 25 mai 1830; Inst. 27 sept. 1830, n° 1336; Sol., 7 nov. 1892).

22382. Application. — Il en résulte donc que la durée des vacations pourra être de quatre heures pour la perception des droits d'enregistrement et de trois heures pour le calcul de l'honoraire du notaire (L. 10 brum. an VII, art. 2; Sol.. 25 mai 1830 et 7 nov. 1892).

22383. Calcul des vacations. — Le nombre des vacations de trois ou quatre heures doit être calculé par *journée* pour la perception du droit d'enregistrement (Déc. Fin., 25 oct. 1808; Dél. 25 mai 1830; Inst. 1336), et non d'après la réunion des heures employées pendant l'opération.

22384. Application. — Ainsi lorsque le nombre d'heures employées dans les séances d'une même journée peut se diviser exactement par trois, on doit percevoir autant de droits qu'il y a de fois trois heures; mais si ce nombre n'est pas divisible par trois comme 5 heures ou 7 heures, l'on comptera dans le premier cas deux vacations et dans le second trois vacations (ou deux vacations, dont une de quatre heures et l'autre de trois heures).

22385. Déclaration inexacte. — Le notaire qui déclarerait faussement un nombre de vacations moindre que la réalité, en vue de diminuer les droits, manquerait à ses devoirs professionnels et serait passible d'une peine disciplinaire (Bourges, 16 juin 1876, *R. P.* 4431; *J. E.* 20183).

22386. Voyage. — Le temps de l'aller et du retour de l'officier rédacteur n'est pas à comprendre dans la durée des vacations pour la perception du droit d'enregistrement (Déc. fin., 25 fév. 1812).

22387. Dispositions dépendantes et indépendantes. — Principe. — L'inventaire a pour but de réunir, avec tous les détails utiles, les renseignements de nature à établir la situation, à un moment donné, des affaires d'un individu ou d'une communauté. Pour atteindre ce but, il faut que le notaire consigne dans son procès-verbal toutes les indications qu'il recueille et reçoive toutes les déclarations actives et passives sans s'inquiéter de leur valeur (Pr. 943): néanmoins, l'on conçoit fort bien que l'inventaire ne puisse contenir sous le couvert de son caractère énonciatif des déclarations constituant de véritables reconnaissance de dette dans le but de conférer un titre aux créanciers sans charge d'impôt. — Aussi, d'après une solution du 4 juillet 1868, l'Administration de l'Enregistrement prescrit qu'il y a lieu de percevoir le droit de reconnaissance de dette sur les déclarations faites dans les inventaires, quand les termes dans lesquels elles sont conçues leur attribuent le caractère d'un aveu formel destiné à fournir au créancier un titre de son obligation.

22388. Application. — La difficulté d'application consiste donc à distinguer la déclaration purement énonciatrice de l'aveu réellement obligatoire. Comme il est tout à fait impossible de ramener à un principe commun les nombreuses décisions de jurisprudence rendues sur cette matière, nous nous bornerons à en analyser quelques-unes, à titre d'exemple, et dans le but de guider le rédacteur dans son appréciation.

22389. Dispositions dépendantes. — Sont considérées comme dispositions dépendantes de l'inventaire ne donnant, par suite, ouverture à aucun droit particulier, savoir :

22390. Ajournement. — 1° La déclaration fixant le jour et l'heure où l'inventaire sera continué en présence des parties ou en leur absence (Sol., 2 juin 1900).

22391. Cautionnement. — 2° Le cautionnement par un tiers de la représentation des meubles confiés à la garde d'un héritier ou autre gardien (Garnier, *Caut.* 21; *Contra : Traité Alph.,* *inv.,* 19-2) (*V. n° 22418*).

22392. Créancier présent. — 3° La déclaration par un père, époux survivant, en présence de son fils, héritier, que ce dernier devait à la communauté une somme de... (Seine, 26 février 1864, *R. P.* 1954).

22393. Créancier mandataire. — 4° La déclaration d'une dette de communauté faite par le créancier mandataire en présence du mari survivant qui le reconnaît (Dél., 1er oct. 1833).

22394. Déclarations générales actives. — 5° Les déclarations des créances actives, alors même qu'elles constitueraient le conjoint survivant ou l'un ou plusieurs des héritiers débiteurs de la succession (Del., 2 oct. 1822; Grenoble, 25 janv. 1844; Valenciennes, 27 août 1847; Seine, 26 fév. 1864. *R. P.* 1262 et 1954) ou dépositaires antérieurement au décès de deniers comptants appartenant à la succession (Seine, 13 déc. 1856; Sol., 4 juill. 1868) (*V. n° 22426*).

22395. Déclarations générales passives. — 6° Les déclarations générales de dettes passives faites à l'inventaire par l'époux survivant (Déc. fin., 30 fl. an II; Inst. 3 fruct. an XIII, n° 290-18; Dél. 2 oct. 1822), alors même qu'elles sont faites (*V. n° 22128*) en la présence des créanciers opposants (Vassy. 17 juill. 1845; Andelys, 8 fév. 1849; Cass., 4 mars 1862, *R. P.* 1604).

22396. Dépôt des meubles et papiers. — 7° L'établissement d'un gardien pour les objets mobiliers, les titres et les papiers inventoriés (Del., 9 mai 1837) ou leur dépôt entre les mains d'un des intéressés (Lyon, 25 fév. 1848) (*V. n° 22420*).

22397. Dépôt de valeurs. — 8° Le dépôt entre les mains de la veuve, d'un héritier ou du gardien du numéraire ou des valeurs de la succession (Del., 25 janv. 1833 et 30 juin 1849).

22398. Deniers comptants. — 9° La déclaration qu'au décès du *de cujus* il existait des deniers comptants entre les mains d'une personne quelconque, même partie à l'inventaire (Seine, 13 déc. 1856).

22399. Dot quittancée. — 10° La déclaration par le mari survivant attestant, en l'absence du donateur, qu'il a reçu une somme à lui constituée en dot (*J. E.* 12356-1); Sol., 11 mai 1830).

22400. Emprunt pour le compte d'un héritier. — 11° La déclaration par la veuve, commune en biens que des sommes empruntées par elle et son défunt mari, par actes notariés, l'ont été en réalité pour le compte de deux de leurs enfants qui les ont reçues directement des prêteurs, ce que ces enfants reconnaissent en déclarant que le remboursement de ces sommes est leur affaire personnelle, et que leur père et mère ne sont vis-à-vis d'eux que des cautions de leur dette (Cass., 24 mars 1862, *R. P.* 1604; Nancy, 26 d c. 1833; Sol., 27 mars 1890 et 14 déc. 1891).

22401. Exécuteur testamentaire. — 12° La déclaration par l'exécuteur testamentaire qu'il doit à la succession une somme déterminée pour reliquat de compte (Cambrai 14 juill. 1842; *J. E.* 13147-4).

22402. Expert. — 13° La nomination d'experts chargés de faire la prisée et leur prestation de serment (Déc. fin.. 25 mai 1821).

22403. Fonds de commerce. — 14° La déclaration par le survivant qu'il entend user de la faculté réservée dans le contrat de mariage de conserver le fonds de commerce pour son compte personnel (Lille, 27 août 1853; Cass., 7 avril 1856: — *Contra :* Seine, 4 juin 1856).

22404. Gardien. — 15° La déclaration par l'époux survivant qu'il garde les meubles appartenant à ses enfants mineurs pour le remettre en nature, conformément à l'article 453 du Code civil (*Dict. Réd., inv.* 16; *Encyc. not., inv.* 327).

22405. Héritiers. — 16° La déclaration par un héritier qu'il est débiteur d'une somme quelconque envers la succession (Del., 2 oct. 1822) (*V. n° 22421*).

22406. Mandataire. — 17° La déclaration faite par un mandataire que de la liquidation d'une société contractée entre lui et le défunt il résultait au profit de la succession un bénéfice de... dont il était personnellement comptable (Cass., 22 mars 1814. *J. N.* 2174) (*V. n° 22422*).

22407. Notaire dépositaire. — 18° La mention que le notaire rédacteur est dépositaire d'une somme quelconque pour le compte de la succession (Cass., 17 juill. 1854; Sol., 5 déc. 1867; *J. E.* 18440-4).

22408. Prestation de serment. — 19° Les prestations de serment par les experts ou gardiens (Déc. fin., 25 mai 1821, *J. N.* 475 et 3994).

22409. Protestations. — 20° Les protestations et réserves faites contre des déclarations insérées à l'inventaire (Del., 1er oct. 1833, *J. E.* 10734).

22410. Référé. — 21° La déclaration faite par le notaire qu'il en réfère au président du Tribunal civil, pour la solution des contestations soulevées à l'inventaire (*Dict. du Not.* 775-4).

22411. Tuteur. — 22° La déclaration par le tuteur de l'héritier que ce dernier est débiteur d'une somme envers la succession, par suite d'un arrêté de compte (Del., 9 janv. 1851; *Rapp.* Bordeaux, 24 juin 1859, *. 60, 2, 277).

22412. Vente de mobilier. — 23° La déclaration par une veuve qu'elle a vendu sans contestation une partie du mobilier (*Traité Alph., inv.* 35).

22413. Vente non réalisée. — 24° La mention faite dans un inventaire après faillite, en l'absence du vendeur d'une acquisition d'immeuble faite par le failli, lorsque la vente a été faite sous une condition suspensive qui ne s'est pas réalisée (Cass., 15 déc. 1832; Inst. 23 mars 1833, n° 1422-7).

22414. Veuve séparée de biens. — 25° La déclaration dans l'inventaire de la succession de son mari faite par une veuve mariée avec séparation de biens, portant qu'une somme a été versée par son mari dans son commerce de marchande de modes, alors même que la veuve a ajouté que cette déclaration vaudra comme reconnaissance de sa part (Valenciennes, 27 août 1847 *J. E.* 14327).

22415. DISPOSITIONS INDÉPENDANTES. — Mais, au contraire, sont considérées comme dispositions indépendantes de l'inventaire donnant ouverture à un droit particulier d'enregistrement, savoir :

22416. Administrateur. — 1° La nomination d'un administrateur de la succession faite d'accord entre les héritiers;

22417. Avances. — 2° La disposition par laquelle l'époux survivant déclare, et les enfants reconnaissent, qu'il était dû à la communauté, par chacun de ces derniers, des sommes inégales pour avances (Cass., 19 nov. 1835, *J. E.* 11485).

22418. Cautionnement. — 3° La disposition par laquelle un tiers se porte garant de la restitution de biens héréditaires confiés à un héritier (Maguéro, *inv.* 19-11: *Dict. réd., inv.* 24. — *Contra* · Garnier, *caut.* 21) (*V. n° 22391*).

22419. Décharges. — 4° Les décharges constatées notamment : celle donnée par un tiers d'effets lui appartenant et à lui restitués (*J. E.* 2243 et 4153; Maguéro, *inv.* 18-3); celle donnée au gardien des scellés (Del., 30 juin 1849).

22420. Dépôt. — 5° Le dépôt entre les mains d'un cohéritier d'une somme en numéraire, lorsqu'il prend la charge d'en payer l'intérêt jusqu'au partage (Lyon. 25 fév. 1858) (*V. n° 22456*).

22421. Héritier. — 6° La déclaration par un héritier qu'il est débiteur envers l'un de ses cohéritiers ou d'un étranger, à moins qu'il ne soit justifié d'un titre enregistré (Déc. fin., 30 flor. an II; Inst. 3 fruct. an XIII, n° 290-18) (*V. n° 22405*).

22422. — Mandat. — 7° La procuration donnée par l'un des héritiers dans l'une des séances.

22423. Partage. — 8° La clause par laquelle les cohéritiers fixent la part venant à chacun d'eux dans les valeurs successorales, ce qui équivaut à partage et en rend le droit exigible (Grenoble, 3 janv. 1895, *J. E.* 24608; *R. P.* 8579).

22424. Préciput. — 9° La déclaration de la veuve portant qu'elle a exercé le préciput, auquel elle avait droit d'après son contrat de mariage (Sol., 18 déc. 1893).

22425. Rétrocession. — 10° La déclaration que des biens acquis par le défunt sont redevenus la propriété du vendeur; le droit de rétrocession devient alors exigible (Seine, 28 avr. 1841, *J. E.* 12773; Blois, 5 janv. 1848, *J. E.* 1447).

22426. DÉCLARATIONS GÉNÉRALES ACTIVES. — En principe, les déclarations des créances actives ayant un caractère purement énonciatif ne donnent, comme conséquence, ouverture à aucun droit particulier d'enregistrement, alors même qu'elles constitueraient l'époux survivant ou un ou plusieurs des héritiers débiteurs (Valenciennes, 27 août 1847, *J. E.* 14327; Seine, 26 fév. 1864, *J. E.* 18162) ou dépositaires, antérieurement au décès, de deniers comptants dépendant de la communauté ou appartenant à la succession (Seine, 13 déc. 1856).

22427. Droit d'obligation exigible. — Toutefois, le droit d'obligation est exigible lorsque les termes de la déclaration emportent aveu et fournissent un titre au créancier (Sol., 4 avr. 1836 et 19 déc. 1874; Inst. 290-18), à moins, bien entendu, que la créance énoncée ne résulte d'un titre déjà enregistré. — Décidé que le droit est seulement dû sur les parts des cohéritiers dans la dette et non sur la part de l'héritier débiteur qui se trouve éteinte par confusion (Lyon, 25 fév. 1858).

22428. Déclarations générales passives. — Comme les déclarations actives, les déclarations passives sont indispensables pour rendre l'inventaire sincère et complet, et l'énonciation des dettes grevant la communauté ou la succession ne donne, en principe, ouverture à aucun droit particulier d'enregistrement (Déc. Fin., 30 flor. an II; Dél., 1er oct. 1833), même si elles sont faites en présence des créanciers opposants (Cass., 24 mars 1862, *J. E.* 17451, S. 62, 1, 431).

22429. Ouverture de crédit. — Toutefois, si l'inventaire mentionne qu'il est dû une somme déterminée à un tiers qui a consenti une ouverture de crédit, le droit de réalisation de crédit est dû sur cette somme (Rennes, 23 avr. 1863; Seine, 3 août 1867; Limoges, 7 août 1869; Seine, 22 juill. 1871, *R. P.* 3136 et 3695; L. 23 août 1871, art. 5).

22430. Dons manuels. — Le droit de donation est exigible sur les reconnaissances de dons manuels contenues dans les inventaires (L. 18 mars 1850, art. 2; Cass., 13 avril 1860, S. 60, 1, 998; D. 61, 1, 58; Seine, 20 juin 1860; Gray, 10 déc. 1877), à moins que l'aveu ne soit rétracté par acte authentique avant le paiement du droit auquel il donne ouverture (Tournon, 11 janv. 1876) (*V. les nos suivants*).

22431. Mandataire. — Décidé que la reconnaissance émanant d'un mandataire sans pouvoir à cet effet ne lie pas son mandant et dès lors ne donne pas ouverture à l'impôt (Cherbourg, 13 avr. 1856, *R. P.* 719).

22432. Mari et femme. — Mais celle faite par le mari engage la femme et rend le droit exigible et, réciproquement l'aveu de la femme même non autorisée du mari (Cass., 30 août 1869, S. 70, 1, 25).

22433. Tuteur. — Décidé que la déclaration faite par le tuteur d'un successible est valable, surtout quand elle a pour effet de révéler un chef de reprises au profit du mineur à l'encontre des propres intérêts du tuteur (Gray, 18 fév. 1860, *R. P.* 3021).

22434. Déclaration du donateur. — La reconnaissance doit, en principe, émaner du *donataire* ou de ses représentants. La déclaration du donateur, si explicite qu'elle fût, ne saurait rendre le droit exigible, à moins que le donateur ne soit devenu l'héritier du donataire (Douai, 25 mai 1852) ou que le donataire, partie à l'inventaire, n'oppose aucune protestation à cette déclaration (Javon, 819) (*V. no 22436*).

22435. Don relaté dans un acte sous seing privé. — Lorsque l'inventaire contient, non la déclaration d'un don manuel, mais la relation d'un acte sous seing privé renfermant cette déclaration, le droit de donation n'est pas exigible, la relation de cet acte n'étant pas équivalente à la reconnaissance du don manuel (Sol., 12 sept. 1893, *R. P.* 8236).

22436. Note du défunt. — De même, le droit ne peut non plus être exigé sur la description faite dans l'inventaire d'une note du défunt constatant un don manuel fait à l'un de ses héritiers présents si celui ci proteste (Seine, 29 déc. 1886, *R. P.* 1370).

22437. Prescription. — Le droit pour le fisc d'exiger l'impôt sur une reconnaissance de don manuel se prescrit par deux ans (L. 22 frim. an VII, art. 61); dès lors, cette reconnaissance peut être réitérée dans un acte postérieur, sans donner ouverture à aucun droit proportionnel (Seine, 7 mai 1870 et 1er août 1874, *R. P.* 3385 et 3599).

22438. Mutation verbale. — La déclaration révélant une mutation verbale de propriété, d'usufruit ou de jouissance immobilière ou de fonds de commerce peut, sans contravention, être rapportée dans l'inventaire, sauf le droit pour la Régie de poursuivre contre les intéressés le recouvrement des droits et amendes en résultant (LL. 22 frim. an VII, art. 12 et 22; 27 vent. an XI, art. 14; 23 août 1871, art. 14; 28 fév. 1872, art. 9).

22439. Application. — Les déclarations dont s'agit peuvent donc être retenues comme preuve de mutation à l'égard de leur auteur, mais elles ne pourraient être opposées à des tiers si elles ne sont pas appuyées par d'autres éléments de preuve (Cass., 6 mars 1849, D. 49, 1, 249, S. 50, 1, 144; Inst. 1837-8).

22440. Responsabilité notariale. — Le notaire rédacteur de l'inventaire est tenu personnellement des droits dus sur les déclarations des parties (reconnaissance de dettes, dons manuels et autres, libérations, etc...); il doit donc, s'il ne veut en faire l'avance, se faire consigner la somme nécessaire avant de mentionner la déclaration (Cass., 10 déc. 1877, S. 78, 1, 84; Inst. 2592-3).

22441. Mention d'actes. — Actes en conséquence. — Il est permis de mentionner dans l'inventaire, sans avoir été préalablement enregistrés, savoir :

22442. Délibération de conseil de famille. — 1° La délibération du conseil de famille qui a nommé un tuteur ou un subrogé tuteur à un successible mineur (Cass., 3 janv. 1827; Sol., 28, 29 juin 1845, 29 oct. 1851, 24 mai 1856, 6 décembre 1858, 4 juill. 1865 et 19 fév. 1866), ainsi que celle portant émancipation de mineur requérant (Sol., 11 juill. 1870).

22443. Ordonnance. — 2° L'ordonnance qui a commis un notaire pour représenter un absent ou un non présent (Saverne, 20 fév. 1836, *J. E.* 11638), ainsi que celle qui statue en référé sur les contestations survenues pendant l'inventaire (Déc. fin., 20 déc. 1807; Mortagne, 20 janv. 1843) (*V. n° 22368*).

22444. Procès-verbal de levée de scellés. — 3° Le procès-verbal de levée de scellés, dressé ordinairement en même temps que l'inventaire (Sol., 29 nov. 1845).

22445. Prestation de serment. — 4° L'acte de prestation de serment des experts (Del., 20 juin 1827).

22446. Vacations précédentes. — 5° Et les précédentes vacations (Cass., 11 sept. 1811).

22447. ACTES SOUMIS. — Au contraire, doivent être enregistrés avant leur énonciation à l'inventaire ou présentés à la formalité en même temps que celui-ci, savoir :

22448. Pièces établies à l'étranger. — 1° Les actes ou pièces dressés à l'étranger et produits à l'appui des qualités des parties (Garnier, *inv.* 14).

22449. Procès-verbal d'apposition de scellés. — 2° Le procès-verbal d'apposition de scellés (Bagnères, 4 juill. 1871, *R. P.* 3352).

22450. Testament et donation. — 3° Le testament de la personne décédée ou l'acte de donation en faveur du conjoint survivant (Sarlat, 2 fév. 1870, *R. P.* 3111; S. 70, 2, 300; Boulogne, 20 juin 1873, *R. P.* 3352; — *Contra :* Sol., 8 nov. 1834, *J. N.* 21004).

22451. ACTES SOUS SEINGS PRIVÉS. — Le notaire peut, sans contravention, énoncer et décrire dans l'inventaire tous actes sous seings privés non enregistrés, dressés antérieurement à l'ouverture de la succession (Dél., 27 juin 1834).

22452. Actes translatifs. — Cette énonciation ne rend pas obligatoire la formalité de l'enregistrement de ces actes, mais l Régie est fondée à suivre le recouvrement des droits et amendes de ceux de ces actes dont il résulterait une transmission de jouissance, d'usufruit ou de propriété d'immeubles ou de fonds de commerce (LL. 22 frim. an VII, art. 22 et 38; 28 fév. 1872, art. 8; Cass., 31 août 1808, 21 août 1811, 28 août 1816 et 11 avr. 1854).

22453. Bail expiré. — Décidé que les droits d'enregistrement seraient même encore exigibles à l'égard d'un bail expiré (Cass., 6 mars 1822 et 18 mai 1847; Épinal, 4 juillet 1848).

22454. Actes synallagmatiques. — Nous estimons que le même droit de poursuite peut être exercé à l'égard de tous actes synallagmatiques sujets à enregistrement dans un délai déterminé (*V. n°* 12905 et suiv.).

22455. Billets non enregistrés. — L'on admet que la mention de billets non enregistrés souscrits au profit du défunt par l'un des héritiers, même présents à l'inventaire, ou par le notaire instrumentaire, ne donne pas lieu à la perception du droit proportionnel sur le montant de ces billets (Sol., 1er avr. 1835, 15 déc. 1845, 5 déc. 1867, *R. P.* 2750. — *Contra :* Seine, 21 fév. 1855; Boulogne, 24 août 1882, *R. P.* 1357).

22456. Dépôt. — Il est de même de la mention d'un acte sous seings privés qui constaterait que le notaire rédacteur est dépositaire d'une somme ou d'un billet non enregistré souscrit à l'ordre du défunt (Dél., 3 mai 1826).

Frais et honoraires. Recouvrement. Taxe.

§ 1er. — *Frais de scellés.*

22457. Consistance. — Les frais de scellés, en outre des droits de timbre et d'enregistrement dont il a été question *supra, n°s 22314 et suiv.*, comprennent : les frais dus au juge de paix et ceux du greffier, les honoraires du gardien des scellés, des experts et des personnes auxquelles le juge de paix a pu avoir recours et de l'avoué pour la préparation de requêtes au président du tribunal civil.

22458. Juge de paix. — Le juge de paix n'a droit à aucune vacation, mais il lui est alloué des frais de transport et une indemnité de déplacement fixés comme suit par le décret du 1er mai 1924, savoir :

22459. FRAIS DE TRANSPORT. — Lorsque le juge de paix se transporte à *plus de deux kilomètres* du chef-lieu de canton, il reçoit :

22460. Chemin de fer et tramway. — Pour les voyages en chemin de fer ou tramway, une indemnité égale au prix d'un billet de 1re classe calculé, s'il se peut, d'après le tarif réduit applicable aux trajets aller et retour.

22461. Autre mode de locomotion. — Pour les voyages effectués par un autre mode de locomotion, qui ne doit être employé qu'à défaut de voie ferrée ou en cas d'urgence extrême, une indemnité de 0 fr. 60 par kilomètre parcouru en allant et en revenant.

22462. INDEMNITÉ DE DÉPLACEMENT. — En outre, il est alloué au juge de paix, toujours pour le cas d'un transport à *plus de deux kilomètres* du chef-lieu de canton, une indemnité journalière de déplacement fixée comme suit :

22463. Quatre francs. — 4 francs si le lieu du transport est situé à une distance de plus de deux kilomètres du chef-lieu de canton et de moins de dix kilomètres.

22464. Dix francs. — 10 francs si le lieu du transport est situé à une distance de plus de dix kilomètres et de moins de 20 kilomètres.

22465. Vingt francs. — 20 francs si le lieu du transport est situé à une distance de plus de vingt kilomètres du chef lieu de canton.

22466. APPLICATION. — Cette indemnité de transport et de déplacement s'applique à tous les transports effectués en matière de scellés, soit pour apposer les scellés, soit pour les lever, soit pour se transporter devant le président du tribunal civil en référé ou pour déposer un testament ou des plis cachetés.

22467. CALCUL. — Les frais de transport faits sur route sont calculés d'après le tableau des distances de chaque commune au chef-lieu de canton dressé par les soins des préfets (Décr. 1er mai 1924).

22468. Greffier de paix. — Le greffier de la justice de paix a droit, en outre du remboursement du papier timbré et des droits d'enregistrement susindiqués, à des honoraires d'assistance et autres fixés comme il suit :

22469. ASSISTANCE AUX OPÉRATIONS. — Pour assistance aux opérations d'apposition, de reconnaissance et de levée de scellés ainsi qu'aux référés, il lui est alloué 6 francs par chaque *vacation de trois heures ;* la première vacation est due en entier, quelle que soit sa durée, et les autres qu'en proportion du temps réellement employé, par fraction indivisible d'une heure (Décr. 29 déc. 1919, art. 5) (*V. n° 22494*).

22470. Déclaration d'apposition. — Pour la déclaration d apposition des scellés faite au greffe du tribunal de première instance, dans les villes où elle est prescrite (Pr. 925), le greffier a droit à une vacation de 6 francs (Décr. 16 fév. 1807, art. 17).

22471. Prisée. — Lorsque le greffier est chargé de faire la prisée, il a droit aux mêmes honoraires que ceux alloués aux commissaires priseurs par la loi du 18 juin 1843 (Vignalou-Perer, n° 795) (*V. n° 21781*).

22472. Tarif. — Cet honoraire se trouve par suite fixé comme suit pour chaque vacation de trois heures : A Paris, Lyon, Bordeaux, Rouen, Toulouse et Marseille : 6 francs ; partout ailleurs : 5 francs.

22473. Non cumul. — Cet honoraire ne peut se cumuler avec la vacation due pour assistance à la levée de scellés ; par conséquent, le greffier qui fait la prisée en assistant à la levée des scellés ne peut réclamer une double vacation ; il doit percevoir seulement celle tarifée au taux le plus élevé (Allain et Carré, t. I, n° 1340 ; Douai, 26 a ût 1835, S. 36, 2, 223 ; — *Contra :* Million et Beaume, *Scellés*, 128 ; Michel, p. 77 ; D'Hooghe, p. 76).

22474. Transport. — Toutes les fois que le greffier accompagne le magistrat comme assistant obligé, ou se déplace comme délégué d'un magistrat, il a droit, conformément à l'article 1er du dernier alinéa du décret du 29 décembre 1919, aux mêmes indemnités de transport que les magistrats (*V. n°s 22459 et suiv.*).

22475. Application. — Cette disposition s'applique en matière de scellés, ainsi que celle contenue dans l'article 5 du même décret, à savoir que, lorsque dans une opération rémunérée à la vacation le greffier n'a pas droit à une indemnité de transport, le temps du transport aller et retour compte dans la première vacation (*Dict. du Not., inv.* 697).

22476. Opposition a scellés. — Il est alloué au greffier, pour chaque opposition aux scellés formée par déclaration sur le procès-verbal, un émolument de 2 francs (Pr. 926 ; Décr. 29 déc. 1919, art. 5).

22477. Mention. — Et un émolument de 0 fr. 50 pour mention sur le procès-verbal des oppositions formées par exploit d'huissier, y compris le visa sur l'original (Pr. 1039 ; Décr. 29 déc. 1919, art. 5).

22478. Répertoire. — La mention au répertoire donne droit à un émolument de 0 fr. 85 par chaque mention (Vignalou-Perer, 978).

22479. Expéditions et extraits. — Il est dû au greffier pour expédition et extraits : 1 franc par rôle devant contenir 20 lignes à la page et 14 syllabes à la ligne plus, pour expéditions délivrées sur papier libre, déboursés de fourniture de papier qui ne peuvent excéder dix centimes par feuille de deux rôles (Décr. 29 déc. 1919, art. 1er).

22480. Délivrance des expéditions. — Le greffier ne peut délivrer d'expéditions entières des procès-verbaux d'apposition, reconnaissances et levée de scellés qu'autant qu'il est *expressément requis par écrit* (Décr. 16 fév. 1807, art. 16).

22481. Délivrance d'extraits. — Et il est tenu de délivrer les extraits qui lui sont demandés, bien que l'expédition entière n'ait été demandée ni délivrée (Décr. 16 fév. 1807, art. 8 et 16-7).

22482. Cire et rubans. — Les greffiers ne peuvent rien réclamer pour remboursement de frais de cire et de ruban Circ. Just. 28 fév. 1916).

22483. Gardien de scellés. — Scellés après décès. — En matière de scellés après décès, il est alloué au gardien des scellés par chaque jour de garde (LL. 19 mars 1917, art. 10, et 15 déc. 1921, art. 3), savoir :

Pendant les douze premiers jours :

A Paris	1 fr.
Dans les villes où il y a un tribunal de 1re instance	0 fr. 75
Partout ailleurs	0 fr. 50

Après les douze premiers jours :

En tous lieux	0 fr. 25

22484. Déboursés. — De plus, le gardien a droit au remboursement des frais que la garde des scellés a pu entraîner (Pabon, n° 4711).

22485. Scellés après divorce ou faillite. — En matière de divorce, de séparation de corps ou de faillite, le tarif applicable est celui de l'article 26 du décret du 16 février 1807 (Vignalou-Perer, n° 808).

22486. Mari gardien. Il a été jugé qu'en cas d'apposition de scellés au cours d'une instance en divorce ou séparation de corps, le mari constitué gardien n'a droit à aucun émolument (Paris, 8 avr. 1869, S. 69, 2, 205, D. 69, 2, 236).

22487. Application. — Les frais de garde sont dus au gardien depuis le jour de sa constitution jusqu'à la cessation de ses fonctions sans limitation de durée (Seine, 13 mars 1903, *J. des Av.*, t. 128, p. 210 ; Lyon, 20 nov. 1906, *J. N.* 29056).

22488. Divers. — En outre, suivant le cas, d'autres frais peuvent être compris dans les frais de scellés : tels sont ceux des requêtes, ordonnances, sommations, ainsi que les frais d'avoué.

§ 2. — *Frais d'inventaire.*

22489. Consistance. — Les frais d'inventaire comprennent : 1° les honoraires et déboursés du notaire rédacteur ; — 2° les honoraires des notaires nommés pour représenter les absents ; — 3° les

frais des sommations signifiées aux intéressés pour les mettre en demeure d'assister à l'opération; — 4° les vacations
de l'avoué chargé de représenter les
opposants; — 5° les vacations des commissaires priseurs et des experts employés pour la prisée des objets inventoriés; — 6° les frais des référés que néces-
sitent les difficultés qui s'élèvent pendant
l'inventaire ; — 7° et les frais de l'expédition de l'inventaire (Roll. de Vill., 354
et 358; Bioche, 306 et s.; Garsonnet,
t. VII, § 2623-1).

22490. Notaire. — RÉDACTION. — Les
honoraires des notaires pour la confection de l'inventaire se calculent dans tous
les tarifs par vacations.

22491. Tarif. — Il est uniformément alloué
à tous les notaires par vacation de *trois heures,*
12 francs, sans distinction de classe ni de résidence (Décr. 25 août 1898 et 28 nov. 1899,
art. 20, modifiés par les décrets des 29 décembre
1919 et 15 juin 1920) (*V. n° 22503*).

22492. Second notaire. — Lorsque l'inventaire
est dressé par deux notaires, chacun d'eux a droit
à des vacations distinctes (Décr. 25 août 1898,
art. 10) (*V. n°⁸ 17252 et suiv.*).

22493. — Notaire commis. — Les notaires
commis par justice pour représenter des aliénés
non interdits, des absents, des non présents ou
des défaillants, ont droit à une rémunération,
bien que le tarif légal ne le prévoit pas expressément; il leur est alloué en général à chacun d'eux,
des vacations identiques à celles accordées aux
notaires instrumentants (*V. n° 17293*). Ces vacations sont à comprendre dans les frais d'inventaire (*V. n° 22489*).

22494. VACATIONS. — La première vacation commencée est due en entier; les
autres se paient en proportion du temps
employé (*V. les n°⁸ suivants et 22500*).

22495. Vacation unique. — Par suite, si l'opération entière a été réalisée en une seule séance de
moins de trois heures, le notaire a droit à une
vacation complète.

22496. Pluralité de vacations. — Si, au contraire, la rédaction exige plusieurs séances, l'inventaire constitue, même en ce cas, pour le calcul des honoraires, un acte unique et le notaire
en est rémunéré, en raison du temps qu'il a employé, au moyen de vacations de trois heures.
Par suite, la première vacation est due intégralement, alors même qu'elle aurait duré moins de
trois heures, mais les suivantes se paient en proportion du temps écoulé, non d'après le nombre
des heures de chaque séance ou de chaque jour,
mais d'après le nombre total formé par les heures
des séances réunies (Cass., 10 avril 1924).

22497. Application. — Il convient donc de compter la
première vacation à trois heures, même si elle a une durée
moindre; totaliser ensuite les heures des séances subséquentes,
en diviser ce nombre par 3 et multiplier le chiffre obtenu par
le taux de la vacation; s'il reste une fraction d'une ou deux
heures, elle se rémunère par le tiers ou les deux tiers d'une
vacation.

22498. — Mention. — Le nombre des vacations doit être relaté dans le procès-verbal, et
le notaire ne peut en réclamer en taxe un nombre
supérieur à celui porté à l'inventaire (Brive,
9 nov. 1908, *R. N.* 13904; *J. N.* 1910-354).

22499. DÉPOUILLEMENT ET CLASSE-
MENT DES PAPIERS. — Le dépouillement
et le classement des papiers constitue une

opération normale de l'inventaire, laquelle ne comporte aucun supplément
d'honoraire (Cass., 15 fév. 1904, *Pand.
Fr.* 1904, 1.452) (*V. n° 17369*).

22500. Vacations. — Cependant, ce travail
est minutieux et demande souvent beaucoup de
temps; aussi est-il d'usage d'y consacrer une
séance ou deux qui se trouvent ainsi rémunérées
par vacations; ces vacations nous paraissent
parfaitement légales, car il est de principe que pour
déterminer, au point de vue des honoraires le
nombre de vacations que la confection de l'inventaire a nécessité, il y a lieu de tenir compte
non seulement du temps qui a été employé en
présence des parties, mais aussi du travail pré-
paratoire que le notaire a dû accomplir pour analyser les titres et papiers de la succession, ou
bien encore pour recueillir les renseignements
indispensables à l'effet d'établir les forces héréditaires (Rouen, 9 mars 1910, S. 13, 2. 114).

22501. TRANSPORT. — Le temps employé par le notaire pour se transporter
de son étude au lieu de l'inventaire ne
compte pas dans le calcul des vacations
qui lui sont dues, tant que ce déplacement n'excède pas *deux kilomètres.*

22502. — Frais de déplacement. — Mais dès
qu'il est obligé de se transporter à plus de 2 kilomètres de sa résidence, le notaire a droit aux
frais de voyage fixés par les décrets des 25 août
1898 et 28 novembre 1899, modifiés par les décrets des 29 décembre 1919 et 15 juin 1920 (*V.
n°⁸ 17387 et suiv.*).

22503. Tarif. — Par kilomètre parcouru, en allant et en
revenant : 1° 0 fr. 20 (Seine 0,22) si le transport est effectué,
par voie ferrée: 0 fr. 60 (Seine 0,66) si le transport a lieu autrement. Si le déplacement exige plus d'une journée, il est alloué
en outre 20 francs (Seine 11 fr.) par journée.

22504. Non cumul. — Dans tous les cas où
des frais de voyage sont comptés, le temps employé à ce déplacement ne saurait être compris
dans le calcul des vacations (Décr. 25 août 1898
et 28 nov. 1899, art. 20).

22505. DISPOSITIONS DÉPENDANTES. —
Les dispositions dépendantes de l'inventaire n'entraînent la perception d'aucun
honoraire particulier.

22506. Application. — Il en est ainsi à l'égard :
1° de la nomination d'experts; 2° du dépôt de
valeurs ou d'espèces entre les mains d'un héritier ou d'un tiers; 3° de la décharge donnée aux
dépositaires et gardiens; 4° de la déclaration par
l'époux survivant qu'il use de la faculté de conserver le fonds de commerce dépendant de la
communauté; 5° et, en général, des déclarations
tendant à établir la consistance de la succession
(Amiaud et Voland, n° 428).

22507. DISPOSITIONS INDÉPENDANTES.
— Mais on doit considérer qu'un honoraire spécial est dû à l'égard de toutes
dispositions indépendantes entraînant un
droit distinct d'enregistrement.

22508. Application. — Il en est ainsi notamment lorsqu'un héritier reconnaît avoir reçu un
don manuel, ou être débiteur en vertu d'un acte
non enregistré, dont il est fait ainsi *usage par
acte public,* dans le sens prévu par la loi (Amiaud
et Voland, n° 428); la même application doit
être également faite, pensons-nous, au pouvoir
donné en fin de séance par un requérant ou une
partie présente pour les représenter aux séances
ultérieures (*contra : Dict. du Not., inv.* 707).

22509. EXPÉDITIONS. — En principe,
le notaire ne doit délivrer l'expédition

de l'inventaire que s'il en est requis, tout au moins tacitement, par l'une des parties intéressées (*V. n°s 14506 et suiv.*).

22510. — Réquisition tacite. — L'on doit considérer qu'il y a réquisition tacite de délivrance toutes les fois que l'expédition doit avoir une utilité pour les parties (Grenoble, 17 déc. 1858; Caen, 3 janv. 1865); il en est notamment ainsi en présence d'héritiers mineurs (Avranches, 1er mars 1923, *R. du N.* 20237).

22511. — Tarif. — Les honoraires d'expédition sont uniformément fixés pour tous les notaires à 4 francs, sans distinction de classe ni de résidence tant en France qu'en Algérie (Décr. 25 août 1898, art. 21, § 3, modifié par art. 3 décr. 9 déc. 1919) (*V. n° 14904 et suiv. et 17373 et suiv.*).

22512. — Frais d'inventaire. — Lorsque l'expédition est régulièrement délivrée sur la réquisition de l'un des intéressés par exemple son coût en est compris dans les frais d'inventaire.

22513. PRISÉE. — Dans le cas où le notaire fait lui-même la prisée des objets inventoriés, il ne peut réclamer aucun honoraire supplémentaire de ce chef, puisqu'il trouve, dans les vacations de l'inventaire, la rétribution du temps employé à cette prisée (Amiaud et Voland, n° 427; *Rapp.* Douai, 26 août 1835, S. 36, 2, 223) (*V. n° 21777*).

22514. Officiers priseurs. — COMMISSAIRES-PRISEURS. — Il est alloué aux commissaires priseurs pour droits de prisée, pour chaque vacation de trois heures, savoir : à Paris, Lyon, Bordeaux, Rouen, Toulouse et Marseille, 6 francs; partout ailleurs : 5 francs (L. 18 juin 1843, art. 1er).

22515. Application. — La vacation s'entend ici du temps spécialement employé à la prisée; le commissaire se retire ordinairement ce travail accompli.

22516. NOTAIRES. GREFFIERS. HUISSIERS. — Les officiers publics autres que les commissaires priseurs qui procèdent à la prisée (*V. n° 21781*) ont droit à une rémunération basée sur le tarif précité des commissaires priseurs (*V. n° 22513*).

22517. Application. — En ce qui concerne les greffiers et notaires instrumentants, voir *infra* n°s 22471 et suiv. et n° 22513.

En ce qui concerne les huissiers voir article 39 du décret du 16 fév. 1807 modifié par les décrets des 29 décembre 1919 et 25 février 1925.

22518. EXPERTS. — Les honoraires des experts appelés comme spécialistes pour la prisée de certains objets sont fixés par vacations comme pour toutes les expertises en général (*V.* Décr. 16 fév. 1807 et 27 déc. 1920).

22519. Séquestre. — Le greffier, à la suite de l'apposition des scellés, comme le notaire au cours des opérations d'inventaire, peuvent être chargés par justice d'une mission de séquestre.

22520. RÉTRIBUTION. — Cette mission constitue un mandat comportant une rétribution spéciale (*V. n°s 17159, 17179 et 17188*) qui suit généralement le sort des frais de scellés et d'inventaire (*V. n°s 22489 et suiv.*).

22521. **Autres frais.** — Ainsi qu'il est indiqué, *supra*, n° 22457, d'autres frais peuvent faire partie des frais privilégiés d'inventaire; il en est ainsi en règle générale des frais légaux de toutes formalités préparatoires ou accessoires nécessaires à la confection de l'inventaire.

22522. FRAIS D'AVOUÉ. — Les frais de l'avoué mandataire sont compris dans les frais de l'inventaire lorsque celui-ci agit dans l'intérêt commun des créanciers opposants ou de l'héritier bénéficiaire (*Dict. not.*, inv. 717; Dutruc 31).

22523. Avoué de l'héritier pur et simple. — Mais si tous les héritiers ont pris qualité d'héritiers purs et simples, les avoués qui représentent des héritiers ne peuvent employer en frais de partage leurs frais de présence car le ministère des avoués est simplement facultatif (Pr. 933).

22524. SOMMATION. — Les frais des sommations signifiées aux intéressés pour les mettre en demeure d'assister à l'opération font partie des frais d'inventaire.

22525. Caractère. — D'après Carré et Chauveau (Quest 8145 bis) la sommation à l'inventaire est considérée comme exploit afférent à une procédure des tribunaux de première instance et non comme une sommation d'assister à la levée des scellés, quand elle est distincte de cette dernière.

22526. REQUÊTE ET RÉFÉRÉS. — Les frais des requêtes et ordonnances de référés sont également à comprendre dans les frais d'inventaire comme accessoires nécessaires à la confection de l'inventaire (Roll. deVill., 358).

22527. Compétence. — La décision relative aux dépens d'un référé appartient en principe, aux magistrats chargés de statuer sur le fond du litige; néanmoins, le juge des référés peut en connaître lorsqu'aucune instance principale n'est engagée (Riom, 16 mars 1910, *Rec. Som.* 1910; 4283).

22528. DÉPOT DE TESTAMENT. — En ce qui concerne les frais de dépôt de testament nécessités dans l'intérêt personnel des légataires ils ne sauraient être compris dans les frais privilégiés d'inventaire (Corbeil, 27 avr. 1892, *J. N.* 25560) (*V. n°s 8927, 8928 et 22107*).

§ 3. *Charge. Recouvrement. Taxe.*

22529. **Charge.** — SUCCESSION. — Les frais de scellés et d'inventaire sont, en principe, à la charge de la succession, que ces opérations aient eu lieu à la requête de tous les successibles ou de l'un d'eux seulement (Civ. 810, 1034, 1059; Cass., 29 juill. 1861; Nancy, 6 mars 1885; D. 86, 2, 47) (*V. n° 22537*).

22530. Dérogation. — Cette prescription n'est pas d'ordre public, et il peut y être dérogé par une clause testamentaire (Cass., 9 janv. 1867, S. 67, 1, 59, D. 67, 1, 101).

22531. Application. — Ces frais constituent donc un passif de la succession alors même que le requérant ait renon é ensuite à la succession ou se soit trouvé évincé par un testament inconnu lors des opérations (Riom, 24 juillet 1893, S. 94, 2, 16, D. 94. 2, 204) et même dans le cas où le défunt a institué un légataire ou donataire en usufruit (Roll. de Vill., 367; Demolombe, t. X. n° 463) — De même un héritier réservataire ne pourrait se soustraire à l'obligation de payer sa part des frais, et les rejeter pour la totalité à la charge du légataire de la quotité disponible, sous le prétexte qu'ils entameraient sa réserve (Poitiers, 11 juin 1889, D. 92, 1, 145).

22532. Héritiers exhérédés contestants. — Mais ces frais ont été mis à la charge personnelle des héritiers non réservataires exhérédés qui ont contesté à tort les droits du légataire universel et requis les scellés et l'inventaire malgré lui (Douai, 20 déc. 1847, S. 48, 2, 748, D. 49, 2, 35; Cass., 11 fév. 1890; Cass., 13 avr. 1921, *G. P.*, 16 juin 1921. — *Comp.* Cass., 27 nov. 1906, S. 08, 1, 212).

22533. Prétendu héritier — D'ailleurs, en règle générale, celui qui a requis l'inventaire comme héritier doit en supporter les frais s'il a ensuite reconnu qu'il n'a pas cette qualité (Carré et Chauveau, t. VI, quest. 3146), sauf s'il a agi de bonne foi (V. décisions précitées, notamment Riom, 24 juill. 1893).

22534. COMMUNAUTÉ. — Aux termes de l'article 1482 du Code civil, lorsque l'inventaire intéresse une communauté et une succession, les frais de celui-ci ainsi que ceux de scellés font partie des dettes de communauté et, comme tels, sont pour moitié à la charge de chacun des époux (*V. n° 22537*).

22535. Renonciation. — Toutefois, en cas de renonciation à la communauté, les frais sont à la charge du mari ou de ses représentants (Civ. 1494; Rouen, 1er juin 1841, S. 41, 2, 490).

22536. Déficit de communauté. — Il en est de même en cas de déficit de la communauté (Saint-Calais, 17 juillet 1903, *R. N.* 1903-872).

22537. COMMUNAUTÉ ET SUCCESSION. — Lorsque l'inventaire s'applique à la fois à la communauté et à des biens propres au *de cujus*, les frais doivent être proportionnellement répartis entre la communauté et la succession (Bioche, 311; Dutruc, 194; Roll. de Vill., 362; Garsonnet, t. VII, § 2623, texte et note 9; Seine, 1er mars et 31 juill. 1901, *R. Not.* 10830).

22538. Application. — Cette répartition est d'une application assez difficile et n'est pas suivie dans la pratique; certains auteurs estiment, et nous partageons leur avis, qu'il est plus équitable, même dans le cas ci-dessus, de faire supporter les frais de l'inventaire par la communauté seule (Amiaud et Voland, 708; Michaux, *Liquid. et part.* 2421).

22539. DIVORCE ET SÉPARATION. — Au cas de divorce ou de séparation de corps, les frais de scellés et d'inventaire sont à la charge personnelle des époux, chacun par moitié, alors même que les dépens de l'instance aient été mis par le jugement à la charge d'un seul des époux (Seine, 11 déc. 1861, D. 62, 3, 60; Or-

léans, 27 déc. 1883, *G. P.* 84, 1, 480; Saint-Calais, 17 juill. 1903, *Rev. not.* 11697; Angers, 25 janv. 1905, S. 06, 2, 51; C. Rouen, 13 mai 1905, *J. du Not.* 1905-630; — *Contra* : Aubry et Rau, t. III, § 268; Amiens, 28 mars 1899; Nantes, 25 avr. 1899) (*V. n° 9959*).

22540. Demande repoussée. — Cependant, si la demande a été repoussée, il nous semble que le tribunal doit statuer sur le sort des frais de scellés et d'inventaire qui doivent logiquement être supportés par la partie qui succombe (*Dict. not. inv.* 731).

22541. Application. — Ainsi il a été décidé que le mari défendeur à l'action en divorce ou en séparation de corps ne saurait, lorsque la femme a définitivement succombé, être tenu des frais de scellés et d'inventaire faits au cours de cette instance à la requête de la femme quand le mari n'a pas assisté aux opérations (Civ. 1426; Mirecourt, 7 juill. 1893, *Rev. not.* 9006), ou quand, sommé de comparaître, il a déclaré n'y assister que contraint et forcé et a fait toutes protestations et réserves contre cette mesure provoquée contre lui (Cass., 11 fév. 1890, *Rev. not.* 8257). Dans ce cas, l'action en paiement de ses frais de la part du notaire qui a procédé à l'inventaire ne peut atteindre que la nue propriété des biens personnels de la femme dont le mari a la jouissance. Mais si la femme avait obtenu contre son mari un jugement lui allouant une provision *ad litem*, le notaire aurait action directe contre le mari jusqu'à concurrence de la provision dont ce dernier se trouverait encore débiteur lors de la demande en paiement (Javon, 832; Seine, 11 déc. 1891, D. 92, 3, 60; *Comp.* Cass., 22 nov. 1853, S. 53, 1, 737; 30 avr. 1862 et 5 juill. 1865; Orléans, 27 déc. 1883, précité).

22542. USUFRUITIER. — Les frais de l'inventaire dressé en exécution de l'article 600 du Code civil demeurent à la charge exclusive de l'usufruitier (Aubry et Rau, t. II, § 229; Planiol, t. I, n° 1658).

22543. Autres applications. — L'inventaire que le mari fait dresser à l'égard du mobilier dotal est à la charge de celui-ci, en vertu des obligations qui lui sont imposées par l'article 1562 du Code civil, sauf à lui à s'en faire rembourser à la cessation de sa jouissance (Guillouard, t. IV, n° 810).

22544. Usufruitier dispensé d'inventaire. — La dispense d'inventaire accordée à l'usufruitier par le testateur ou le donateur a pour effet de mettre les frais de l'inventaire à la charge exclusive des héritiers non réservataires qui l'ont requis (Bourges, 25 mai 1891) (*V. n° 21387*).

22545. ABSENCE. — Les frais de scellés apposés sur les biens de l'absent pendant la période d'absence ainsi que les frais de l'inventaire auquel font procéder les envoyés en possession provisoire dans les termes de l'article 126 du Code civil, restent à la charge de l'absent et sont supportés par ses biens (Aubry et Rau, t. I, § 154; Demolombe, t. II, n° 99; Laurent, t. II, p. 228).

22546. Demande rejetée. — Il en serait cependant autrement si la demande de mesure conservatoire faite par une autre personne que le ministère public était écartée par le tribunal; le demandeur pourrait alors être condamné aux dépens dans lesquels seraient compris les frais dont il s'agit (Demolombe, *Absence*, n° 46).

22547. SUBSTITUTION. — Au cas d'inventaire dressé à la requête du grevé de restitution, les frais sont pris sur les biens compris dans la disposition (Civ. 1059).

22548. FAILLITE. — Décidé que le notaire rédacteur d'un inventaire dressé au décès d'un failli, mais antérieurement au jugement de faillite est fondé à réclamer l'admission de sa créance au rang privilégié, sauf à délivrer une expédition de son procès-verbal au syndic (Com. Tarbes, 12 déc. 1911).

22549. Solidarité. — Principe. — Par application du droit à l'action solidaire qui est reconnu au notaire, toutes les parties requérantes et présentes qui ont concouru à l'acte d'inventaire sont tenues vis-à-vis du notaire, et solidairement entre elles, au paiement de la totalité des frais, car les constatations de l'inventaire sont toujours réputées faites dans l'intérêt commun (Civ. 2002; Chambéry, 22 juin 1897) (*V. les exceptions nᵒˢ 22551 et suiv.*).

22550. Application. — L'obligation porte sur la totalité des frais sans que par exemple une partie puisse se borner à offrir les frais et honoraires du notaire qu'elle a personnellement appelé (Seine, 28 janv. 1865; Beauvais, 19 juill. 1871; Redon, 28 mai 1884; Nîmes, 24 juill. 1909. *J. N.* 29741 et 29888).

22551. Exceptions a la solidarité. — Toutefois, l'action solidaire ne peut être exercée dans les cas où l'intérêt commun n'existe pas; le notaire ne peut évidemment agir que contre une partie à laquelle l'inventaire profite (*Comp.* Cass., 17 juin 1890, *J. N.* 24507).

22552. Application. — Il en a été ainsi décidé pour les frais d'un inventaire dressé en vertu d'une ordonnance de référé à la requête d'une seule partie, malgré l'autre qui en avait dénié l'utilité et obtenu que les frais en fussent avancés par le requérant (Toulouse, 26 janv. 1907; *Rev. Not.* 12988) (*V. nᵒ 22541*).

22553. Subrogé tuteur. — De même, l'action solidaire n'est pas exercée contre le subrogé tuteur qui est présent à l'inventaire dans les conditions de l'article 451 du Code civil.

22554. Recouvrement. — Avances. — En principe, les frais de scellés et d'inventaire sont avancés par la partie requérante, surtout lorsque la formalité est faite dans l'intérêt personnel de celle-ci (Rennes, 11 août 1858, S. 59, 2, 48).

22555. Remboursement. — Bien entendu, la partie qui a fait cette avance conserve son recours contre les autres parties dans les termes du droit commun (Cass., 7 nov. 1882, S. 83, 1, 151).

22556. Intérêt personnel. — Mais s'il a agi dans un intérêt personnel, le tribunal statue sur le sort des frais en même temps que sur la contestation (Nancy, 6 mars 1885, S. 86, 2, 117, D. 86, 2, 47).

22557. Privilège. — Les frais de scellés et d'inventaire jouissent comme frais de justice du privilège de l'article 2101 du Code civil (Cass., 14 fév. 1894, S. 96, 1, 145, D. 94, 1, 296; Cass., 5 fév. 1900, S. 01, 1, 409; D. 00, 1, 570).

22558. Taxe des frais de scellés. — La taxe des frais dus au juge de paix pour transport aux fins d'opérations de scellés doit être faite par le président du tribunal civil, et c'est devant cette juridiction que l'action en paiement devrait être portée en cas de difficultés (Vignalou-Perer, nᵒ 791).

22559. Greffier. — La taxe des frais de scellés dus au greffier appartient au juge de paix (Pabon, nᵒˢ 1356 et 4713; Vignalou-Perer, 806).

22560. Gardien. — Le droit de taxer les frais de garde des scellés appartient exclusivement aux termes de l'article 17 de la loi du 12 juillet 1905, au juge de paix du lieu où ils ont été apposés, à quelque chiffre qu'ils puissent s'élever (Allain et Carré, t. I, nᵒ 1259; Gauvin, nᵒ 240; Pabon, 4713 et 4714; Circ. Just., 28 fév. 1916; Rapport Lhopiteau, Sénat, 30 mars 1916).

22561. Compétence. — Il a été décidé que la taxe des frais de scellés et de garde appartient au président du tribunal civil à l'exclusion du juge de paix (Seine, 30 mai 1916, *Ann. Just. paix*, 1916, p. 344), mais cette décision est vivement combattue par la doctrine et il semble que l'on doit seulement admettre la compétence du tribunal civil relativement aux frais de scellés lorsque ces frais sont dûs collectivement au juge de paix et au greffier, notamment lorsqu'il y a eu transport; dans tous les autres cas, le juge de paix seul doit taxer (Boucher d'Argis, *Scellés*, nᵒ 11; Jay et Girardot, *Tarif des Just. de paix*, nᵒ 109; — *Comp.* Cass., 2 avr. 1848, S. 48, 1, 344; 8 juin 1864; P. 64, 1, 220).

22562. Action directe du gardien. — Décidé que le gardien de scellés qui poursuit le recouvrement de ses frais et salaires peut procéder par voie d'action directe en assignant la partie débitrice en paiement devant le juge de paix (Pabon, nᵒ 4714; *Dict. not., inv.* 739; — *Comp.* Nancy, 18 janv. 1902, D. 06, 2, 76). Le contraire a cependant été décidé à l'occasion de scellés apposés au cours d'une instance en séparation de corps (Seine, 8 juillet 1901, et 12 déc. 1902, *J. des Av.* 1903, p. 210). D'après ces décisions, le gardien doit présenter d'abord son mémoire de frais à la taxe du juge de paix qui l'a nommé, et requérir du président du tribunal civil du ressort où les scellés ont été apposés, au vu de la taxe, un exécutoire qu'il doit signifier à la partie débitrice, qui a le droit d'y former opposition devant la chambre du conseil du même tribunal (*Comp.* Cass., 8 août 1877, D. 78, 1, 165).

22563. Taxe des frais d'inventaire. — État de frais. — Comme pour tous les autres actes notariés, le notaire doit établir son compte de frais et honoraires, conformément à l'article 9 des décrets du 25 août 1898, c'est-à-dire sur deux colonnes destinées l'une aux déboursés, l'autre aux honoraires, et d'en faire opérer la taxe par le président du tribunal de sa résidence, dans les conditions prévues par la loi du 24 décembre 1897 (*V. nᵒˢ 17455 et suiv. et formule 1536*).

22564. POUVOIR DU JUGE TAXATEUR. — Il a été décidé que le juge taxateur peut apprécier le temps qu'a dû exiger la confection de l'inventaire et réduire le nombre des vacations constatées, s'il apparaît excessif (Poitiers, 10 avr. 1851; Lyon, 19 janv. 1865, S. 65, 3, 79; Reims, 7 déc. 1865), alors même que les vacations sont constatées sur le procès-verbal du juge de paix (Paris, 13 et 20 nov. 1866, S. 67, 2, 3; Redon, 28 mai 1884, *Rép. not.* 1929).

IMPRIMERIE DE MONTLIGEON, LA CHAPELLE-MONTLIGEON ORNE — 15.833-12-25.

Imprimerie de Montligeon

: : La Chapelle-Montligeon : :
——— (Orne) ———

15833-1-26.

9 782329 194721